強勢領導的迷思

從林肯到歐巴馬，我們到底想要哪一種政治領袖？

The MYTH of the STRONG LEADER

Political Leadership in the Modern Age

亞契・布朗 Archie Brown——著
謝佩妏——譯

目次

目　次
Contents

序 Preface

這是一本論述性的著作，書名即直接點出本書的中心論點。一般認為，傳統定義下的強勢領袖，即獨攬大權、呼風喚雨、主導決策的領導人，就是最受人民愛戴也最成功的領導人，而本書的目的就是要戳破這個錯誤認知。這一類的領袖當中有一些人風光得意，但整體而言，政治大權掌握在一人手裡往往導致重大缺失，甚至種下禍害，掀起血腥屠殺。書中也探討了政治領導的其他面向，但我所謂**強勢領導的迷思**，仍是串連起所有針對民主領袖、革命領袖、威權領袖、極權領袖等討論的主軸。民主領袖之所以造成的傷害較少，正是因為權力受到政府以外的力量牽制。然而，當今民主國家普遍有種危險的錯覺，以為領導人愈能掌控其政黨和內閣就愈成功，而合作型的領導方式反而代表領導人軟弱無能。此外，合作型的政治領導帶來的好處也經常被忽略。

書中的例證來自許多不同的民主國家（以英美兩國為主）以及威權和極權國家。研究這類獨裁政體時，共產國家的領袖以及希特勒和墨索里尼特別受到我的關注，但本書討論的範圍不僅限於以上提過的國家和領導人。探討威權國家革命運動那章，範圍從墨西哥涵蓋到中東。在歷史框架上，本書希望把整個二十世紀到二十一世紀至今的發展都包括在內。儘管寫作上必須有所取捨，但我希望提出的結論能有較為普遍的效度。這本書是寫給所有好奇政府如何治理國家的讀者看的，但我期望書中提出的論證也能對政治人物及政治類作者產生影響。

寫作期間，尤其是前面更長的構思期，我不只參考政治傳記、文獻、報紙和其他大眾媒體，還有歷史學家、政治學家及社會心理學家的著作。此外，跟不同國家的政治人物會晤也提供我不少材料，包括跟不同政黨的英國首相及外長的特別專訪、一九八〇年代參與英美兩國的政策研究會、進入二十一世紀後與前政府首長一起參加的討論會、與共產政權高官的會面（通常在他們下台或免職後，但有些共產黨的改革者例外）。

本書是五十多年來的政治研究，以及在北美、歐洲和亞洲各地考察及演講的結晶。除了英國，我待最久的國家是美國，包括在耶魯大學、康乃狄克大學、（紐約）哥倫比亞大學、德州大學奧斯汀分校擔任政治系客座教授，以及在（印第安納州）聖母大學凱洛格國際研究所擔任客座研究員。我在俄羅斯待的時間也差不多那麼久，橫跨蘇聯和後蘇聯時代。最早在一九六六年一月拿英國文化協會的交換學生獎學金前往莫斯科三個月，隨後又在莫斯科大學就讀一年（一九六七到六八年），同樣由英國文化協會資助。此後我造訪俄羅斯多達四十幾次。

政治領導是個我從很久以前就開始關心的重要議題。我最早發表在學術期刊上的文章（一九六〇年代），有一篇寫的就是英國首相的政治權力，特別是這些權力所受的約束。[1]除了從圖書館找資料，我也訪問了資深政治人物，那一次是英國兩大黨的重要閣員和前閣員。此外，早在一九八〇年我就在耶魯大學政治研究所開過一堂比較各國領導人的課，特別是美國和法國的總統、英國的首相，還有蘇聯共產黨的領袖。

我對民主領袖的權力及其限制的研究興趣，早在就讀於倫敦政經學院時就已萌芽。事實上，大學入學面談時，招生委員會主任瑞金諾・巴沙特（本身就是英國政治專家）就建議我多讀政治人物的回憶錄。我聽從他的建議，往後也從不同國家購得大量政治人物自傳（和傳記）。學生時代能買到這些書，要感謝很多政治人物的回憶錄都廉價出清，只要花少少錢就能買到。政治人物的選擇性記憶和回顧雖然有其侷限，但也可能帶來啟發，有時還在作者意想之外。

我畢業後的第一個教職在格拉斯哥大學。一九六四到六五學年間，和系上同事約翰・麥金托許（後來成為國會議員，最近出版重量級著作《英國內閣》）的論辯，進一步激發我對政治領導的興趣。麥金托許（以及當時工黨政府的國宅與地方政府部長理查・克羅斯曼）認為，以「首相政府」來形容英國政治體系最貼切，我無法認同，於是寫了上文提到的長文加以反駁。不過，英國到底是首相政府還是內閣政府這個老問題，並非本書想探討的主題。我感興趣的是，民主領袖是否多半如一般認為的那樣掌握大權，以及選舉勝敗的決定因素是不是在領導人身上，諸如此類的問題。我也想要進一步質疑，國家元首是否有權利掌握所有重要事務的最後決策。有些領導人會積極鼓吹這種主張，也會演得好像他們真的有這麼做。我卻認為，這樣的主張既無助於提升政府效能和明智的政治判斷，也不利於民主的正常發展。

市面上有很多探討政治領導的書，講商業領導的書更多。本書把焦點放在政黨和政府領導人，但有時也會把討論範圍擴大。領導風格在各種組織中都很重要。即使是羅馬天主教會如此階層分明的組織，也曾有人——而且來自最高階層——指出一人統治的缺陷。教宗方濟各最近在一次訪問中進行了一番有趣的自我批判，也提出了他的自我期許。他在「區區三十六歲的『誇張』年紀」，就被任命為阿根廷耶穌會的省會長，他認為自己當時的領導風格太過專制。他說，「就是我那種威權的決策方式出了問題，」以致給人他是「右派」甚至「極端保守派」的錯誤印象。如今，他偏好協商式的領導風格。樞機團在推舉他為教宗的祕密會議中曾力勸他成立顧問團，他也從善如流，任命了八名樞機主教組成顧問團，他們也真的要求羅馬教廷要改革其官僚制度。教宗希望與這八人顧問團的會議是「真正的協商，而非空有形式。」[2]

接下來的篇章有一個特點：對極權及威權政府的著墨，幾乎跟民主政府一樣多。現今生活在獨裁統治和民主政權之下的兩方人數幾乎不相上下，因此這麼做也不無道理。此外，真正的專制統治，可以在討論美國的「皇帝總統」和英國、加拿大或澳洲的「首相政府」時，不時提供一種不同且有利的觀點。在威權體制下取得政權的領導人，不只可能在自己國家造成大規模的破壞和苦難（民主國家的領導人再差，也難以造成同等程度的破壞），也更有可能推動改革，雖然這樣的例子少之又少，也需要天時地利的配合。毋庸置疑的是，有些領導人較其他領導人更有建樹，但我要說，那些值得我們給予最大敬意的人，往往不是絕對大權在握的人。好的領導人需要許多特質，每項特質的重要程度都因時、因地、因狀況而異，無論如何都不該跟個別領袖的過度自大和過度擅權混為一談。

引言 Introduction

在民主政體中大多數人都同意，「強勢領導」是件好事。[1]雖然不只有一種解釋，但「強勢領導」通常指領導人把權力集中在自己手中，他／她掌握了大半公共政策及所屬政黨，並做出重大決策。一個人掌握愈多權力，我們就愈該正視他，我認為這種觀念是種假象，無論我們討論的是民主政體、威權政體或介於兩者中間的混合政體。每個國家都需要有效能的政府，但程序也很重要。當一個領導人認為沒人懂得比他多，因而抄起捷徑時，問題就來了，甚至會引發災難性的後果。「正當法律程序」是指，在決策過程中，相關部門的重要成員都要參與。同時理所當然地意味，政府採取的行動應合乎法治精神，並且依民主程序向國會和人民負責。

從來沒有人說「我們需要的是軟弱的領導人」。對力量表示讚賞、對軟弱表示厭惡或遺憾是人之常情。但用強／弱的簡單二分法來評價個別領導者，是一種狹隘又無用的方式。政治領袖有很多值得擁有的特質應該擺在「力量」前面，力量強大與否更適合用來評價舉重選手或長跑選手。舉凡操守、聰明才智、表達能力、合作能力、敏銳的判斷力、好問、樂於尋求不同意見、吸收資訊的能力、適應力、記憶力、勇氣、遠見、同理心、旺盛的精力等等，都是令人嚮往的領袖特質。雖然還不夠完整，但項目已經多得嚇人。我們不該期待大多數領袖具備所有這些特質。領袖畢竟不是超人或女超人，他們自己也絕不該忘記這點，雖然「謙虛」是領袖必備特質中比較後面的一項。

儘管有其限制，強／弱還是成了民主國家在討論領導人時常見的主題，不只在英國。布萊爾仍是反對黨領袖時，很喜歡批評繼承了一個分裂的國會黨團的首相梅傑太過「軟弱」。他拿自己跟梅傑對比時說：「我領導我的政黨，他跟隨他的政黨。」[2]卡麥隆擔任首相期間，也採取類似策略，打從艾德．米勒班當上工黨黨魁，就拚命地把「軟弱黨魁」的標籤往他身上貼。[3]二〇一二年七月，當大批保守黨後座議員群起反對把上議院變成一個主要由民選而非任命產生的立法機關時，米勒班終於得以反擊。他說卡麥隆「失去對其政黨的掌控」，從後座議員反抗黨鞭指揮就足以證明首相有多「軟弱」。[4]此後，一黨領袖批評另一黨領袖「軟弱」、稱自己「強硬」的說法就不斷浮上檯面，多到令人厭煩。這種把敵對政黨領袖描述為「無能領導者」的作法，也在一些國家中日漸普遍。加拿大即為一例。二〇〇六年斯特凡．狄翁當選自由黨黨魁不久，保守黨就持續發動宣傳，攻擊他的軟弱無能。[5]（在採用西敏制的大英國協國家中，包括源起國英國，加拿大總理似乎最有辦法掌控其政黨，儘管他們多半「務實、缺乏魅力，甚至有點駑鈍」。[6]）政治人物顯然相信只要把「軟弱無能」的標籤往對手身上貼，選民就會站在他們那一邊。人民對領袖的觀感確實會對選舉造成某些影響，但說這是決定「選舉輸贏」的標準就言過其實了。[7]

相較於由一名領袖當家作主，更好的領導模式是集體領導。一人獨攬大權對民主國家並非好事，多半是政府太過遜色，只有一人有能力決策所有事務，而這種狀況跟領袖自認有權決策一切並不相同。在威權政體下，寡頭政府再怎麼壞，通常也比不上一人獨裁。而且，強勢的個人領導在不同脈絡下有不同的意義，這種情形不只比一般所認為的更不當，事實也往往跟所宣稱的相差甚遠。領袖本身也是追隨者，他們或許會自豪於敢於挺身反抗某個團體，甚至是（特別是）反抗自己的政黨，但他們仍有可能會向其他團體低頭。換言之，政治人物希望塑造的強勢領袖形象，與更為複雜的現實之間，可能存在著巨大差異。如果把強弱與否當作評價領袖的標準，是強勢領導的迷思特徵之一；那麼另一特徵就是，民主社會的領袖所塑造出來的強勢形象也往往只是騙術或假象。

相較於民主發展成熟的國家，強勢領導的概念在高度威權轉變成民主或過渡混合政體的國家中更顯得危險。以二〇〇七年的一份研究為例。該研究調查了後共產歐洲的十三個國家，針對「若有一名領導人能解決（那個國家）當前的問題，就算他把民主制度給推翻了，也應該予以支持」這句話的反應。[8]其中八個國家有逾三分之一的應答者支持這種「強人領袖」和反民主論調。匈牙利、俄羅斯和拉脫維亞有四成以上的回覆者贊成，保加利亞和烏克蘭超過五成。

接受程度最低（亦即民主支持度最高、對於把強人領袖當作救世主抱持最大懷疑）的國家是捷克（百分之十六）及斯洛伐克（百分之十五點三）。這或許並非巧合，因為相較於其他國家，捷克斯洛伐克在二十世紀有更多真正的民主經驗，尤其是在兩次大戰之間。然而，偏愛強人領袖勝過民主政府的人數少於四分之一的少數國家中，有一個是脫離蘇聯的白俄羅斯（百分之二十四點六），該國幾乎沒有任何民主經驗，也是後蘇聯時代歐洲最威權的國家。在此一特例中，盧卡申科從一九九四年開始日益加壓的獨裁統治，帶給人民一段持續多年、令人不滿的專制統治經驗，導致人民對「強人領袖是萬靈丹」的想法得以免疫。[1]

有些時候，人民需要的是激勵型領袖，例如戰爭或危機時期。有時即使是一個平凡的領袖也足夠了，但人民還是渴望這樣的領導人。激勵型領袖經常被泛稱為魅力型領袖。「魅力」（charisma）最初是指神給予的天賦。這個概念是由馬克斯・韋伯發展而來。韋伯所謂的「魅力型」領袖是「天生的領導者」，擁有特殊甚至神奇的領導天賦，不需仰賴任何形式的組織或占據高位就能發揮領導長才。魅力型領袖被視為先知和英雄，眾人之所以追隨他是出於信仰。對韋伯來說，「魅力」是種「價值中立」的概念。[9]魅力型領袖可能作惡也可能為善。若要從韋伯去逝不久（這位偉大的德國社會學家逝於一九二〇年）後的二十世紀中找到兩個實例，那可能就是希特勒和金恩博士。雖然追隨者本來就不該盲目崇拜魅力型領袖，而是保持批判的眼光，但這類領袖最終所得到的評價，很大部分取決於他們激勵人心的演說和榜樣是為了什麼理由而服務。

此外，「魅力」是否為領袖與生俱來的特質，仍是需要認真商榷的概念。在很大程度上，是追隨者賦予領袖魅力，因為領袖似乎體現了他們在尋找的特質。[10]邱吉爾的大半政治生涯中，受到讚賞跟受到嘲弄的次數不相上下。他在一九三〇年代普遍被視為一個不如預期的失敗者，但第二次世界大戰期間他激勵人心的風範和令人難忘的演講卻有資格榮登「魅力型領袖」之列。然而，比起他是否達到「魅力型領袖」這樣模糊的標準，更重要的是他擁有了天時地利人和。他在一九四〇到四五年間的成功，很大部分取決於特定的政治情勢——在一場無情的世界大戰中，邱吉爾展現了絕大多數英國人民嚮往的反抗精神。但戰爭才剛結束，邱吉爾帶領的政黨就全面輸掉一九四五年的大選。這揭露了一個重點：民主國家的國會選舉並非主要是領袖之間的競賽。我們雖然沒有調查資料可以比較邱吉爾和工黨領袖克萊曼・艾德禮當時的個人聲望，但大戰才剛結束，邱吉爾的聲望理應領先對手才是。然而，他的「魅力」並非永久不衰。戰時的邱吉爾是「我們自己人」，到了戰後他又再度變成「他們的人」，至少在半數人民眼中是如此。

魅力型領導有起有落，通常無法維持一輩子，而且往往暗藏危險，也經常被高估。我認為，

1 天平的另一端是保加利亞和烏克蘭，有很高比例的人願意接納強人領袖，即使他會推翻民主。這或許反映了這些國家對假民主的強烈不滿。舉保加利亞為例，這種結果可能與人民對貪污猖獗的憤怒有關（憤怒到前往國會靜坐抗議）。

把領導類型分為**開創型**和**轉變型**更為有用。這兩種類型都會各闢一章專門討論。我所謂的**開創型領導**是指，延伸政治的可能極限，徹底改變政治目標。這可以由政黨領導層透過集體或個人力量來達成。渴望贏得選戰的政黨通常覺得有必要找到「中間地帶」。然而，**開創型領導**，無論是個人或群體，則會設法把中間地帶往自己的方向移動。他們的目的是要改變人民對何者可行或值得追求的想法，重新定義政治的中間地帶，而不是傻傻接受特定時空下對「中間地帶」的傳統認知，再把自己放進既有的認知框架裡。富蘭克林．羅斯福的「新政」和詹森的「大社會」改革計畫和民權法案，都是美國二十世紀開創型領導的典範。在英國，柴契爾夫人可算是開創型的領袖。她引用良師益友凱思．約瑟夫爵士的話，抱怨「戰後政治變成了一個『社會主義棘輪』，」接連幾個工黨政府「把國家進一步往左移動」。即使「保守黨堅守立場」，他們那種「妥協的政治」意味著，他們也默許政治重心漸漸往左移。[11]布萊爾（一九九七到二〇〇七年）和戈登．布朗（二〇〇七到二〇一〇年）帶領的工黨占據了（柴契爾重新定義過的）新中間地帶，就如先前哈羅德．麥克米倫和愛德華．希思帶領的保守黨占據了開創型領袖克萊曼．艾德禮的工黨在一九四五至一九五一年間把政府往左移的中間地帶。

轉變型領袖是少數得以造成更大改變的領導人。這類領袖在改變自己國家的經濟或政治體制時扮演了決定性的角色，甚至進一步改變了國際體制。這麼說**等於**把標準提高，但如此一來使我們得以區別出一種是改革和開創型的領袖，而另一種是對推動體制轉變不可或缺的領袖。

最重要的還是要對照當時的政治脈絡。轉變型領袖在民主國家很少見，原因很簡單，因為民主國家通常不會發生突如其來的轉變。由於改變多半是漸進式的，以致沒有單一領袖對體制轉變具有決定性的影響。根本的改變，無論是好是壞，通常比較容易在威權體制下發生。這種現象在國家步入或脫離威權體制時最清楚可見。不過，這裡所說的轉變型領袖，主要指的是正面的體制轉變。

使用「轉變型領袖」一詞有一定的標準。本書指的轉變型領袖有別於革命型領袖（第五章），即使後者同樣在上台後改變了體制。然而，他們是靠脅迫才達到目的。蘇聯的列寧、南斯拉夫的狄托、中國的毛澤東、古巴的卡斯楚、越南的胡志明，都是促使本國經濟政治體制產生根本改變的核心人物。就這個意義來說，他們也是轉變型領袖，但一般認知的「革命」是指暴力推翻國家體制，甚至展開新的威權統治。因此，相較於非由武力奪取政權或肢體上威逼對手而促成政治或經濟體制轉變的領袖，革命型領袖還是應該分開看待。

（理應有）一人高高在上掌控政治決策的概念，在民主國家很常見。以此概念來形容領袖掌權的實際狀況常造成誤導，以此作為目標則是搞錯方向。布萊爾一九九七到二〇〇七年擔任英國首相期間，一心想掌控決策過程並為內閣定調，但他造成的影響很容易被誇大。布萊爾政府所做的重大決策有些跟首相的關係其實不大。他的政府留給後人最重要的政績是憲政改革，但其中很大一部分來自前人的成果，布萊爾對此並不熱中。憲改包括對蘇格蘭和威爾斯下放權力、與北愛爾蘭分享權力、改革上議院、通過人權法案及資訊自由法。[12]布萊爾在回憶錄中形容資訊自由法很「白癡」，還說「我需要漢弗萊爵士[2]的時候，他人在哪裡？」[13]至於憲政改革，布萊爾只有在跟北愛協商權力共享時扮演主導角色（雖然還有其他人擔任要角），因此北愛和平協議可算是他最重要的一項政績。

布萊爾未能如願將權力一把抓，從他與專橫獨斷的財政大臣之間尷尬甚至時有扞格的緊張關係中可見一斑。當時的財政大臣戈登·布朗主導了重要的經濟決策。布萊爾及其親信都急於讓英國加入歐洲共同貨幣，布朗卻設下重重障礙，堅持英國要先通過五項考驗才能加入歐元。這些考驗不是故意設計讓人無法通過，就是只讓布朗一人有權決定是否通過。[14]阿利斯泰爾·達林（一九九七到二〇一〇年間擔任工黨政府的內閣成員，後來在布朗執政的最後三年擔任財政大臣）也證實，布萊爾政府的經濟政策多半掌握在布朗手中，而布萊爾「投注大量心力，甚至反常地進行內閣協商」的經濟政策，就是「設法讓我們加入」單一貨幣。[15]最後他當然未能如願。財政大臣贏得了跟首相的角力，讓達林鬆了一口氣，有這種感覺的不只他一人。

兩布之間的關係日漸惡化，後來首相跟他最信任的幕僚連要知道財政大臣的年度預算內容都很難。布萊爾的左右手喬納森·鮑威爾就說，布朗藉由「封鎖資訊並禁止財政部官員與之接觸」，「逼走」兩位唐寧街的經濟幕僚。[16]布萊爾在重要的經濟政策上非常急於塑造「強勢領袖」的形象，但實際影響力卻比許多前任首相要來得小。外交政策又另當別論。布萊爾在這方面強硬許多，尤其是英美關係和中東政策。他在回憶錄裡一再強調，二〇〇三年英國加入伊拉克戰爭是他的決定，身為首相他有權做此決定；即使人民不贊成英國參戰，他們也能「**諒解**領導人必須做此決定」。[17]

單一領袖即最後決策者的現象在**威權和極權**國家更常見，也更容易造成惡果。這些國家賦予領導者的權力，當然比民主國家在政治上所可能賦予的多很多。行政部門或許對威權領袖設有某些制衡，但立法機關往往被領導者把持，法官聽命於政治領袖，大眾媒體也受到或多或少的箝制或監控。不用說，威權或極權國家的最高領導人不用對全體人民負責。即便如此，威權政府是由一人還是多人所把持仍然有所差異（第六章會再討論）。在極權國家中，一人（而且在這樣的體制中清一色都是男性）握有最高且往往是壓倒性的權力。相對的，威權國家可能是專制也可能是寡頭政治。也就是說，有些由一名獨裁者統治，有些則由多人集體統治。人愈多，特權團體遊說領導團隊的管道就愈多。審議和辯論在領導團隊中愈自由，政策就愈不可能荒腔走板。即使是集體領導的威權國家，比如一九八〇年代後半的蘇聯，最高領導人的性格和價值觀也會造成極大的差異，戈巴契夫就是一例。這樣的領導人可能造成的影響比民主國家的領導人來得大，這是因為後者的權力受到更多約束，更難為所欲為。

2 譯註：漢弗萊爵士（Sir Humphrey），英國幽默影集《部長大人》（*Yes, Minister*）裡內閣大臣吉姆．哈克的常務次官。

一人領導和集體領導

「強勢」領導通常指一人獨攬大權、下定決策。不過，一人掌握的權力和權威愈多，就愈容易犯了妄自尊大的毛病。單一領袖要做的決策愈多，他能用來思考政策、衡量利弊的時間就愈少。就算是強勢領袖，一天畢竟也只有二十四小時，很多決策往往就由左右手代勞（這些人也樂見其成）。因為如此，我們才更應該要抵抗誘惑，拒絕讓政治金字塔頂端的單獨一個人「強勢領導」。

民主國家透過政黨進行集體領導。政黨雖然常常引人詬病，半個世紀以來在多數國家也流失大量成員，對民主發展仍然不可或缺。政黨可讓政策維持一致性、提供重大的政治選項，同時也是衡量可問責性的方式之一。[18]選民若如普遍所見，投票主要為的是特定領導人，而非政黨或政策，那麼領導者的左右手比執政黨大老的影響力還大，也就不足為奇了。然而，如前文所說（第二章也會再述），把民主國家的大選視為支持或反對單一領導人的選戰，只能說是過分簡化問題，通常也會產生誤導。

當一位民主政黨的領導人非常清楚被趕下台將造成政治上的難堪，卻還是高喊「不支持我就開除我」一類的話，此人通常是在彰顯自己的優越判斷力。[19]然而，應該有一個人最有資格為所有事務拍板定案，對民主國家來說是一種奇怪的信念。前英國首相布萊爾曾道，「強勢領袖需要忠誠的支持者」，而「你若認為領導有問題或完全走錯方向，那就換個領導人，不要推一個領導人上台又不支持。」[20]布萊爾的幕僚長喬納森．鮑威爾用一整本書來闡述政治領袖所掌握的權力可以且應該凌駕同僚及政黨之上。[21]領導人跟其他民選政治家愈有所區隔，他的非民選幕僚（如鮑威爾）的影響力愈大。確實，從鮑威爾的回憶錄兼政治操作手冊來看，他在內閣成員的任命過程扮演了極其吃重的角色，雖然他忠心擁護「強勢領袖」的概念，也盡力將布萊爾塑造成強勢領袖。他認為馬基維利提出的威權君王論只要適度翻新，也同樣適用於民主政體。他寫道：「每次軟弱的首相繼承了強勢的首相，就一定會宣告要重新引進內閣政府，但其實他們的意思是，他們自己沒本事帶領好政府。」[22]

現今，很少人會承認自己同意湯瑪斯．卡萊爾的論調：「人類在這世上成就的歷史，基本上就是偉大的男人在這世上造就的歷史。」[23]原因不只是卡萊爾忘了偉大的女人。還有，政治家和新聞記者迫切想把希望和期待聚焦在一人身上，不也呼應了卡萊爾對歷史根深柢固的錯誤認知嗎。許多國家的「政治階層」和廣大輿論對民主政府中有一人高高在上的接受程度實在令人困惑。人民會如此期待就表示，國家元首可能握有比其職位賦予的既定權力來得更大的權威。對總統或首相可以做什麼的認知一旦改變了，就算沒有明著修憲，也可能使其職權得到重新定義。

即使在憲法享有崇高地位的美國，也會發生這種事。美國憲法第一條賦予國會宣戰權。總統身為三軍統帥，得在美國受到侵略時動用武力反擊，除此之外，若謹守憲法規定，唯有國會授權，總統才能發動戰爭。[24]在美國國會服務四十載的路易斯．費雪，是研究政治分權的專家，一直以來他都是最大力批評宣戰權從國會轉移到總統手中的代表人物。[3]在他眼中，杜魯門、詹森、雷根和小布希都是逾越憲法賦予的權力、未經國會同意就發動戰爭的總統。一九六四到一九七五年的越戰，以及二十一世紀在阿富汗和伊拉克的戰爭，就是最好的例子。費雪認為，國會太過軟弱，輕易就把憲法未賦予的權力轉讓給總統，未能主張自己擁有的特權，也未嚴加監督美國軍隊採取的行動。他主張共和黨和民主黨都「需要重新思考總統宣戰的利弊」，而國會議員「必須做好準備並願意使用手中掌握的大權」。[25]

然而，包括戰爭與和平等重大議題在內的外交政策，從二十世紀中開始，國家元首在其中所扮演的角色就愈來愈重要，這並非美國獨有的現象。一個重要原因是通訊速度前所未有地突飛猛進，這對政治領導也產生巨大衝擊。國際電話線的建立是一個重要的里程碑。第一通跨大西洋的電話在一九一五年接通，而固定的洲際電信服務要到一九二〇年代晚期才建立。空中運輸對外交政策的衝擊更大。像一九三八年英國首相張伯倫飛往慕尼黑跟希特勒進行那場不幸的會面，這種一國元首為了見另一國元首所採用的空中旅行，在當時仍很新鮮。張伯倫的前一任首相史坦利．鮑德溫生平從未搭過飛機。不過，鮑德溫之後，就沒有英國首相逃避空中旅行了。第二次世界大戰期間，對抗希特勒的同盟國領袖曾在卡薩布蘭加、德黑蘭和雅爾達進行重要協商，戰勝納粹德國後不久則在波茨坦會面。戰後，關係緊張的兩國進行「高峰會談」或跟外國盟友進行面對面會談都愈來愈常見。一旦國家元首互訪在技術上更容易達成，最高政治領袖參與的外交事務變多，國會、大使，甚至外交部長便發現，自己在對外政策上所扮演的角色多多少少都被貶低了。

科技進展讓國家元首得以即時通訊，也連帶對政府交流的方式造成深遠影響。網際網路讓各國政治人物（尤其是元首）之間傳遞的即時資訊增加了全新的面向。種種發展累加起來，削減了立法機關在戰爭相關政策上所扮演的角色，同時也意味著，就算一國領袖有意把外交事務全權交給外交部也很難。然而，通訊速度變快也不足以當作把外交事務（尤其是攸關戰爭的決

3 有兩個主要的理由可以用來反駁費雪的論點。第一，美國國會仍是世界上最強大的立法機構。因為分權的關係，美國國會比世界上絕大多數的立法機構更能跟行政機構唱反調，雖然主要是針對內政。第二，總統比參議院（不同於眾議院）更具有民主正當性。在所有勢力強大的上議院中，美國參議院格外難以代表全國人民。（英國的上議院過去是世襲機構，現今改由任命，顯然更不具民意基礎。然而，上議院是一個修正性質和顧問性質的組織，已經不再具有否決權。美國參議院給予每州同等的代表權，這表示懷俄明州參議員的一票，份量要比加州參議員幾乎多七倍，因為加州人口多很多。見 Alfred Stepan and Juan J. Linz, 'Comparative Perspectives on Inequality and the Quality of Democracy in the United States', *Perspective on Politics*, Vol. 9, No. 4, 2011, pp. 841–856, esp. 844 and 846. 此外，參議院對任命聯邦官員的影響力（遠比眾議院）更大，也比世上大多數立法機構對任命政府官員更有影響力，包括聯邦的外交和國防高層官員。

定）全交到元首手中的理由，無論是美國總統或歐洲國家的總理都一樣。召集軍隊需要時間，而每次只要說到現今世界面臨的危險，再加上今人對速度的要求，最高首長就特別會強烈請求授予他決定出兵與否的特權。以美國的例子來看，費雪認為我們太強調速度，也太信任總統的判斷。他指出，若「現今國家面臨極大的安全風險，那麼總統錯估和誇大情勢的風險也一樣高。由此可見，堅持軍事行動需經由國會徹底審查並批准，更顯得必要。總統的判斷在今日需要更多監督，而不是更少。」[26]

最反常的是，由於敘利亞總統阿薩德在內戰中使用化學武器，二〇一三年九月美國總統歐巴馬尋求國會同意出兵攻打敘利亞。然而，歐巴馬此舉的用意不在遵從美國憲法解釋，而是（在伊拉克和阿富汗戰爭之後）想在美國本土為一個大眾普遍懷疑的軍事行動尋求合法性，並與國會共同分擔責任。之前英國首相卡麥隆就先去尋求立法機關的同意了，但英國下議院拒絕支持出兵的決議。下議院在重大外交政策上跟內閣唱反調，可以說是破天荒第一次，英國因此未能出兵攻打敘利亞。歐巴馬就出兵一事徵求國會同意，在美國引起廣泛的討論，白宮的勝算渺茫。歐巴馬要面對的，除了擔心美國出兵會讓已經惡化的情勢火上加油的兩院和兩黨成員（尤其是民主黨）之外，還有無論如何都想看他栽觔斗的共和黨人。

美國國務卿約翰．凱瑞九月九日在倫敦記者會上說，阿薩德總統要避免軍事攻擊的唯一方法，就是在下週之前交出所有化學武器（「但他不打算這麼做，顯然也做不到。」）然而，俄羅斯外長拉夫羅夫聽到他的呼籲之後，立刻宣布會主動說服阿薩德放棄化學武器。俄羅斯是對敘利亞影響力最大的國家，俄羅斯總統普丁又一直站在反對美國出兵的最前線。歐巴馬樂得擱置原定的飛彈攻擊，以及徵求國會同意的投票。凱瑞和拉夫羅夫共同敲定協議後，敘利亞在國際監督下展開卸除化學武器的程序，這對美國總統有兩大好處（對俄羅斯來說也是外交上的勝利）。一是避免國會否決總統所做的重大外交決策，引發後患。更重要的是，如此一來，不需藉由後果難料的單向軍事干預，就可能達成讓敘利亞放棄化學武器的有限目標。這樣的結果是歐巴馬把問題丟給國會時始料未及的，但也因此得到更多思考的時間，甚至促成了協商。雖然並未因此終結敘利亞內戰（在這場戰爭喪生的絕大多數人民都死在非化學武器下），但美蘇之間的合作，至少比軍事攻擊（勢必造成平民死傷）更有可能把這場衝突帶往和平協商的結局。[27]

杜魯門的例子

杜魯門總統因為未經國會同意就出兵而飽受批評。一九五〇年他派兵加入韓戰，從此開了行政首長發動戰爭的先例。[28]然而，不可忽略的是，這並非美國單方面的決策。聯合國顯然也授權給杜魯門。美軍是聯合國部隊派去保衛南韓、抵擋北韓共軍入侵的主要部隊，因而擁有國際合法性。[29]此外，杜魯門也是一個知道如何善用領導階層集思廣益的領導人。大多數坐上高位的政治家，尤其是最高領導人，無疑都是野心龐大，喜歡享受大權在握的人。然而也有少數例外是效能最高的政府首長，杜魯門就是其中之一。他既非開創型領袖，更非轉變型領袖，卻是一個成功的領袖。即使對某個「強勢領袖」的渴望就像在追求一個假的上帝，也不能因此否定人對領導的需求。「領導」可能（通常應當）來自行政首長，但也可能（且應當）來自民選政府的其他成員。

杜魯門是非自願當上了副總統，後來又非自願當上了總統。一九四五年他因為富蘭克林·羅斯福過世而繼任總統，日後他的名聲漸盛，是因為他領導的政府為歐美的戰後秩序立下穩固的基礎。[30]他一點都不霸道專斷，反而樂於將外交大權交給前後兩位國務卿馬歇爾將軍和迪安·艾奇遜。剛上任時他並不信任他們帶領的部門，還在日記中說「國務院」那些「外交官」和「聰明人」，「如同往常跟美國的最大利益背道而馳」。[31]這方面杜魯門就像柴契爾。她的外交幕僚柯利達爵士曾說，柴契爾視英國外交部為「失敗主義者，甚至是賣國賊」。她的內閣親信譚百德意見也一樣，認為那是「照顧外國人的部門，就跟農業部照顧農民一樣」。[32]然而，柴契爾的想法自始至終沒有改變，杜魯門卻不同。雖然跟內閣制的總理相比，美國總統決定外交政策（宣戰權除外）的權利在憲法基礎上更為穩固，杜魯門卻給予馬歇爾和艾奇遜極大的尊重，從未削減他們的職權。

理查·紐斯達在研究總統權力的名作中，一開頭就強調美國總統的限制，並特別提出杜魯門對此事的認知。杜魯門說：「我整天坐在這裡努力說服其他人去做的事情，他們應當不須我說服就有足夠認知主動去做……這就是總統握有的所有權力。」[33]一九五二年艾森豪選上總統之前，杜魯門就曾表示，艾森豪是那種坐在辦公桌前喊人「去做這做那的人。最後卻什麼事都沒做成。可憐的艾克[4]——這裡可一點都不像軍隊。」[34][5]杜魯門雖然樂於與人合作，但高階官員任意獨行時，他也不會放任不管。他不怕開除名人，即使這麼做可能有損大眾對他的觀感。一九四六年，商務部長亨利．華萊士的所作所為等於是執行獨自的外交政策（親蘇反英），[6]杜魯門即開除了他，雖然一開始他還猶豫該支持華萊士還是當時的國務卿拜恩斯。他在給母親和妹妹的一封信中提到，「查理．羅斯〔白宮新聞祕書〕說我寧可不要當總統也要堅持自己是對的。我跟他說，我寧可當什麼都好，也不想當總統。」[35]一九五一年他同樣義無反顧把麥克阿瑟將軍從亞洲召回，因為麥帥就外交政策發表的看法與官方不一致，總統視之為「公然抗命」。麥帥在

4 譯註：艾森豪的小名。

5 但比起威靈頓公爵（另一個軍事出身的政治家），艾森豪對「建立在同意上的政府」還是比較有概念。一八二八年，威靈頓公爵第一次以英國首相身分參加內閣會議後說：「這簡直太奇了！我給他們下達了命令，他們卻想留下來討論。」Peter Hennssy, *Cabinet* (Basil Blackwell, Oxford, 1986), p. 121 指出，柴契爾時期的能源大臣彼得．沃克（Peter Walker）曾在一場午餐後演講說起這個故事。停頓片刻後，沃克加上一句：「我很慶幸現在我們沒有那樣的首相了。」

6 編按：亨利．華萊士在杜魯門之前擔任羅斯福的副總統，二戰期間他在羅斯福的政府當中乃是一名要角。華萊士遭開除後自組政黨角逐一九四八年總統大位，結果只拿到百分之二點四的普選票，最後仍由杜魯門連任成功。

一九五〇年及一九五一年前期對韓戰的論點愈來愈悲觀，直言唯有將戰場轉移到中國，甚至動用核武才可能打贏，還強調「我們若在亞洲輸給共產主義，那歐洲淪陷也無可避免。」[36]

杜魯門在日記中記錄，開除麥克阿瑟引起「頗大的震撼」，以及「數十封咒罵的電報和信件」。[37]郵袋裡面的東西很快從「數十封」增加到八萬多封，都跟麥帥被開除有關，而且絕大多數都站在麥帥那邊。發給國會的電報中十之八九都為麥帥說話。即使是（更具代表性的）蓋洛普民調都顯示有六成九民眾支持麥帥，而支持杜魯門的只有二成九。[38]參議院對杜魯門發動猛烈攻擊。印第安納州參議員威廉・傑納斷言美國政府被蘇聯間諜掌控，而當時亦為參議員的尼克森則把開除麥帥視為姑息共產主義之舉。參議員約瑟夫・麥卡錫設法要在政府各個角落翻出共產主義滲透的痕跡，軍隊跟好萊塢就更不用說了，因此才會出現「麥卡錫主義」一詞。他說杜魯門必定是醉了才做此決定，「那個狗雜種應該被彈劾。」[39]

在美國的政治體制下，選任（甚至更換）內閣成員、任命最高軍事將領、決定外交政策，都算是總統的最高職權。但杜魯門有個特色，他任內最重大的外交政策通稱為「馬歇爾計畫」，而非「杜魯門計畫」。[40]第二次世界大戰後，西歐國家無論是戰敗國或戰勝國的經濟都因戰爭受到重挫。眼看蘇聯在東歐扶植了若干附庸國，民主政府隨經濟瓦解而崩塌的恐懼甚囂塵上。國務卿馬歇爾提出靠經濟扶植民主的政策，一邊有杜魯門的強力支持，一邊有艾奇遜的鼎力相助（馬歇爾當時在國務院的左右手），對歐洲重建起了決定性的作用。以當時英國外長歐內斯特・

貝文的話來說，那就像「給溺水之人的救生索」。[41]

領導與權力

據說所有的政治生涯都會在失敗中結束。雖然未免誇大，卻也有幾分真實。很多飛黃騰達的政治生命因選舉失敗而告終，但一國領袖執政幾年後輸掉選舉，在民主國家是很正常的事。政黨若選戰失利，領導人通常會引咎辭職。例如，一九六四年保守黨輸了英國大選，道格拉斯－休姆爵士便辭去首相。工黨黨魁金諾克分別在一九八七年和一九九二年輸掉選戰並辭去黨魁，自始至終未任公職。二〇一〇年的大選結果，沒有政黨票數過半，但保守黨的票數遠比工黨多，戈登·布朗因而辭去首相。領袖遭內閣或黨員逼退的失敗更為複雜。通常是設法獨攬大權、壓制同僚的自大領袖才有這種命運。英國首相之中，勞合·喬治、張伯倫、柴契爾和布萊爾四人，都是因為未能在國會中爭取足夠的同黨支持才下台（四人也都認為自己太早下台）。

然而，還是有很多人認為由單一領袖掌握大權值得民主國家一試。[42]儘管這些國家及其領袖到頭來都為此付出了代價（見第二章和第七章）。這裡絕非要否認在政治現實中，某些個別領袖（民主國家則不是只有最高領袖）可以造成極大改變，無論是好的或壞的改變。即使最後遭黨內成員趕下台，這樣的領袖在位時仍可能對公共政策和國家產生巨大的影響。一九七九到一九九〇年的柴契爾政府就是一個明顯的例子。柴契爾或許被視為民主國家中少數得以重新形塑政治論述的黨魁及總理之一，但她的領導風格還是導致她妄自尊大，最後因此下台。

因此，我們無須吹捧「偉大的男人」或「偉大的女人」這種歷史概念，我們也知道某些領導人的影響力有多大。經濟學家和經濟史學家常常在「偉人」概念的另一個極端，認為歷史是由非人為力量所創造的。我們不能否認人類的維生方式徹底改變、科技日新月新的重要性，也無法否認近年來一連串國際經濟危機帶來的重大衝擊，這些改變與衝擊不只讓各國領袖、也讓大多數經濟學家始料未及。隨著產業從某一國或某一塊大陸外移，某些最先進的經濟體也不得不進行大規模的結構調整，這讓政治領袖在面對全球化的挑戰時顯得力不從心。然而，若說政府政策或國際組織對我們如何因應科技轉變或金融動盪毫無影響，也未免過於荒謬。這些現象都需要領導力的介入，而且是合作型的集體領導。只是，經濟不景氣時反而容易強化「強勢領袖」的迷思——相信一個堅定、最好有魅力的人能夠解決各項重大問題。墨索里尼在兩次世界大戰之間的義大利崛起，還有希特勒在一九三〇年經濟大蕭條時期的德國大受歡迎，進而奪取政權，都是這種傾向的沉重例證。[43]

本書寫到的領袖，多半是握有政府權力的領袖。「強勢領袖」一詞用在政治家身上時，指的是我在這裡討論的政黨領袖、首相（總理）或總統。我們腦中投射的形象，是一個政府首長，四周圍繞著提供領袖資訊和建言、但最終仍會順從領袖決定的幕僚。但太過順從也會導致政策失誤。領袖需要有政治高度的同僚，他們能堅守立場並勇於挑戰決策者的判斷，無論他是在正式或非正式的場合主持討論。毋須擔心這樣的領導者會被內閣或影子內閣踩在腳下，因為民主國家的領導人發現自己無法說服同僚時，通常會做出適當的抉擇。只有唯我獨尊的專制領袖，才會打算強行通過絕大多數同僚都反對的政策。一國元首通常不會任意晉升或貶謫閣員，但閣員為了表達忠誠，獲得領袖青睞，多半會遵從領袖的意見。這是掌權者的一大利器，但也有其限制。民主政黨中的領袖若失去大半黨內大老的信任，那就很難存活下來。

一國政府是認真負責或暴虐無道、是清廉或腐敗、是有為或無能，對百姓的生活和福祉有巨大的影響。因此，領導這些政府的政治家，他們的作為以及他們如何對其作為和領導方式負責，顯然很值得仔細探討。制度賦予的權力會大幅增加領導者的潛在影響力。不過，我們要記住：掌握權柄並非最純粹的領導方式。最真實的政治領導，是一大群人受到既無權力又無恩賜可給的人所鼓舞激勵，進而跟此人所傳達的信念產生共鳴。這種「領導」可能是一個新崛起的政黨、一群人，或一個人。其他人的群起響應和熱烈參與，說明了這種政治領導的驚人效力。帶領印度脫離英國獨立的聖雄甘地和美國民權領袖金恩博士，都是二十世紀的經典實例。兩人都選擇了非暴力的途徑（金恩受到甘地的影響），並讓世界知道那不能跟「不抵抗」混為一談。

二十一世紀最了不起的例子非馬拉拉莫屬。她展現在世人眼前的不只是領導才能，還有無比的勇氣。馬拉拉・優素福扎伊是巴基斯坦斯瓦特山谷的一名女學童，後來因為爭取女性受教權而聞名全球。二〇一二年十月她遭到塔利班成員暗殺，子彈穿過腦部，險些喪命。這次攻擊行動不只要阻止她個人的活動，也要嚇阻其他敢去上學的女學生。馬拉拉從十一歲就開始為女性教育發聲。她為BBC的烏爾都語平台寫部落格，描述在塔利班反對女性受教育和愚民政策下，上學是多麼艱辛的一件事。遇刺那年她十五歲（動了多次手術才救回一命，第一次在巴基斯坦，之後在英國），後來成了諾貝爾和平獎最年輕的被提名人。[44]二〇一三年七月十二日，她十六歲生日這天，她在紐約由聯合國祕書長潘基文主持的會議上發表演說。[45]當時已經有超過四百萬人簽署「馬拉拉請願書」，為全球五千七百萬無法上學的兒童（女生占很大比例）爭取受教權。[46]我要再次強調，比起手中握有任命權和各種好處的國家元首，這才是更純粹的一種領導形式。

當然不是所有一呼百應的領袖都有高尚的道德情操。第一次世界大戰後義大利的墨索里尼，還有一九二〇年代到一九三〇年代早期德國的希特勒，都快速吸收了大批擁護者。兩人當時都尚未掌握國家權力，所以比起後來的統治是更純粹的一種領導，無論那在後人眼中多麼令人髮指。墨索里尼和希特勒普遍被視為（而且不無道理）擅長演說和吸引群眾的魅力型領袖。兩人也都從一種領導方式轉型成另一種：從群眾受其鼓舞而自動追隨的領袖，轉變成背後有國家權力支持的極權領袖。

靠著雄辯和形象建立領導地位，之後才掌握權位的例子很多。南非的曼德拉先是在種族隔離時期的南非帶頭反抗少數白人統治，經過二十七年難以想像的牢獄生活，最後才當上南非總統，是二十世紀最激勵人心的領導典範之一。波蘭的華勒沙從格但斯克造船廠的罷工領袖，變成共產波蘭治下的大型非官方工會「團結工聯」的會長，最後成為後共產波蘭的總統，是群眾擁護的領導人最終得到正式權力及最高權位的另一個著名實例。

在民主國家選出領袖

然而，很多國家領導人在成為黨魁甚至元首之前並未吸引到大批支持者，有些除了親信之外幾乎沒有追隨者。這些人因為各種理由、經由各種方式而當上領袖。在非民主政體下經常都是自行坐上領袖位置，例如軍事政變。在議會民主制下選出政府首長，有的是透過在立法機關占有席次的政黨所組成的推選人團選出，也有很多國家是透過更廣大的選民結構選出，其中包括政黨成員。（以英國為例，這可能使得國會議員的一票遠比個別黨員的一票更有價值，因為國會議員通常對各候選人有更近距離的了解。）領袖不該認為自己當選是因為擁有不凡的特質，所以同僚和黨員才會將重大決策的責任交付給自己。然而，從一些領導人及其同僚，還有大眾媒體討論政治的方式看來，這種看法似乎很普遍。

認為政黨或政府領導人之所以被選上台，是因為展現了某種不凡的領袖特質，所以人民才會群起擁護，這樣的認知，除了少數例外，未免過於太牽強。在一個對政策有嚴重歧見的政黨內，黨員可能推選「整合者」來擔任領袖，或是在理念之爭中最能代表多數意見的人。結果通常是大家眼中最能夠把黨的路線表達清楚、最有說服力的人獲得了選票。有時候（當然不是每一次）黨員會推選民調顯示最受選民喜愛的人。也有可能是包容力強並且擅長結盟的人，無論是對黨內（認真問政的政黨從來不會意見一致）或是對國會。拿兩個特別有名的女性領袖為例，最後一點在德國總理梅克爾身上尤其正確，但在前英國首相柴契爾身上剛好相反。在議會制國家，候選的領導人若是擅長在國會殿堂表演，那將是一大加分，不但能提振國會黨團的士氣，連帶也能透過媒體打動選民。半個世紀以來，民主國家的領袖在電視上的表現愈來愈重要。但以上種種並不表示這樣的政治家都具有或要有領導魅力。

議會制國家的總理多半之前都當過閣員，因此已經有些治理國家的經驗。一九九七年上台的布萊爾和二〇一〇年上台的卡麥隆是兩個例外，因為兩人相對年輕，所屬政黨又太久沒有執政。相反地，美國總統在當上最高行政首長之前常常從未在聯邦政府中任職。參議員這個職位，在協調政策上只能提供有限的經驗，至於掌管龐大官僚系統的經驗則付之闕如。州長幾乎沒有參與外交政策的經驗，但美國總統卻必須扮演外交政策的推手。不過，總統選戰確實能測試候選人的領導才能。持續很久的初選和競選活動本身，都會讓候選人的溝通能力以及和廣大的群眾建立感情連帶的能力受到詳細檢驗。跟其他國家相比，美國總統大選的時間特別長。光是候選人得用在巡迴全國拜票的時間和競選的花費就比其他民主國家多，因而打退了很多有為的候選人。如果不是口袋夠深，或是跟企業和富豪的關係夠好，就沒有機會競選美國總統，這樣的先決條件因而剝奪了特權階級以外的人入主白宮的可能。

然而，民主黨最近兩位總統柯林頓和歐巴馬都非權貴家庭出身。兩人讀的雖然是菁英大學，但都是拿獎學金和助學貸款，靠著自己的才能和努力才完成學業。在爭取黨內提名及競選期間，他們還得對外募款。歐巴馬尤其成功吸引到大量的中小額捐款，以及自由派美國富豪的高額捐款，因而減少了對企業的依賴。先是通過漫長而艱辛的黨內提名，接著投入選戰，這某程度來說也算是一種領袖訓練營。如歐巴馬在第一任總統任期受訪時所說：

> 我認為兩年選戰期間的那種高壓環境和不正常的生活，確實讓你對上任後要面對的壓力先有了心理準備。因為你漸漸習慣走鋼索的感覺，習慣被人仔細檢視，習慣——某方面來說——很多人依靠你。只不過兩種情況的層次不同，現在不是在搞政治，而是在治理國家，所以責任更大。但是……我從來不會突然這麼想：天啊，我讓自己蹚進了什麼渾水？[47]

領導力太常被簡化成二分法，雖然有各種不同的變形。[48]魅力型領袖的相反是「公僕」，「革新者」相對於「官僚」，「真正的領導者」相對於「管理者」，「轉變型領袖」有別於「交易型領袖」。[49]另外還有「偉大的領袖」和「平庸的領袖」，「傑出的」領袖和「差勁的」領袖，當然還有「強勢的」和「軟弱的」領袖。這種二分法必定會過度簡化問題。本書的重點就在分析「強弱」二分法的漏洞，也點出在模範領袖身上尋找或期待「強人」、「主宰」的特質有多危險。成功的政治領導有很多不同的方式，失敗也是。相信自己懂得最多、而且容不下異議的領袖所犯的錯誤真是罄竹難書。

針對開創型、轉變型、革命型、威權型和極權型領袖的討論中，我把重點擺在不同的領導類型，以及對人民生活尤其造成重大影響的執政方式，但還是無法把政治領導的整個光譜包含在內。前文提到，有些卓越的領導者從未擔任公職。也有些總統（如杜魯門）或總理（後面篇章會提到）都是能幹的政府首長，即使沒有帶來重大的變革。此外，前文也略提過，有時候一國政府的重要成就跟國家元首的關係較小，跟領導團隊的成員關係較大，之後會再更進一步討論。我們對最高位者賦予太多期望和光環，在民主國家尤其如此，儘管元首得到的矚目已經變得司空見慣，但他們的權力受到許多合理約束。政治領導有許多面向，必須從不同脈絡和不同觀點來探討。這就是下一章的主題。

CHAPTER

1

把領袖放進歷史脈絡

Putting Leaders in Context

一般人希望現代領袖具備的特質（引言一開頭就提到），如聰明才智、記憶力、勇氣、適應力和精力等等，從歷史來看確實有其價值。但我們必須把領導這件事放回歷史脈絡中，才能理解得更透徹。本章我要從歷史、文化、心理和制度這四個彼此不同但相互關連的框架中去思考領導的問題。領導跟背景脈絡密切相關，在一種情況下適合或可能的事，換成另一種情況可能進退失據、窒礙難行。戰爭相較於和平、危機相較於平時，針對每種情況的領導方式各有不同。在民主國家中，政府領導人所屬政黨在立法機關占多數、勉強過半或非多數，都會大大影響領導人的發揮機會。傳統上讚賞的強勢領導不等同於優秀的領導。優秀的領導並非一種抽象的特質，而是在特定背景——特定時空——下所做出的適當回應。

再者，不同地方的發展階段也有所不同。當十八世紀的學者開始認真思索人類社會的發展過程時，就發現了這個事實。一七五〇年代，蘇格蘭和法國的啟蒙時代思想家率先提出四階段發展理論，相信該理論有助於解釋不同時期的法律和制度。[1]雖然研究方法太過簡化，畢竟人類發展不像他們的分析所指出的那樣單一直線，[2]這些思想家仍然提出了很多洞察。他們提出的發展理論總結了既有的知識，也考慮到每個階段的例外狀況。[3]該理論最具原創性的鼓吹者亞當．斯密絕對不是教條的思想家，甚至樂於為他提出的每條規則尋找例外。[4][1]

政府如何演化，關於領導的思考又如何演化

為了研究「政府的進步過程」，啟蒙思想家做了多種嘗試，其中之一是試圖解釋酋長和君王如何出現，後來更進一步分析了領導和追隨的本質。一心為歷史找出模式的同時，他們也援引了各種資料，從舊約聖經、古希臘羅馬文獻（尤其是羅馬史學家塔西圖斯），到深入當時採獵社會的旅行紀錄都有，美洲原住民族尤其受到矚目。有些十八世紀作家認為，原始社會在最初階段的領袖都是部落裡最強壯或最高大的男人。若其他條件相等（這點很重要），高於平均身高一直是成為領袖的有利特質。[2]

根據亞當．斯密的觀察，在社會發展的第一階段（即以打獵及「地球上自然生長的果實」維生），很少有可稱為「政府」的組織。[5]「在打獵的時代，」他說，「很難有任何形式的政府，就算有，也是民主的政府」。斯密發現領導不等同於權力。因此，無論是採獵團體或是十八世紀的英國社團、集會，都有某些人的分量高於其他人，但其影響力是因為「他們高人一等的智

慧、勇氣等特質」；要不要接受他們的領導，端看團體成員的選擇。因此，在所有成員都「地位平等」，但有「某個人的建言通常比其他人更讓大家採信」的狀況下，「領導」，而不是權力，就發揮了作用。[6]這是最純粹的領導形式，即其他人希望追隨某人，並受其引領。

有了財產之後，人類才開始需要政府。[7]在人類社會發展的第二階段，牧羊人出現，動物變成人類的財產。第三階段農夫出現，開始耕種土地，漸漸變成土地（另一種財產）的擁有者。[8]斯密提出的第四階段是人類開始投入貿易活動的商業階段。（他從未用過「資本主義」一詞，

1 同樣地，斯密為政治和經濟自由所做的辯護，跟一昧為商業利益辯護毫無相似之處。相反地，斯密寫道，「從事同種生意的人很少聚在一起，甚至連一起休閒娛樂也沒有，雙方的對話止於如何對付一般大眾，或是如何蓄意漲價。」（Adam Smith, *An Inquiry into the Nature and Causes of the Wealth of Nations*, edited by R. H. Campbell and A. S. Skinner, Clarendon Press, Oxford, 1976, Vol. I, p.145）若要從二十一世紀尋找斯密心中所描繪的現象，只要看巨額買賣的金融運作以及那些高階經理人的報酬是怎麼共謀串通來的，就知道了。

2 最近一位低於美國男性平均身高的美國總統是十九世紀末的威廉・麥金利（William McKinley）。（見Tim Harford, 'Since you asked', *Financial Times*, 11 May 2013.）此後，美國總統大選由兩大候選人之中較高的一方勝選的比率將近六成。過去一百一十年來，勝選人高於美國男性平均身高這點，很可能跟美國總統大多來自優越階級而非平民階級有關（雖然有些顯著的例外）。若說「身高是勝選的重要條件」這條通則有什麼優點，那就是領袖是由更大的群體選出來的，例如部落、政黨或選民。反觀領導人身高矮小的例子，最常被引用的是專制統治者，所以身高在選舉中的優勢就無關緊要了。有名的矮小領袖有拿破崙、史達林和鄧小平，世襲君王則有伊莉莎白一世和維多利亞女王。

這是十九世紀中葉才出現的字彙。）比斯密更年輕的同代人，法國貴族及政府官員杜爾哥，也提出類似的發展階段理論。他推測，當「國內首度發生爭端時，一個有力量、有勇氣、謹慎超乎常人的人先是說服，之後就強迫他保護的人服從他。」[9]

大衛．休謨認為，「對用哲學眼光思考人類事務的人來說，」沒有「比多數人輕易就被少數人治理更令人驚訝」的事。[10]他相信一人凌駕眾人可能是從「戰爭時期開始的，這時候過人的勇氣和才智最能清楚展現，最需要全體意見一致，也最能強烈感受到混亂失序的致命結果」。[11]此外，休謨推論「如果首領不但勇敢、謹慎，也為人公正，」他「甚至連在和平時期都會成為調停人，久而久之也能藉由力量和共識，建立他的權威」。[12]

亞當．斯密更進一步探討某些人如何掌握優勢，以及領導和權力如何隨著社會階級的分化而繼續發展。他在《國富論》中指出了權威和從屬出現的四種方式。首先，包括力量和敏捷在內的個人特質有其重要性。不過，「體格上的特質除非有心智上的特質加以支撐，不然很難在任何時期獲得權威。」[13]權威的第二個來源是年齡。「在不同的打獵民族之間，例如北美的原住民部落，」斯密寫道，「年齡是階級和地位的唯一基礎」。[14]但年齡在「最富裕和文明的民族中」也很重要，可規範人的社會地位（若其他條件相等），因此頭銜之類的地位象徵會落到家族中最老的成員（或最老的男性）。第三個權威來源是「過人的財富」。財富在社會發展的每個階段都是領袖的一項優勢，但或許在第二階段尤其是，亦即頭一個容許極大不平等的階段。[15]「一名韃靼酋長，」根據斯密的觀察，若擁有「足以供養一千人」的家禽和牲畜，實際上就會統治這群人：

他供養的這一千人完全依靠他維生，在戰時必須聽命於他，和平時也要服從他的管轄。他必須兼任他們的將軍和法官，首領地位也是他的優越財力必然的結果。[16]

在社會發展的商業階段，一個人就算財力雄厚，管的人可能也不過十幾個人。因為除了家中傭人，沒有人在物質上依賴他。然而，「財富的權威，」斯密認為，「即使在富裕和文明的社會裡也很大」。[17]在財富不均普遍存在的每個社會發展階段，財富仍然比個人特質或年齡更加重要。[18]威權的第四個來源是「優越的出身」，這是財富差距拉大之後必然的結果。[19]斯密在這裡不是指「古老的家族」，他甚至嘲笑這種概念，認為：

所有家庭都一樣古老；王族的祖先也許比較出名，人數卻不一定比乞丐的祖先更多。無論在哪裡，古老家族的古老指的不是財富，就是地位，後者通常建立在財富之上，或伴隨著財富而來。[20]

斯密對一人獨掌大權高度存疑，並指出專制君主創造的表面安定只是假象。統治者的專橫跋扈，讓人民有推翻他們的正當理由；而比起集體領導，單一統治者更容易犯這種錯。如斯密所說，「個人遠比大型群體更容易出現這些荒誕行徑，所以我們發現革這種人的命，在君主專制國家遠比其他地方更常見。」[21]他認為，土耳其人「很少讓同一個蘇丹在位超過六或八年（儘管還是同樣的專制政府）」。[22]一七六三年三月在格拉斯哥大學對學生講課時，斯密還說，「俄國的革命一直比整個歐洲還多，只有幾年例外。一人的愚昧往往會激怒人民，讓群起反抗變得理所當然。」[23]

在原始社會變成統治者的人，（用斯密的學生、後來跟他變同事的約翰・米勒的話來說，就是「野蠻部落的首領」），最初是藉由當上軍事指揮官而贏得統治地位。其他人因此依附他，他也想掌握更多利益。[24]米勒接受並進一步闡述了人類發展四階段的分析架構。他在斯密之後提出，財富差異在第二階段「人類開始仰賴馴化草食動物維生後」就變得很重要。這對社會和政治階層也有意義。

源自財富的權威不但比單純來自個人成就的權威更大，也更加穩定及長久。非凡的才能，無論是身體或心智的，只能在擁有者有生之年加以發揮，也很少在同一家族延續下來。然而，財富，以及讓眾人依附他的各種做法，通常會傳給後代。因此，繼承父親財產的兒子就能保住同樣的地位，同時保有上一代的影響力。這種影響力因為根深柢固的習慣而逐日加強，也一代比一代可觀。[25]

這在酋長身上清楚可見。一個人變得更富有的同時，領導地位就更穩固，很多時候也會把權位傳給後代。因為比其他人富有，他就擁有「更多獎賞及保護朋友的權力，另一方面又能處罰或壓制他不滿或看不順眼的人」。[26]其他人因此有了討好他的動機，起而追隨「偉大酋長或國王」的人也愈來愈多。[27]

君主制的確成了幾千年來不同大陸上的政治領導原型，通常採世襲制，然後有各種不同的名稱，例如國王、沙皇、皇帝、可汗、頭目、蘇丹、法老、酋長等等。[28]這些領導人會因是否獨裁、是否專斷、是否尊重法律，以及是否願意分權而有著很大的不同。[29]拿破崙上台之前，歐洲君王普遍稱自己的統治是「君權神授」(但英國已經不再這麼主張)。然而，如同政治學家薩姆爾・費納所說，「拿破崙一上台，這個歷史悠久的政治常規就受到質疑。現在看來，隨便的阿貓阿狗都能出來占領國家，只要他花費足夠心力讓人相信，他這麼做是在回應人民的召喚。」[30]

英國的「例外」

權力有限的君主制和普遍的公民權在十九世紀之前都很少見。最驚人的例外是英格蘭（及後來的英國），從中可見世襲的統治權從絕對權力變成有限君主制、再變成象徵權力的經典漸進過程。有人稱之為「分期付款式的民主」，雖然在每個階段做出讓步的人腦中很少有完整的民主目標。通常他們都會認為，最近的一次改革已經是他們能夠保存自由和法治的最大極限了，就如十九世紀的英國，隨著國會逐步地通過法案，投票權也逐步地擴大。[31]即便如此，英國在歷經好幾世紀的漸進過程後，君權慢慢減少，議會權力慢慢提高，政治家也對愈來愈多的群眾負責。

但這樣的漸進過程並非順利平穩、毫無中斷，十七世紀中的斷裂尤其嚴重。一六四二到一六四九年間的內戰，隨著議會勢力推翻國王、查理一世被斬首而結束。一六四九到一六六〇年間，英國成為共和國。從一六五三到一六五八年，護國公奧立佛．克倫威爾靠著對新模範軍的指揮權得以統治英國。然而，克倫威爾死後爭端四起，使得軍中的主導團體支持王朝復辟（讓查理二世繼位）——漸進過程又重頭開始。但這場短命的「英國革命」在君主制上留下了痕跡。當約翰生博士質疑包斯威爾[3]的父親奧金列克爵士，克倫威爾到底做過什麼好事時，他（用蘇格蘭方言）回答：「他讓國王知道他們的脖子上有關節。」[32]

一六八八年的「光榮革命」讓議會權力大幅推進。查理二世及其繼承人詹姆斯二世（尤其是後者）設法繞過並削弱國會，卻反而終結了斯圖亞特王朝。傳言身為羅馬天主教徒的詹姆斯偏袒天主教，甚至有意重新把天主教定為國教。這還只是反抗他的聲浪日漸增強的眾多原因之一。當詹姆斯的有力反抗者決定把王國獻給詹姆斯的新教徒女兒瑪麗時，她的荷蘭丈夫奧蘭治親王威廉堅持若瑪麗當上王后，他就是國王，而不只是王夫。這場不太稱得上「革命」的「革命」之所以「光榮」，主要是因為在英格蘭沒有流血（但在愛爾蘭和蘇格蘭就不是了）。詹姆斯逃到海外，威廉三世和瑪麗繼位。擴大議會權力及進一步讓政府脫離君主掌控的趨勢，一直延續到安妮女王在位的短短幾年（其間一七〇七年英格蘭和蘇格蘭議會合併，共同成立大不列顛聯合王國），以及從一七一二年繼承安妮王位的漢諾威選帝侯。到了二十世紀，君主立憲制的漸進發展已經幾乎把英國變成一個「有王室的共和國」(crowned republic)。

美國憲法及其遺產

在政府的發展過程中，跟君王制最重大的兩次切割，分別是美國革命和法國大革命。一七七六年在費城簽署獨立宣言的開國元老跟一七八七年在費城起草美國憲法的制憲者，對很多事都意見不同，卻在一個重要議題上立場一致，那就是：美國政府要採共和制，而非君主制或貴族制。[33]他們致力於倡導法治，捍衛享有公民權的人都應享有自由。然而，美國憲法其實並不民主，大多數制憲者也無意追求民主。它並沒有禁止蓄奴，而且含蓄地否定逾半數人口的投票

3 譯註：包斯威爾是《約翰生傳》的作者，與約翰生的情誼為後人所稱頌。

權，包括女性、非裔美國人及美國原住民。[4]它也刻意將總統職權與「普選多數和國會統治」給隔開。[34]後來是因為美國人民（而非憲法）對更廣泛民主的支持，才逐漸把間接選舉總統的「選舉人團」變成實際的普選，即使這樣也不算完整的民主。如羅伯．道爾所說：

……選舉人團仍然保留了公開違反民主基本原則的特點：不同州的代表並不相等，普選票數最高的候選人可能輸了總統選舉，因為未能在選舉人團贏得過半票數。這不只是理論上的一種可能，在二〇〇〇年的大選結果被全世界目睹之前，已經發生過三次了。[35]

美國憲法的構思者在設計總統職位時，讓總統成為行政權的化身，之後總統就一直代表了行政權，這是議會制國家的總理所沒有的角色，儘管有些當上總理的人也想有樣學樣，而受他們政治任命的人也鼓勵他們這麼做。然而，美國憲法寫得清清楚楚。第二條第一款開頭就說：「行政權力賦予美利堅合眾國總統」，同一條第二款第一句明言總統為陸海軍總司令。但是，這裡要再次強調：憲法起草人從未打算讓人民直選總統。他們的目標是把選總統的職權交給賢能之士，而非讓一般大眾來做此重大決定。他們也設法不讓總統有辦法把自己變成布衣君王。一方面在憲法中強調權力分立，一方面嚴加限制總統的決策權，確保總統不會獲取等同於國王的權力（不像英格蘭第一個也是最後一個共和國統治者奧立佛．克倫威爾）。

一七八七年到費城參加制憲會議的人在政府運作上有兩個創舉：一是成文憲法，二是聯邦分權制。因此，總統的權力受到一套成文法典的約束，而這套法典是建立在一個把權力分散到不同機關的政治制度上。以托克維爾的話來說，美國憲法後來成為共和國內「所有權威的源頭」。[36]美國憲法把權力分給聯邦政府和各州，賦予各州自治權，也進一步限制了總統的權力。這跟單純的地方分權（在有些國家可找到）在性質上不同，因為這就表示，基本上，雙方都不能侵犯彼此的司法權。身為第一個主動接納立憲和聯邦體制的國家，美國也對其他採納這些原則的國家影響很大。不過，美國憲法中明列出的制度規畫，仍然是美國獨有的。

美國憲法和聯邦分權對行政首長的權力設下全新的限制，也使得法律在美國政治運作中占有特殊地位，以致有時候法治（rule of law）很接近律師治國（rule of lawyer）。費納形容美國憲法是「全世紀最拘泥於條文的憲法」，[37]意思是說，其他國家的民選政府理所當然能做的決定，換

4 約翰．米勒是蘇格蘭啟蒙運動最激進的代表之一，也是奴隸制最強烈的反對者，無論是哪裡的奴隸制。美國獨立宣言發表後三年的一七七九年，他打算將《階級差異的起源》第三版付梓，但他並不覺得有必要更動一七七一年初版當中的某個段落的任何一個字。即使是後來的美國憲法也無法削弱他論證「修辭和現實之間存有差距」的力道。他是這麼寫，「看見同一批人一方面高喊政治自由，把課稅這項特權視為人類不可剝奪的權利，另一方面又毫不顧忌地把很大比例的同胞逼進不只財產被剝奪，而是幾乎每種權利都被剝奪的窘境，簡直是一項奇特的景觀啊。命運所創造的境況恐怕沒有哪一項比此情此景更加精心算計，以之嘲笑自由主義者的假定，呈現出人類的行為說到底是多麼地不受哲學原理指揮。」

成在美國就會引起法律問題。因此，二〇一〇年當歐巴馬成功讓全國性的健保法案通過時（儘管還不到其他先進民主國家視為理所當然的全民醫療服務那種水準），最高法院自認為有責任要考量患者保護及平價醫療法案是否違憲。[38]由於大法官的票可以根據其政治和社會傾向來預測，最後是因為保守派的首席大法官約翰・羅伯茲讓人跌破眼鏡的一票，才以五比四的票數判決歐巴馬健保案並無違憲。[39]最高法院的很多決定，都像是政治藉由其他途徑來加以延續。傑出的法理學家德沃金甚至認為，羅伯茲是為了「公關上的理由」才支持健保改革法案，而非真正基於法律觀點。[40]然而，做出最後決定的仍然是最高法院。一個半世紀多之前，托克維爾曾道，「美國的政治問題，幾乎遲早都會變成司法問題。」[41]

法國大革命

美國革命對國際間造成的衝擊雖然大，但仍比不上法國大革命。[42]美國人主張自治的權利，法國革命分子的主張更加宏大。他們相信自己正在為世界創造一個典範——以歐洲為起點。即使是二十世紀的革命分子，如俄國的布爾什維克黨，也常拿自己跟法國大革命及其引發的效應相提並論（從認同雅各賓黨人到害怕波拿巴主義）。[43]法國大革命基本上是民主且平等的，而美國革命不是那種民主平等。然而，美國憲法及其權利法案相較於法國大革命及其人權宣言，兩者之間存在重大的差異。長遠來看，這樣的差異對前者較為有利。美國憲法中主張的權利既明確又具有法律上的可執行性，法國大革命主張的人權較籠統，只能算是目標的宣告。[44]

法國君主統治的專制無能不是一天兩天的事，但相較於其他歐洲國家並沒有那麼糟，甚至還比大多歐洲國家更自由。讓很多革命分子受到激勵的一大附加因素是主權在民和人人平等的意識形態，亦即「激進啟蒙」，這多少解釋了法國大革命為什麼是以這樣的形式展開。法國大革命帶來不少改變，包括法律制度的改頭換面、封建特權的取消、教會權威的終結、把對黑奴的普遍壓迫公諸於世、婚姻法的修正、離婚的可能，以及猶太人的解放。[45]時至今日，法國大革命的起因仍然眾說紛紜，開始和結束的時間也未有定論，雖然一七八九年七月十四日攻占巴士底監獄象徵了舊制度的瓦解，以及主權在民的強烈主張。

有些隨著法國大革命而來的政治創新影響深遠，例如政治「左派」和「右派」（源自法國國民議會的座位安排），以及「自由、平等、博愛」的概念（或口號）。另外像主張世俗價值和反教會也持續造成影響，絕不只是由一個宗教或教派取代另一個而已。究竟該由宗教權威還是世俗權威掌握政權這個議題，至今仍然在很多地方討論未歇，但當代歐洲已經沒有宗教領袖能夠左右政府政策了。儘管對宗教普遍存有敵意，法國大革命卻很快就創造出自己的儀式和迷思，之後甚至展開恐怖統治，不僅澆熄了大革命的典範在歐洲其他國家所燃起的熱情，也讓它所代表的精神蕩然無存。隨著早期一片混亂的平等主義轉變成階級復活、軍事冒進以及新的專制，理想也持續地幻滅。這樣的過程在一七九九年拿破崙．波拿巴推翻聯合執政的督政府（一七九五年掌權），建立他自己的獨裁統治之後更是如此。在大革命的許多理想遭到翻轉之際，一八〇四年拿破崙被教皇加冕為皇帝。法國大革命是第一個根據平等和民主的激進概念來重建國家的嚴肅嘗試。受到類似信念激發的革命，最後卻在強人的獨裁統治下結束，這不會是最後一次。

民主和民主領袖的發展過程

十九世紀期間，經濟地位已經不再是擁有投票權的決定因素，在大部分歐洲國家以及美國，有愈來愈多社會團體能夠在政治上找到立足點。然而，即使在美國，有財產才有投票權的限制施行很久，白人男性普遍擁有投票權在不同州實施的時間也不同，一直要到一八六〇年代才大致完成。非白人男性則要到一八七〇年通過美國憲法第十五條修正案才獲得選舉權，也只是原則上。五年前的第十三條修正案才剛廢除奴隸制。然而，第十五條修正案不足以阻止南方州為美國黑人行使投票權設下障礙。即使到了二十世紀晚期，有些州還是想方設法限制非裔同胞的投票機會。對這種偏執的最好反擊，就是在二〇〇八年選出美國白人女性和非洲黑人男性所生下的兒子歐巴馬為總統，並在二〇一二年讓他連任。歐巴馬在第一次總統選舉中拿下的白人票（百分之四十三），甚至多過二〇〇四年的民主黨參選人約翰．凱瑞（百分之四十一）。[46]

十九世紀的最後三十年，很多歐洲國家不再把投票權跟財產所有權綁在一起，從而大幅放寬了投票權。法國男性在一八七一年獲得普選權，瑞士一八七四年跟進。英國則是逐步放寬投票權，以致到了第一次世界大戰，有將近四分之一的成年男性被徵召入伍時還沒有投票權。然而，由於女性沒有投票權，可以確定在二十世紀之前歐美絕大多數成人都沒有選舉權。因此，說一百年前的任何歐美國家「民主」都不太恰當，儘管十九世紀（甚至更早）有些國家在自由開放、政治多元和法治（雖然仍有缺點）方面就表現得可圈可點，尤其是美國和英國。大致來說，透過公眾說服的施政逐步在歐美各地開展，縱使還是有所偏廢。[47]然而，十九世紀美國女性和黑人都還沒有投票權時，托克維爾就將他在一八三〇年代完成的精彩著作名為《民主在美國》也未免言之過早，不過他在其他很多方面都算未卜先知。

二十世紀的民主發展，隨著女性有了投票權，而對政治領導意義重大，其中最重要的是，女性也能當選政府首長。一直到一八九三年，成人的普選權才延伸到女性，而且只有一個國家：紐西蘭。歐洲率先賦予女性選舉權的是北歐國家（一直都是如此），芬蘭和挪威在一九〇七年成為開放女性投票權的先鋒。包括美國和英國在內的大多數國家，都要到第一次世界大戰之後女性才得到投票權。美國是在一九二〇年通過第十九條修正案後讓女性擁有選舉權。跟半世紀前賦予黑人選舉權的修正案不同的是，這次各州並沒有設法規避新的規定。英國的女性投票權分兩階段放寬：一九一八年是三十歲以上的女性，一九二八年是二十一歲以上的女性。經過了這麼漫長的時間，女性終於能跟男性享有平等的選舉權。

女性在政治上的進展一直是民主的關鍵要素。但在獲得投票權之後，又過了一段時間，女性晉升政治領導高層之路才逐漸打開。一九六〇年，錫蘭（今斯里蘭卡）的班達拉奈克成為世上第一位女性首相。她的丈夫是斯里蘭卡自由黨創辦人，後來遇刺身亡，黨說服她代夫從政，領導國家。幾個世紀前，女性當然也曾經掌握權位，但都是世襲君王，最赫赫有名的莫過於十六世紀英國的伊莉莎白一世和十八世紀俄國的凱薩琳二世。直到二十世紀下半葉，仍未有女性是因為率領政黨贏得普選才當上政府首長。然而到了二〇一三年，世界各地已經有超過八十名女性被選為最高政府首長，而且每大洲都有。其中包括一九六九年到一九七四年擔任以色列總理的果爾達．梅爾，之後還有（僅舉幾個較知名的歐洲範例）一九七九年上台的英國首相柴契爾，一九八一年上台的挪威首相布倫特蘭德，二〇〇五年上台的德國總理梅克爾，二〇一一年上台的丹麥女首相托寧—施密特，以及二〇一三年上台的挪威第二任女首相索伯格。

出乎多數人意外的是，相較於歐洲或北美（加拿大已經出過女總理，美國卻還沒有過女總統），父權主義的亞洲社會反而更早也更常出現女性領袖。英迪拉．甘地早在一九六六年就當上印度總理。不過，這些亞洲女性領導人都跟某個重要的男性政治家有親屬關係，不是父親就是丈夫。這雖然是一大突破，但亞洲出現的女性領袖也可以說是世襲政治和王朝制度的另一種變體。班達拉奈克取代了遇刺丈夫的位置。甘地夫人是印度獨立後首任總理「偉大的學者」尼赫魯的唯一骨肉。一九八六到一九九二在位的菲律賓總統艾奎諾夫人，是受人愛戴的反抗分子艾奎諾的遺孀，艾奎諾因為對抗馬可仕的腐敗暴政而犧牲性命。分別在一九八八到一九九〇年，以及一九九三到一九九六年擔任巴基斯坦總理的班娜姬．布托，是巴國的第一位女性政府首長。其父佐勒菲卡．布托在一九七〇年代先後擔任巴國總統及總理。一九七九年佐勒菲卡遭控謀殺政敵被處以絞刑，二〇〇七年十二月班娜姬在競選活動上受到爆炸攻擊而喪命。從父女兩人的死可見巴國政治的暴力與多變。二〇一二年十二月南韓選出第一位女性總統朴槿惠，朴在隔年二月就任。她的父親朴正熙是南韓一九六〇和七〇年代的獨裁總統，一九七九年遭情報部長槍殺。就連了不起的緬甸反抗領袖翁山蘇姬，起初也因為是翁山將軍（帶領緬甸脫離英國獨立，後遭暗殺）的女兒才聲望卓著，她對獨裁軍政府的民主反抗運動使她被軟禁多年。

拉丁美洲最早出現的女性領袖，同樣脫離不了家族的政治背景。艾薇塔．裴隆是第二次世界大戰後阿根廷第一任總統胡安．裴隆的第二任妻子，雖然從未掌握政權，生前死後都有極大影響力。一九四七年阿根廷女性能夠獲得投票權，她扮演了極重要的角色。後來，裴隆的第三任妻子伊莎貝爾在一九七五年丈夫死後接任總統，成為阿根廷第一位女總統。近年來拉丁美洲女性已經不再需要家族背景也能當選領導人，雖然阿根廷的克里斯蒂娜．費南德茲是延續過去的模式，接任死去丈夫基西納的總統職位，但巴西的羅賽芙和智利的巴舍萊就不需要這樣的家族背景。她們完全靠著自己的努力和才能贏得矚目，後來又因為在黨內或國內的表現不凡而當選上台。巴舍萊屬於社會民主主義的智利社會黨，二〇〇六到二〇一〇年出任總統。羅賽芙是巴西勞工黨的一員，二〇一一年繼達席瓦爾當選巴西總統。這兩位女性政治家有個共同點：兩人都積極反抗軍事獨裁，也都在激烈反抗國內暴政期間遭受包括酷刑在內的政治迫害。

文化脈絡

近年來的人類學研究擴展了我們對領導這件事在不同時代和不同社會如何發展的理解。人類學一方面提出新的證據，同時也修正了本章前面提到的啟蒙理論家所提出的某些概念。再清楚不過的是，前現代社群中有各式各樣達成決議的方式。許多崇尚平等的採獵社會沒有特定的首領，但有些社會有。[48]再者，人類存在世上那麼久，有百分之九十九的時間都以採獵方式維生，因此在不同時空下發展出達成決議和排解異議的不同方式也就不足為奇。[49]美國學者賈德・戴蒙指出，族群大小是重要因素。若成員只有數百人，不但彼此認識也形成親屬團體，沒有首領也過得去。戴蒙寫道：

> 部落仍然保有非正式的、「人人平等」的政府體制。資訊和決議都是共享的……很多（新幾內亞）的高地村落確實有個眾人心目中的「大家長」，即村裡最有影響力的人。但那並非一定要有人擔任的正式職位，權力也有限。大家長沒有單獨決策的權力……最多也只能影響部落的共同決定。大家長是靠自身的特質獲得地位，而非繼承而來。[50]

然而，有些時候大家長會逐漸把自己變成首領。人類學家馬歇爾．薩林斯主張，一旦開始這麼做，他們就會利用自己的領導地位推翻部落裡的平等規範，向他人收取保護費，並強迫其他人生產多於存活所需的作物。一開始，這些首領會受限於眾人都是大家族的成員這樣的想法，但後來某些成員會進一步否定這種親屬聯繫，更無情地剝削其他族人。[51]於是，一開始的領導和說服演變成權力和脅迫。有別於無人占據最高權位的群體和部落，首領制似乎出現在約七千五百年前。[52]當「地方人口變得夠多夠密」，還有「生產多餘食物的潛力」時，部落往往就會發展成有首領的社會。群體愈大，就愈難避免崛起的首領當中有些（但並非全部）採取威權統治。不同的前現代社會有各自不同的特點。[53]

非洲國家多半都是到二十世紀後面幾十年才獨立自治，常常還留有早期社會組織的痕跡。當英國殖民地陸續獨立（通常都經過政治抗爭），接受「西敏制」為基礎的憲法後，當地根深柢固的文化習俗經常凌駕正式制度，導致類似西敏制的部分愈來愈面貌模糊。在這種情況下，非洲領袖通常是「透過高度個人化的主從關係網」來運作，而那多半（但非全都）是建立在族群和地方團體發展出來的關係網之上。在這些關係網中，多半有「大家長」運用其不成比例的影響力，「來規避正式的遊戲規則。」[54]非洲國家長久以來的一個問題是，隨著殖民征服而來的邊界，硬把缺乏共通點的不同族群和宗教的人湊在一起。政治領導最有挑戰性的任務之一，就是創造出國家認同感。在這方面，坦尚尼亞總統尼雷爾和南非總統曼德拉的成就非凡。[55]好的制度當然重要，但很大一部分有賴於領導者的才能和操守。倘若領導者自己都無視制度，破壞制度的合法性，就算有健全的體制也不足以自行。

總之，領導很重要，但最貧窮跟最分裂的社會需要的是一個有遠見、有包容性的領袖，而非強勢領袖。世界上最貧困的國家，很多都是族群最多元的國家，選舉的競爭很難發揮功用，因為（只要選舉夠自由）投票行為往往取決於對哪個族群效忠。我們很容易做出以下結論：一個多族群的社會（世界的底層有十億貧窮人口都是活在這樣的社會中），需要的是「一個強人」。[56]根據對非洲國家的長期觀察，以及族群內部為何發生暴力衝突的數據分析，保羅．克里爾提出不同的看法。他指出，暴力除了立即重創百姓的生活，也對經濟發展的前景造成傷害，而他的結論是：「民主雖然不好」，但「獨裁統治更糟」。[57]

政治文化

我在這章的主要目標是找出現代社會的政治文化中政治領導的方式。聚焦在政治文化，代表要探討那些跟政治有關的文化面向。從中也能發現歷史和政治的連結，因為深層的文化有別於短暫的心態，是國家和群體的歷史經驗的產物（雖然比較偏向大眾所理解的歷史，而不是歷史學家所精煉的歷史）。政治文化，甚至更上層的「文化」，自古以來有過很多種不同的定義。[58]不過，根本來說，政治文化就是：人們心目中理所當然認為適當或不適當的政府作為或公民行為；人民如何認知造成政治變動的方式；他們如何看待自己群體或國家的歷史；他們的價值觀和基本的政治信念。[59]研究價值觀的學者承認價值觀會隨時間改變，但只能逐步改變。[60]根本的政治信念指的不是支持哪一個政黨，而是更基礎的東西——例如，是否認為全體人民都有權影響領導人或政治結果，或者剛好相反：政府事務都該交給統治者，而統治者就像風跟海浪，不會、也不該被一般老百姓左右。

複雜的現代社會很少有單一的政治文化。事實上，大多數國家都是族群多元，人民信仰各種不同宗教或是沒有宗教信仰。但在發展較成功的國家中，價值來自人民擁有的共同點。這類國家還有另一個特點：人民對於政治變動會如何發生也有廣泛的共識，即使在民主國家中，變動本身的內容和方向仍有待爭辯。談論特定國家的單一政治文化難免會過度簡化。民族和國家包含許多次文化，有時候即使是效忠某一政黨都可能代表一種次文化。共產黨和法國第四、第五共和的保守政黨天主教黨的成員就分屬非常不同的次文化。又，在一個社會廣受接納的信念，有可能在其他社會完全不被視為理所當然。[61]舉例來說，一個國家可能為了「秩序」(被視為最高價值)，普遍願意賦予領袖無限的權力。相反地，另一個國家更在意的卻是約束最高領袖的權力，讓他在政治上和法律上負起責任。從歷史上來看，俄國屬於第一種，美國屬於第二種。

所以，領袖就是在這種慢慢改變但非永遠不變的政治文化中運作。美國總統、加拿大總理或法國總統若是箝制媒體自由，勢必會遇到文化上及體制上的反彈。法國總統薩科奇在他為期一任的期間內，就曾被控愛用國安人員調查好事記者而受到國內的強烈抨擊。[62]義大利二戰後的民主體制雖有瑕疵，但終究是民主國家。[63]因此，社會上還是有很多反對總理貝魯斯柯尼利用自己的媒體王國打壓批評和辯論的聲浪。俄羅斯從未有過發展成熟的民主制度，雖然一九八〇年代後半曾出現過充滿活力的政治多元時期。近二十年來，這樣的活力逐漸消退，只有在二〇一一和二〇一二年的國會黑箱選舉，讓好幾萬人走上莫斯科和其他城市（人數少很多）的街頭抗議，一掃前十年的消極被動和因循守舊。話雖如此，俄羅斯當局在二十一世紀對反對勢力領袖的騷擾，再加上大眾媒體被國家把持，只引起極少數人挺身反抗。民主政治文化源於長期的民主經驗，而這種經驗在俄羅斯既短暫也不完整。

但政治文化會在制度和價值觀的相互作用中隨著時間逐漸轉變。這是一種雙向的關係。長期推行民主制度有助於形塑與鞏固民主價值。但在某些例子中，影響力的方向正好相反。當一個國家實施威權統治，而新統治者推動一種跟社會既定的普遍認知不一致的意識形態時，就可能發生這種狀況。捷克斯洛伐克就是一個好例子，一九一八年成立，一九九二年之後分成捷克和斯洛伐克兩個獨立的國家。它是兩次大戰之間中歐最民主的國家，大部分的時間是由開國元老馬薩里克領導。二戰剛結束，第一共和國就遭到共產黨詆毀，很多人把這段時期跟一九三〇年代的失業潮聯想在一起，尤其是共和國在納粹入侵後瓦解的回憶。然而，經過二十年的共黨統治後，捷克人（比起斯洛伐克人）對兩次大戰之間的民主經驗，評價高於戰後初期。在一九四六年的一份研究調查中，捷克人被問到捷克歷史上哪一段時期最輝煌。結果只有百分之八的應答者認為是第一共和國（一九一八～一九三八），排名第五。到了一九六八年又再調查一次，這次第一共和國衝上第一名，百分之三十九的捷克人認為那是捷克歷史上最輝煌的時期。[64]進入一九六〇年代，很多捷克和斯洛伐克的共產黨員在經歷蘇聯的高壓統治後，紛紛重新評估政治多元化的優點，以及馬薩里克的道德和政治聲望。

戰後最初幾年，捷克斯洛伐克真心盼望「建立社會主義」。但官僚的威權統治再加上政治警察的監控和壓迫，全非年輕、滿懷理想的捷克共產黨員追求或期望的結果。令人灰心的現實和理想之間的差距，久而久之促使他們開始重新認真思索。另外，赫魯雪夫在一九五六年蘇聯共產黨第二十次代表大會的閉門會議中痛批史達林，一九六一年又在第二十二次代表大會上公開批評史達林，也成為捷克改革的推動力量。後來大家所知的「布拉格之春」，其實是捷克斯洛伐克共產黨內部改革運動的顛峰。一九六八年布拉格之春期間，更加包容與快速變化的政治氣氛，讓更大範圍的捷克社會得到活化。代表大多數（非共黨）人民的公民團體紛紛湧現。這整個過程，尤其是捷共領導階層支持的政治改革，震驚了蘇聯中央政治局，導致同年八月派了五十萬士兵前去鎮壓。

當時捷共的最高領導人杜布切克（斯洛伐克人）本身不是激進的改革者，但善於聆聽，喜歡以理服人更勝於強逼威嚇，能夠容忍合理的批判性討論，也贊同體制局部多元發展。在蘇聯的高層領導人眼中，他成了「頭號大壞蛋」。[65]雖然杜布切克的角色比較像是從旁協助者，而非推動的力量，但一九六八年初他繼強硬派的諾瓦提尼之後接下黨內領導人，仍然具有重大意義。在一個高度威權和嚴格層級劃分的政治體制下，最高層換成一個風格不同且更具人性關懷的領導人，可能會造成重大差異。大體上，**權力愈是集中在領導人手中，領導換人所可能帶來的影響就愈重大**。

文化影響力是政治生活的一個重要層面，但無論如何都不該被當作一種文化決定論。超越國界的跨國文化影響力幾世紀以來都是重要的改變力量，在二十世紀最後幾十年和二十一世紀初國際和洲際即時交流比過去更為頻繁之際，其重要性更甚以往。此外，任何一個現代國家都有多種文化傳統可以吸收利用。捷克很幸運曾經出過一個代表民主價值、足以成為改革標竿的領導人。馬薩里克的照片在一九六八年的布拉格街頭販售（那年我也買了一張），往後二十年遭禁，直到一九八九年晚期才又出現。這一次，人稱「絲絨革命」的反抗運動沒有遭到莫斯科的鎮壓。

某些受到威權或極權統治的國家沒有捷克這樣的民主經驗可為利用。擁有民主經驗和民主自由的象徵都有助於推動民主。不過，就算繼承了一個較不利民主發展的政治文化，也不代表該國家往後就脫離不了獨裁統治。剛好相反。現今的民主國家，每一個都曾被威權軍閥或專制君王統治過。

從威權到民主的過渡時期，領導者扮演的角色尤其重要。政治動盪不安時，他們對民主價值的投入程度十分關鍵，可以確保政治上的突破，並持續這股力量。我在第四章中主張，戈巴契夫是一名轉變型領袖，但他跟他在蘇聯內部的盟友遇到了艱困的挑戰，不僅有強大的既得利益團體反對這位蘇聯最後領導人所發起的激進改革，蘇聯的政治文化也有很多可被他的敵手拿來利用的重要元素。這些元素在蘇聯瓦解後構成俄羅斯領導人的統治基礎，一方面削弱了針對最高領導層的權力制衡，一方面在保有民主形式的同時又剝奪了大部分的民主內涵。俄羅斯人又回到隨波逐流的思想模式中，認為不去挑戰當道的權威是一種自然且明哲保身的選擇。在俄羅斯，所謂的領袖「聲望」往往是「大眾認知到其掌握權勢」所造成的結果。一九九六年總統大選前一名女性選民受訪時說的話，就是一個貼切的例證。在被問到支持哪位候選人時，她說是共產黨候選人久加諾夫，但又說會把票投給葉爾欽。問她原因，她回答，「久加諾夫如果是總統，我就會把票投給他。」權力被認為帶來威望，也因而贏得尊重和效忠。正如克拉斯特夫和霍姆斯所說，若普丁有天變成「只是好幾位真的要選總統的候選人之一，他就不再是現在的普丁，會有那些順應時勢的乖巧選民急於把票投給他」。[66]

調查研究也提供不少證據說明了，俄羅斯人傳統上會把合法政府跟強人統治給綁在一起。二〇〇〇年時，由勒瓦達（直到二〇〇六年逝世之前，一直是受人敬重的俄羅斯民調專家）帶領的研究中心，針對二十世紀人民心目中最傑出的領袖做了民調。出線的前五名領袖性格各異，但都有個共同點：對民主有敵意。說好聽是威權領袖，說難聽就是極權領袖。第一名是史達林；第二名是列寧；第三名是領導蘇聯國家安全委員會（KGB）十五年、從一九八二年到一九八四年初逝世前擔任蘇共領導人的安德洛波夫；第四名是從一九六四年到一九八二年擔任蘇聯領導人的布里茲涅夫；第五名是一九一七年被推翻的末代沙皇尼古拉二世。[67]

要注意的是，也有其他調查顯示俄羅斯人民比政治精英還要更支持民主。只有少數俄羅斯人相信自己生活在民主體制下，但大多數人都認為民主制度是治理國家的適當方式。然而，科爾頓和麥富爾爾這份調查報告同時指出較令人沮喪的發現：當俄羅斯人被迫在民主和強國之間擇一時，只有百分之六選擇民主。[68]一九九三年、一九九六年和二〇〇四年在俄羅斯城市雅羅斯拉夫爾做的三次調查也有同樣的結果：逾八成受訪者贊同「有才能、有強大意志的領袖做什麼事都能成功」，約有四分之三的受訪者同意「少數強勢領袖比所有法律和討論能為國家做更有用」。[69]

不過，俄羅斯跟所有現代國家一樣，不但有各種次文化，也有格外顯著的世代差異。在上述的勒瓦達調查中，受訪者只能說出一名他心目中二十世紀最偉大的俄羅斯領袖。選擇史達林和戈巴契夫的人顯然屬於很不同的次文化，畢竟兩人代表的價值觀和政策差異甚大。戈巴契夫在調查中居第六名，有百分之七的受訪者選擇他。年齡和教育背景是影響選擇的一大因素。五十五歲以上的人選史達林的最多，十八到二十四歲的人最少。高中低三種教育程度中，史達林在教育程度高的人當中支持率最低。從教育程度和年齡層來看，戈巴契夫的統計結果剛好相反。教育程度高的人當中，有百分之十四認為他是二十世紀最偉大的領導人，在教育程度高的人當中與史達林旗鼓相當。[70]二〇〇五年進行的一次調查也發現，俄羅斯人對蘇聯體制在改革前的態度呈現出類似的年齡差距。被問到「如果俄羅斯的一切都跟一九八五年（戈巴契夫上台那一年）之前一樣是否會更好」，有百分之四十八的人表示同意。然而，超過五十五歲的人有百分之六十六同意，但十八到二十四歲的人只有百分之二十四認同。[71]

政治文化受到歷史的制約，但我們永遠不該低估人本身經歷的歷史對人的影響。不過，怎麼詮釋這段經驗，可能受到童年和年少時期吸收的價值和信念的強烈影響。針對民主國家的人民如何獲得政治觀點的研究顯示，父母的黨派傾向「對子女接受政治資訊影響重大」。[72]威權體制下的社會當然也一樣。尤其是外來的共產政權強加統治的國家，在家庭中發生的社會化可能在制衡國家教育體制和官方大眾媒體上扮演決定性的重要角色。以波蘭的例子來說，父母的影響力——以及與家庭息息相關的天主教會——比黨國更大，因為黨國基本上無法否認它之所以獲得合法統治地位乃是蘇軍強加的結果。比起俄羅斯人，波蘭人更不可能把一個強大的非宗教領袖視為問題的答案，遑論回應他們的禱告。[73]

心理層面

追逐權力和財富常被看作理性行為者為捍衛自身利益而玩的遊戲，許多當代經濟學家以及同道的政治學家尤其這麼想。矛盾的是，即使是賺錢這件事，經常也不是出於經濟動機（除了窮到必須賺錢才能存活的人）。以獲得諾貝爾經濟學獎的心理學家康納曼的話來說，「對那些想再多賺十億的億萬富翁而言，特別是對那些加入實驗性的經濟計畫看看是否能夠多賺錢的人來說，錢代表的是自尊和成就表上的分數。」[74]一如既往，比起那些把他的經濟理論解釋成純粹捍衛經濟上的自利，並視之為人類社會唯一主導法則的人，亞當．斯密還是比較聰明。他很清楚生活中普遍存在著非理性因素，包括人對重大政治事件的反應。他舉了「所有在內戰中犧牲的無辜人命，也不比查理一世的死激起更多憤怒」為例。[75]「不了解人性的人可能會想，」斯密觀察道，「疼痛所帶來的痛苦、死亡所造成的恐懼，想必對高位者比對低下階層更劇烈」。他把這種思索切入對社會政治階層的心理分析，以此補充他所設想的政府形式跟維生方式之間的關係。斯密在《道德情操論》中主張：

人類攀附權貴的傾向，就是階級差異及社會秩序的根基。我們對上位者巴結諂媚常是因為羨慕他們享有的優勢，而不是因為期待他們善意施捨好處。他們的好處只能給少數人，他們的好運卻幾乎每個人都會關心。[76]

根據斯密的觀察，「由衷且長期崇拜智慧和德行」的主要是賢能之士，「但這些人只占少數」。相反地，「一般大眾崇拜景仰的是財富和聲望。更奇特的是，他們的崇拜景仰通常是不涉自身利益的。」[77]

除了崇拜「財富和聲望」的傾向之外，或許還要加上許多旁觀者傾向於把個別統治者（無論是君王、總統或首相）的自視非凡當真，這種自視是被統治者身邊某些人的奉承跟想要位子的期待給烘托出來的。現今有一些談領導的書，已經比過去更著重於追隨者跟領導者之間的複雜關係。[78]有人說，膽怯而容易受騙的追隨者活該得到差勁的領袖。領袖要靠「真心相信」的追隨者吸收更多追隨者，才能提升他們的英雄形象並傳播其理念。因此，「領導者對追隨者的依賴愈是被忽略，領導人的自主性就愈是被誇大。」[79]

崇拜權威可能助長「有害領導人」的出現，讓這些原本應該被趕下台的領導人反而存活下來，不只是政治上如此，很多領域也是如此。珍．李普曼—布魯門曾經指出，人有種普遍的傾向，「寧可選有害的領導人也不選讓人幻滅的領導人，因為後者會逼使我們正視生活的黑暗面」。[80]很多領袖當然既非「有害」，也沒有讓人萬念俱灰。領袖確實要能給人民希望和樂觀的理由，但同時也要坦承前方有重重難關。邱吉爾在戰時擔任英國首相就表現得出類拔萃。吉米．

卡特在擔任美國總統時，雖指出美國面對的許多問題，卻未能提高人民的士氣。卡特是個聰明又正直的領導人，然而美國人卻認為他「有點太虔誠，也沒什麼情趣」。[81]他太過事必躬親，過度依賴理性，不為情感訴求和政治情緒所動，只求有效達成政策目標。卡特還在白宮時，他之前的一個助手指出其領導問題在於未能「投射出一個比他當時對付的問題更大的願景」。[82]卡特比他的繼任者雷根更能精確地掌握問題，但雷根的樂觀主義對他贏得一九八〇年總統選舉大有助益。很多有關美國的政治研究也證明，「人民會把票投給激發正確情感的候選人，而不是提出最佳政見的候選人。」[83]

領袖常把某些成就歸功於自己，即使找不到證據顯示他們做了什麼特別的事甚至做出任何貢獻。[84]用社會心理學家哈斯蘭、雷徹和普拉托的話來說，「領袖為什麼對英雄式領導的概念著迷並不神秘難解。首先，這樣能正當化他們的地位，讓他們有理由主張自己比任何人都應該掌權……第二，這讓他們得以掙脫群體傳統的限制和對群體成員的義務……第三，這樣領袖就能收割所有成功的果實，同時避開失敗的陷阱。」[85]從人稱代名詞中可以看到幾分真相。因此，較為自我中心的領袖對自身功績的紀錄大概可以用一句話總結：「我帶領，你們搞砸，我們失敗。」[86]更普遍來看，就如康納曼的觀察：「我們知道不管多荒謬的主張，人都能堅定不移地相信，只要有一群看法一致的相信者支持就行了。」[87]

近年來學界很關注針對追隨者和領導者的研究。然而，這類關注只集中在最高領導人和可以合理稱之為追隨者的研究上，因而漏掉了一種重要的領導類型。在民主政府中，甚至有些威權政府也是，領導階層中的某些要角不該被視為最高領導者的「追隨者」。他們對達成政府目標所扮演的角色，跟正式領導人一樣重要，有時甚至更重要。這種看法常常出現在沒當過總統或首相卻是政府要人的嚴肅傳記中，但如果只是漫談政治領導的書就比較少見。

做體制分析有一個通則：在官僚體系中，你的立場取決於你坐在哪裡。[88]某程度來說確實如此。舉一個最顯而易見的例子：政府衛生部門和教育部門的官員多半會為各自負責的部門爭取更多預算（掌管該部會的政治家更是如此）。相反地，財政部官員最在意的卻是控制預算，量入為出。邱吉爾在一般人眼中不是一個會主張刪減軍事預算的政治家，但他擔任財政大臣時就曾要求（一九二五年）大刪海軍部預算，縮減海軍規模，儘管一戰前他擔任第一海軍大臣時曾成功施壓讓海軍經費大幅增加。[89]普遍而言，某個部門關心的事可能另一部門不重視也不在意。

然而，社會和政治心理學許多引人深思的發現中，有一項幫助了我們理解制度所扮演的角色，那就是：你的立場取決於你看到什麼。[90]對事實的誤解會反過來影響價值觀，進而形成特定觀點。[91]一九九〇年代時，五分之一的美國人以為政府把最多錢花在外援，實際上卻只占總預算約百分之二。[92]但這種錯誤印象卻強化了對外援的敵意。大家都知道，人會習慣性地過濾掉跟自己的既定信念不符的資訊，而且會想像出各種方式來合理化自己做的決定，包括那些跟他們宣稱的原則有明顯衝突的行動。[93]人會選擇性地處理及詮釋資訊，避免吸收的資訊以擾人的方式挑戰他們之前的認知。而人民對政治現實的認知，「跟他們的政治偏好與認同交織在一起難分難捨」。針對美國總統及副總統電視辯論會的研究發現，「人對於誰會『贏』的看法，深受他們之前對候選人的觀感所影響」。[94]

有大量證據證明，情感在政治中扮演重要的角色，[95]重要到我們必須在政治立場的決定因素中再加一項：你的立場取決於你感受到什麼。人的理性和對自身利益的認知並不是對他們投票給誰毫無影響，但物質利益對很多選民來說沒有想像的那麼重要。這在美國的政治脈絡下尤其有豐富的研究資料可為參考。很多人會把票投給跟他們當前的經濟利益相悖的候選人，臨床心理學家及政治策略家德魯．韋斯汀清楚總結了這種矛盾現象：「同性戀如何對彼此許下承諾，對百分之九十五的美國人的婚姻毫無影響，就算同性可以結婚，百分之九十五的人也不太可能跟一起釣魚的哥兒們私奔。一年有數十名殺人犯被判無期徒刑或是送上電椅，對大多數人的日常生活也沒有太大影響。」[96]韋斯汀指出，特別的是，這類社會議題的情緒反應，卻可以影響大多數美國選民的投票行為，儘管影響人民日常生活較大的應該是「誰能減稅，誰不行；換工作會不會因為原來的條件設定而失去健保資格；請產假會不會被開除」之類的問題。[97]

領導制度

我已經在前文強調，最純粹的領導是那些沒有掌握任何權位，卻能吸引到追隨者並對社會和政治產生影響的人。甘地帶領印度脫離英國獨立；曼德拉挺身抵抗南非的種族隔離政策，掙脫白人的少數統治；以及帶領緬甸走向民主的翁山蘇姬，都是二十和二十一世紀的傑出實例。[98]比起前幾世紀因為戰功彪炳而受讚揚的君王，這些領袖也完全有資格被稱之為「偉大」，儘管用「偉人」（包括偉大的女人）來解釋歷史變遷可能太武斷或太籠統。

即使對這三位領袖來說，制度（雖然是非政府的制度）對他們推動目標也很重要。甘地後來成為印度國民大會黨的領袖，國大黨是反對英國統治的主要組織，在印度獨立後成為執政黨。曼德拉是非洲民族議會最著名的領導人物，該組織在南非反抗白人統治數十年，最後獲得成立政府的機會。翁山蘇姬長期擔任全國民主聯盟的領袖，因為緬甸軍政府的打壓，全民盟多年來只能往地下發展。但這三位領袖都不需要靠人資助或掌握政權，就能提升自己的道德權威和政治聲望。

大部分在自己國家得享全國知名度的政治領袖都非如此。很多是因為職位本身才獲得領導

5 不過，這也有一定的限度，尤其是候選人的表現遠低於預期時。二〇一二年十月初，在三場電視辯論會的第一場中，歐巴馬的表現反常地遜色。絕大多數觀眾認為羅姆尼表現較好。投票意向的追蹤結果也顯示羅姆尼的支持率顯著回升。（*Financial Times*, 6–7 October and 8 October.）後來的兩場辯論，歐巴馬表現出色，觀眾對誰會贏的認知再度強烈反映了其政治偏好。

權，最明顯的就是政府最高首長，無論是總統、首相或總理（如德國）。即使是個性強硬的天才政治家也可能在一個職位上飛黃騰達，卻發現自己在其他領域毫無影響力。制度本身和它的範圍及限制，往往決定了政治人物能做的事。然而，有些領袖發現了擴展影響力的方法，即使在發展相對有限的職位上。從一九五五年起擔任美國參議院的多數黨領袖開始（之前是少數黨領袖），林登．詹森就克服了「資歷制度」（說難聽一點就是「倚老賣老制度」）的限制。要在這種制度下當上委員會主席，端看你在參議院待多久。詹森透過說服、利誘，有時還有威嚇，填補了關鍵委員會的空缺，以鐵面有效率的參院領導人身分贏得支持。他確實可以說是重新創造了立法機關的領導角色，借用替他立傳的優秀傳記作家羅伯．卡羅的話，他按照自己的意志改變了一個過去「堅決不可改變」的制度，成為「美國歷史上最偉大的參議院領袖」。他是「參議院的主人——一個過去從未有過主人的機構，而且……之後再也沒有過。」[99]詹森後來當上美國總統，成了難得一見的開創型領袖（第三章會再討論）。比起前任的甘迺迪總統，他留給後人的立法成果更多，尤其是讓甘迺迪未能說服國會的民權法案通過。詹森在總統任內達到的成就，靠的不只是他的足智多謀和能言善辯，還有他在參議院磨練出的一身好本領，以及總統手中掌握的大權。

但在擔任參議院領袖（他使參議院成為一大權力基礎）到繼任總統（因為甘迺迪被暗殺）之間，詹森也是甘迺迪的副總統。詹森擔任參議院的多數黨領袖時散發的領袖魅力，在一九六〇年代早期他出任副總統時淡化到幾乎不存在，直到當上總統的最初幾個月才重現。當副總統時他被擠出重要決策的核心圈圈——成員包括總統的弟弟羅伯．甘迺迪，他跟詹森兩人互看不順眼。詹森的領導長才無處發揮，被他擔任的職位嚴重限制。比詹森更早擔任副總統、出身德州的約翰．南斯．加納就形容副總統一職連「一桶溫熱的小便」都不值。[100]詹森自己則說：

> 副總統的生活充斥著世界之旅、轎車司機、別人對你行禮致敬、掌聲、各種委員會的主席，但到頭來什麼都沒有。每分每秒都讓我厭惡。[101]

美國副總統有**可能**影響力深遠，甚至成為另一個領袖，前提是總統要對他非常信任，如同小布希對錢尼。[102]對於跟甘迺迪搭檔的詹森來說，完全是另一回事。詹森誤以為他在參議院得到的權威也會轉移到副總統職位上，還好他對另一件事的估算比較合乎實際。他相信在自己有生之年，不會有南方州的候選人選上總統（上一個是一八四八年當選的薩克利．泰勒），他又指出有五分之一的美國總統是在現任總統死後才接任總統職位。甘迺迪為了鞏固自己在南方的選票，邀請出身德州的詹森當他的競選伙伴，詹森（很早就立志要當總統）看準這是應當把握的機會。[103]

制度能讓人大展長才，也可能讓人有志難伸。制度幫助領袖推動政策，但其中的規則、程序和風氣也會限制住領袖的作為。美國總統在行政機關內的權力通常比內閣制的總理（首相）來得大。詹森跟富蘭克林・羅斯福一樣，都是把行政權發揮到極致的總統。但跟所屬政黨是國會多數黨的首相相比（英國通常如此，二〇一〇年組成的聯合政府是二戰後英國第一個聯合政府），美國總統相對於立法及司法機關等其他政府部門，權力則小很多。雖然有參議院的豐富經驗加持，對擔任副總統的詹森也毫無幫助。但當上總統之後他輪流打電話給每個參議員，就起了很大的作用。再者，美國總統既是國家元首也是最高政府首長，因此在受訪和記者會上通常比英國首相更受到尊重，更不用說後者在下議院接受質詢時還可能被嘲弄。美國尤其嚴格的分權制度，對總統領導的方式也有影響。因為如此，總統職位才被當作「第一講壇」（bully pulpit），可直接跳過其他政府部門向大眾呼籲，說服選民向國會施壓。富蘭克林・羅斯福和雷根都是箇中高手，各自以不同方式把杜魯門視為美國總統最主要權力的「說服」（如前章所述）發揮到淋漓盡致。

領袖和政黨

在民主國家中，兼任政黨領袖的最高行政首長擁有政黨的支持，以及政黨活動所提供的優勢。然而，若要跟政黨維持良好關係，他就得把黨內意見（首先是議會黨團）納入考量。這是因為，擔任民主國家的政黨領袖就表示要說服黨內大老和多數黨員哪些政策值得推動，而非只是發號施令。政黨所扮演的角色有時是阻力，有時是助力。政黨領袖擁護的政策若跟黨內核心價值或多數黨內意見相悖，無論是何種議題，都是在自找麻煩。比起內閣制的民主國家，美國總統受所屬政黨的約束大致來說較少，但也不是完全沒有。因此，老布希總統認為有必要長期擱置美國跟戈巴契夫統治的蘇聯所建立的正面且日漸友好的關係（前一任總統雷根發展起來的關係）。史考克羅夫帶領的國家安全會議成員制訂一連串的政策審查，就是為了證明老布希的外交政策不會只是雷根政策的延續。康朵麗莎・萊斯負責其中的兩次審查，她說審查的目的「就美國對歐洲和蘇聯的政策來說，是要減緩一九八八年雷根在大眾眼中跟戈巴契夫太過緊密的互動」。後來是因為「共產主義快速垮台才讓我們及時警醒，克服了我們固有的疑慮」。[104]

根據美國駐莫斯科大使馬特洛克的看法，問題不只是華府找錯專家給了錯誤的建議，而是布希想在政治後盾最弱的地方設法鞏固權力。雷根跟右派共和黨人關係良好，所以在黨內較少（非完全沒有）受到批評。相反地，以馬特洛克的話來說，布希「覺得有必要讓共和黨右派對他有信心」，於是他「演出一場展現強硬的戲碼，讓自己免於右派的批評」。[105]雖然外交政策在某些時候會讓政黨內部意見分歧，但已經不像冷戰期間那麼激烈了。倒是社會議題在美國政治中愈來愈重要（如墮胎、校內禱告、同志婚姻），導致政黨結構的弱化。[106]早在這些趨勢變得明顯之前，美國喜劇演員威爾・羅傑斯就說過：「我不屬於任何有組織的政治團體——我是民主黨。」[107]

美國總統在任期內不得被免職，除非透過彈劾。內閣制民主國家的首相就沒有這種保障。若失去政黨的信任，尤其是議會黨團，首相可能會下台。如果只有議會黨團有權選舉領導人，只要動員足夠的人，要挑戰領袖地位就比較簡單，這跟由人數較多（包括基層黨員）所組成的選舉人團不同。澳洲就是一個驚人的例子，黨領導人完全由國會議員選出，因此當代不乏政黨領袖被自己的黨趕下台的例子，即使他當時還是總理。[108]

最近的一個例子是，二〇一三年六月陸克文取代了朱莉亞．吉拉德成為工黨黨魁，因而同時成為總理，翻轉了三年前被她趕下台的恥辱（當時吉拉德是副黨魁也是副總理）。[109]二〇一〇年丟了黨魁和總理職位後，陸克文改任外交部長，但在二〇一二年二月辭職並挑起工黨的領導權之爭，意圖奪回總理位置，結果完全輸給吉拉德，儘管當時他比吉拉德這位澳洲首任女總理更受到歡迎。資深部會首長「毫不保留且火力全開」地抨擊陸克文擔任總理時的紀錄和作風，顯示出「他的大多數閣員無論在任何情況下都不希望他擔任總理」。[110]陸克文和他的支持者仍不死心，一年後又捲土重來，再一次挑戰吉拉德的領導地位。然而，就在二〇一三年三月投票前夕，陸克文「宣布他不會參選，因為他沒有勝算」。[111]他還說這是他為了重掌工黨所做的最後一次努力。結果短短三個月後，因為相信自己這次勝券在握了，他再次出手並贏得黨內投票。陸克文會說中文又當過外交官，在他人眼中看來「聰明過人」，但他擔任總理時「專橫的領導風格」卻受到「黨內大半成員的厭惡」。[112]

最後的結果完全在預料之中：工黨領袖換人並沒有影響到二〇一三年九月的大選。在六月最後一週奪回總理位置不久，陸克文個人的民調不但領先吉拉德，也贏過反對黨領袖東尼・艾伯特，但工黨整體的聲勢仍然落後，儘管曾經短暫縮小差距。九月初大選前，艾伯特的民調已經領先陸克文，但大選的決定性因素與領袖是否受到歡迎無關。由於公開化的內鬥愈演愈烈導致黨元氣大傷，再加上澳洲原先的經濟成長開始露出疲態，工黨失去了選民的支持。反對黨自由黨利用這些議題大作文章，同時主張更強硬的移民政策來爭取民心。最後的結果證明，陸克文奪回總理這件事毫無意義，反而讓自己的黨再度分裂，以致無法獲得選民垂青。敗選之後，他宣布辭去黨魁。

陸克文在第一次總理任內曾經宣布，他執政時由他來任命內閣閣員，而非由議會黨團的成員來任命，這就預示了他的問題。[113] 6 澳洲的這種改變受到批評，理由是這樣會把閣員和想進政府部門的人變成「馬屁精」。某澳洲參議員就發現，「在舊體制下，前座誰都能坐。現在前座完全只屬於領袖一個人。」陸克文第一次總理任期內的某位閣員說：「在他〔陸克文〕的完美世界裡，什麼事都由他決定。」[114] 在其他很多內閣制的民主國家裡，選出新黨魁的方式愈複雜，政府首腦的位置就更有保障，但他們若失去議會黨團的支持，就是讓自己的未來置於險境。因

6 在英國，工黨和保守黨執政時，都是由首相來挑選自己的閣員；但在野時，工黨的影子內閣則由議會黨團選出，直到二〇一一年米勒班繼任布朗擔任黨魁後一年，這項權力就交到黨魁手中。

此，總理想要什麼事都自己說了算，不但不明智也不民主。

因為不想受限於黨內大老，更不用說基層黨員，有些並非全心全意追求民主的領袖把不加入政黨當作一件好事。這在老牌民主國家很少見，戴高樂將軍是這個通則的一個例外。他不只「超越黨派」，最終也提升（而非破壞）了法國的民主，從而證明此事可行。聲稱自己超越黨派的領袖，較常出現在從威權體制蛻變的國家，因為跟黨拉開距離有助於確保民主轉型——至少可以說——不會完整。俄羅斯的葉爾欽和普丁都夸夸其談地說自己是全民的總統，不會被黨員身分束縛或腐化。在這麼說的同時，他們反倒有意無意地傷害了後蘇聯時期俄羅斯的民主發展。（普丁曾是支持克里姆林宮的政黨「統一俄羅斯」的指定領袖，但沒有實際入黨。）民主國家的總統或首相即使加入政黨，仍然是國家領導人，以其所認知的全民利益為人民服務。領導人的黨員身分不會對新興民主國家造成威脅，軟弱或無能的政黨才會。而政府首長不擔任黨魁，甚至不是黨員，則會貶損政黨的價值，進而阻礙民主制度的建立。

領袖和政府體制

制度明顯會影響領袖的作為，而領袖的選擇也會影響制度。高度威權的國家若要轉型，選擇何種政府體制——總統制、內閣制、半總統制——結果會很不同。總統制和內閣制對民主發展有什麼相對的優點，有大量文獻可供參考。許多證據指出，內閣制比總統制或半總統制更有助於民主蓬勃發展。半總統制是指最高行政權分給總統和總理兩人，[115]如今在政府體制中的地位日漸重要，已經有超過五十個國家實施此類雙首長制。[116]

實施這類雙首長制的國家，有些總理和內閣只對立法機關負責，有些總理和內閣同時要對總統和國會負責，兩者之間差異很大。我們主要是從後者（總統是兩人搭檔中權力較大的那一個）的數據中歸納出半總統制比內閣制較不民主的結論。[117]不過，在半總統制的民主國家中，可能會出現尷尬的「共治」局面——和國會分別在不同時間選舉的總統，必須找出跟不同政治派別的總理和國會多數黨合作的方式。這可能造成政治緊張，體制不穩，雖然法國第五共和經歷過這樣的選舉結果也安然無事。

俄羅斯的情況就剛好相反。國會在普丁擔任總統期間漸漸只剩下遵從和依賴。更早之前，這個體制還造成立法和行政機關之間的嚴重衝突。一九九三年葉爾欽動用坦克和子彈鎮壓他最強硬的國會對手——「強人領導」的極致版本，卻幾乎沒激起西方政府的一絲絲批評。事實上，這致命的一步是往重建「強人」政府邁進，把俄羅斯帶往更威權的方向。葉爾欽選擇普丁當繼任者更鞏固了早已形成的趨勢。[118]這項事實挑起了一個雞生蛋、蛋生雞的問題：是不是因為過去很長一段時間實施威權統治，所以這類國家的領袖和政治菁英會選擇偏總統的半總統制，導致權力過度集中在行政首長手中。我們要小心別用制度設計解釋過多現象。確實，俄羅斯有權力個人化的傳統，這表示普丁因為憲法不允許他連任總統兩屆，於是讓位給他的晚輩梅德維傑夫四年，但實權仍然掌握在普丁手中，儘管他擔任的是雙首長制中一直以來（等他又選上總統之後重新成為）權力較小的總理職位。[119]當家作主的是普丁，梅德維傑夫只是他的跟班，大家都知道。

世界各地的領袖都是在歷史形塑出來的政治文化中運作。在領導這條路上，他們無法只依靠理智和論證，也必須訴諸情感，跟他人分享他對所屬政黨或團體的認同。在政府體制當中，少數受到推崇和後世擁戴的領袖，是那些讓國家整體有使命感、讓人民有理由信任他，並提出一個超越日常決策之遠景的人。然而，民主國家有很多不同類型的領導方式，甚至威權國家也是。領袖的人格和信念至關重要，某些領袖又遠比其他領袖的影響更為深遠。這並不表示領袖手中累積更多權力（相對於其他政府成員），他／她就愈傑出，領導也愈有效率。換句話說（我在其他章會詳加解釋），這不代表「領袖就是老大」才是政府首長的理想模型。

CHAPTER 2 民主領袖：迷思、權力、風格 Democratic Leadership: Myths, Powers, Styles

布萊爾的回憶錄在序言第二頁就大聲地說，「我贏過三場大選。」[1]他接著又說，「政治分析家以及在任政治人物都喜歡預測這個或那個投票趨勢，往往也頗能切中真相，但他們總是習慣低估領袖的重要性。」[2]然而，這到底是「低估」呢，還是認知到有些政治領袖沒有他們自以為的那麼重要？若是領袖自己或其他人都認為，領袖對贏得選舉舉足輕重，那麼政府的運作方式就會因此受到影響。相信勝選是個人的功績，而非政黨的勝利，這樣的領袖容易以此作為獨攬大權的正當理由。布萊爾說的話（他在接受訪談時也給過很多類似的答案）延伸出兩個問題。第一個（也是較重要）的是一個普遍問題：當內閣制民主國家的選民投下選票時，他們主要是在投票支持（或反對）特定的政黨領袖嗎？行政首長由人民直選的總統制則是不同的狀況。第二個問題比較特定：布萊爾提到工黨一九九七年、二〇〇一年和二〇〇五年贏得大選時，有資格用第一人稱單數嗎「我贏過三場大選」？

比起上述這兩個問題更要緊的問題是：一旦選舉結束了，我們要怎麼評價民主國家的領袖？這又引起各種不同的問題。民主國家的政府首長真的愈來愈強勢嗎？要求把更多權力集中在單一政府領導人手中合理嗎？還是集體領導比較好，因為在全國層次有黨內的權威人士穩穩掌管政府部門，而碰到重大議題就需要資深同僚的支持，也需要向他們負責（當然還有國會，以及最終的選民）？

領袖和選舉結果

政治學家安東尼．金主張，認為領袖和候選人的性格是決定選舉勝敗的一大要素雖然「幾近普遍信念」，卻「完全錯誤」。根據他的觀察，這並非否認領袖的個人特質有其影響力，只是「跟一般以為的程度相差甚遠」。金根據六個國家的選舉調查提出以下結論：「領袖和候選人的性格以及其他個人特質，很少會影響選舉結果。」[3]許多專家針對領袖對選舉結果的影響進行嚴肅的研究（金的著作出版後十年，這類研究愈來愈多），但仍未達成共識。有些研究把選舉成敗更多歸因於領袖，但很少能找到某些領袖將勝選歸功於自己的正當理由。

考慮到民主國家的政黨成員普遍減少，效忠黨的風氣也變得薄弱，可以想見政黨領袖的特質日後會變得愈來愈重要。有些人援引證據主張，領袖在選民心中之所以日漸重要，主要是因為半世紀以來大眾媒體報導政治的方式改變。[4]內閣制下的日漸「個人化」經常就會變成政治上的「總統化」。[5]然而，雖然在很多國家都能觀察到政黨和大眾媒體對最高領袖日益關注的現象，這不表示選民對最高領袖也跟許多政治家和大多數政治評論家一樣狂熱。[6]不只各國領袖對選舉勝敗的影響日漸重要這點十分可疑，首相（總理）日漸「總統化」、他們愈來愈能獨立完成職責的形象也過於誇大。

洛利．卡夫農最近一篇探討政治「個人化」（有別於「總統化」）的學術論文，涵蓋了幾乎全世界最穩定的內閣制民主政府。這位芬蘭政治學家發現，「沒有清楚的證據顯示，政黨領袖得到的評價對政黨能否贏得選舉變得日益重要。」早期有人推測，政黨認同感較弱的人民比較重視領袖的人格特質，但找到的證據卻剛好相反。[7]忠誠黨員才會強烈支持某個領袖，這意味著團隊領袖能不能得到支持的決定因素，是黨員對黨是否忠誠，而不是領袖對非忠誠黨員的影響力是否夠大。最近的另一項研究則強調，「政黨標籤在選民面對政黨領袖時會被當作一種刻板印象，（很大程度）決定了選民對該領袖的觀感。」[8]由此可知，如果你本來就偏向德國的基督教民主聯盟、澳洲的自由黨、法國的社會黨或英國的工黨，無論該黨領袖是誰，你都比較可能在選戰中支持該黨的領袖。

聚焦在領袖身上，從來就不是一種全新的現象，如果碰到的人特別難對付，那更是如此。十九世紀英國兩位傳奇政敵格萊斯頓和迪斯雷利，就是最好的例子。[1]然而，二十世紀下半，電視為政治個人化加入新的面向。領袖的外貌和表現變成政黨形象的重要一環，成了比二十世紀前幾十年更突出的選戰特色。不過，電視作為一種得知各候選人資訊的管道，肯定幾乎已經過了顛峰時期，尤其大多數民主國家已經不容許用金錢來決定誰能取得電視時段。美國某程度算是一個例外，因為他們會花錢在電視上做政治廣告。很多人即使是在收看跟意識形態之爭無關的節目，仍無法完全避開廣告時間的政治宣傳，但即便如此，那也是因為他們看的是直播，如果是預錄的電視節目就看不到了。整體來說，電視頻道大量增加，讓尚無政治認同的觀眾得以避開政治人物及其辯論。更重要的是——美國在這裡就絕非例外了——網路普及後提供大量政治討論以外的選擇，觀眾也有了更多機會可以看到與領袖的意見和性格無關的政治討論。

並沒有任何嚴肅的分析會說領袖得到的評價跟選民的選擇無關，但「相較於常見的政黨認同、政黨傾向以及社會經濟因素，領袖的評價就顯得不太重要。」[9]整體來說，領袖的性格或人民對他的評價，都不是決定選民選擇或選舉結果的主要因素。[10]針對九個民主國家、橫跨半世紀的一項研究調查了領袖對選舉的影響，得出的結論是：領袖在所有國家中都有其影響力，但毫不意外地，在總統制國家比內閣制國家來得明顯。尤其是美國，領袖本身對選舉結果影響重大。[11]但即使是在美國，總統候選人的人格特質及競選活動細節的重要性，都可能被誇大了，包括總統辯論在內。我們若拿兩個口才便給、深具人格魅力、選戰打得漂亮的候選人來看，很容易就會把勝選歸功於他們的吸引力，他們分別是一九六〇年勝選的甘迺迪和二〇〇八年勝選的歐巴馬。根據相關的調查研究，安東尼．金不認為甘迺迪險勝尼克森是因為「相較於尼克森的暗沉臉色和不太誠懇的態度，他顯得年輕、優雅、有魅力」。金觀察到，「甘迺迪之所以會贏，是因為他在民主黨幾乎篤定會奪回白宮的這一年成為民主黨的候選人，尤其是有為數可觀的美國選民註冊為民主黨員。」[12]

歐巴馬也在情勢對民主黨候選人有利的一年贏得選戰。那位任期將滿的共和黨總統格外不受歡迎。二〇〇八年的一次民調還調侃小布希的「民調，幾乎跟兩百四十年前喬治三世在殖民地居民間的民調一樣差」。[13]與歐洲國家相比，錢對美國選舉更重要（金額也高出很多），而民主黨的選舉經費極其不尋常地超過共和黨。他們在競選廣告中成功地把約翰・馬侃（一心想跟不受歡迎的小布希劃清界線）塑造得跟小布希半斤八兩。根據一項二〇〇八年選戰的重要研究指出，馬侃在選戰結束後「比之前更容易被當成馬八兩（McSame），部分是因為在媒體的推波助瀾下，民主黨把馬侃特立獨行的標籤從他身上刮除，再縫上共和黨現任總統的名字和臉孔。」[14]此外，二〇〇八年晚期金融危機逐漸浮現，對先前已經執政八年的共和黨來說並不樂觀。《華

1 編按：一八五〇年代《穀物法》的爭議使托利黨分裂，形成保守黨與自由黨。格萊斯頓是自由黨健將，於一八六八至一八九四年間四度出任首相；迪斯雷利是保守黨要角，一八六八年短暫任首相，一八七四年又接掌此位六年。兩人個性不合，政治上也針鋒相對，一八五二年迪斯雷利身為財政大臣所提出的預算案遭格萊斯頓演講所挫，導致國會否決了政府的提案，內閣隨即總辭；是為兩人首度對抗。此後的攻防戰包括《改革法案》、愛爾蘭的政教分離、在巴爾幹半島是否支持鄂圖曼帝國（所謂「東方問題」）。

爾街日報》形容美國在二〇〇八年最後幾個月的經濟表現是二十五年來最差。[15]這對共和黨尤其傷，因為民主黨總統柯林頓上一次執政八年在人民記憶中是經濟蓬勃的一段時期。歐巴馬在二〇〇八總統大選大勝馬侃，儘管他在「領導特質」或「可信度」的民調不比馬侃高。只有在「體察民意」這項，他的民調才高出共和黨對手很多。[16]

雖然領袖的人格特質通常在總統制比在內閣制國家影響更大，但也不是選民決定把票投給誰的最大因素。一項針對一九六五到一九九五年法國總統選舉的調查研究發現，六次選舉中只有一次，候選人的人格特質對結果有重大影響，還有一次**可能**有重大影響。前者是指一九六五年當選的戴高樂；後者是下一屆也就是一九六九年當選的龐畢度，那次是因為戴高樂輸了公投辭去總統才舉辦大選。[17]羅伊・皮爾斯在討論戴高樂早期的選舉勝利時指出，「人民要對領導人的特質有相當不平衡的認知，才能把注意力從基於既有的政治傾向而應該支持的候選人身上轉移開來。這樣的不平衡就存在於一九六五年的法國。」[18]

領袖對選票的影響力在多數代表制（領先者當選）的內閣制民主國家中大於比例代表制的國家。比例代表制比較可能產生聯合政府，選民與誰會出任首相的選擇也距離更遠，因為這個決定要由組成聯合政府的政黨來達成。當政黨之間的政策差距不大時，領袖對選舉的影響力也稍微變大。這讓兩名學者做出如此結論：「政黨若放棄職責（abdicate），領袖可能接手。但若政黨兩極化的趨勢愈來愈強，我們可望看到政黨領袖受歡迎的程度對投票的影響力將逐漸下降。」[19]這兩位作者發現領袖對選舉結果的影響，在美國和瑞典是長期以來有增加，但在加拿大卻小幅下降。重要的是，他們的比較研究並沒有提供「清楚的證據，證實政黨領袖〔對選舉〕的影響力普遍提高」。[20]

領袖對英國選舉結果造成的影響

在討論前英國首相布萊爾於本章一開頭說的那句話，還有他在贏得一九九七、二〇〇一和二〇〇五年英國大選所扮演的角色之前，有必要把他說的話放回二戰之後的選舉脈絡中。（在那之前，還不存在根據當代訪談和問卷調查所做的正式選舉研究。）在競爭激烈的選戰中，由於領袖得到的評價確實會影響選民的意向，兩大黨領袖的聲望高低有時會是決定政黨輸贏的關鍵。但這種情況很少見。若戰後英國有任何政黨領袖可以決定所屬政黨的勝敗，那人就是哈羅德·威爾遜。他甚至可能決定了兩次，但原因只是這兩次選舉中兩大黨的差距很小，而他的個人優勢又遠遠超過保守黨領袖。第一次是一九六四年，當時的民調顯示威爾遜遠比道格拉斯—休姆爵士更受歡迎。另一次是一九七四年二月，威爾遜大幅領先愛德華·希思。工黨在一九六四年大選中最後只領先保守黨百分之零點七，僅以四席之差成為多數黨。一九七四年二月，那年的兩次大選的第一次，工黨領先百分之零點八，但最後未能在下議院成為多數黨。[21]

二〇一二年，保守黨智庫「政策交流委員會」主任談到一九七四年兩次大選的第二次時寫道：「從一九七四年以來，沒有任何一位在任首相有辦法增加自己的票數。」[22]威爾遜的人氣無疑對一九七四年十月的勝選有其貢獻，工黨甚至比二月的大選多拿下十八個席次，但他絕非決定性的因素。這裡真正的問題是，「首相」被用來當作「政黨」的同義詞。這樣的事實陳述雖然很清楚，卻是錯誤的。我們只要回到二〇一〇年的大選，就會發現當時的首相戈登・布朗個人獲得的票數**增加**逾百分之六，那是人民直接投票支持或反對他的唯一一次選舉——指他的選區柯科迪和考登畢斯的選民。[23]把「首相」當作「政黨」的替代詞不妥，但此種謬誤卻廣泛流傳到令人驚異的程度。

確實，一個政黨的領袖就算比不上敵對政黨的領袖受歡迎，他／她的政黨也一樣可能贏得大選。舉例來說，一九七〇年保守黨輕鬆贏得英國大選，但黨魁愛德華・希思的民調卻跟政黨的聲勢不符，也比不上工黨領袖（同時也是前六年的英國首相）哈羅德・威爾遜。[24]一九七九年當保守黨在大選中拿下更大的勝利時，柴契爾的聲望遠遠落後工黨領袖也是即將卸任的首相詹姆士・卡拉漢。選舉在五月三日舉行，四月二十八到三十日做的民調顯示，卡拉漢領先柴契爾夫人高達二十四個百分點。最後幾天他的領先幅度似乎下降了，但還是遠超過柴契爾，結果他的政黨卻吃了敗仗。[25]其他內閣制民主國家也有類似的例子，包括實施西敏制的澳洲。約翰・霍華帶領澳洲自由黨（雖名為自由黨，其實相當於英國的保守黨）連續打贏一九九六到二〇〇四年的四場選戰。在其中的兩場選舉，他的最大勁敵分別是一九九六年的工黨領袖保羅・

基廷和一九九八年的金．比茲利，他們兩人在領袖特質的民調中都比霍華高分。[26]

那麼，布萊爾說他贏了三場選戰又如何？二〇一二年他接受《金融時報》訪問時說，「有時候媒體陳述的方式會讓人以為我輸了三場選舉，而不是贏了……」[27]實際上，記者和其他很多人更常有的反應是，不假思索地附和布萊爾將勝選歸功於自己的說法，而非質疑他一再重複的論調。政治學家約翰．巴托和伊弗．克魯（兩人合寫了一本研究英國政黨領袖和大選的書）指出，把選舉勝敗歸諸政黨領袖其實愈來愈常見，卻是一種錯覺，布萊爾的例子只是其中之一。克魯（艾塞克斯大學前校長，現牛津大學學院院長）和巴托寫道：「在聽到布萊爾和梅傑的人格特質對一九九七年大選作用極微時，非學院人士的反應都是錯愕不信、簡直帶有敵意，這是我們的第一手體驗。」[28]

雖然在英國和多數民主國家，政黨忠誠度都比半世紀前更加流動不定，但選民選的還是政黨。一九九七年的英國大選，反對黨具有壓倒性的優勢。在真正的民主國家，執政黨很難連贏四次、更不用說五次選舉。當時保守黨已經克服萬難贏得四次，但「改變的時候到了」的社會氛圍對他們拿下第五次勝利非常不利。此外，在人民眼中，振興經濟向來是保守黨的強項，這

2 威爾遜剛好也跟兩次大戰之間的保守黨領袖史坦利．鮑德溫一樣，都是一百年來唯二自己毅然選擇離開唐寧街十號的首相，既非被選民趕下台，也非被所屬政黨請下台。

3 即使卡拉漢的聲勢遠超過柴契爾，記者還是把一九七九年大選形容成柴契爾大敗卡拉漢。

一次卻也自砸招牌。柴契爾仍是首相時就在一九九〇年加入歐洲匯率機制（ERM，歐洲共同貨幣的前身）。一九九二年九月十六日（日後被稱做「黑色星期三」），英鎊遭到大量拋售，跌幅突破ERM規定的下限，逼使政府不得不退出ERM，但此前為了拉抬英鎊而調升了利率，又對國內經濟造成傷害。當時的首相梅傑後來提出頗為準確的觀察：「從那一天起，保守黨要拿下第五次勝選就已經希望渺茫，甚至根本無望。——本來就不太可能，除非反對黨打算自毀前程。」[29]

約翰・史密斯本來要當下一屆英國首相，未料卻在一九九四年五月猝死。他是卡拉漢政府的工黨閣員，是個以機智多聞見稱的傑出政治家。以梅傑的話來說，他不太可能「自毀前程」。[4] 然而，彼德・曼德爾森（跟史密斯之前的工黨領袖尼爾・金諾克走得很近，後來跟布萊爾關係更近，但史密斯與之保持距離）卻暗示工黨在史密斯的帶領下較難勝選，而且他還不是布萊爾身邊唯一這麼認為的人。他引用資料說一九九二年底史密斯的民調滿意度「跌到四」，同時指出梅傑的分數是「負三十」。[30] 換句話說，兩黨領袖之間有三十四分的差距。雖然布萊爾和梅傑之間的差距之後愈來愈大，卻沒有相關研究指出，一九九七年大選工黨若沒有布萊爾就不會大獲全勝。

工黨的壓倒性勝利（成為多數黨，比所有對手加起來還多出一七八席）很大部分是拜選舉制度所賜。英國選舉制度把普選票數的小幅成長換算成大到不成比例的席次優勢。工黨一九九七年獲得的普選票數，比一九四五到一九六六年間的所有大選都低，連工黨輸掉的選舉也包括在內。不過，保守黨輸得一塌糊塗，票數創下世紀最低，拿下的席次也是一九〇六年以來最少。[31]保守黨的聲勢低落到工黨領袖只要不「自毀前程」，不管是誰都能帶領工黨在下議院成為絕對多數，輕鬆多拿一百多席。巴托和克魯推算，要是梅傑和布萊爾「得到的評價不相上下，工黨的多數就會從百分之十一點九降到百分之十一，只改變四個席次」。[32]

工黨下一次的勝選（二〇〇一年），很大原因是人民滿意工黨優於保守黨的經濟表現。關於這次選舉的主要研究指出，這點是影響選民投票行為的決定因素。[33]人民對保守黨的經濟表現失去信心，是保守黨一九九七年敗選的一大原因，而人民對工黨的經濟能力存疑，也是他們過去的一個劣勢。在布萊爾政府掌管經濟的是財政大臣戈登·布朗。財政部長幾乎在每個國家的政府部門都是要職，但一般都同意布朗對經濟政策的掌控超乎尋常地強勢。布萊爾在二〇〇一年跟在一九九七年一樣，無疑都算是一個選舉資產，但他絕非工黨勝選的決定因素也再清楚不過。

到了二〇〇五年，兩年前開打的伊拉克戰爭累積愈來愈多民怨，可見布萊爾更不可能是工

4 約翰·史密斯一九七八到七九年間擔任貿易大臣，是卡拉漢領導的工黨內閣中最年輕的閣員。里歐·普利亞斯基（Leo Pliatzky）爵士是當時最資深的文官，職位是常務秘書。史密斯還是反對黨領袖時，我跟普利亞斯基談過話，他說「約翰·史密斯是傑出的大臣，他以後還會是個更傑出的首相。」

黨勝選的原因。選民都知道，是布萊爾率先支持小布希政府發動戰爭對抗海珊，並派英國軍隊加入這場可打可不打的戰爭。然而，由於最大反對黨保守黨也大力支持出兵，所以反而是自由民主黨，最有效地利用了人民對工黨中東政策的不滿情緒。該黨獲得的票數增加了將近四個百分點，達到百分之二十二，國會席次也從五十二席增加到六十二席。[34]相較於得票流往保守黨，自由民主黨的威脅對工黨根本不嚴重。兩大黨都激不起群眾太多的熱情。勝選的工黨只拿到九百五十萬票，比一九九二年的大選還少了兩百多萬票——當年的投票率較高，而工黨在金諾克的帶領下輸給了保守黨。[5]整體來看，種種證據顯示布萊爾的選舉價值不若一般認為的那麼高。再者，跟他自身的認知相反的是，工黨在他的帶領下所贏得的三次選舉，他都非勝敗的決定因素。

民主國家領袖的權力愈來愈大？

二十世紀間，大多數民主國家的中央政府都獲得更多權力。然而，中央行政機關掌握大權的現象，並不等同於政府首長主宰行政機關，儘管確實有少數證據顯示民主國家領袖掌握的權力愈來愈大。這點從政府首長在國際上所扮演的角色來看確實不假。如第一章所說，由於通訊速度變快，各國領袖被推到了外交決策的最前線。這一方面讓各國總理和總統交流更方便，二方面也讓人民對此產生期待。明智的政府首長會留意本國外交部累積的專業，也會跟帶領外交部的資深官員密切合作，因為即使是把施政重點放在國內的領袖，也無法避開國際舞台。他們多半很快就喜歡上這樣的新角色。如同麥克米倫（英國首相，任期跟美國總統艾森豪和甘迺迪、法國戴高樂將軍、蘇聯的赫魯雪夫，以及西德總理艾德諾重疊）的諷刺見解：他在國內是「政客」，一到國外就成了「政治家」。[35]（杜魯門改了個說法但同樣不失諷刺，他說「政治家就是死掉的政客。」）[36]

美國總統制的侷限

用「總統化」（presidentialization）來形容總理在內閣制民主國家所扮演的角色很容易引起誤

5 另一個議題是，工黨強調「轉變」的程度以及「新工黨」一詞（布萊爾、彼德．曼德爾森和戈登．布朗是主要創始者）對一九九七年工黨大勝的貢獻。「新工黨」和「老工黨」這種粗糙的二分法對保守派的報社老闆有些吸引力，卻相當令人困惑。布萊爾尤其跟自己黨的歷史拉開距離，因為「老工黨」顯然包含艾德禮、歐內斯特．貝文、休．蓋茨克、哈羅德．威爾遜、詹姆士．卡拉漢、丹尼斯．希利等重要工黨成員，好像這些人跟那些托派、「時髦左派」或社會主義基本教義派一樣，雖然曾是黨的一員，但對之前工黨政府的政策毫無影響力。到了二〇〇五年，「新工黨」形象所附帶的新鮮價值已經消失了。更重要的是，即使布萊爾和他的一些同僚仍在談論「老工黨」和「新工黨」，但從來沒有一個叫「新工黨」的政黨出現在大選的選票上，所以這個概念的重要性很容易被誇大。選民投票的對象是工黨的候選人，雖然二〇〇五年的票數已經比過去少很多了。總之，這個重新打造品牌的嘗試遭到布萊爾的繼任者米勒班給默默放棄了。

導，一個原因是世界上最有名的總統制國家是美國，而美國總統在本國所受的限制其實比大多歐洲國家的總理受到的權力牽制更加全面。之所以如此主要來自美國的嚴格分權制度。總統和立法機關的選舉週期不同，這表示主導國會的政黨可能跟總統所屬的政黨不同，而受到各方壓力和遊說的國會即使跟總統同一政黨，總統有時也不一定能盡如所願。然而，近年來，代表白宮的政黨和眾議院的多數黨不是同黨的情形，比過去對總統權力造成更大的限制。原因是政黨愈來愈要求同仇敵愾，於是愈來愈少國會議員會超越黨派獨立投票。

美國最高法院享有自主權，得以站在法律的基礎上推翻總統的決定或總統支持的法案，這對美國總統造成的司法阻礙也比多數總理所面臨的更大。雖然美國總統就是中央行政權的化身（內閣制的總理卻不是），單單聯邦政府的龐大與複雜就會讓總統決定政策變得困難。甚至有人認為，「白宮是聯邦政府中總統唯一能留下個人印記，也可以期待有人對他負責和忠誠的機構。」[37] 曾是美國政府官員，後來轉任學者的哈洛德．錫德曼觀察道，就算美國總統看閣員不順眼，不同意他們的看法，甚至懷疑他們的忠誠，「他若因此收回他們的權力，也會嚴重損害自己的權力。」錫德曼還說：

> 占據「地球權力最大職位」的人很快就學到一個殘酷的事實。他的行政權所擁有的憲法基礎非常薄弱，這裡指的是美國官員的任命權。任命過程可能有各種條件限制，讓他的決

定權嚴重受限。他可以開除執行行政任務的官員，但他的權力在這裡也有受限。開除高官是逼不得已才使用的最後手段。[38]

任命權的重重限制，看柯林頓一九九三年任命民權局助理司法部長有多困難就一目了然。他的第一人選是賓大教授拉妮・吉尼爾，他在耶魯法學院的同窗。很快他就發現參議院有不少反對聲音，不太可能核准這次任命，柯林頓不想堅持下去最後卻沒過，於是放棄了吉尼爾。他的下一個人選是約翰・裴頓，也是一位非裔律師，國會還是不滿意，柯林頓主動退讓。「最後，」柯林頓在回憶錄中寫道，他提名了德瓦爾・派屈克，「另一名有深厚民權背景的優秀非裔律師」，最後他也「不負眾望」。但後來柯林頓很遺憾失去了吉尼爾這個朋友。[39]比較近的例子是，歐巴馬總統想填補某個高級職位時碰了壁。二〇一三年，他選來接替希拉蕊擔任國務卿的第一人選是美國駐聯合國代表（也是他長期的外交政策顧問）蘇珊・萊斯。共和黨的強烈反彈使他不得不收回提名。[40]「任命美國官員」被視為美國總統的主要權力，以上還只是這項權力受到重重限制的幾個例子而已。

沒有人會懷疑，美國的中央政府一個世紀以來已掌握了更多權力，即使跟歐洲民主國家的程度不太一樣。然而，回顧過去一百多年的歷史，若說美國行政首長在政府之中的權力是循著一條曲線往上成長，那就是嚴重簡化問題。比起兩次大戰之間的總統，例如哈定、柯立芝和胡佛，老羅斯福是比較強勢的總統。胡佛之後的小羅斯福總統運用政治手腕和群眾魅力提高了總統的主導權。他是第一個利用廣播傳送效果一流的「爐邊談話」、影響大眾輿論的總統。小羅斯福的領導風格充滿自信，但他對社會的立即影響力也來自他的具體行動，例如震撼人心的就職演說、要求國會召開緊急會期、對抗財政危機。他對社會氛圍很敏感，擅長抓準時機行動。他是個格外強勢的總統，非常善用否決權，[6]以至於第二次任期將屆前，他否決的議案累積到「一七九二年至今美國總統駁回議案的百分之三十以上」。[41]有段時間有人認為，羅斯福任內開啟了權力不斷增加的過程，後人稱之為「現代總統制」。一切的起點一般會回溯到一九三〇年代晚期，也就是小羅斯福的第二屆任期。不過，小羅斯福就在這個時候因為做過頭而失敗。當時他想擴大最高法院的編制，藉此改變其中的政治平衡。因為一九三六年壓倒性的勝利，使他的聲勢如日中天，他試圖透過擴編最高法院，讓支持「新政」的法官人數增加。結果法案不但沒通過，還讓反對其國內政策的人團結起來。根據一名美國總統制專家的觀察：

> 一九三七年跟小羅斯福決裂的國會議員，有些無法再像他第一次任期那樣效忠於他。同樣地，這次紛爭在不同類型的改革者之間製造了分歧，破壞了兩黨對新政的支持，並證實了共和黨進步派的疑慮：新政支持者感興趣的是在華府擴張並集中自己的權力。[42]

第一章曾提過，比起小羅斯福的典型做法，杜魯門更加信任自己的部會首長，整體上也給予他們更多支持。他之後的艾森豪總統也不若小羅斯福那樣強勢打造政策，他更願意把權責移交給下屬並信任他們。艾森豪的二戰生涯包含許多外交訓練，比起直接從州長坐上總統位置的人，他對總統在國際事務的角色所做的準備非其他人可以比擬。例如，他面對的其他元首，法國總統戴高樂，英國首相邱吉爾、安東尼·艾登、哈羅德·麥克米倫，這些人都是他在戰時就認識的人。雖然如此，艾森豪還是讓他的國務卿杜勒斯有極大的發揮空間。杜勒斯在西歐很不受歡迎，邱吉爾形容他是個「無趣、欠缺想像力、遲鈍、不夠敏銳的人」，在另一個場合更是直接說他是「無趣到無以復加」(Dull, Duller, Dulles)。[43]

總統職權與領導風格：以美國為例

最高法院可能是總統實現雄心壯志的一大阻礙。韓戰期間，當最高法院阻止杜魯門把鋼鐵工業暫時國有化時（當時在工業界是一大爭議），他就感受到了這點。然而，最高法院好的時候也可能為總統增光。艾森豪的例子正是如此。他想要避開民權爭議，只好無奈地——而非欣

6 國會呈給總統一項法案簽署時，總統有否決的權利。然而，若是兩院都有三分之二的議員同意，就可以推翻總統的否決。否決權的存在可讓政府不同部門相互協商，避免總統動用否決權。但行使否決權仍有風險，因為很大部分取決於大眾站在哪一邊。受民眾歡迎的總統，例如小羅斯福，就可能比不受歡迎的總統更容易發動否決權。

然地——接受了最高法院一九五四年對「布朗訴托皮卡教育局案」做出的指標性判決。該項判決廢除了學校的種族隔離政策，預告了聯邦政府與南方州（希望維持隔離而不平等的教育）之間的衝突。在聯邦政府背後支持民權的推動力，就是艾森豪政府的司法部長赫伯特·布朗尼爾，而做出最關鍵判決的就是由自由派共和黨員、也是艾森豪任命的首席大法官厄爾·華倫帶領的最高法院。就民權來說（尤指美國黑人的民權），最近為艾森豪立傳並對他讚譽有加的吉姆·紐頓觀察道：「艾森豪在該領域的成績，反映出領導風格凌駕個人信念的勝利：他信任布朗尼爾的帶領。」因此，雖然艾森豪「偶而會猶豫不前，政府部門也不會因為他有所保留而原地踏步」。[44]

雖然最高法院的判決引起南方州的反彈，正如艾森豪所擔心的，但他還是決定支持聯邦法。當一群白人優越主義者試圖阻止黑人學生進入阿肯色州小岩城的學校時，市長伍德羅·威爾遜·曼恩請求聯邦軍隊前來「恢復和平與秩序」。他故意繞過州政府，因為太清楚後者完全支持這種反對種族融合的暴力行動。相較之下，聯邦政府的反應就包容多了。除了支持法治之外，艾森豪也強烈意識到一件事：要是全世界透過影像看到了白人暴民欺凌一群只是在維護自身受教權的黑人，將對美國的國際聲望造成莫大損害。於是他派聯邦軍隊出面讓法律得以執行。如同艾森豪的傳記作家所說：「那些種族主義者雖然敢對付手無寸鐵的高中生，但一看到美國軍隊就縮了起來。」[45]

雖然美國總統的領導風格各異，不是每個人都忙到無法喘息，但共通的事實是：每個美國總統都承受了巨大的壓力。美國在整個二十世紀都是世界強權，之後又是兩大「超級強權」之一，蘇聯瓦解之後更成為全世界最有政治影響力和軍事實力的國家。雖然美國總統的權威在國際上也會受到實際的限制（有時連他們自己也意想不到），他們針對國際事務所做的決策還是比其他國家的元首更有影響力。他們無疑能夠感同身受艾森豪在一次嚴重心臟病發後，去信向友人對醫生這個行業所表達的不滿：「要我避開容易引起惱火、挫敗、焦慮、恐懼，尤其是憤怒這類情緒的場合，」他寫道，「當醫生給我這些指示時，我跟他們說，『不然你們以為總統是幹嘛的？』」[46]

小羅斯福之後的美國總統，大概只有詹森在行政部門和其他政府部門施展的權力可與之比擬，雖然詹森執政的時間短很多，得到的讚揚也少很多。[7] 詹森的主要傳記作家之一形容他是「二十世紀最熱誠的總統立法人」，甚至超越了超級行動家羅斯福。[47] 詹森在外交政策上也會親自做出重大決定，只不過結果沒有小羅斯福如此正面。詹森在國內締造的成績，最終因為美國輸掉一場不必要的戰爭並造成慘重傷亡（越南的傷亡更大）而蒙上陰影。詹森雖然認為美國參

7 小羅斯福的支持者雖然比詹森多，敵人卻沒有比較少。康乃狄克州某個鄉村俱樂部據說還禁止提到他的名字以免中風。堪薩斯州有個男人躲進地下室，聲稱小羅斯福下台他才要出來，但他還沒出來，老婆就趁機跟一個巡迴推銷員跑了。

加越戰是甘迺迪留給他的金杯毒酒，但他也相信美國一旦參戰，就禁不起失敗。[48]

雷根政府被形容為「超級授權」，當他任命的閣員是政治手腕高、能力強的人時便運作良好（最著名的例子是國務卿喬治．舒茲），但換成是唐諾．里根、約翰．波因德克斯特和奧利佛．諾斯時就「成了災難」。[49]雷根的演員背景讓人懷疑他能否勝任總統職位，雖然當過加州州長對他仍有加分。第二任總統任期將滿時，他對此的回應是：「在這個位置上有時我會懷疑，如果沒當過演員怎麼做得來這份工作？」[50]一般都認為，雷根在履行總統的儀式功能時有股沉著自信，在正式演說上也口才便給，但碰到開放問答的記者會，由於對細節的掌握有限，就會變成一大障礙，影響到他的表現。雷根曾在一九八四年公開說過：「小羅斯福、甘迺迪和老羅斯福都熱愛總統職位和隨之而來的第一講壇。我也一樣。」[51]

雷根把焦點放在他最在意的幾個重要議題上，主要是減稅、宣傳他的戰略防禦計畫、援助中美洲的反共游擊隊，以及口頭上說要對抗冷戰、實質上也增加國防經費，同時尋找一名他可以開啟對話的蘇聯領袖。原則上，他支持小政府、低稅率和平衡預算。然而，若說他一一達成了這些目標就太過一廂情願。減稅主要還是富人受益，而聯邦所得稅作為全國的部分收入，在一九八〇年代的占比並無太大變動。至於「小政府」，聯邦政府在一九八九年雇用的人比一九八一年還多。雷根對卡特政府留下的聯邦預算赤字百般嘲諷，最後卻留給老布希政府更大的赤字。[52]在大多議題上，雷根都「非常脫離細節」，連他最親近的助手都常得猜測他想要他們做什麼。[53]他在兩方面很幸運。一是一九八〇年代油價大跌，幫到美國卻害慘了蘇聯。二是戈巴契夫在他第二任初期便在蘇聯崛起。他的第一任期間，美國跟勁敵蘇聯的關係愈漸惡化，戈巴契夫的意外上台是因為三位年邁的蘇聯領袖短期內相繼去世，跟雷根的政策毫無關係。

然而，就像拿破崙喜歡運氣好的將領，數百萬美國人也喜歡運氣好的總統。雷根就是個可以給自己帶來好運氣的總統。一九八一年他不幸遇刺，子彈差一點就打中心臟，算是不幸中的大幸。後來他對妻子說，「親愛的，我忘了躲開子彈」；坐在輪椅上被推進手術室時還對醫療人員說，「我希望你們都是共和黨」，展現了高度幽默感，讓他人氣大增。他深受美國人欣賞的魅力和樂觀，讓他在批准一項一開始就耍詐、後來用承認疏失來規避責任的交易案時，幫了他大忙。雖然這次的「軍售伊朗醜聞」讓雷根的支持度掉到百分之四十七，但這個數字在這種情況下並不算太糟，比起缺乏魅力的尼克森在水門案爆發後又試圖掩蓋，所得到的民調數字好多了，儘管尼克森犯的錯被認為比較輕微。至於雷根，他授權將武器秘密送往伊朗，希望藉此讓伊朗釋放扣押在德黑蘭的美國人質。當時奧利佛．諾斯想出了一個「妙計」：先提高價錢把武器賣給伊朗人，再拿獲利去支持尼加拉瓜的反政府武裝組織。[54]這件事不但違法，而且也搞砸了。最後非法軍武沒送到伊朗的「溫和派」手中，反而落到一開始就贊成挾持美國人質的強硬派手中。[55]

然而，跟一項重大成就比起來，這個不名譽的插曲變得無足輕重。那就是一九八〇年代下半終於出現一個有可能「交易合作」（柴契爾的用語）的蘇聯領袖，此時雷根對冷戰的結束發揮了作用。雷根跟蘇共總書記在紅場愉快地散步，或站在列寧肖像下對莫斯科大學的學生發表激動人心並大受歡迎的演說，這在一九八〇年根本是天方夜譚。但這些事卻在一九八八年的夏天發生了。追根究底，雷根擔任總統期間獲得的民心，更進一步證明了政治領袖懂得善用情感的重要，因為情感往往比最有力的論點更能發揮效果。

如果要拿兩次任期結束時的民意支持度作為一項可能的標準來衡量某位總統的成敗，那麼柯林頓堪稱半個世紀以來最成功的總統。這個標準並不完全可信，因為杜魯門的支持度一直上上下下，最後兩年尤其低，但他的聲望卻隨著時間不降反升。[56]另外，以詹森的標準來看，柯林頓不能算「強勢」，因為他對國會的影響力小很多。大多數時間他都要面對一直跟他保持敵對關係、以紐特．金瑞契為首的多數黨共和黨。要贏得金瑞契那種人的支持是不可能的事，但柯林頓也未能跟當時掌管參議院財政委員會的民主黨大老丹尼爾．派屈克．莫尼漢打好關係。[57]第一次在任期間，柯林頓的指標立法健保法案（由第一夫人希拉蕊負責細部準備工作）一敗塗地。他在外交政策上的成績毀譽參半，但第二任開始透過國會逐漸展開國內改革則頗為成功。柯林頓雖然在醫療補助（Medicaid，這是為窮人提供保障，另外柯林頓也同樣支持的Medicare，主要受益者則是中產階級）等法案上投注不少預算，但他還是有辦法留給下一任總統一個收支平衡的聯邦政府。

尤其從一九九八年開始，陸文斯基醜聞爆發，柯林頓的私生活開始遭受來自媒體、共和黨政敵，以及緊咬他不放的特別檢察官（「特別打手」）[8]肯尼斯．史塔爾的持續砲轟。儘管如此，柯林頓卸任時的滿意度仍是甘迺迪遇刺以來最高的。[58]他把自己的聰明才智和對政策的精確掌握，跟演說和推動政策的長才結合。此外，他散發出樂觀的特質，能體察民意，打動人心，難怪他不但能保住總統位置（儘管面臨彈劾的威脅），甚至在報章、電視及政敵連番的猛烈攻擊下，聲勢依然不墜。柯林頓聲勢不墜的一大原因是，他把重心放在經濟，而一九九〇年代的美國人也感受到經濟繁榮。不過，他在冷戰結束後不久就當上總統也是利多之一。基本態度是同情柯林頓的傳記作家喬．克萊因，在他對柯林頓表達讚許時仍帶著挖苦的語氣：「他是他那個世代最受矚目的政治家，雖然這句話說了等於沒說。」[59]

美國總統所受的限制、不同的總統在不同的權力關係之中，以及過度簡化地認為體制內的總統職權是直線增長的，這三件事不只本身很重要，同時也警惕我們，在假設內閣制民主國家的總理權力有所增長時，應小心使用「總統化」一詞。該詞會造成誤解的另一個原因是，當今許多雙首長制國家對於總統和總理之間的權力如何分配，存在著極大的差異。有些國家，像是法國，決定政策時總統往往是兩人之中比重較重的一位，雖然這種情形主要發生在外交政策而

8 編按：埃默里大學教授德魯．韋斯汀在著作《政治大腦》一書中指史塔爾是「特別打手」（special persecutor），而「特別檢察官」的原文是Special Prosecutor，兩者看起來很像。

不是國內政策。另一些國家，像是德國、以色列和愛爾蘭，政府首長無疑是總理，而身為國家元首的總統地位雖高卻無實權。

首相職權和領導風格：以英國為例

現在讓我們轉向這章除了美國以外的另一個主要例子：英國。若我們回顧這一百多年來的歷史，認為首相握有的行政首長權也逐漸擴大，呈往上發展的趨勢，這同樣也是過度簡化的觀察。實際上首相的權力有許多擺盪。假如我們接受強人首相就是時常干預各項政策、強迫同僚接受自己的想法、獨自做出許多重要決策這種普遍看法，那麼大衛·勞合·喬治不只在一戰期間，甚至到了戰後，作為政府首長，都比一九二二年他被迫下台到一九三七年內維爾·張伯倫上台之前的三位首相（亞瑟·伯納·勞、拉姆齊·麥克唐納、史坦利·鮑德溫）來得權力更大。

當勞合·喬治想跟蘇聯的新共產政權達成某項經濟政治協議時，他帶當時的外貿大臣斯溫頓伯爵前往，而非外交大臣寇松爵士，雖然後者才應該負責協商工作，至少也有資格在場。斯溫頓意識到這點，有次就對勞合·喬治說：「如果你像對待寇松一樣對待我，我就不幹了。我不懂寇松為什麼不辭職。」勞合·喬治回答：「哦，他有啊，常常。外交部有兩個信差，一個有畸形足，負責送辭呈來；另一個是跑步健將，每次都會比畸形足先到。」[60]寇森太愛當官，捨不得就這麼放棄。他的狂傲自大不僅讓勞合．喬治反感，聯合政府內的保守黨同僚也不欣賞，因此他只好對密友和妻子發洩怨氣。他在寫給妻子的信中如此抱怨勞合．喬治：「我厭倦透了勉強自己跟那個人一起工作。他希望他的外交大臣是個貼身男僕，根本就像個苦力……。」[61]

勞合．喬治靠著高明的手腕和強硬的性格爬到了最高位。即使在不乏傑出人才的內閣中，也無人能蓋過首相的鋒芒。一九三七到一九四〇年擔任首相的內維爾．張伯倫就缺乏勞合．喬治的魅力。勞合．喬治從來不怕其他性格強硬的人也不怕被人比下去，但張伯倫卻把毒舌批評家擋在內閣之外，無論是邱吉爾、里歐．艾莫瑞或麥克米倫，他們都沒有機會挑戰他的觀點。邱吉爾直到一九三六年都不被大多數保守黨信任，因為他對印度的極端立場，再加上退位危機期間他支持愛德華八世，使他進一步失去下議院的支持。（電影《王者之聲》再偏離史實不過，因為劇中把邱吉爾描繪成喬治六世早年的盟友，實際上兩人是到一九四〇年邱吉爾當上首相才開始互敬互重）。[62]當安東尼．艾登因為看不慣張伯倫搞他個人的外交，而做出寇松當年只敢唬人的事時，張伯倫從此失去了他的外交大臣。斯溫頓認為，「外交大臣的位置愈來愈難坐上去，尤其是像艾登這種對自己的重要性和尊嚴如此敏感的人。」[63]然而，在張伯倫還沒當上首相，仍是麥克唐納和鮑德溫政府下的財政大臣，名義上是他們之後排名第三的首長時，他就自認是政府中的強人。他想成為的首相，在他一九三五年三月對姊妹發表的評論就可以預見：「妳看我某種程度已經是代理首相，只不過沒有首相的實權。我得說『你是否想過』或『你有何看法』，雖然說『你就得那麼做』會比較快。」[64]

邱吉爾和艾德禮

邱吉爾跟貓最大的不同，如果是馬克・吐溫，他可能會說：貓只有九條命。依照人終將一死的法則，邱吉爾先生早就該死很多次了，有時死在歡笑，有時死於憤怒，有時死於輕蔑。但喪禮總是辦得太早，墳墓也總是空蕩蕩。你或許可以暫時整整他，但你殺不了他，我們也厭倦了一直宣布他的喪禮……他的失敗都很慘烈，但他的精神力量和個性中那股純粹的動力，讓他的失敗比其他人的成功更加輝煌奪目。[65]

這是記者兼評論家賈丁納在一九二六年出版的書中對邱吉爾的描寫。當時邱吉爾是鮑德溫領導的保守黨政府資深閣員。邱吉爾在一八九九年競選國會議員，一九〇〇年成功進入國會。一開始是保守黨，一九〇四年到自由黨，一九一〇年擔任內政大臣，此後直到一九二二年勞合・喬治的聯合政府垮台，他大多時間都是政府官員。之後不久，他重回保守黨。賈丁納寫下這段觀察敏銳的文字時，邱吉爾是財政大臣。整個一九三〇年代他都跟黨內領導階層不合，直到一九三九年二戰爆發才又再度入閣。不合的主要原因是印度。無論入閣與否，邱吉爾對於印度自治都絲毫不肯讓步，對此他的立場非常強硬。到了一九三〇年代下半，他也愈來愈不滿政府對納粹德國讓步以避免戰爭的政策，並痛批希特勒和張伯倫一九三八年簽署的慕尼黑協定（後來導致捷克斯洛伐克解體）。當德國在一九三九年九月入侵波蘭，英國對德國宣戰時，之前的綏靖政策顯然還是避免不了戰爭。愈來愈多人認為邱吉爾很有遠見，後來張伯倫邀請他加入戰時內閣擔任第一海軍大臣（他第一次擔任該職是在一九一一年）。

不過，邱吉爾會在一九四〇年五月當上首相是個意外。當時張伯倫仍然受到絕大多數保守黨議員的支持，但最大反對黨工黨上下都討厭他。跟前一任首相鮑德溫最大的不同是，張伯倫鄙夷這些人。一九四〇年五月七日和八日在下議院的一場辯論中，保守黨的關鍵少數議員開始批評張伯倫和他處理戰爭的方式，工黨便趁機要求投票。結果信任票從兩百一十三票掉到八十一票，張伯倫的首相地位岌岌可危。政府顯然必須重組，而且要由另一個人帶領。今日或許聽來奇怪，但當時要是哈利法克斯爵士（接替艾登成為外交大臣）願意接任首相，就可能輪不到邱吉爾，儘管哈利法克斯來自上議院而非下議院這點對他很不利。

一直要到一九六五年，保守黨領袖才由黨內的國會議員選出。在當時，根據憲法慣例（至今仍是）則是由英王邀請可望獲得下議院多數支持的人出來組閣，因此部分決定權掌握在喬治六世手中。國王表明他偏愛哈利法克斯，張伯倫也一樣。所有跡象都顯示，哈利法克斯也受到大多數保守黨議員的青睞。保守黨的重量級歷史學家羅伯・布萊克寫道：「一九四〇年五月那當時，保守黨有少數國會議員看出邱吉爾有希望在戰爭中注入目標、活力和創見，但若進行投票，黨十之八九還是會選擇哈利法克斯。問題是沒有投票；最後是取決於英王得到的建議，而非數人頭……」[66]

工黨擺明他們不會加入由張伯倫領導的聯合政府；同樣重要的是，哈利法克斯也表明他不想當首相。他認為邱吉爾的才能比他更適合接下動員國家的任務。[67]後來邱吉爾與強勢的工黨和一些自由黨代表組成聯合政府。工黨領袖艾德禮成為他的副手，當他不在時（不算不常）主持會議。張伯倫仍然留在內閣，也仍是保守黨領袖，但到了一九四〇年夏天就已經病危。同年十月他辭去內閣，隔月即過世。張伯倫離開後，擔任首相的邱吉爾才得以兼任黨魁。針對這點，布萊克觀察道：「不乏德高望重之士建議邱吉爾，不要跟一黨領袖的身分綁在一起，他才更有立場統一整個國家。邱吉爾看得更遠。他看過勞合．喬治的下場……馬上就表示願意接任黨魁，如今他的聲望讓他全票當選變得毫無疑問。」[68]

邱吉爾是政府中的主宰人物，尤其是國防和外交政策。他為自己創造了國防部長一職，兼任首相和國防部長，免得有人懷疑該領域由誰掌管。戰時內閣剛成立時只有五名成員，三名保守黨加兩名工黨，一九四五年才增加到八名。其他部長只有在各自負責的部門發生重大事件時才會出席內閣會議。這個比平常規模小的戰時內閣，會有各個內閣委員會所組成的體系補其不足，這在和平時期已經如常運作。邱吉爾早期擔任首相時比後來戰時更勤於批閱內閣文件。他的私人秘書約翰．柯維爾指出，邱吉爾的關注焦點是「國防、外交事務和政黨政治」，遠多過「內政問題或說大後方，除非在情感上引起了他的興趣」。[69]

邱吉爾擔任戰時首相的某些表現容或有爭議，但那幾年他激勵人心的領袖風範仍然無可辯駁。用偉大的美國廣播新聞記者、倫敦大轟炸期間人都在倫敦的愛德華．蒙洛的話來說，邱吉爾「動員了英語這個語言，並把它送上戰場」。激勵人心的不只是邱吉爾的口才和他在國會或廣播上的演說，而是如作家薇塔．薩克維勒－韋斯特所說，在他演說「背後整個由力量和決心所形成的強大後盾」。[70]此外，雖然出身貴族，邱吉爾擔任戰時首相五年期間，相較於黨內其他較為中產階級的閣員，他跟英國民眾建立了更緊密的關係，包括倫敦和其他同樣遭到轟炸的城市裡的工人階級地區。他也很識時務，跟艾德禮商量過後讓兩名出身卑微但能力很強的工黨政治家擔任能見度高的閣員。一是從邱吉爾組閣就出任勞動部長的歐內斯特．貝文，一是從一九四〇年十月開始兼任內政大臣和國土安全部長的賀伯．莫理森。[71]

這兩個工黨的頂尖人才是死對頭，兩人比艾德禮還常公開露面。艾德禮負責的是幕後工作（當協調人、各種內閣委員會的主席，還有在邱吉爾生病或不在時主持戰時內閣），但三人都是聯合政府中的重要人物。一開始艾德禮就是實質的副首相，但一九四二年才正式掛上頭銜。另一名傑出行政官約翰．安德森（韋弗利子爵）在從政生涯晚期成為無黨派國會議員，後來也成為戰時內閣的要員。聯合政府內最突出的保守黨員是安東尼．艾登。他在張伯倫執政時辭去外相，後來又在一九四〇年末從哈利法克斯手中重新接下外相職位。戰爭期間，他成為黨內聲望僅次於邱吉爾的人物。然而，邱吉爾在國內外都代表了英國的聲音，再加上深入參與軍事行動，使得他在戰時的主導地位無庸置疑。

然而，邱吉爾特別熱中於戰略、與軍事將領和外國領袖互動，就表示艾德禮和聯合政府中的工黨成員對內政的影響比首相還大。內閣的保守黨成員中，拉布．巴特勒扮演了重要的角色。他既是一九四四年教育法案的擘畫者，也是一九四三年重建委員會的重要成員。根據柯維爾的觀察，邱吉爾對內政的興趣最好也只能說是零散，作家勞勃．克羅克洛夫最近的論著證實了這點。他的研究發現沒有因為對邱吉爾的崇拜或對英國工黨的一絲同情而有所偏頗。荒謬的是，他把艾德禮形容成「英國的史達林」，要是「在蘇聯的拜占庭政治體系下一定發黃騰達」。[72]不過，克氏引用的證據呈現了邱吉爾執政時受到的限制（有鑑於當時的情況，不如作者說的那麼難以理解）。從一九四三年起，內閣的工黨資深成員就逐漸掌控戰後重建的規畫，以及打下福利國家的根基。等到邱吉爾真正參與的時候，不得不做出許多讓步。一九四三年十月的一次內閣會議過後，他抱怨自己「被副首相排擠和修理」。[73]這跟大眾對邱吉爾和艾德禮的認知很不同。兩人的個性也確實截然不同。一個是擅長表演的政治明星；一個低調內斂，不愛出風頭。

艾德禮是出了名的忠臣，對聯合政府自然也不例外，但他絕非省油的燈。他也非常注重程序。一九四五年初，他用兩根手指頭打了一份兩千字的抗議信給邱吉爾，親自打字是為了不讓信件內容外流。這封信出奇的長，畢竟外界傳聞他惜字如金，而此話也確實不假。他發現邱吉爾「很難得」才會看一次送到內閣的內閣委員會決議。因為如此，半個小時或更多時間就會浪費在「解釋只要花兩三分鐘讀過文件就能掌握的事」。此外，「不時會有一句話抓住你的目光，大家就開始討論起某個有趣的觀點但跟主題關係不大」。但是，艾德禮說，「還有更糟的」。邱吉爾太過注意兩名非戰時內閣成員的大臣，也就是畢佛布魯克爵士和布藍登．布雷肯。（兩人都是邱吉爾的密友，但艾德禮沒指名道姓，只點出兩人的頭銜：掌璽大臣和情報部長。）艾德禮強烈主張內閣的至高地位，寫道：「這是一個嚴重的憲政問題。在人民的期望和憲法的規定下，戰時內閣的八名成員都要負起決策的責任。」[74]

艾德禮為了保密大費周章，邱吉爾卻在電話中把信讀給畢佛布魯克聽，不料隔天後者就形容這是「非常好的一封信」。根據邱吉爾的私人秘書、也是卓越的日記作者柯維爾所說，這是壓垮邱吉爾的「最後一根稻草」。[75]首相夫人克萊孟汀．邱吉爾（她對一些事的判斷好過她丈夫）早就有類似的看法。她告訴柯維爾，她認為艾德禮的信「符合事實又有建設性」。信件送達當天，柯維爾在日記上寫下自己的反應：「我縱使對首相十分敬愛，恐怕還是要說艾德禮說的話不無道理，甚至頗為佩服他的勇氣。很多保守黨員和官員……都有同感。」[76]邱吉爾收到信大為光火。柯維爾在日記上寫，邱吉爾第一次讀完後「打了一次又一次草稿」，寫了「一封語帶譏諷的回信」，但最後沒寄出。他花了一些篇幅指控這是「社會主義者的陰謀」，而且「說來說去，都是因為托利黨雖然在議院占多數，在內閣卻人數不足的問題」。他的私人秘書在日記中指出，這些話根本「文不對題」。[9]到了隔天，柯維爾相信邱吉爾雖然還是「火冒三丈」，卻「並非不為艾德禮的論點所動」，此外還有邱吉爾夫人的反應，更意想不到的是畢佛布魯克的反應。[77]最後邱吉爾回了一封簡要、正式但又不失禮貌的信給艾德禮，信中寫道：「您或許相信，我永遠會設法從您給的忠告中受益。」[78]

一九四〇到一九四五年執政期間，邱吉爾的主導地位只限於作戰領域，內政方面就無足輕重。和平時期他雖然又當了一屆首相，距離主導政策甚至更遠。這樣的結果可以理解，畢竟軍事不再是第一要務，再加上邱吉爾年事已高，有陣子還健康惡化（中風過一次）。他的醫師莫倫爵士後來詳細而露骨地記下這段過程。[79]一九六六年我訪問拉布・巴特勒時，他說他擔任邱吉爾政府的財政大臣期間，邱吉爾「從不干預」，只希望「你們會為退休老人做點事」或「我希望你們不會忘記窮人」，或「我希望富人不會拿到更多紅利」。[80]巴特勒認為，相較於對國際事務的廣泛理解，尤其是國防知識，邱吉爾對經濟政策一知半解，但「他人很溫厚」。[81]（有個難得的事件證明了巴特勒說的最後一點。邱吉爾確實曾在勞動部長華特・蒙克頓的陪同下，繞過財政大臣處理經濟爭議。一九五四年的某天早上，首相召來巴特勒對他說，「華特和我早上跟鐵路罷工團體談好了，照他們提的條件。我們不認為有必要把你叫起來。」[82]）[10]

邱吉爾的個性或許強勢，但他仍然相信內閣才是國家的核心，同時也盡力維護個別部長的權利和相當程度的自主權。一九五三年他會跟莫倫說：「去年我們開了一百一十場內閣會議，社會主義陣營一年才八十五場，那還是政治活動頻繁的一年。我很贊成把事情攤在內閣面前。如果一個部長腦中有什麼想法，也懂得拿到內閣來討論，這部機器就會在他背後支持他。」[83]

9 邱吉爾最搞不清楚狀況的演說之一，就是一九四五年大選的第一次廣播演說。跟納粹德國交戰期間，與工黨閣員成功合作五年之後，他說「沒有哪個帶領全國人民和工業的社會主義政府能經得起讓大眾自由地、強烈地，甚至粗暴地表達不滿。於是他們不得不訴諸某種形式的蓋世太保……」邱吉爾夫人事先讀到了這篇講稿，她建議丈夫拿掉這段，但他寧可聽「黨裡的建議，這群人讀海耶克的《到奴役之路》讀得正熱中，以及畢佛布魯克爵士的建議……」(Geoffrey Best, *Churchill: A Study in Greatness*, Penguin, London, 2002, p. 268.) 喬佛瑞．貝斯特（Geoffrey Best）形容這是邱吉爾「在錯誤時機極端行事的貿然傾向」一例，而克萊孟汀「如同往常是兩人之中比較明事理的那一個」。隔天艾德禮作了第一次選戰廣播，根據羅伊．詹金斯的觀察，他的反應是「低調而猛烈」。他說，首相希望「選民明白國家戰時的偉大領袖溫斯頓．邱吉爾跟保守黨黨魁邱吉爾先生，兩者有多麼不同」。他還話中帶刺地說，邱吉爾擔心「戰時接受他帶領的人，會出於感激而想繼續追隨他」。接著又說，「感謝他讓他們徹底幻滅。昨晚我們聽到的是邱吉爾先生的聲音，但這麼想的卻是畢佛布魯克爵士的腦袋。」(Roy Jenkins, *Churchill*, Pan Macmillan, London, 2002, p.793.)

10 一九四〇年巴特勒強力反對邱吉爾成為首相，努力要說服哈利法克斯出馬角逐。後來他雖然比較能欣賞邱吉爾的優點，也照常批評他。我要把一九六六年九月二十三日訪問巴特勒放在更完整的脈絡下：「邱吉爾的聲望被過度誇大了，尤其是最近一堆歌功頌德的書。當然，他是一個偉大的領袖，是隻雄獅，相較之下我只是一隻老鼠，而且他絕對正派。不過，他也可能非常愚蠢。他對經濟政策幾乎一無所知，甚至不清楚什麼是通膨，但他人很溫厚。」巴特勒在回憶錄中提到，邱吉爾在他做完一九五三年的預算報告後跟他說，「我欣賞你做這些事的氣魄，」還說「我心情激動地記下自己的感想：有時無論你再怎麼氣惱，只要他的一句讚美就會讓人打起精神。」(Lord Butler, *The Art of the Possible: The Memoirs of Lord Butler*, K.G., C. H., Hamish Hamilton, London, 1971, p. 165.)

部長在各自部門都享有極大的自由，同時也要對內閣負責。即使是邱吉爾特別擅長的外交領域，安東尼．艾登享有的自主權說不定都大於預期，一方面是因為他經驗豐富，二方面也因為邱吉爾尊重他的判斷。不過，有時邱吉爾覺得艾登應該多跟他商量。「安東尼什麼都不跟我說，」一九五四年六月他向莫倫抱怨。「他不讓我碰外交事務，只保留給他自己運作。」[84]

在邱吉爾的戰時政府與和平時期政府之間，還有一個由艾德禮帶領的工黨政府。艾德禮是最令人印象深刻的工黨領袖，同時也是最低調的一個。他的政府為之後半世紀的英國外交政策制訂方向，很大部分是仰賴外相歐內斯特．貝文的政治手腕和判斷。艾德禮也帶領戰後第一個政府立下一個世代的內政方針，但這是眾人共同的成果，政治傾向各異的許多大臣都扮演重要的角色，包括賀伯．莫理森、史塔佛．克里普斯、休．道爾頓和安奈林．貝凡。「領導者—追隨者」的二分法不適合用來解釋這樣的關係。這些人都不是艾德禮的追隨者，副首相莫理森甚至想取代他的位置。道爾頓也積極策畫要拔除艾德禮的黨魁和首相頭銜。貝凡是其中最勵志的一個，來自工黨的左派，不像艾德禮是中間派，曾經強烈批評艾德禮的溫和領導風格和戰時的聯合政府。後來工黨變成在野黨後，他又跟許多同僚意見不合，並成為黨內某個左派團體（人稱「貝凡派」）的領袖。此外，歐內斯特．貝文雖然效忠艾德禮，也非首相的追隨者。他本身就是一個傑出的領導者，在兩次大戰之間創立歐洲最大的工會。他在戰時政府中擔任勞動部長，藉由傑出的表現拓展自己在勞工運動中的崇高地位。因此，在聯合政府的工黨籍部長中，他是邱吉爾的最愛——也是艾德禮的最愛。

貝文在西英格蘭的貧窮村落長大，十一歲就離開學校。他在短時間內就贏得社會背景與他迥異的外交部官員的敬重。為貝文立傳的艾倫．布魯克認為，除了能力強、自然散發的自信，以及「富於想像力的心靈特質」外，貝文成功的另一個原因是他一點都不愛慕虛榮，對「界定」一個人的社會階級毫無興趣：「因為不受階級差異的概念所困，他對待他認識的每個人，上至國王下至門房（兩者對他一樣讚賞），都一視同仁，永遠把人當人看。」[85]繼貝文成為運輸和雜務工會會長的亞瑟．迪金說，「歐尼的自我僅止於他爬到這個位置所需的自我」；美國駐英國大使盧．道格拉斯則說，「他不像艾登，需要證明自己是最高階層，他就是，而且心知肚明。」[86]布魯克自己也說，貝文雖然明顯沒有寇松爵士（在貝文之前也當過外相）的「貴族傲慢」，但「他的自信卻如帝王般確切無疑」，[87]而且幾乎不需要強調的是，比起寇松，他是個更傑出也更成功的外交大臣。

艾德禮身為首相的長處，就是讓一群苦過來的大臣發揮所長，監督他們彼此的協調合作。這群人無論在政壇上或私底下都沒有完全合得來，但艾德禮卻把他們團結起來。正如布魯克的觀察：

沒有政治家比他花更少心力在凸顯自己的個性或追求聲望之上；迥異於邱吉爾的英雄風

格，他的演講枯燥、實際，而且往往很老套。他喜歡保守陳述勝過華麗辭藻，而他最有用的辯論利器是給人漏氣，不只一次這樣滅了邱吉爾的威風……不過，艾德禮的謙遜風格和簡潔的說話方式是個障眼法……內閣裡多的是明顯比他有才能的人，但艾德禮身為首相的一大長處，就是懂得把這轉為他的優勢。他不為名利所惑，銳眼看出周圍同僚的優缺點，放手讓他們執行各自的工作，很少、甚至從不把自己的觀點強加在部會政策上。[88]

二十、二十一世紀的首相很少有人「只是」在地位平等的同僚當中排在最前面的那一個，但艾德禮卻比多數人更接近這個地位，前提是我們要承認某些大臣確實「比其他大臣更平等」。艾德禮開除他認為「不適任者」時不會心軟，但絕不會——也無法——想像這樣對待貝文、莫理森、克里普斯、貝凡，或（後來的）休．蓋茨克這些老同事。貝文和克里普斯是因為生病和過世才下台，貝凡則是與財政大臣蓋茨克意見不合才跟哈羅德．威爾遜一起辭職。當時艾德禮剛好生病，人在醫院。他認為要是當時主持內閣會議的人是他，而不是工黨副首相賀伯．莫理森，他就可以找到一個折衷方法，把兩個閣員都留住。[89]

艾德禮是內閣會議也是國防委員會的主席，以做事明快和效率高著稱，也會回應議會黨團和政府內部的意見。一九四八年他在演說中提到工黨議員的會議時說，「他們或許無法說服我他們是對的，但我相信民主自由的基礎就是願意相信其他人可能比我一個人更聰明。」[90]在同一次演說中，艾德禮也強調了政府政策的集體性質：

> 我們的對手因為一些明顯的理由把特定政策歸咎於特定閣員，想藉此分化我們的團隊。我很遺憾地說，我們的支持者有些也因此被誤導。所以有時他們會說「克里普斯的經濟政策」如何、「道爾頓的金融政策」如何、「貝凡在對付那些醫生」或是「貝文的外交政策」，好像政府內部都不用協調合作似的。但當然要協調合作。每個大臣雖然負責各自部門的決策，但內閣要一起負起對內和對外政策的責任。政府每個行動的功過，都由所有閣員一起分擔。[91]

但英國政治圈愈來愈常（雖然這麼做更容易造成誤解）把政府政策歸功或歸咎於首相，而非特定部長，例如把這個或那個政策說成是柴契爾、布萊爾、布朗或卡麥隆（程度較低）的決策。[92]哈羅德．威爾遜後來就抱怨，早在一九六〇年代，某地區的報紙頭條就因蘭開夏的地方規畫決策而抨擊「威爾遜」。[93]如果要說有什麼重大的例外，那就是政策太讓人民反感的時候，只有這時候才會用部門大臣來指稱這些政策。其中一個例子是二〇一〇年到二〇一二年在保守黨和自由民主黨組成的聯合政府中擔任衛生大臣的安德魯．藍斯里。無論是政府內部或各界評論，總是有人會提到「藍斯里的健保改革」。[94]

麥克米倫

在戰後的英國，艾德禮和邱吉爾都讓內閣大臣和委員會制訂政策，很少跟他們唱反調。繼邱吉爾之後在一九五五年當上首相，並在同年帶領保守黨贏得大選的安東尼·艾登，則是一個挑剔又愛插手管事的首相。他對批評很敏感，尤其是保守黨報章中批評他和政府表現的文章。根據巴特勒語帶諷刺的紀錄，當年艾登稱讚他對保守黨勝選功不可沒，所以「我就開始有接不完的電話，一週七天，每天二十四小時，由此可見他對我們的工作一絲不苟卻很緊迫盯人的監督方式。」[95]艾登把巴特勒從財政部調去一個不管部內閣職位，頭銜是掌璽大臣。[11]艾登對外交政策尤其關心，特別是蘇伊士運河危機（後文再述）；比起下一任首相麥克米倫，他較少干涉經濟政策。

一九五七年一月麥克米倫繼艾登當上首相，執政將近七年，直到一九六三年十月辭職為止。他是英國公爵的女婿，蘇格蘭佃農的曾孫，也是麥克米倫出版社創辦人的孫子。（他祖父丹尼爾·麥克米倫是佃農的兒子，十歲就離開學校。）此外，麥可米倫的母親是美國人（邱吉爾的母親也是）。他很融入貴族圈的生活。如巴特勒所說，他「有幫助輸家的好心腸和堅定決心，也有跟贏家相處融洽的社會習性」。[96]至於要強調多元背景的哪個面向，端看他身在何處以及說話對象是誰。在蘇格蘭，卑微佃農這一面永遠擺在前面。造訪母親的印第安納州老家時，他把自己塑造成「他們的一員，一個來自純樸拓荒家庭的本土少年，」雖然看在熱情的觀眾眼裡他不太像個「山地人」。[97]他帶著豐富的內閣經驗當上首相，只有對手巴特勒能超越他。戰時他曾調任北非代表英國政府。在邱吉爾和艾登帶領的保守黨政府下，他相繼擔任過住房部長、國防大臣、外交大臣和財政大臣。

擔任首相期間，麥克米倫自然在外交政策上扮演了要角，但他對經濟也很有意見。他因為一時想要執行貨幣擴張政策，以及寧可冒通貨膨脹的危險也不願失業率提高，導致一九五八年年初由彼得・霍尼戈夫領導的財政官員總辭。繼任的財政大臣塞爾文・勞埃在經濟政策上常跟麥克米倫意見不合，但是當勞埃因為成本的理由反對首相支持的一項政策（這種狀況發生過多次），並表明他就算辭職也在所不惜時，麥克米倫和要錢的部長們都退讓了。[98]一九六六年接受訪談時（當時未指名道姓），勞埃表示，「如果一九六二年六月，我因為首相不給我充分的支持而提出辭呈，麥克米倫可能會垮台。」[99]一直是忠臣的勞埃沒有這麼做。結果才過一個月，他就變成麥克米倫在他的「長刀之夜」中遭到開除的三分之一閣員中最突出的一個名字。這是首相為了讓政府形象煥然一新，並在一連串補選震盪後站得更穩所做的努力。結果卻產生了反效果，用最近剛為麥克米倫立傳的一位作家來說，這件事顯露出他「最殘酷無情，到頭來也是最無能的一面」。[100]他用心打造處變不驚的形象，卻因為突然大動作行使免職權而遭到破壞了。

11 歐內斯特・貝文健康惡化，無法再繼續擔任外相時，艾德禮出於好意把掌璽大臣（Lord Privy Seal）的職位給他。但貝文不太領情，說他不是lord，不是privy，也不是seal。

麥克米倫不只一次在日記裡提到殘酷無情是領袖值得擁有的一項特質。因此，他形容印度總理尼赫魯「能幹，充滿魅力，高雅，殘酷無情——具備領袖的所有偉大特質」。[101] 殘酷無情對民主領袖（包括尼赫魯）來說，當然跟對專制政權的意義不同。然而，一九六二年麥克米倫一下開除了三分之一的閣員，對他的傷害遠大於好處。要不是因為生病和不堪疲憊而在一九六三年辭去首相，他很可能在下一次選舉之前就會丟了黨魁（和首相），因為「長刀之夜」讓他多了不少敵人。逃過這次整肅的雷金納．貝文斯寫道，「這等於是大規模的樹敵，包括被他免職的人和這些人在國會裡的朋友，而且也全面破壞了黨內的信任。」他還說，「有一件事我那時就深信不疑：沒有哪個保守黨首相可以這樣幹還沒事。一九六二年七月，哈羅德．麥克米倫所做的事無疑是政治自殺，還不如自行辭職。」[102] 這次開除閣員引起的反彈，證明了殘酷無情的領袖在民主國家有其侷限。

柴契爾和布萊爾

二戰之後，一心想掌控更多決策的英國首相非柴契爾和布萊爾莫屬，而柴契爾造成的影響又更大。她在任內締造了許多外交佳績，其中以結束冷戰最為人所知。她在東西外交上扮演的角色，比戰後任何一個英國首相都還重要。雖然她跟雷根和戈巴契夫維持友好關係，但跟兩人爭辯起來也毫不遲疑，這點確實意義重大。她的外交幕僚珀西．柯利達爵士對於戈巴契夫漸漸變成她的「某種偶像」感到不以為然，還抱怨「她就像是一條連接戈巴契夫和雷根的管道，在華府把他強力推銷成一個可以合作生意的人，然後她在雙邊都發揮影響力。」[103]然而，柯利達本身比柴契爾更慢發現蘇聯在一九八五年後的改變幅度，以及戈巴契夫的激進程度。實際上，柴契爾一九八〇年代在東西關係中扮演的建設性角色，後來成了她最突出的外交成就。但她對外交政策的直覺絕非一向如此準確。曼德拉被監禁在羅本島期間，柴契爾其實是站在支持種族隔離的南非政府那邊。她對智利的獨裁統治者皮諾契特也特別偏愛，部分是因為感念他在一九八二年的福克蘭戰爭中給予支持。那場戰爭普遍被視為外交上的勝利，因為英國用武力阻止了阿根廷奪取福克蘭群島。雖然該島主權在阿根廷仍有爭議（當地稱馬爾維納斯群島），但當時英國打贏戰爭卻幫了阿根廷人的忙。把這次戰爭當作外交上的功績，主要原因是英軍奪回福克蘭群島之後，導致加爾鐵里為首的阿根廷軍事獨裁政府垮台，民主得以重建。

在內政上，柴契爾的政策雖然引起嚴重對立，她仍然是一名開創型領袖——重新定義了政治遊戲的規則。（下一章會對她作為這類領袖有更完整的論述。）她大力支持的政策在她執政期間也受到黨內大多成員的熱烈支持，而這些政策都跟戰後很多被視為理所當然的政策有所切割（包括工會領袖擁有強大影響力）。當一個政黨拿下多數選票，黨內大老和後座議員就會比政黨失去選票時更能包容領袖的專橫獨斷。部分是因為他們就跟政論家一樣，太輕易就相信領袖是決定選舉輸贏的關鍵角色。

一九八〇年代末保守黨的政策愈來愈不得民心，最著名的是「社區稅」或稱「人頭稅」，12 這麼一來討厭柴契爾領導風格的人更加有了反抗她的理由。傑佛瑞·侯艾是柴契爾政府最傑出的閣員之一，最後他終於受不了愈來愈自以為是的柴契爾。他在下議院發表的辭職演說，加速了柴契爾在一九九〇年十一月下台。即使經過長時間的反省，柴契爾對此事的看法仍是：世人不會記得侯艾的功績，只會記住他「最後的洩恨和背叛之舉」。[104]侯艾發表完暗潮洶湧的辭職演說之後，柴契爾就被大半閣員拋棄。事後她寫道，「一個知道自己失去閣員支持的首相，力量會嚴重減弱。」[105]

這還只是保守的說法。輕視資深閣員或自己政黨的領袖終究會被推翻。柴契爾和布萊爾就是兩個深信自己對黨和國家不可或缺、領導黨和國家是其天命的著名例子。兩人的不同在於，柴契爾不像布萊爾試圖要跟自己的政黨劃清界線，儘管她在內閣的強勢作風以及她跟閣員的關係，都使她在一九九〇年首相地位岌岌可危、亟需盟友之際，卻無人可依靠。「我最弱的時候，」她指出，「就是置身閣員之中」。[106]評估過後，她發現身邊同僚多半想要、渴望她留下的「功業」，最後她認定約翰·梅傑是最可能「保障和守護」它的人選，雖然即使是他，她也感到他的立場有「某種程度的不明確」。[107]

比起柴契爾跟保守黨的關係，布萊爾對自己的政黨更加輕視。跟自由民主黨領袖派迪·艾許登對談時（一九九七年他曾想延攬艾許登入閣，但因為工黨大勝而作罷），布萊爾提到「我們對自己黨滿不在乎的態度」。[108]他說為了要「繞過」他的政黨，「我做的事就是跟大眾結盟」，這個結盟在他執政前三年「穩穩當當，難以動搖」。[109]布萊爾對於幫他坐上領導位置的人（即直接把票投給他的黨員，有別於全體選民）表現出的高傲態度，在選前寫下的文字中表露無遺：「黨內成員在遠離執政中心的西伯利亞邊疆放逐多年，淨做些無聊的苦差事，突然間又出現在克里姆林宮的廳堂裡，再度露出志得意滿的神情……」[110]

布萊爾把執政重點放在改革公共服務、擴大市場和私人企業之上，另外還有外交政策。他也投入很多時間尋找解決北愛僵局的折衷之道，在過程中扮演的角色大致上也得到了（應有的）讚賞。然而，在國內「改革」上，黨若跟他意見不合，不得不讓步的是黨，而非他們選出的領袖。正如布萊爾所說，「我並不想跟黨爭吵，我想要改革，但如果改革遇阻就避免不了爭吵。」[111]他跟柴契爾一樣擔心自己的「功業」。在最後一次任期間（未屆滿就下台），他跟戈登・布朗的關係愈加惡化，布朗「覺得我正在摧毀他的遺產，我也覺得他在摧毀我建立的功業」。[112]布萊爾不時想要大膽除掉他在內閣裡最大的敵人，但每次到緊要關頭又會作罷，心裡知道這麼做可能只會加快他離開唐寧街十號的速度。此外，他很清楚布朗的「活力、才智和政治分量都無可否認，」相信他的存在對政府是「一大加分」，儘管兩人之間劍拔弩張。布萊爾在位時間愈長，他對自

12 編按：英國原本的制度是依住屋價值繳稅，而社區稅乃是人人繳稅的金額相同，人民對該制度觀感甚差，多次示威抗議。

己的地位和高明的判斷就更加深信不疑。「有算有衝突，」布萊爾如此形容他跟布朗的關係，「至少是兩個巨人之間的衝突」。[113]他愈來愈相信自己照鏡子時，看到的是一個巨人。

布萊爾執政期間，幕僚長喬納森．鮑威爾和發言人阿拉斯泰爾．坎貝爾悖離英國傳統（後來的繼任者布朗和卡麥隆則停止這麼做），被賦予只有部長才能指揮文官的權力。他們因為是布萊爾的親信，連對部長甚至工黨的後座議員都有強大的權力（尤其是坎貝爾）。然而，比坎貝爾和鮑威爾位階低的人也因為在唐寧街十號工作而自視甚高。這就好比二戰後，美國總統行政辦公室的規模大幅擴張，導致那些被不當對待的人抱怨說「太多人想用總統的尖牙咬我」，英國也一樣。部長和國會議員發現自己被取得首相授權的人踩在腳下。湯尼．萊特是個受議員同僚敬重的工黨國會議員，擔任下議院的公共行政委員會主席後，他把原本不受重視的委員會，變成一個生產高品質報告的單位，從而受到有別以往的認真對待。坐上那個位置（讓他得以脫離行政機構，享有更多自由）之前，他利用過去在大學任教所累積的政治和憲法知識，針對各種議題發表過意見。有一次，他的呼叫器接到一則訊息說：「首相氣炸了。速電十號。」[114]萊特後來才知道他犯的錯無疑就是發表了被認為「無益」的意見。然而，「真正讓我震驚的是，十號隨便一個黨棍，都覺得他可以代表首相這樣無禮地說話，可以用這種方式跟國會議員對話，而首相本人十之八九對此一無所知。」[115]根本的問題是，一般都認為首相就是高高在上指揮自己政黨的將軍，決定政策和策略就是他的特權。因此，唐寧街隨便哪個一等兵一聲令下，就算是資深國會議員也應該跳出來領命。

從本章闡述的論點中得出的幾個結論，或可在此簡短列出。政黨領袖在人民想到投票時或許有些影響力，但只有非常少數能夠決定選舉的成敗。西方民主國家的領袖對選舉的影響力愈來愈大，多半也是迷思。[116]在職務上，總統和總理共享日漸增加的權力，這在現代國家就等同於中央行政權增加。然而，除了外交政策，沒有充分證據能證明他們的權力在過去一百年來相對於同僚愈來愈大，儘管有些領袖更大膽地主張自己擁有的掌控權。總統或首相的領導風格各異，他們能行使的權力範圍大小也搖擺不定。從美國和英國的例子來看，民主國家的領袖並沒有權力變大的跡象或趨勢。最後，諸如勞合・喬治、內維爾・張伯倫、柴契爾和布萊爾等首相，一心想讓民主國家的政府首長等同於個人霸權，卻付出了慘重的政治代價——跟大半同僚疏離，最後被迫下台，而非更常見的選舉失利，遭選民否決。

CHAPTER 3 開創型領導 Redefining Leadership

不是所有當上政府首長的政治領袖都造成了改變。本章主要討論的是那些在民主政體下造成改變的領袖，也就是**開創型**領袖。他們挑戰過去的既定認知，重新定義政治的可能，也引發了政策的根本改變。[1]開創型的領導方式，不一定都主要來自政府首長。有許多時候最重要的政策創新是集體領導的成果。有些時候，除了政府首長，執政團隊的某個人也是政策的主要推手。然而，總統和首相比其他同僚更有機會為政府定調，影響政策的優先順序。當開創型領袖出現時，此人確實通常都是行政首長。而此人享有的政治資源，比領導團隊的其他成員所能掌握的資源更多。

美國總統中的開創型領袖

富蘭克林·羅斯福和林登·詹森是二十世紀最有資格被視為開創型領袖的美國總統（雖然

狄奧多．羅斯福也不遑多讓）。[2]上一章已經提過兩人在立法上的不凡成就。兩位都是傑出的領袖，因為他們把總統職權發揮到極致，在決策過程中也格外強勢。兩人在執政期間都徹底改變政策，翻轉一般人對美國體制有何可能的認知。我在本書中的一貫主張是：一人主導決策過程的領導方式很少有好的結果，如我們所見，這在美國體制內確實不可能。因此，開創型總統往往是將手中的政治資源發揮最大效用的領袖。在美國，徹底改變國內政策的過程中所遇到的阻礙尤其難以克服。

富蘭克林．羅斯福

富蘭克林．羅斯福並未試圖改變體制，亦無建立性質不同的新秩序，所以不能算是**轉變型**領袖，但他是**開創型**領袖的絕佳例子。[3]一九三〇年代他為了對抗經濟蕭條而採取的創新措施，有助於復甦逐漸激起民怨的既有政治經濟體制，雖然當時美國完全不可能走到發生革命的地步。總統的權力，尤其是對外交政策的掌控權，在二十世紀初的老羅斯福手下已經鞏固，但之後小羅斯福（兩人是親戚）又加以擴張。其中一項重大措施是在一九三九年成立總統行政辦公室，而且是經過一番口舌才成功說服了國會。他的戰爭部長亨利．史汀生在日記中透露出不滿，說羅斯福想「一手包辦所有事情」，他也很氣羅斯福容許甚至鼓勵華府「針對誰有權作決定的問題吵翻天」。[4]羅斯福不願下放權力。就連替他說話的傳記作家詹姆斯．麥逵格．伯恩斯都形容他是個「自大狂」，「不會想離開鎂光燈太久」。[5]但讓官員和派系互鬥，就是他在權力高度分散的體制下累積最多權力的方法。

羅斯福讓自己手中的權力發揮正面效用，尤其是說服的權力。當美國駐英大使約瑟夫．甘迺迪（甘迺迪總統之父，一九三八到一九四〇年間派駐倫敦）表示「英國的民主已經完蛋，要是美國也笨到參戰，同樣的命運也會等在那裡」時，羅斯福竭盡所能讓美國輿論對參戰抵抗納粹德國的可能做好準備。[6]一九三九年德國入侵波蘭之後，羅斯福說服國會解除出口軍武的禁令——一九三七年的美國中立法禁止美國對盟國提供武器。[7]一九四一年十二月，日軍攻擊珍珠港的美國艦隊，促使美國加入第二次世界大戰，此後擔任總司令的羅斯福掌控了美國的軍事行動，可跟英國的戰時首相邱吉爾相比擬。差別在於，英美雖然是反法西斯陣營（蘇聯也是一員）中的兩大民主國家，這時候的美國已經遠比英國強大。分兩次通過的戰爭授權法大幅擴張了美國總統的權力，讓羅斯福得以成立包括新聞檢查局在內的許多戰時機構，也讓他大幅掌控國內的經濟。他在一九四二年九月七日的廣播「爐邊談話」中，堅稱自己握有額外管制經濟的權力，並表示自己不會容許國會不授予他權力，因為「萬一國會沒有行動或行動失當，我就要扛下責任，採取行動」。[8]他還說，他打算行使的特殊權力，將在「戰後自動還給人民」。憲政專家柯爾溫一九四六年撰文提到，總統似乎在說自己和人民之間「有種獨特的關係——這跟『領袖原則』[1]有著系出同門的強烈相似性，而這場戰爭照理說就是要對抗這種原則」。[9]然而，羅斯福在戰爭期間所累積的權力，很多（雖然不是全部）都是國會明明白白授予他的。

羅斯福確實是權力特別大的戰時領袖，不過讓他不愧為開創型領袖的，終究還是他的國內政策。第一次任期內（始於一九三三年）他召開多達三百三十七場記者會，第二次任期內（一九三七～一九四一年）更多達三百七十四場，另外還有透過廣播傳送的「爐邊談話」，這些都反映他有多麼重視跟選民的溝通及重新提振人民的士氣。一九三三年，國會在羅斯福的支持下一百天內通過一連串法案，目的就是要克服經濟蕭條。其中包括國家產業復興法、農業調整法、聯邦緊急救助法、田納西河谷管理局法（TVA）、緊急農場抵押借款法、屋主借貸法、鐵路協調法。TVA尤其被形容是「最適合拿來形容何謂羅斯福領導方式的例子」。[10]該法案結合了公家和私人機構，串連起工業、農業、林業和防汛工程，為地區層級的社會經濟計畫提供了一個榜樣。這是羅斯福本人「發起、提議，並監督立法通過」的一項政策。[11]

雖然羅斯福新政的某些特定措施在之後幾年中斷，但有人強力主張，羅斯福的領導方式「移除了利用政府來保護人民不受多變市場影響的心理和政治障礙」。[12]不過，新政其實是集體的成果。很多構想來自羅斯福以外的人，但都有他的信念和政治聲望在背後支持。裡頭的計畫有待立法，這就表示除了需要國會通過法案，也必須持續接受國會的監督和調查。若非計畫本身和總統受到支持，這些過程就足以讓計畫胎死腹中。羅斯福是刻意的持續吸引大眾的矚目，也充分地利用自己的聲望所帶來的政治優勢（儘管很多人也對他不滿）。[13]

為了讓國會通過新政，羅斯福需要鐵票區的南方民主黨人支持，他費盡心思守住並討好這一群人。他們也樂於支持約束商業活動和證券市場的政策、大規模的公共基礎建設、一九三五年通過的國家產業關係法（放寬組織工會的可能性），以及同年通過的稅收法案（將所得超過五萬美金的附加稅從百分之五十九增至百分之七十五）。[14]光靠北方民主黨員和自由派共和黨員不足以通過對美國社會來說激進無比的措施。問題是，同一批南方民主黨人反對為了擴大美國黑人公民權所做的每一項努力。在羅斯福那個年代，南方仍是白人至上主義當道。因此，新政的核心，如艾拉．卡茲涅森所說，是個「糟透了的妥協」。羅斯福極少挑戰南方各州用惡劣方式對待非裔美國人的「權利」。不過，若沒有新政的經濟措施，包括支持工會發展，美國黑人的處境會更加惡化。這些政策，尤其是把黑人從軍為美國作戰放在一起看，都可以說是為了戰後的民權運動事先鋪路。[15]

羅斯福執政期間最重要的一個影響力來自他的妻子。愛蓮娜．羅斯福在政治上很活躍，很多方面甚至比她丈夫更激進。她坦承若羅斯福一九三二年沒競選總統，她就會投給社會黨候選人諾曼．湯瑪斯。[16]她不辭辛勞地為女性和黑人爭取更多機會，努力讓更多女性擔任公職，尤其積極反抗充斥美國政治圈且根深柢固的種族歧視。她的丈夫因為需要南方民主黨人的選

1 譯註：指納粹德國的Führerprinzip，即國家元首的指示高於一切。

票（普選和國會都是）而施展不開，對於民權只能給予半溫不熱的支持。一九三九年愛蓮娜毅然辭去美國革命婦女會的職務，因為該會拒絕讓知名美國黑人歌手瑪麗安・安德森到憲法廳演唱。根據一項蓋洛普民意調查顯示，美國社會總體而言並沒有那個組織那樣頑固，因為有百分之六十七的受訪民眾都贊成她的決定。[17]然而，為維護民權邁進的每一步都在南方遭遇強烈的反對，連羅斯福第二次任內支持的反私刑法也一樣。該法案雖在眾議院獲得多數通過，卻撐不過一九三七年末在參議院長達六週的議事阻撓，當時民主黨仍在參議院占壓倒性多數。[18]儘管如此，羅斯福仍然小心翼翼支持黑人民權逐步改善，而新政也讓黑人在社會上和經濟上受益。到了一九三〇年代末，黑人已經是「羅斯福在北方各州拿到選票的關鍵因素」。[19]

在一九三四年十一月的一次廣播中，羅斯福聲明「我們必須把不容許大批人口失業當作國家發展方針」。[20]利用公共工程來降低失業率就是新政的核心。但我們不該誇大羅斯福在這項新政策的角色。一開始他對公共工程的構想並不熱中，後來之所以變成國家產業復興法的重點（即羅斯福執政百日最重要的法案之一），很大部分來自勞工部長法蘭希絲・柏金斯和紐約州參議員羅伯・華格納的施壓和遊說。[21]羅斯福在國會最無往不利的時候是當上總統的前三年，還有後來二戰的非常時期，一九三〇年代後半他在立法方面並沒有那麼順利。有個保守的聯盟逐漸成形足以阻礙他的計畫，他也愈來愈常行使總統的否決權。[22]

林登．詹森

若說羅斯福雖然複雜多變卻無疑是一位開創型領袖和成功的總統，那麼詹森的矛盾和迂迴更是有過之無不及。此外，羅斯福直到過世才卸下總統職位，詹森卻是以失敗收場。越戰失敗帶來的苦果讓美國深受其害，最後導致詹森打消連任的念頭。但他在內政上的成就仍然不同凡響。這很大一部分要歸功於他入主白宮時的政治氣氛。前任總統甘迺迪被暗殺所引發的震撼，讓甘迺迪大力支持卻在國會進展有限的目標受到矚目，其中最為人所知的就是民權法案。此外，政府受到來自底層的施壓，尤其是黑人，而這些人的領袖就是激勵人心的馬丁．路德．金恩。社會更多階層也加入行列，尤其是比一九五〇年代更有政治意識、也受過教育的年輕人，部分是因為越戰和伴隨而來的徵兵造成的反彈，另外也受了金恩和其他民權分子的鼓舞。對立陣營則是眾多的共和黨員，還有他們在民權議題上的盟友：南方民主黨員。還有在任很久的聯邦調查局局長胡佛，也不怎麼支持詹森擁護的目標——迪安．艾奇遜告訴杜魯門，「你信任此人的程度應該跟信任一尾裝了消音器的響尾蛇一樣。」胡佛對黑人和平抗議人士被殺一事漠不關心，卻傾全力散播共產黨滲入黑人組織的謠言，藉此抹黑民權運動。金恩對此表示，「要是胡佛先生和聯邦調查局在追捕炸毀教堂和殺害兒童的凶手時，也跟揪出滲入民權運動中的可疑共產分子一樣勤奮，那就太好了。」[23]

詹森跟很多南方民主黨員不同的是，他支持艾森豪執政期間最高法院對布朗訴托皮卡教育局案的判決，即命令學校廢除種族隔離措施。詹森擔任總統的最大成就是：克服參議院長久以來的阻礙，讓最重要的民權法案通過。他還引進了醫療保險（Medicare），以及為窮人所設、由各州執行的醫療補助（Medicaid），在意外升任總統的兩年內，他的立法成績就讓他提出的「偉大社會」和「向貧窮宣戰」的口號有了實際的內涵。一九六八年，美國社會的不平等達到史上最低。[24]若我們以他擔任總統的成績來看，詹森有充分資格被視為二十世紀美國最偉大的立法者，要是把他在參議院擔任多數黨領袖那幾年也算進來，他更是當之無愧。根據史蒂分・格勞伯對詹森入主白宮最初兩年的觀察，「雖然威爾遜、羅斯福和杜魯門締造了可靠的紀錄，足以證明他們跟國會合作的能力，他們卻沒有一個像一九六四和一九六五年時的詹森那樣，把說服的技巧發揮得爐火純青。」[25]他是怎麼辦到的？詹森的主要傳記作者之一朗德・伍茲指出，電話是「詹森達成立法目標的真正工具」。他接著說：

從一九六三年後期到一九六六年，詹森每天、甚至每小時都在跟眾議員和參議員互動。他對國會在這段時間審查的一千多項主要法案瞭如指掌。他的記憶庫始終塞滿了眾議院和參議院各個選區的個別特色，還有為這些選區服務的男男女女所做過的小奸小壞。「美國總統對付國會只有一種方式，」詹森會說，「那就是持續不斷、不厭其煩……他必須比他們自己還要瞭解他們……」[26]

總統最大的「權力」就是「說服的權力」，而詹森就是活生生的例子。然而，跟甘迺迪身邊的高學歷幕僚比起來，他的名聲並不響亮。詹森自己都強烈感受到跟他口中的「哈佛人」相比，自己學歷不如人。[27]他往上爬時表現出的殘忍無情和不擇手段都有詳盡的紀錄，特別是在羅伯・卡羅為他寫的權威傳記中。一九五七年夏天，身為多數黨領袖的詹森設法讓參議院通過一項民權法案，雖然進展有限，但無論如何都擴大了黑人的投票權，也為一九六四、六五年詹森當上總統後的主要民權法案鋪路。一九五七年他利用自身影響力為民權護航時跌破大家的眼鏡，因為二十年來他在參議院、甚至之前在眾議院都跟其他南方民主黨員投下相同的票——反對改善美國黑人的民權。[28]但若是採取其他作法，這位德州政治家的大好未來就會遭到斷送。

卡羅認為，詹森即使在追求自由開明的政策時，也展現了「一種連自認為對政治務實主義已經麻木的華府人士都會感到震驚的務實和無情」。他「滿嘴謊言且引以為傲，」他會「先跟自由派說話，再跟保守派說話；先走過去找南方團體再去找北方團體；」跟「自由派說一件事，跟保守派換上相反的說詞，用平等且看似絕對的信念維護雙方的立場時」。[29]但他的迂迴跟「政治天分」配合無間。[30]全盤檢視過詹森的政治生涯後，卡羅得以做出以下結論：「林肯斬斷了美國黑人身上的鎖鍊，但卻是詹森帶領他們走進投票站，為他們拉下身後那片民主的神聖簾幕，把他們的手放在桿子上，[2]讓他們掌握自己的命運，從此真正成為美國政治生活的一部分。」[31]

一九六〇年詹森爭取民主黨提名期間（後來甘迺迪勝出）就發現，州長只要對參議員和眾議員施壓也可以發揮效力。一九六三年十一月，甘迺迪的喪禮一結束，各州州長還來不及離開華府，詹森就把他們叫進辦公室開會。他告訴他們，前一天他跟艾森豪消磨了兩個半鐘頭，「這位帶領我國軍隊迎向勝利的偉大總統」讓他明白，沒有政黨「可以獨占愛國心」，無論屬於哪個政黨，他們都應該幫助他拯救這個國家。他愈說愈慷慨激昂，要在場所有人用實際行動終結仇恨，對抗「存在這塊土地上」的不公義、不平等、貧窮和失業。而處理這些問題最好的方式，

詹森說是：

通過稅法，製造更多工作機會和取得更多投資，連帶增加稅收，還有通過民權法案，這麼一來我們才能對加州的墨西哥人、密西西比的黑人、西岸的東方人或詹森城的詹森氏說，我們會平等公正地對待你們，而別人評斷你們的標準會是個人的價值，不是出身，也不是你們怎麼拼自己的名字。[32]

詹森一直都很關心窮人的命運，尤其是貧窮黑人遭受的不公，但他最關心的還是自己的晉升之路。全國有色人種協進會（NAACP）的羅伊．威爾金斯長久以來對他又愛又恨。「遇到詹森，」他說，「你永遠不知道他是要讓你開心還是要扒你錢包」。[33] [3] 最後他不得不佩服詹森。當詹森的野心和善心相互衝突時，排在第二位的是善心。然而，從當上總統的那一刻起，兩者的

衝突就消失了。根據卡羅的觀察，社會正義的目標「在這位大師的指揮下往前推進，把善心化為政府的實際行動」。[34]

詹森在內政上的佳績和外交上的失敗，兩者的反差當然巨大無比。他跟前一任總統以及自己的幕僚一樣，無能理解亞洲的民族主義和共產主義，而「失去」越南的恐懼（雖然越南並非美國領土，談不上「失去」）就是他垮台的原因。但詹森仍然是一名開創型領袖。他改變了政治論述，不只讓美國的貧窮問題變成一個顯著的政治議題，還正面迎戰問題，同時也扮演決定性的角色，終結美國幾個南方州對黑人選民等同於褫奪公權的對待方式。一九六四年一月，他對國會發表國情咨文，他說，「很多美國人活在希望的邊緣，有些是因為貧窮，有些是因為膚色，太多則是因為兩者。」他說，他們的任務就是要「用機會取代他們的絕望」，還說「這個政府，就在此時此地宣告，我們要無條件對美國的貧窮宣戰」。[35]一九七三年詹森逝世時，黑人作家拉爾夫．艾里森直言，詹森同時受到保守派和許多自由派的普遍鄙視。他「只能夠算是窮人和黑人眼中最偉大的美國總統，」艾里森又說，「這其實是一個莫大的殊榮」。[36]

2 譯註：指以前的拉桿投票機。
3 編按：讓人開心與扒人錢包在原文所用的動詞都是lift。

雷根——開創型領袖？

詹森之後，美國還出現過一些引起矚目的總統，但都不像羅斯福和詹森那樣足以稱為開創型領袖。雷根有時會被賦予極大的重要性，但他造成的改變通常有誇大之嫌。領袖及其最熱情的擁護者，很容易把該領袖掌權時發生的重大事件歸因於他們。類似的主張常被套用在雷根身上，但實際上他並沒有像詹森那樣造成巨大的改變。美國在全球政治上雖然地位重要，但雷根和老布希執政時在國際上所發生的根本改變，不一定主要來自於當時的美國政策。蘇聯開放改革、中東歐民主化、冷戰結束，很大一部分是莫斯科產生的轉變所造成的結果。雷根和老布希為這樣的轉變做出回應，但他們並非造成這些轉變的原因。更確切地說，一九八〇年代下半蘇聯在國內和外交政策上的轉變，跟華府強硬派關係不大甚至毫無關係，儘管自鳴得意的西方人不這麼認為。

在內政上，雷根或老布希都算不上開創型領袖（後者更加不是），雖然雷根比較成功地塑造了鮮明的領導風格，儘管他並不比老布希見多識廣，但他的輕鬆連任，使他跟繼任者之間的反差又更進一步。如前一章所述，雷根任內的修辭跟他的實際作為存在巨大的差距。他在立法上的成果不多，而「儘管承諾要縮減聯邦支出，在他任內的政府規模和赤字都不減反增」。[37]他最重要的作為，幾乎可以肯定地說，就是透過任命法官把美國推往更保守的方向——超過四百名從此享有終生職的聯邦法官，以及四個最高法院的任命案：將威廉·倫奎斯特升為首席大法官，珊卓拉·戴·歐康納、安東寧·史卡利亞、安東尼·甘迺迪升為最高法院大法官。[38]

英國的開創型領袖

在民主政治下，堪稱開創型的的領袖與政府與未達標的的領袖與政府之間，有時只有一線之隔。政府轉換幾乎一定會帶來一些改變：民主政治的領袖一般不會在位太久，除非有政黨作為後盾，而政黨會提供人民政策上的選擇。然而，我們如果看英國，那麼二十和二十一世紀只有三個政府足以稱為開創型政府，分別是一九〇五到一九一五年執政的自由黨政府（一九一五年是戰時，成立了聯合政府），一九〇八年起由阿斯奎斯出任首相；一九四五到一九五一年由艾德禮領導的工黨政府；柴契爾一九七九到一九九〇年擔任首相的保守黨政府。這當然不表示上世紀以來其他英國政府沒有重大的政策革新。一九五七到一九六三年麥克米倫帶領的保守黨政府、一九六四到一九七〇年哈羅德·威爾遜領導的工黨政府，以及一九九七到二〇〇七年以布萊爾為首的工黨政府，都見證了重大的變革，這些留到稍後再述。

第一次世界大戰前的自由黨政府

二十世紀的前四十年，英國唯一的開創型政府是一九〇五年十二月由自由黨所組成，一九〇六年的選舉大勝更加確立其地位。前兩年由行事謹慎的亨利・甘貝爾—班納曼帶領，後來主要是因為他健康惡化（不久就過世），一九〇八年才由阿斯奎斯接任，大多數影響深遠的變革就此展開，其中有許多的立法都是建立日後所謂「福利國家」的基礎。大多法案的幕後推手是大衛・勞合・喬治，阿斯奎斯當上首相後，勞合・喬治繼阿斯奎斯出任財政大臣。阿斯奎斯擔任財政大臣時曾規劃老人年金，但是要到勞合・喬治一九〇八年時才完成立法。

阿斯奎斯政府很樂於向其他地方取經。紐西蘭早已引進老人年金制度。阿斯奎斯形容紐國是政治經濟制度的實驗室，為「世界上較老的國家」提供指引。[39]勞合・喬治對失業保險的熱中，則是某次訪問德國看見俾斯麥引進某些最早的福利國家政策而受到啟發。[40]一九一一年的國家保險法把強制性健康和失業保險引進英國，保險基金則是向雇主和雇員徵稅。更早的時候（一九〇九年），邱吉爾擔任貿易委員會主席時，曾經設立勞工介紹所來提振就業率。他也是受到德國經驗的影響。身為那一代最年輕的閣員（一九〇八年四月被任命時他才三十三歲），他寫信給首相阿斯奎斯：「德國氣候比我們嚴酷，累積財富也遠比我們少，卻讓其人民享有尚可接受的基本生活條件。他們不只在戰時組織井然，和平時期也一樣。而我們卻只有在操作政黨政治時才組織井然。」[41]

其中最重要的憲政改革是縮減上議院的權力。上議院再也不能阻擋財政立法或延遲任何法案超過兩年。這是一個重大的改變，從此「否決式議會被迫把自己改造成監督式議會」。[42]這場跟上議院的衝撞引發自勞合・喬治一九〇九年提出的「人民預算案」。其中包括提高所得稅和大型地產的遺產稅、徵收土地稅，引進燃油稅和汽車牌照稅（當時只有富人有車）。稅收一部分用來支付大幅提高的國防支出。雖然上議院不阻擋下議院核准的預算已成慣例，但以保守黨占絕大多數的世襲議會也看得出來這是在拿富人和地主開刀，因此憤而拒絕這項立法。群情激憤。博福爾公爵說他會「很高興看到邱吉爾和勞合・喬治被一大群獵犬包圍」。巴克盧公爵告訴一個小型的蘇格蘭足球俱樂部，由於政府要徵收土地稅，他將取消每年才一磅多的捐款。[43]阿斯奎斯要求舉行大選，主要議題就是人民預算案和縮減上議院權力。出乎意外的是，自由黨在一九一〇年一月的選舉中輸了一百多席，變得必須依靠工黨和愛爾蘭民族主義運動的議員支持，才能繼續執政。把政府塑造成極端分子顯然引起了選民的共鳴，但當時很多男性勞工和所有女性都尚無投票權。

工會為政治目的募款的權利曾經被司法部門壓下來，但在一九一三年時獲得政府予以擴大，現在，不想貢獻政治捐款的工人必須退出合約，而不是加入合約。對政府來說，國內的施壓還是比國外的範例更具影響力。一來是出於對社會主義的恐懼，二來也是因為愈來愈有組織的勞工運動所提出的需求，使得過去被當作資本主義無可避免的副產品而無奈接受的痛苦開始得到解決。一九〇〇到一九一三年間工會成員多了一倍有餘（達到四百多萬），這使得從一九一〇年起工黨國會議員的影響力大增，因為政府需要他們的選票。

自由黨政府之所以是開創型政府，主要是因為他們為福利國家立下早期的根基。除此之外，他們也挑戰上議院的世襲特權，而勞合．喬治扮演的角色絕對不亞於首相阿斯奎斯。阿斯奎斯不是強勢專權的首相，他任內的重大變革很多都是內閣的集體成果，其中兩名成員尤其重要。他在內閣的兩大得力助手是喬治．勞合和邱吉爾，兩人都是很有群眾感染力的名人，被稱為二十世紀上半葉「英國的兩個天才政治家」也當之無愧。[44]

第二次世界大戰後的工黨政府

一九四五到一九五一年由艾德禮領導的政府，更是一個開創型領導的明顯實例。前一章說過，這個政府是資深閣員集體領導的成果，而非首相一人的成績，儘管他在管理大人物並扮演平和的協調角色上功不可沒。一九四五年組成的工黨內閣共有二十人（只有一位女性），但沒有一個出生在二十世紀。最年輕的安奈林．貝凡四十七歲，被視為無可救藥的叛逆者，艾德禮命他出任衛生大臣出乎眾人意外。他們都在各行各業累積許多經驗，不少還擁有在戰時聯合政府任職過的優勢，例如艾德禮、歐內斯特．貝文、賀伯．莫理森、史塔佛．克里普斯和休．道爾頓都曾擔任高職。艾德禮在戰時擔任副首相和內閣委員會主席，並在邱吉爾缺席時主持內閣，不像貝文和莫理森那麼常在大眾前露臉，莫理森戰後甚至有意取代艾德禮成為工黨領袖和角逐首相。

哈羅德·拉斯基是倫敦政治經濟學院的政治學教授，一九四五年他剛好是工黨全國執行委員會的主席（這個職位是輪流擔任的）。拉斯基在當時跟後來都設法要讓艾德禮離開黨魁之職，認為艾德禮稱不上是社會主義者也太過反蘇，而且缺乏「深入群眾」的能力。[45] [4]他在一九四五年的選戰期間寫信給艾德禮，批評他的領導「大大阻礙了在即將到來的選舉中我黨的勝選希望」（不久工黨就大勝其他政黨，比保守黨及其盟友多贏了一八三席）。[46]多半時候，艾德禮都耐心忍受源源不絕的批評。早在一九四一年，拉斯基指控他有步上拉姆齊·麥克唐納後塵的危險（麥克唐納原是工黨黨魁，一九三一年出任以保守黨為主的聯合政府首相而被開除黨籍），艾德禮就回應：「我很遺憾你認為我愈來愈接近麥克唐納的命運。如你明白指出的，我既沒有那種性格也沒有那種資質，會讓我以為自己擁有異於我所屬政黨的價值。」[47]然而，一九四五年當拉斯基利用職位之便，代表剛勝選的工黨政府在外國報紙上發言時，艾德禮寫信告訴他，「外交事務由能幹的歐內斯特·貝文負責」，就算沒有拉斯基不負責任言論帶來的難堪，外交大臣的任務就「已經夠困難了」，若「閣下能安靜一段時日，在下會感激不盡」。[48]

4 談論「群眾」的知識分子都跟真正的人民脫節，這幾乎是鐵則。但這麼說對拉斯基不太公平，他無論是跟南威爾斯的礦工說話、借住他們家裡，或對學生都投入許多時間，設身處地傾聽，也給學生無止盡的幫助。見Kingsley Martin, *Harold Laski: A Biography* (Jonathan Cape, London, new edition, 1969), pp. xiv, 95, 127 and 250–251. 然而，他對政治活動家和知識圈以外的意見就欠缺判斷力。

工黨政府確實引進為數眾多的社會主義措施：將英格蘭銀行、鐵路、長程運輸、電力和石油工業、煤礦、民用航空，以及鋼鐵工業收歸國有。一九五一年工黨政府敗選後，這些產業仍然維持國有至少一個世代，除了鋼鐵工業（邱吉爾帶領的保守黨政府後來將之轉成民營）。由於上議院決心要擱置鋼鐵工業收歸國有法案，國會還通過新國會法，將上院從一九一一年以來的兩年擱置權減到一年。[49]政府致力於追求平等主義及重新分配資源的政策。戰爭重創英國經濟，物資依舊嚴重缺乏，因此一九四〇年代之後幾年仍繼續實施糧油配給，只有衣物配給在一九四九年結束。不過，供應學童免費牛奶和其他福利讓各年齡層的健康狀況跟兩次戰爭之間比起來，都有穩定的進步。[50]一九四六年的國民保險法讓病患和失業人口的福利大幅增加，成為「日後三十多年邁向福利國家的基礎」。[51]其中最重要的是，在貝凡的帶領下成立國民保健署（NHS）——這項服務太受歡迎，導致二三十年後的政府想要引進更多私人醫療保險時只能偷偷進行，雖然他們都有保證會忠於NHS理念。直到二〇一〇年，最近一位為艾德禮立傳的作家仍相信，「以免費醫療服務為核心理念的NHS，至今幾乎仍跟當初的設計一樣，改變不大。」[52]它在戰後英國具有的指標地位，光看二〇一二年倫敦奧運開幕式有一大段以藝術形式向NHS的致敬就可明白，但美國觀眾無疑是看得一頭霧水。

開創型領袖柴契爾

戰後第一個工黨政府建立的許多原則都成為政策的基礎，直到柴契爾上台才改變。身為英國第一位女性首相（至今仍是唯一的一個[5]），柴契爾無疑算是一名開創型領袖。她前後執政共十一年（一九七九到一九九〇年），是二十和二十一世紀在位最久的英國首相，無論在內政和外交領域都很活躍。雖然她絕不討厭最初由蘇聯記者為她取的「鐵娘子」封號，但實際上她的外交政策與她給人的「好戰」印象不太一樣。英國政府在她當上首相之前，以及在她被迫下台之後的回顧當中，所呈現出來的狀態也很不一樣。

柴契爾在位期間所受到的影響，來自唐寧街十號的能幹幕僚、包括前後幾任外交大臣的政府官員、以及因為特定議題所諮詢的外界專家學者。（她除了有強大的信念，大量吸收相關資訊的習慣，工作時間也格外長，晚上只睡四小時。）當她不在位時，她得到的專業建議就比較少，較容易聽信狂熱分子的話。身為首相，她很早就提倡戈巴契夫跟前幾任蘇聯領導人有所不同的想法。無論在歐洲或北美，保守派的政治家之中就屬她最看好戈巴契夫，相信他的改革將影響深遠。柴契爾的政治直覺並沒有讓她理所當然地認為共產黨的統治高層可以展開根本的轉變。不過，她不只是依賴直覺，她也會聽取多方專業意見，並重新評估自己先前對蘇聯和東歐

5 編按：本書出版於二〇一四年四月。二〇一六年保守黨的德蕾莎．梅伊上台，繼柴契爾之後成為英國第二位女首相，但因為執行脫歐失利，梅伊已經於二〇一九年五月二十四日宣布辭去首相之職。

可能會如何進行改革的想法。[53] 6

另一個跟她的好戰名聲相反的是，柴契爾對美國攻打黎巴嫩和利比亞採取懷疑態度。她說：「一旦越界就會沒完沒了，因此我堅決支持國際法。」[54]阿根廷軍隊占領福克蘭群島後，她雖然願意使用武力奪回主權，但也不該忽略她非常不贊成動武，除非英國或英國屬地受到攻擊。她對美國在一九八三年十月出兵格瑞那達以扭轉該國政變感到憤怒。再加上格瑞那達曾是英國殖民地，也還是大英國協的一員，這又令她更加氣憤。不過，她在接受ＢＢＣ國際頻道的電話訪問時所做的結論，就沒把話說得那麼死：

> 我們……西方民主國家使用武力捍衛我們的生活方式……不是用它來侵犯主權獨立的領土……如果有人須布一部新法，規定只要有共產主義違背人民意願而執政的地方，就算是內政問題，美軍也要介入，那麼到時候世界將會爆發真正可怕的戰爭。[55]

柴契爾雖然對英國外交及國協事務部（ＦＣＯ）這個機構不以為然（除了幾個曾在唐寧街十號擔任她得力助手的傑出閣員），在某些議題上，她的政策跟該機構以及她最後兩任外交大臣（傑佛瑞．侯艾爵士和道格拉斯．赫德）並無相背。最重要的例外包括她對南非種族隔離政策、歐盟和德國統一的看法。在這些議題上，她就十分符合極端保守派給人的刻板印象，看法也跟

FCO大相逕庭。[56]

不過，讓柴契爾政府不愧為英國二十世紀三個開創型政府之一的是內政。就這一點上，柴契爾跟艾德禮政府不同的是，單獨將她視為一名開創型領袖也完全合理。[57]針對經濟、工會及福利國家的議題，她一上台就立場堅定，下定決心推行她想要的政策。艾德禮和柴契爾政府推動的方案之間也差距甚大，她的內閣會議跟艾德禮的更是有如天壤。柴契爾跟艾德禮不同，一開始就會針對議題表明她強烈的個人觀點（而且為數不少），讓討論偏向自己想要的方向。很

6 柴契爾的首相生涯跟戈巴契夫的領導生涯重疊的期間，她也受惠於優秀的英國駐蘇大使，其一是一九八五到一九八八年的卡特賴奇爵士（Sir Bryan Cartledge，稍早曾跟柴契爾在唐寧街十號共事），其二是一九八八到一九九二年的布蘭斯韋特爵士。我參加過兩次在契克斯（英國首相的週末行館）舉辦的蘇聯和東歐討論會。會議由柴契爾主持，出席的人有外交大臣傑佛瑞・侯艾和其他資深官員。一九八三年九月舉辦的第一場尤其重要。以柯利達爵士（會後不久就成為柴契爾的外交幕僚）的話來說（*Pursuit of British Interests: Reflections on Foreign Policy under Margaret Thatcher and John Major*, John Murray, London, 1997, p. 18），「它啟動了一個更開放的途徑以解決東歐問題，最後促成了與戈巴契夫的第一次會談。」在這個階段，柴契爾尤其會傾聽外界專家的建言。一九八三年的契克斯會議上，她常打斷同僚說話，尤其是侯艾，但很少打斷學者說話。柴契爾和侯艾在回憶錄中都用了不少篇幅對這場會議的起源有各自不同的著墨，也都肯定其重要性。侯艾說，「跟蘇聯專家討論時，」首相「反常地自制」。見 Geoffrey Howe, *Conflict of Loyalty* (Macmillan, London, 1994), pp. 315–17; and Margaret Thatcher, *The Downing Street Years* (HarperCollins, London, 1993), pp. 451–3. 第二場討論蘇聯的契克斯會議在一九八七年二月召開，部分是為了隔月柴契爾高調且成功出訪蘇聯做準備。在這段期間，我是一九八四年十二月戈巴契夫初次訪英前夕，也就是他當上蘇聯領導人前三個月，受邀前往唐寧街十號與柴契爾和侯艾進行非正式簡報會議的四位學者之一。

多重要議題甚至從沒上過內閣會議檯面。套用伊恩．吉爾莫（她第一任內閣的閣員，言辭犀利）的話，「共同決策遭到嚴重縮減，共同責任當然也是。」[58]

柴契爾的第一個內閣至少有半數閣員都跟她見解不同，包括外交大臣卡靈頓爵士、赫塞爾廷、吉姆．普萊爾、彼德．沃克和吉爾莫自己。那時擔任財政大臣的傑佛瑞．侯艾是首相的親信。漸漸地，閣員辭職和內閣改組改變了政府高層的結構，柴契爾甚至疏遠了一些早期的支持者。侯艾辭職是她一九九〇年垮台的導火線，但公開批評柴契爾領導風格的幾個資深閣員相繼求去就已出現端倪。尤其是一九八六年赫塞爾廷辭去國防大臣及一九八九年納吉．勞森辭去財政大臣。[59]勞森跟侯艾一樣（但不同於赫塞爾廷），一開始在經濟政策上跟柴契爾意見一致，後來卻日漸分歧，特別是英國加入歐洲貨幣制度、英格蘭銀行民營化，以及徵稅。[60]

柴契爾作為首相的一大特質是她做功課之認真徹底，還有對聽取詳細報告的堅持。她不太熱中於自我批評，但獲得正式授權為她立傳的作家指出，上了年紀之後，她最常責怪自己的就是「我沒有做好充分的準備」。[61]她記憶力過人，在一絲不苟的準備過程中吸收大量資訊，無論是跟戈巴契夫會面，或固定一週兩次的首相問答。[62]雖然官員面對她時都戰戰兢兢，政府部門甚至會怕她（「她讓白廳上下都渾身發抖」[63]），她卻從公務員身上獲得很多。某方面，她喜歡他們勝過內閣成員，因為除了供應她想要的資訊，他們也比較可能聽從她的指示。因此柴契爾曾對她的首席私人秘書克萊夫．惠特摩說，「我要是沒有部長，只有常務秘書，一定會把政府管得更好。」[64]

雖然管理風格是她垮台的根本原因（一九九〇年全部閣員幾乎都說她首相地位不保），稱柴契爾為開創型領袖，而非開創型政府的領袖，仍然有其道理。無論是不滿她的批評者還是同情她的支持者，咸認她是一個改變政治論述、轉變大眾對政治可能性的認知並促成重大改變的人。[65]她同時也是個容易分化意見、在國內引發兩極看法的領袖，後來在蘇格蘭尤其不受歡迎。最後她失去了多數閣員的支持（不把他們當成同僚的直接後果），保守黨在她離開後比幾十年前更加分裂。她的外交政策造成一個無人敢在她一九七九年剛上台時預測的結果：她在東歐交到的朋友，遠比在西歐多，最後在莫斯科、布拉格和華沙變成萬人迷，卻在波昂、巴黎和布魯塞爾成為老妖怪。

柴契爾之前的保守黨黨魁和首相（一九七〇到一九七四年）愛德華・希思也採取類似的強勢領導風格，但他留下的唯一重大功績是帶領英國加入歐洲經濟共同體（後來的歐盟）。如安東尼・金所說，「儘管經常改變政策的方向，希思無疑比一九四五年以來的其他首相都對自己帶領的政府有更完整、更持續的掌控權……托利黨一九七四年二月敗選，使得希思留下的大多政策很快就付之東流——除了加入歐洲共同體之外——但這些事實不表示他不是強勢首相，而是表示不是所有強勢首相都會成功。」[66]值得補充的是，成為首相之前，希思在多數人民眼中很「軟弱無能」。[67]他的例子說明了三點。第一，領袖在當上首相之前較難被視為「強人」。第二，大眾對領袖強弱的看法，亦即該領袖是否權力在握或作風強勢，可能離事實很遠。第三，沒有理由認為「強勢」的首相（意指跟閣員保持以上令下的關係）就一定能打造成功的政府。

柴契爾和希思的領導風格雖然相似，面對重要議題的處理方式卻大不相同。希思永遠無法諒解柴契爾取代他成為保守黨領袖，也不像柴契爾那樣推崇自由放任的資本主義。柴契爾政府的某位大老說，艾德禮政府堅守的「兩大中心理念」，即「干涉式的大政府以及對平等的追求」，過去二三十年來都未受到強而有力的挑戰，直到柴契爾入主唐寧街十號才改變。[68]柴契爾政府取消了許多對商業機構的限制（包括銀行），解放資本市場，以「沒有力量能取代市場力量」為行動信念，而首相本身就是該信念的宣傳大使。其中的一大重點是私有化，十年內就出售三分之二的國有資產。觀念較傳統的托利黨人反對這種作法。福克蘭群島衝突爆發時，麥克米倫受邀回唐寧街十號提供柴契爾「如何打仗」的建議，他看看為了晚宴而部分清空的房間。「家具都到哪兒去了？」他問。「都被妳賣光了吧，我猜。」[69]柴契爾挫敗了煤礦工人發起的長期罷工（之前工會曾經團結起來逼希思下台），大幅縮減工會的權力。她讓社會住宅的住戶用優惠價格買下房子，鼓勵人民購屋，減少國有土地的面積。

整體來說，柴契爾政府改變了英國公私產業的平衡，大幅倒向私有的方向。其中包括把企業經驗帶進公務機關，以及引入各種措施來翻轉艾德禮政府率先實施的平等主義政策。減少富人的所得稅率，課徵新的地方稅。其正式名稱是社區稅，但通稱為人頭稅。社區稅是要用來取代財產稅，改以人頭計稅，因此反對者認為這樣會導致公爵和清道夫繳一樣多的稅。這個議題引起強烈反彈，導致她在任期最後幾年聲勢下滑。當時的財政大臣納吉．勞森認為，「執意把一個長久以來聲名狼藉的稅制變成旗下政府的頭號政策，根本是她的一大誤判。」不過，勞森承認，儘管「她個人極度投入」，推行該政策時「她還是嚴守內閣的規範」。[70]一九八五年五月的內部備忘錄記錄了財政大臣的強烈反對：「內倫敦一對領老人年金的夫婦，發現自己要把淨收入的百分之二十二拿去繳人頭稅，而郊區一對較富裕的夫婦卻只有百分之一。」[71]然而，柴契爾最終還是得到了內閣的支持，政策在一九八六年通過。蘇格蘭早於英格蘭和威爾斯一年實施。結果證明這對蘇格蘭民族黨和工黨都是天上掉下來的禮物，讓老早就對保守黨高度不滿的蘇格蘭人又更加失望。[72]

其他極具開創性的英國政府

這時期還有另外三屆英國政府引起我們的興趣。雖然沒有開創型領導，他們卻推動了非常值得注意的創新政策，那就是由麥克米倫、威爾遜和布萊爾率領的政府。不過，威爾遜和布萊爾帶領工黨政府執政期間所進行的最重要改革，最大的功臣並非兩位首相。

麥可米倫政府儘管猶豫不決，最後還是接受了去殖民化。這件事激起的憤怒指向殖民大臣伊安．麥克勞德，少部分指向麥克米倫本人，一來因為他在南非發表演講「改變之風」，二來他任命了偏向自由派的麥克勞德負責殖民政策。抨擊的聲音不只來自「帝國效忠聯盟」之類的邊緣團體，保守黨右派也有很多反對聲音。在經濟政策上，麥克米倫政府跟邱吉爾和艾登政府的差距沒那麼大，麥克米倫在兩個政府都服務過，甚至是艾登政府的財政大臣。他本身不贊成保守的財政制度，在經濟哲學上是凱因斯主義者，對倫敦市[7]的某些活動存疑，私底下稱「銀行家」為「銀行搶匪」。[73]

在憲政方面，麥克米倫政府最重要的改革是一九五八年通過的終身貴族法。此法創造了一個非世襲的新貴族階級，後來也把各行各業的傑出人才，以及被「明升暗降」的著名政治家都納入。這項立法為上議院注入新活力，提升了許多辯論的品質。這裡要強調的是，工黨並不急著要廢除上議院，對於上議院因為世襲的緣故而無法免於被批評，以及不可能威脅到下議院的地位，工黨到目前為止還算滿意。麥克米倫帶領的保守黨政府還有另一個影響深遠的政策。一九六一年他們成立聲望卓著的委員會，由經濟學家羅賓斯爵士擔任主席，調查英國高等教育的現況和未來。後來政府採納了羅賓斯一九六三年發表的報告，此後英國開始廣設大學。[74]

一九六〇年代威爾遜帶領的工黨政府，其最大成就是大幅擴大個人自由。這翻轉了一般人對保守黨和工黨的刻板印象。威爾遜帶領政府進行重大的社會改革，包括放寬離婚法、將成年男性之間的自願性行為除罪（讓面對男女同性戀的法律一致）、廢除死刑、墮胎合法化（在某些保護措施下）。此外，為了提高罪犯由陪審團定罪的機率，取消了從十四世紀就存在的「須意見一致才能定罪」的規定。[75]宮務大臣對劇院作品的審查權也被取消。[76]這一連串的放寬措施就是一九六〇年代執政的工黨政府影響最深遠的政績。但最主要的推動者和驅動力不是威爾遜（他的社會觀念頗為保守），而是內政大臣羅伊．詹金斯——另一個我們不該把首相等同於政府的例子。

以上提到的法案中，只有廢除死刑的投票案是詹金斯的工黨前輩索斯凱斯爵士擔任內政大臣時通過的。[77]該法案得到工黨後座議員席尼．席弗曼的支持，可說是他在國會爭取廢死數十年所累積的成果。[78]其他改革（包括廢除死刑），詹金斯都在一九五九年出版的著作中提倡過。威爾遜任命他當內政大臣之後，他也有能力和動力推動這些改革，雖然威爾遜很驚訝他會接下職位。[79]提出墮胎法案——這個議題國會議員可以自由投票——的自由黨後座議員議員大衛．史提爾表示，他受惠於詹金斯「大力支持的部長演說」。[80]要不是有內政大臣詹金斯的支持，這個法案跟性犯罪法（將二十一歲以上的同性戀除罪化，發起的後座議員是工黨的李歐．艾布斯）都不可能通過立法。[81]

不過，另一個創舉則多半出自威爾遜的構想。對此他引以為傲，也最希望存留世人心中。那就是創建空中大學（Open University），利用廣播和電視來教學，為年輕時錯過受教機會的人增

7 編按：這裡的倫敦指的是City of London，是大倫敦的一個中心商業區，證券交易所和英格蘭都坐落在這裡。本小節最後一段提到「寬鬆管制」倫敦市，指的正是寬鬆管制金融活動。

加接受高等教育的機會。廣播結合創新的教材和部分時間的個人指導，讓各年齡層的成人在家進修，按照自己的步調達到某個學力。威爾遜把落實最初他稱為「University of the Air」的任務，交給一九六四到一九七〇年政府部門中最傑出的「政務次長」：珍妮．李。她打贏多場跟財政部的戰爭（以及她名義上的頂頭上司：教育大臣），靠的是強硬的政治意志、跟全國黨員站在一起，以及威爾遜對她及她死去的丈夫安奈林．貝凡（艾德禮政府的閣員，NHS創始人）的敬重。[82]她身兼文化政次和空中大學創辦人二職，驚人的募款能力引來其他閣員的嫉妒（她並非閣員），即使時局艱困時也不例外，原因無他，只要有必要，她就能打電話向首相尋求支持。[83]

阿斯奎斯、艾德禮和柴契爾政府在不同種類的政策上都具有開創性。至於布萊爾領導長達十年的工黨政府，除了伊拉克戰爭引發的持續餘波外，唯一造成深遠影響的政策或許是憲政改革。由於規模浩大，使這項改革離「開創型」政策不會太遠。上議院改革甚至更進一步，大砍世襲的貴族議員，有九成一舉被免職。另外引進博格丹諾稱為「英國新憲法基石」的人權法，[84]以及資訊自由法。成立蘇格蘭議會和威爾斯國民議會，並將行政和立法權轉移給北愛爾蘭，雙邊達成權力共享的協議。很多人都參與了最後一項成果，包括前英國首相和前愛爾蘭總理、前後幾任北愛事務大臣、布萊爾的幕僚長喬納森．鮑威爾、美國參議員喬治．米契爾，甚至還有柯林頓總統，然而布萊爾在其中所扮演的重要角色，則得到不少北愛重要政治人物以及愛爾蘭共和黨總理伯蒂．埃亨的承認。撇開北愛不論，憲改（前章略提過）是布萊爾承繼前人的政策而有的結果，他自己其實興趣缺缺。事實上，後來他認為自由資訊法尤其是個錯誤，多半只是便宜了新聞記者，未來還會讓政府官員不敢說真話，怕記者事先揭露他們說的話。[85]決策權移轉給蘇格蘭和威爾斯，以及通過人權法和自由資訊法，也以不同方式縮減了布萊爾自身的權力。無論如何，這些都非首相可以居功的政策。因此可以說，布萊爾執政十年期間，工黨政府最重大的成就都非唐寧街十號主人大力推動的結果。[86]

二十世紀英國政治（尤其是工黨）的頂尖歷史學家肯尼斯·摩根指出，布萊爾政府唯有在憲改這方面，比九十年前的阿斯奎斯政府大膽。根據摩根的準確觀察，在這部分的政策上扮演「核心要角」的是厄文爵士。[87]至於布萊爾支持的一項重大憲改，即英國加入歐洲共同貨幣（歐元），實際上並沒有發生，因為首相的手腕大大輸給了財政大臣戈登·布朗。[88]二〇〇〇年時布萊爾聲稱「貨幣聯盟的問題由我決定」，結果卻力不從心。[89]到最後他甚至對布朗說他會早點退休，把位子讓給布朗，只要布朗「對歐元的看法不再那麼強硬」，但還是沒用。[90]

引言說過，開創型領導無論是集體或個人，都會試圖把「中間地帶」移往自己政黨的方向而非只是設法把政黨放進前人框出的中間地帶。布萊爾選擇了後者。持平地說，他跟布朗（擔任十年財政大臣，二〇〇七到二〇一〇年擔任首相）都容許真正的開創性領袖像柴契爾那樣建立不同邊界，以重新定義政治的可能和目標。[91]布萊爾的容忍度更甚布朗。然而，他的政治理念跟布朗有所不同，只是這樣的不同被「新工黨」的修辭給混過去了。羅賓·庫克是布萊爾政府的領導人物之一，後來因為反對伊拉克戰爭才辭職，曾經稱讚布朗幫助「數百萬兒童和退休人士擺脫貧窮」（過去他跟布朗的關係說是冷冰冰也不誇張）。但他在某次契克斯會議中告訴布萊爾、布朗和其他閣員，「當我驕傲地談起我們為窮人做的事時，內心隱隱覺得不安，好像自己脫軌演出。」[92]

布萊爾在回憶錄中形容布朗是他們兩人之中徹頭徹尾更像「公務員」的那一個，他還強調他擔心布朗要是接任首相，不會繼續推動「真正的新工黨」目標。[93]由於製造業已經大規模離開英國沿岸，金融業於是變成很重要的稅收來源。這就是工黨的財務大臣（布萊爾執政十年間是布朗，布朗執政三年間則是阿利斯泰爾．達林）慎重以對的主要原因。然而，「寬鬆管制」倫敦市是柴契爾政府的慣例，至少後柴契爾時代這是政治上的中間地帶。直到二〇〇八年金融危機爆發，暴露出一堆可疑的作法之前，「反對黨保守黨甚至一直吵著要減少管制」。[94]

亞歷克斯．薩孟德及英國分裂危機

當代英國政治圈有一個可望成為開創型領袖的人選，那就是蘇格蘭民族黨黨魁亞歷克斯．薩孟德。[8]**假如**——而且是個大大的假如——蘇格蘭獨立公投通過，終結三百多年來明顯穩定且相對成功的政治聯盟，勢必會造成體制上的改變。若是如此，薩孟德甚至可以算是一位轉變型領袖，儘管蘇格蘭和整個英國對於這是否是種正面發展，無疑會意見分歧。之後勢必會引發一連串後果，而且不是所有結果都可以預見。蘇格蘭民族黨會崛起有幾個重要原因，更不用提薩孟德本人的辯才、個性和說服力。但無論在對手或支持者眼中，他都是個可敬的政治家。此外，比起老牌政黨，較晚崛起的政黨更加倚賴領導階層的特定才能，例如他們吸引群眾和大眾媒體的能力。

蘇格蘭民族黨成立於一九三四年，但在一九七〇年代前，他們在下議院都只拿到最低席次，直到蘇格蘭議會成立才翻身，因為蘇格蘭人投給蘇格蘭民族黨進入蘇格蘭議會的票，比投給該黨進下議院的票多很多。[9]一九九九年蘇格蘭議會第一次舉辦選舉，不過八年的時間，薩孟德領導的蘇格蘭民族黨就成立了少數黨政府，證明了他們的治理能力（而且不是一人政府），四年後又在二〇一一年的選舉中拿下絕對多數。[95]這還是在一個高度講究比例、刻意設計讓一黨（尤其是蘇格蘭民族黨）票數難以過半的選舉制度下達成的。

蘇格蘭民族黨的崛起之路綜合了很多因素，國際情勢是其中一個。近幾十年新國家紛紛成立，成為聯合國會員。蘇聯和東歐共產政權解體，有些國家重新恢復獨立，還有很多國家制度

8 編按：本書出版於二〇一四年四月，同年九月蘇格蘭舉行獨立公投，反對獨立的選民超過百分之五十五，薩孟德宣布不再競選蘇格蘭民族黨黨魁，同年十一月由妮可拉・施特金（Nicola Sturgeon）選上繼任黨魁。

9 要是一九九七年選出的英國政府打破了成立蘇格蘭議會的承諾，蘇格蘭民族黨的支持度或許會提高更多。數十年來，支持「地方自治」和分權議會的蘇格蘭人一直都占明顯多數，而支持蘇格蘭獨立在民調中很少超過三分之一。

或民族意識不比蘇格蘭歷史悠久的新國家成立。工黨從一九五〇年代以來都是蘇格蘭最大黨，但布萊爾執政期間在蘇格蘭的聲勢卻有所下滑。蘇格蘭民族黨提出的政策類似工黨，當時工黨尚未打出「新工黨」口號，因而贏得不少蘇格蘭支持者。

薩孟德一開始屬於黨內左派，這時期的蘇格蘭民族黨已經跟當年被戲稱為「蘇格蘭裙托利黨」的政黨不可同日而語。二〇〇三年之後，伊拉克戰爭引起的民怨讓蘇格蘭民族黨間接受益，當時薩孟德是國會議員，也是伊拉克戰爭最猛烈的批評者之一。一九九〇到二〇〇〇年他擔任黨魁，之後休息四年，蘇格蘭民族黨的聲勢隨之減弱。更早之前他說他「厭倦了一飛沖天和一落千丈的感覺」，卻又在二〇〇四年重新接下黨魁，帶領黨衝向最高峰。[96]薩孟德說自己「很崇拜哈羅德．威爾遜」，他跟威爾遜一樣擅長用幽默裝飾咒罵，靠口才化解僵局。[97]舉個絕佳的例子：眼看歐元陷入困境，聲勢暴跌，他隨即放棄之前把歐元當作蘇格蘭獨立後使用貨幣的強烈主張。當他被迫轉而選擇英鎊，讓假設已經獨立的蘇格蘭接受英格蘭銀行的幫助時，薩孟德不忘自我解嘲，提醒大家英格蘭銀行是蘇格蘭人創立的。從他身上證明了一點：比起細瑣的辯論，跟選民有情感上的接觸，才是決定政治成敗更關鍵的因素。[98]

戰後德國的開創型領導

戰後的西德和一九九〇年之後的統一德國，無論在經濟和政治上都是成功的例子。國家日漸強盛，民主制度的品質一直很高，領導人也是。尋找成功領導和民主強度之間的連結固然合理，但相較之下，一九三〇年代「強勢」且富有領袖魅力的領導人，跟一九三三到一九四五年德國所受的高壓極權統治之間的關係更加明顯。戰後的三名德國總理康拉德・艾德諾、威利・布朗德和海爾穆・柯爾，都有成為開創型領袖的充分資格。德國的國家元首是總統，而非總理。總統是精神上的領袖，沒有實質權力，不過執掌此位的人可以提供顯著的道德指標，就如理查・馮・魏查克在一九八〇和九〇年代扮演的角色。真正帶領政府、掌握最大權力的是總理。總理非直接民選，而是由德國議會選出。（梅克爾在二〇〇五年當選德國第一位女性總理，另一個聰明幹練的領袖。）各黨會事先提名自己的總理候選人，所以這是選舉人投票時的考量重點。然而由於一般人會忠於政黨，候選人很少是決定選舉勝敗的因素。一份戰後德國選舉的重要研究發現，「政黨認同所扮演的角色」是「目前左右投票決定最重要的因素」。[99]

一旦上台，總理就掌握了大權，雖然對外交政策比內政的權力更大（很多政府首長都是如此）。總理有權決定政策的大方向（英國首相就沒有這種權利，即使有些在位者表現得好像有），也要為推動政策的後果向國會負責。不過，德國的內閣部長享有頗高的自主權並受到憲法的保護，即使在總理制訂的綱領下運作，還是可以完全掌控自己的部門，憲法也不允許總理對部長下達命令。部會之間若有衝突，內閣就要負責調解，但在調解過程中扮演最重要角色的人是總理。[100]民主德國的憲法是各政黨代表一九四八年在議會協調會中共同制訂的。目的是要建立起一套制度，既要能避免第三帝國的極權主義，也要避免像更早的威瑪共和那樣不堪一擊。[101]因此，他們把兩次大選之間解散國會和推翻政府的難度提高，只能透過「有建設性的不信任投票」達成。這表示唯有當國會過半數同意繼任者人選時，才能迫使總理下台——這是個很高的門檻。

總理權力的兩大約束力來自選舉制度本身，以及德國政府的聯邦特色。德國採比例代表制，任一政黨很少能拿下過半數票，所以二戰結束以來，大多數德國政府都是聯合政府。總理無論是基督教民主聯盟（基民黨）或社會民主黨（社民黨）都得在聯合政府中跟其他政黨合作——通常是自由民主黨（自民黨），不過當最大黨是社民黨時，就可能是綠黨。[10]

基民黨在二〇一三年九月的大選大獲全勝，充分利用了梅克爾的聲望，差一點就拿下絕對多數。雖然梅克爾第三次連任成功，選舉制度本身卻讓她面臨一個大難題。自民黨沒達到頗為困難的百分之五選票門檻，得不到議會席次，因此她別無選擇，只能跟社民黨組成「大聯合政府」，對此社民黨小心翼翼，因為基民黨終究才是老大。十一月後半兩黨領袖達成協議，隔月社民黨黨員認可了這項協議。[11]

康拉德．艾德諾

政黨領袖顯然擁有為其政黨定調的特殊機會，日後成為總理甚至可為國家的發展制訂方向。這點放在德國戰後第一位總理的身上尤其貼切，也就是基民黨的艾德諾。他為重建德國民主扛起了重責大任。當時德國經歷十多年的納粹統治和戰火的摧殘，戰後最初幾年，民主的根基岌岌可危。那個時期「很多西德人仍然相信，若非輸了戰爭，希特勒就是有史以來最偉大的政治家」。[102] 艾德諾一九四九年當上德意志聯邦共和國總理時已經七十三歲。早在一九一七年他就當過科隆市長，直到一九三三年被納粹免職；一九四五年又任職科隆市長一小段時間，之後才成為基民黨主席。[103]

艾德諾肩負重建德國經濟的任務，也因此聲名大噪，其中很大一部分要歸功於他的經濟部長路德維希・艾哈德，即人稱「經濟奇蹟」的擘畫者。艾德諾在一九四九年把「社會市場經濟」的構想放進基民黨的計畫中，而且可能受到了羅馬天主教社會教義的影響。同樣的話也常用來形容艾哈德，但其實並不正確。艾哈德跟多數支持他的經濟學家一樣是新教徒，認為移除由納粹設置、在同盟國占領區下繼續運作的官僚控制體系，本身就能促進社會福利。然而，政府最後的政策是結合了私人企業和競爭、與企業建立共識以及建立福利國家三者（福利國家的起源

10 比起英格蘭（英格蘭要跟英國加以區別，因為現在權力已經大幅下放給蘇格蘭、威爾斯和北愛爾蘭），德國的政權較不集中。德國政體的聯邦元素，也就是地區的邦（Länder），各有自己的憲法、議會、政府和行政機關。

11 編按：基民黨在二〇一八年的地方選舉中受難民政策所累而大敗，梅克爾宣布將在二〇二一年任期結束後下台，不再競選第五任。

可以推到更早——一八八〇年代俾斯麥的社會保險法案。）[104]一九六三到六六年艾哈德雖然繼艾德諾當上總理，他在那個位置上卻不比擔任艾德諾政府要角、為民主政治奠定經濟基礎時有力。社會日漸繁榮為民主常規鞏固根基，翻轉了德國一次大戰之後的民主模式（當時經濟衰退、惡性通貨膨脹和之後的失業問題，都跟威瑪共和垮台、希特勒崛起高度相關）。

艾哈德可以說是幫助艾德諾在國內成為開創型領袖的人，但重新定義西德外交政策的人則是艾德諾自己。德國分裂，美國在戰爭中（以及戰後初期占領德國期間）一躍成為西方最大強權，在這種情況下，艾德諾跟美國建立並維持良好的關係並不令人意外。此外，他也樂於看到美軍繼續在歐洲駐軍，防堵蘇聯可能的擴張行動。從德國的歷史脈絡下來看，更特別且重要的是，他跟法國也建立了良好的關係，尤其是戴高樂一九五八年在巴黎重新掌權之後。艾德諾強力支持歐洲在經濟和政治上的合作，以及成立歐洲共同的軍事組織。然而，他也希望德意志聯邦共和國能取得核武，退休時還曾激烈反對德國簽署核武禁擴條約——威利．布朗德上任後所做的第一件事。在艾德諾的領導下，西德於一九五〇年代中加入北約，一九五七年簽署羅馬條約，與其他國家成立歐洲共同體，即歐盟的前身。艾德諾大可以宣稱：「我是歷史上唯一想要歐洲統一勝過德國統一的德國總理。」[105]他也被形容是「第一個能克服人民潛意識傾向的政治人物，從此德國人不再認為領袖只有穿制服才會被認真對待」。[106]不過，他在位的時間太久，漸漸造成了反效果。他跟很多領袖一樣愈來愈自以為是，覺得無人有資格取代他。一九六三年終於有人說服他退休，辭去西德的最高職位，當時他已經八十七歲高齡。

威利・布朗德

保守的天主教徒艾德諾打起選戰來也可以毫不手軟。威利・布朗德就說，總理「把一半選戰都用來打我的出身」；一九六一年八月柏林圍牆建立隔天，艾德諾還說布朗德「又名弗拉姆」。[107]布朗德的母親是售貨員，一九一三年未婚生下他，他的本名是赫伯・弗拉姆（Herbert Frahm），因為生父不明而從母姓。他的母親和外公都是活躍的社民黨員，共同負起教養他的工作，「幾乎從我會走路」就幫他報名了黨內運動社團的兒童部。[108]他從小到大都是支持社會民主主義的社會主義者，不受共產主義或法西斯主義的誘惑。一九三三年，當反納粹活動變得愈來愈危險，不得不轉為地下時，他便改名為威利・布朗德。他在希特勒掌權之前或之後都積極反對納粹，主要是在其他歐洲國家行動，尤其是挪威，但也曾假扮挪威學生回德國過了一段心驚膽戰的生活。一九三八年他再度逃回挪威，一九四〇年納粹占領挪威後才遷往中立國瑞典。即使他是為了解放而非擊敗祖國而奔走，戰後最初幾年，很多同胞還是視他為賣國賊。一九四五年回到德國時他仍是挪威公民。後來他重新加入社民黨，並在一九四八年恢復德國國籍。

布朗德在德國政治圈崛起的速度很快。他挺身對抗共產主義的堅定決心，不亞於反抗納粹壓迫的決心。一九四八到四九年蘇聯封鎖柏林期間，他是柏林政府的領導人物，當時多虧有盟國空投食物和其他物資，柏林才撐了過來。一九六一年柏林圍牆建起時，布朗德已經擔任柏林市長四年，比誰都更努力維持市民的士氣。擔任分裂柏林的市長將近十年期間，他持續不斷激勵民心。然而，要等到一九六九到一九七四年擔任總理期間，他才穩穩奠定開創型領袖的地位。他的領導風格不但比艾德諾更偏向集體領導，也較寬鬆溫和，而且「耐得住性子等內閣建立真正的共識」。[109]然而，集體領導跟他個人在國際及國內重大議題上採取主動並不衝突——一方面是西德跟東德的關係，再廣一點是西德跟歐洲大陸東半部的關係。這種「東方政策」（Ostpolitik）就是布朗德擔任總理的最大成就。這個政策讓德國人接受了德國戰後的東方邊界，也改善了東西德的關係，承認兩邊變成獨立國家的事實（雖無法律基礎）。此後，東西德人的接觸更加頻繁。一九七〇年三月布朗德前往德意志民主共和國（GDR，即東德）訪問，還受到東德人民的熱烈歡迎。此外，他利用尼克森執政時期美蘇關係緩和期間，成為第一個跟莫斯科建立合作關係的西德領袖。[12]

德國國內，不只基民黨強烈反對布朗德的東方政策，跟布朗德所屬的社民黨合組政府的自民黨也是。其中有些人離開了聯合政府，有一度布朗德在國會只差兩票就被投下不信任票。[110]布朗德認為德國拿不回戰前屬於德國的土地（西利西亞和東普魯士），這點激怒了他的政敵和有影響力的流亡團體。此外，無論是國內或海外，很多人都認為布朗德漸漸放棄了統一東西德這個最終目標，而且沒因此得到多少回報，甚至完全沒有。這在當時聽來雖然合理，卻完全偏離事實。一九六〇年代中，蘇聯依然對德國滿懷仇恨和恐懼，原因也可以理解，但到一九七〇年代中已經大幅消解。[111]布朗德一輩子都反法西斯，二戰期間又參與反納粹運動，因而得到東德人、俄羅斯百姓，甚至布里茲涅夫帶領的蘇聯領導階層的敬重。歐洲共產政權的積極改革派對他的評價尤其高。[13]一九八五年戈巴契夫成為蘇聯領導人後，這點變得更加重要。他本身在一九八〇年代下半的政治發展之路，就朝著社會民主主義的方向前進。[112]他跟布朗德建立了很好的關係。當時布朗德是社會黨國際（各國的社會民主黨組成的國際組織）主席，長期以來都被共產主義者視為頭號敵人。[113]根本來說，要是德國仍像布朗德當上西德領袖之前二十多年一樣被蘇聯視為一大威脅，很難想像蘇聯領導階層會在一九八九年默默接受柏林圍牆倒塌，在一九九〇年同意兩德統一。

布朗德最讓人印象深刻的是他在華沙紀念碑前下跪的那一幕，那是為紀念猶太隔都和無

12 這些也無法阻止東德情報局（下了一個需要最高政治階層核准的決策）安排東德間諜君特．紀堯姆（Günter Guillaume）去當布朗德身邊的資深助理。這件事被揭穿後，布朗德辭去總理，再次樹立了可敬的典範。見Mary Fulbrook, *History of Germany 1918–2000: The Divided Nation* (Blackwell, Oxford, 2002), pp. 168–71.

13 我是在兩名傑出的匈牙利訪問學者伊凡．貝倫德（Ivan Berend）和傑歐吉．藍奇（György Ránki）的陪同下到牛津跟布朗德會面。兩人都年少時就加入共產黨，但都是努力在匈牙利的制度中引發改變的認真改革派。兩個人都是猶太人。貝倫德青春期曾在戰爭最後一年待過德國的集中營。我還記得跟布朗德交談時，他溫暖的人格特質，但也同樣清楚記得兩位匈牙利學者見到他時有多感動，幾乎流下淚水。

數死在納粹手中的波蘭猶太人的紀念碑。一九七〇年十二月出訪波蘭時，布朗德並未打算這麼做，甚至連他的親信都很意外。後來布朗德寫道：「從德國歷史的深淵，在百萬冤魂的重擔下，我做了人類在語言失靈時會做的事。」[114]有個記者的看法也很中肯：「不需要下跪的人下跪了，代表所有該下跪卻沒下跪的人。」[115]

在國內，布朗德堅守的反法西斯立場，還有在戰後致力重建分裂的國家，都對鞏固德國民主扮演了重要的角色。但他在國際間的貢獻甚至更具開創性。他自己的說法頗為公道：

> 時局、我的職位，相信還有我年輕時的經驗，都給了我機會——先是柏林市長，後來出任外交部長和聯邦總理——把世人心中對德國的看法，跟和平的概念加以調和。經過之前發生的一切，那真是非同小可……[116]

除了布朗德，戰後德國也有其他社民黨領袖令人印象深刻，尤其是施密特。施密特是個威嚴十足的政治家，先在布朗德政府擔任國防部長和財經部長，後來的八年總理生涯（一九七四—一九八二年）也交出漂亮成績。但他的歷史地位比不上布朗德，兩人的出身經歷也很不同。施密特年輕時並不特別關心政治，二戰期間擔任德軍軍官，還因為在蘇聯前線作戰獲頒鐵十字勳章。他的機智、直率和偏向保守的觀點，跟布朗德的想像力、魅力和政治膽識形成對比。一九八〇年代早期，他準備接受美國的潘興坦克和巡弋飛彈出現在德國土地上，卻遇到了大規模的抗議，也因此成為一個爭議人物。然而，就才能來說，他仍然跟德國其他優秀領導人一樣，證明了用國際的標準來看，戰後的德國領袖把國家治理得多麼可圈可點。

海爾穆．柯爾

柯爾的總理生涯有兩個非凡之處。一是他在位的時間很長，從一九八二到一九九八年共十六年，二是他在其他領袖都提出警告時，快速且有技巧地抓住促成東西德統一的機會。柯爾執政期間，很多時候都被低估，退休後又陷入政黨募款醜聞的疑雲。此外，他還必須克服跟戈巴契夫一開始的惡劣關係，因為他比柴契爾晚很多才發現這位蘇聯新領導人的改革潛力。甚至到一九八六年十月，蘇聯經濟改革都進行了一年半，柯爾接受《新聞週刊》訪問時仍說，他認為戈巴契夫不是自由派，不過是個「懂公關的現代共產領袖」。他還說，「參與希特勒時代諸多罪行的戈培爾，也是個公關高手。」[117]這種意有所指的對比冒犯了戈巴契夫和他身邊的人，這就表示柯爾被冰在一旁，直到一九八八年秋天才見到這位蘇聯領袖，即使他早就明白自己的失誤。後來他急起直追，跟戈巴契夫建立了意想不到的情誼。分裂德國的未來仍然有很大部分取決於莫斯科的情勢，因此兩人的關係在政治上十分高明。但這段關係除了是細心經營的結果，也有個人情感的層面。原本分隔兩人的事反而將他們拉近，例如兒時的記憶、在一場戰爭的對立兩邊長大、各自的國家是對方在歐洲的頭號大敵。戰勝的一方受到的創傷或痛苦，不會比戰敗的一方來得少，戰爭在兩人身上都留下難以磨滅的痕跡。

一九八九年初，統一對德國人仍是一個遙不可及的夢。然而，受到莫斯科激進改革的鼓勵，東歐人在那一年推翻了他們的共產領袖。在那之前，一般都認為蘇聯會出兵確保共產陣營中的歐洲國家無法溜出陣營，就跟在匈牙利（一九五六年）和捷克斯洛伐克（一九六八年）一樣。這種想法特別會套用在東德的狀況，當時有三十五萬名蘇聯軍隊駐紮在當地。然而，十月和十一月東德發生大規模示威活動，一九八九年十一月九日晚上柏林圍牆突然打開（放寬旅遊限制的政治局決策被誤解而導致的結果），蘇聯軍隊都沒有插手。十月上街示威的東德人民高喊 We are the people（我們是人民[14]），柏林圍牆倒塌後就改成 We are *one* people（我們是一國人）。[118]

人民對統一的渴望再清楚不過，但無論在德國或歐洲其他國家，很多政治領袖都認為這個議題很棘手，只能循序漸進解決。柯爾的看法不同。他認為保守的蘇聯共產黨可能會罷免戈巴契夫，因為害怕他的政策繼續在國內外引起更多反彈，這種想法不無道理。若是如此，千載難逢的統一機會就沒了。在美國的強力支持下，柯爾不顧柴契爾的反對，跟戈巴契夫就東西德統一達成協議，也準備好若法國總統密特朗同意德國統一就付出他要求的代價，包括接受更緊密的歐洲共同體，最具體的是同意放棄德國馬克，加入為歐洲成員打造的共同貨幣——歐元。比起德國聯邦銀行，柯爾本人對經濟和貨幣聯盟的構想就沒那麼緊張。

歐洲共同貨幣尚未成立之前，柯爾先推動國內的貨幣合一，讓西德馬克可以等值交換東德馬克，這對東德來說很誘人，因為他們的貨幣在黑市的價值低很多。過程中，專家認為東德的經濟需要幾年才能趕上西德，屆時推行共同貨幣才有意義，但柯爾都不顧這些建議。[119]他把焦點完全放在短期吸引力上，目標是要盡快達成統一。這對德國來說很重要，因為要是速度不夠快，對東德人民斤斤計較，東德很可能秩序崩解。若是因此導致流血衝突和鎮壓行動，對戈巴契夫和他在蘇聯領導階層的盟友都會一個頭兩個大。柯爾跟戈巴契夫之間的關係在這之中扮演了重要的角色。在一九九〇年二月的某次會議上，戈巴契夫跟柯爾達成臨時協議，決定統一工作將繼續進行，雖然很多細節仍待討論。老布希在過程中扮演支持的角色，小心翼翼避免破壞戈巴契夫的權威。不過，他不像其他一些歐洲領袖，擔心德國統一後會變強大。[120]

柯爾把握住這個歷史時刻，再加上在國內外的外交手腕，很快就得到了回報。第一是基民黨帶領的德國聯盟在東德贏得選戰，成為最成功的政黨聯盟，在一九九〇年三月拿下將近一半的選票。最後一部分的統一過程在當年夏天短短八週內完成，也就是2＋4協商——兩德代表跟之前的四個占領國（蘇、美、英、法）的代表坐下來討論。德國統一協定在一九九〇年八月三十一日簽訂。德國統一無疑是遲早的事，畢竟東德經濟逐漸崩潰，將近有三十五萬東德人在

14 譯註：因為東德名為德意志民主共和國，應該由人民作主，所以示威群眾才喊出這句口號。

一九八九年出走。已經可以在東德自由表達的民意也明顯支持統一。但是，幾年前仍看似不可思議的事，要是戈巴契夫、布希或柯爾之中，有任何一個太急躁輕率或戒慎恐懼，整個過程就不會那麼順利、快速與和平。若說沒有柯爾，德國就不會統一，可能太誇大，但若沒有他，一九九〇年就不會那麼快達成統一的目標。某個研究東西德關係的學生做出以下的貼切觀察：是柯爾「以他的魄力、決心以及擋下經濟和社會疑慮的無敵（有些人會說是到頭來禍患無窮的）能力，貫徹到底」，完成統一的目標。[121]儘管後來出現了各種問題，尤其是歐元的動盪，柯爾在統一分裂了四十五年的祖國所扮演的角色，讓他絕對稱得上是一位開創型領袖。

透視開創型領袖

本章只聚焦於三位世上主要民主國家的開創型領袖。因為取樣太少，很難歸納出結論。雖然細看美國總統可以發現，要在二十或二十一世紀的美國成為開創型領袖有多困難（轉變型領袖則是幾乎不可能）。即使是把手上的政治資源發揮到極致，整體來說，美國總統在內政上還是比德國總理和英國首相的影響力要小。就算把其他民主國家的開創型領袖放進來，無論是總統制或內閣制，白宮主人所受的限制相較之下無疑還是很多。[122]重新定義可能的界線、改變人民對政治的看法、推動根本的政治改革，對美國總統都是難以達到的事。除了嚴格分權，美國國會相較之下又是異常強大的立法機構，最高法院又可以隨時質疑總統的作為是否違憲，更不用說還有強大又多金的遊說團體，在在表示美國總統的作為其實處處受限，跟這個看似大權在握的職位給人的感覺截然不同。

一般認為美國總統的權力隨著時間大幅擴張，其實是過分簡化了問題。首先，跟這個認知相悖的是，美國總統動用否決權駁回國會決議的比例在歷史上是愈來愈低。[123]根據理查・羅斯的觀察，在華府「碰到記者打聽『這裡誰是老大？』時，有個簡單的答案。符合憲法的正確答案就是：『沒有誰是老大。』」[124]國際政治複雜多變，美國總統背負的期望又比其他領袖多，他們可用來推動內政的時間自然很有限，更不用說在憲法和政治上所受的限制。羅斯用「有影響力、有組織的無政府」這個矛盾而傳神的說法，捕捉到了美國總統面對無止盡的問題時綁手綁腳施展不開的景況。[125]赫克羅是研究美國政府的第一把交椅，他認為美國總統擁有的「第一講壇」(老羅斯福自創的詞)是一項愈來愈不值錢的資產。總統召喚民意的能力，已經因為「新聞來源激增、政治評論網站湧現，以及大眾資訊超載」而減弱。[126]

這麼看來，二十和二十一世紀的白宮主人之中只出現兩位明顯的開創型領袖典範，或許也不太令人意外。一個是將近七十年前，另一個是四十多年前。不過，總統的權力在外交政策上仍比國內政策大很多。在外交領域上，總統的權力和影響力從二戰以來確實愈來愈大，也足以造成巨大的改變。[15]在國際間，總統可以行使的政治和軍事權力都大於世界上的其他政治家。但即使在這裡，其權力所受的限制也很明顯。美國總統候選人或許會主張，中東或世界其他國家都迫切需要美國的帶領，但真正的事實是，這些地區的絕大多數人往往都不願跟隨美國的帶領。此外，美國動用武力解決重大衝突也對政治造成了非預期的深遠影響，從越戰到阿富汗到伊拉克戰爭都是如此。二十一世紀的美國總統被寄予的期望如此之高，在很多方面也很矛盾，因為在位者根本不可能達到那些期望。[127]

開創型領袖在政治領袖中很少見，但若我們把範圍拉到本章探討的三個國家之外，也許就會多很多。有一種特殊類型的開創型領袖替國家的政經體制改革鋪路，為徹底改革打開大門，但本身在轉變過程中並無扮演要角，我稱之為過渡期領袖（transitional leader）。在某些情況下，致力於改革的領袖能夠重新定義合法政治活動的範圍，激發創新的領導方式，或促使人民發起運動，甚至出乎改革者原來的設想，同時達成兩者。然而，不是所有轉變型領袖都會有一名開創型領袖在前方鋪路。無論再怎麼厚道的訃聞，也很難稱呼契爾年科為開創型領袖。戈巴契夫在這位黯淡無趣的蘇聯領導人之後即位的主要優勢在於，兩人之間的差異一眼可知：契爾年科執政期間，唯一在政治上的小小改變就是後退。[128]

還有一些不一樣且令人吃驚的例子：高壓威權體制的領袖原本大力反對改革，後來卻反而為新時代鋪路，而且並非單純是因為意外的垮台。南非的戴克拉克和台灣的蔣經國（蔣介石之子）都屬於這一類過渡期領袖。西班牙的蘇亞雷斯也可以算是一個。不過西班牙從威權國家轉變成民主國家的過程中，蘇亞雷斯扮演了極其重要的角色——讓一個原本沒有多元政治制度的政權，一路轉變成舉辦自由選舉的民主國家——因此他應該被視為轉變型領袖並留到下章討論。

巴西總統卡多索

一個開創型領袖的驚人實例是費南多．恩里克．卡多索。他是鞏固巴西民主發展的關鍵人物，尤其是（但不只有）一九九五年當上總統之後。從社會學家變成政治家，他重新定義了巴西政治可能性的極限。一九九四年他出任巴西財政部長時，通貨膨脹率高達每年百分之三千。國難當頭之際，卡多索被問到他的領導哲學時說：「我打算要發揮政治的技術，具體來說，就是打造你可以實現某個目標的環境，雖然那個環境目前還不存在。」[129]短短一年，卡多索就把通膨率降到百分之十以下，往後幾年也沒再出現惡性通貨膨脹。他的成功秘訣是，延後實施他的抑制通膨計畫，直到用強而有力的論點說服工會相信，若成功控制住通膨，受益最大的是受

15 我沒有追隨約瑟夫．奈伊帶起的潮流，使用「硬實力」和「軟實力」二詞。這對專欄作家和政治人物或許是有用的簡易表達方式，但諸如權威、領導力、影響力、說服力、聲望、政治力量、經濟力量、軍事力量等，也完全可以使用。雖然這些詞也不只一種定義，但多少還是比「硬實力—軟實力」的二分法精確。奈伊當然並不只自限於此種分類，他的著作裡有許多強而有力的論點，但還是離不開他自創的「軟實力」概念。

雇者（而非坐享高實際利率的有錢人）。值得一提的是，卡多索之後的巴西總統盧拉不但是工會領袖，還是卡多索的長期對手，卻也對卡多索的抗通膨成果讚譽有加。盧拉認為巴西從中學到了一課：低通膨率有益於一個絕大多數人民都靠薪水維生的社會。

二〇〇三年，盧拉繼卡多索當上總統，是巴西政權四十三年來第一次以民主的方式更換領導人。盧拉之後的民選總統是二〇一一年上任的迪爾瑪・羅賽芙。卡多索的領導改變了一般人對政治家可達到何種極限的認知，這包含若干途徑。除了成功打擊惡性通膨，他跟軍隊交涉並使其服從文官的指揮時也展現了高明的談判手腕。透過對話和勸說，他說服軍隊接受民主，包括在文官領導下設立國防部。卡多索打下的根基讓民主選舉成為巴西政治的新常態。整體來看，他的成就是延展政治可能性的傑出實例。

南非總統戴克拉克

過去的南非有多元的政治體制，少數白人統治階層的政黨之間有真正的競爭關係。但以種族歧視為基礎的體制使其在很多方面成為被國際排斥的國家，並且有效地遭到部分經濟和體育活動的抵制。隨著國際情勢改變，這種傾斜也隨之產生變化，引發點是蘇聯內部的劇烈改變，以及一九八〇年代下半的蘇聯外交政策。長久以來，南非都自詡為抵擋共產主義擴散的堡壘，藉此合理化種族隔離制度的存在，表面上的理由是：南非最大的黑人反抗組織是非洲民族議會

（ANC，簡稱非國大），而南非共產黨在裡頭的影響力強大。非國大從蘇聯那裡得到了經濟和政治的支持，儘管它從西方民主政府和自由派輿論所得到的支持更多。當蘇聯本身也走上解放之路，跟美國和西歐國家的關係隨之改善，種族隔離的薄弱藉口就顯得比過去更為薄弱。此外，蘇聯外交政策改變，從支持武力衝突轉而支持和平協商來解決南非和其他地方的政治差異。因此，非國大就有了理由回應南非政府確切的善意姿態，以期將政權和平轉移至多數統治。[130]

一九八九年戴克拉克繼波塔成為南非總統時，國際情勢已經大幅改變，他也意識到大刀闊斧推行改革的時機已經來臨。於是他展開政治改革的程序，大膽對白人選民舉辦公投，決定是否該繼續改革，結果三分之二以上都表示支持。關鍵對談人非曼德拉莫屬。他無疑也是南非政治脈絡下的轉變型領袖。數十年來被南非白人媒體妖魔化，入獄已經二十八年。曼德拉自己也寫過，戴克拉克的過去無一「暗示他具有改革的精神」，但他認為新總統「不是理論派，而是務實派」，在就職當天就寫信邀他見面。[131]兩人展開協商，曼德拉獲釋，當局解除對非國大（和南非共產黨）的禁令，賦予全民平等政治權利的新憲法於一九九三年公布。曼德拉這方面則同意放棄以暴力方式達成多數統治的目標，相信如今已經可能和平達成目標。一九九四年舉辦自由選舉，非國大帶領的政黨聯盟拿下逾六成的選票，曼德拉成為南非第一位黑人總統。他本人在種族隔離的高壓制度下受盡苦難，因此他的寬容和鼓舞人心的領導方式發揮了決定性的作用。不過，戴克拉克適時抓住協商的機會，因而贏得了「開明保守」的美名。因為他，南非得以脫離過去的政策，為相對和平的制度改革鋪路，當初很多人都以為這樣的改變要花更久時間，流血也在所難免。[132]

台灣的例子

另一個比戴克拉克更驚人的開創型領袖是蔣經國。他曾是台灣（台北當局稱中華民國）情報單位的頭子，後來成為台灣行政院長。其父是堅守一黨專制的領導人蔣介石。老蔣一九七五年過世，三年後蔣經國從行政院長繼位變成總統。從老蔣去世到蔣經國一九八八年去世，台灣逐漸自由化，朝多元民主發展，期間蔣經國都是台灣至此最具威權色彩的政治人物。同樣地，來自國際的刺激也相當重要。打從蔣介石在台灣成立中國流亡政府開始，世界上就只有少數國家承認台灣，台灣也極度依賴美國的政治和軍事援助。一九七八年，美國宣布與中國大陸的關係正常化，是刺激蔣經國重新思考台灣定位的最大因素。[133]

美國與中華人民共和國（中國大陸的人口超過十億，台灣當時約兩千萬）恢復友好關係，勢必會打擊到台美關係。一九七二年尼克森總統出訪北京，開啟了改善中美關係之路，一九七〇年代晚期卡特總統又再積極發展中美關係。卡特的國家安全顧問布里辛斯基尤其喜歡打出中國牌來對付蘇聯。[134]後來雷根政府繼續經營美中關係。一九八二年前期，雷根政府宣布不出售FX高級噴射戰鬥機給台灣，以免破壞中美關係。[135]

蔣介石時期，台灣的經濟和教育發展速度就很驚人，但小蔣發現這還不夠。若他的國家要得到更多國家的肯定，重新贏得美國的尊重，甚至成為中國的楷模（因為他帶領的國民黨仍期望統一中國，但必須是一個非共產中國），那麼邁向民主的過程非展開不可。他相信民主比獨裁統治更符合台灣的利益，於是在一九八〇年代中推動一連串民主化改革，聲明蔣家人往後「不可也不再」競選總統，以此終止王朝統治。同時終止戒嚴，開放成立反對黨。[136]這些努力將近十年後才開花結果，而真正的民主政治（雖然常有動盪）要到蔣經國死後才出現。然而，是他跨出了改變政治體制的關鍵步伐，為國民黨不再穩贏的競爭式選舉率先鋪路。

從這些例子中可見，非民主政治體制邁向自由民主化的過程中，舊體制內部的創新領導方式所扮演的角色可能極其重要。執政者的看法、理念，甚至領導目標只要改變，就可能發揮決定性的力量，促成威權體制走向民主化。民主國家的領袖若是改變理念，往往對其本身弊多於利，因為政策大轉彎、朝令夕改、前後不一而受到砲轟。相反地，威權領袖卻可以利用手中的大權推動自由甚至民主化的措施，儘管這會讓現今執掌官僚體系者的地位面臨威脅。本章最後舉出的幾個實例，也強調了在政治脈絡下理解領導方式的必要。這些例子的共同點是，它們都是政治和經濟上日漸孤立的政權，但這並不表示類似的政權就一定會出現改革。北韓經濟衰退和受國際排斥已經長達數十年，政權卻還是存活下來。

在民主國家中（威權國家也是），開創型領導並不常見。有時確實會來自政黨內的強勢領袖，如柴契爾或艾德諾，但也完全可能來自最高首長並不特別有魄力、反而由其他部長扮演關鍵角色的領導階層，如二十世紀英國的阿斯奎斯和艾德禮政府。美國總統雖然聲望崇隆，卻因為體制本身的限制，其實很難主宰政治程序。

羅斯福和任期較短的詹森之所以能施展大權，靠的不是實際的權力（儘管否決權和任命權仍有其重要性），而是影響力和權威。羅斯福的成就在於，說服大眾支持立法（這法案在美國政治脈絡下創新無比），利用民意來說服國會採取某些措施的必要。然而，這也要仰賴最棘手的政治手段：妥協——對南方民主黨人讓步，承諾聯邦政府不會積極干預南方的種族隔離政策。詹森說服的對象更直接針對國會，善用他過人的記憶力和他對國會議員的了解（他熟知何種說法才足以打動個別眾議員和參議員）。在這些實例跟其他開創型領袖的案例中，領袖坐上領導位置的情況都很關鍵。危機照理說會帶來問題，但也同時帶來機會。羅斯福的新政就是對一九三〇年代的經濟危機做出的回應，他也在美國加入世界大戰時行使了最大的權力。詹森在國家剛遭遇年輕有為的總統遇刺的衝擊時入主白宮，並把握機會說服國會通過立法，為當時許多權利被剝奪的人民爭取公民權。詹森在這方面的偉大成就絕對不遜於羅斯福的新政。

CHAPTER

4

轉變型領導
Transformational Political Leadership

這裡指的轉變型政治領袖，是推動**體制改革**的關鍵人物，無論是政治或經濟制度，甚至是國際體系（較少見）。「轉變」兩字通常具有正面的含意，指的是深遠的改變，根本地重建體制，使其品質變得比之前更好。因為如此，我把轉變型領導跟革命型領導區分開。有些反抗高壓統治的革命行動會產生新的政權，在某些層面帶來進步，另一些則反而比之前更糟。不過，這種革命行動的特色是利用武力推翻既有政權，之後再藉由脅迫全體人民來進行並延續統治。無論革命口號如何高唱平等和民主，最後還是很有可能打造出威權體制，甚至在革命後的體制下開始崇拜強人領袖。對轉變國內的政治或經濟制度扮演決定性角色，卻不經由暴力奪權或脅迫對手達到目的的領袖，跟這類革命型領袖不同。他們可能有更多影響深遠的建樹，帶來的破壞肯定較少。當然，轉變型領袖的**所有**目標很少完全達成，他們推動的體制改革可能只有部分延續到繼任者。然而，革命型領袖喊出的理想口號，跟之後的威權政體實際的作為，兩者之間的差距通常更大。

雖然這裡的名單無意排除其他可能，我也會提到其他對促進轉變功不可沒的領袖，但本章的焦點還是放在五個國家的元首上：戴高樂將軍、蘇亞雷斯、戈巴契夫、鄧小平，以及曼德拉。只有法國在轉變發生時是民主國家，但戴高樂讓一種政治體制產生深遠的改變，使其轉變成另一種體制。在民主政體下，這樣的轉變只可能在既有體制深陷危機時才可能發生。英國的轉變是漸進式的，因此二十世紀（或二十一世紀至今）沒有轉變型領袖的發揮空間。美國最近一位堪稱轉變型領袖的總統是林肯，當時美國內部正面臨嚴重危機，林肯的出現絕非偶然。

戴高樂

自認為超越政治，不把政治家看在眼裡的領袖，對民主通常有害無益。軍事家尤其容易有這種傾向。戴高樂就相信自己比一般的政治家更了解、更貼近法國，他也對政黨嗤之以鼻。儘管如此，他最後還是強化了而非破壞了法國的民主，在把原先脆弱的民主體制變得更加強健的過程中，他扮演了決定性的角色。

戴高樂對法國的偉大深信不疑。他在回憶錄開始不久就提到，他覺得「法國若不是名列前茅，就不是真正的法國」，還有「法國沒有偉大就不是法國」。[1]他原本是一名上將，一九四〇年法國向納粹德國投降時，才當上國防次長不久。在他看來，貝當元帥為首的合作政府是法國的恥辱。逃到倫敦之後，他立刻扛起「自由法國政府」指揮官的角色，盟國領袖也接受了他這個身分，尤其是邱吉爾，儘管這兩個才能出眾、意志力強大的男人之間，說他們的關係是「剪不斷、理還亂」也不為過。戴高樂把大半原因歸咎於羅斯福對他的強烈不信任，加上邱吉爾認為在戰時的特殊情況下，自己有必要跟美國總統步伐一致。戴高樂寫道，英國首相「無意對自由法國採取與白宮相悖的立場」。再者，由於「羅斯福表現出對戴高樂的不信任，邱吉爾也會態度保留」。[2]

儘管兩邊都很固執，但戴高樂是較弱勢的一方，又決心不表現出來，因此雙方仍然互相尊重。一九四〇年六月十四日德軍占領巴黎前三天，邱吉爾秘密飛往奧爾良附近的小機場與法國領導高層會面，這是他跟戴高樂第一次見面。邱吉爾指出，貝當元帥「下定決心要創造和平」，因為「法國正在系統性地遭到毀滅」，而貝當相信拯救巴黎和全國免於毀滅是他的責任。[3] 戴高樂表明自己並不這麼想。他支持繼續對德國占領軍打游擊戰。[1] 當時戴高樂四十九歲，邱吉爾六十五歲，一個月前才當上首相，在他眼中戴高樂還很年輕。邱吉爾如此形容戴高樂：「他年輕，活力充沛，我對他印象很好。」邱吉爾把戴高樂視為可能帶領法國解放運動的領袖。[4] 在倫敦，戴高樂得努力爭取法國抵抗運動成員的認可，視他為流亡人士的領袖。戰時他對法國的廣播演說有助於鞏固其領導地位，一九四四年八月法國解放時他帶領自由法國的軍隊進入巴黎，象徵性地證明了自己的地位。

戴高樂人高馬大也自視甚高，認為自己是「命定之人」。他不但相信自己會扮演舉足輕重的角色，也把自己看作表演者。二戰期間他曾說，他漸漸發現「人民的心中有個名叫戴高樂的人，」而「我知道我應該要想到那個人……我幾乎成了他的俘虜。」所以，「每次演講和決策之前，我都會問自己：這麼做符合人民對戴高樂的期望嗎？有很多事我想做卻沒有做，因為那不會是人民期望戴高樂將軍做的事。」[5]1

如此崇高的責任感和使命感，卻跟和平時期烏煙瘴氣和處處妥協的日常政治格格不入。然而，戴高樂卻在戰爭結束後成為受到不同政治理念的民主主義者所青睞的領導者。他完美的戰爭紀錄和反納粹的立場，讓他理所當然成為二戰後隨即成立的法國臨時政府不二的領導人。在政治生涯的每個階段中，他都盡量避免武力統治，選擇民主的道路。因此一九四六年當他卸下總理職位回到科龍貝雙教堂村的老家退隱時，他仍抱著不久就會被喚回巴黎、再度帶領法國的希望。過了十二年，那天才真正到來。

對於戰後剛成立的第四共和，戴高樂主要的不滿是憲法沒有提供強大的行政權，尤其是他渴望的總統大權。法國的民主主義者大多對強大的行政權戒慎恐懼。由於戰時經歷過威權統治，看過極權政府和威權政府過去二十年在歐洲其他地方引起的混亂，他們很容易把強大的行政權跟暴政聯想在一起。事實上，民主政府少不了具有權威（但非威權）的行政部門。

一九四六年戴高樂開始批評第四共和的憲法。他的批評並非全都立論充足，尤其是對政黨的鄙視。當時法國有太多政黨，內部嚴重分裂，而互相競爭的政黨是民主政治不可或缺的元素。他對於行政部門的權力遜於國會將造成政局不穩的預言，非常有先見之明。第四共和的十三年間（一九四五—一九五八年）就換過二十五個政府、十五個總理，同一時間英國也才換過四個首相。法國政府經常出現危機，第四共和的最後一年，有四分之一的時間是由看守政府執政。[6]然而，那十三年的缺失很可能有被誇大。法國共產黨雖然得到約四分之一選民的支持，但整個國家仍然維持民主運作。除了跟德國（二十世紀上半葉德軍會兩次入侵法國）的關係修復，

1 戴高樂不願跟政府中其他資深同僚一樣接受投降，這點跟邱吉爾的理念一致。一九四〇年六月的那場法國會議上，戴高樂也在場，邱吉爾說（根據另一名與會者伊斯梅將軍的記述），「如果法國在痛苦煎熬下決定投降是最好的選擇，就讓我們毫不猶豫地接受，因為無論如何，我們都會奮戰到底。」(Churchill, *The Second World War: Volume II: Their Finest Hour*, Cassell, London, 1949, p. 138.) 戴高樂對自己與邱吉爾的關係最有趣的觀察，出現在回憶錄中。他寫到邱吉爾因為輸了一九四五年的英國大選而倉促下台時有感而發，感念「這位偉大的政治家始終相信法國對這個自由世界不可或缺；這位非凡的藝術家想必理解我肩負的任務有多戲劇化。」他承認自己羨慕邱吉爾擁有一國的資源、「跟他同心的人民」、完整的國土、「廣大的帝國」，以及「精良的部隊」為他所用，相反地，他，戴高樂，卻必須獨自扛起國家的命運。「但是，」戴高樂總結，「邱吉爾和戴高樂達成任務的狀況雖然不同，兩人的衝突雖然劇烈，五年多來他們卻同舟共濟，在歷史洪流中追隨著同樣的星星前行。」最重要的是，戴高樂承認，若沒有邱吉爾，「我的努力從一開始就會白費，由於邱吉爾慷慨地對我伸出強而有力的援手，也大大幫助法國達成了目標。」(De Gaulle, *The Complete War Memoirs of Charles de Gaulle*, Carroll & Graf, New York, 1998, pp. 900–901.)

法國也成為歐洲經濟共同體的創始國。一九五〇年代法國的工業產量增加的速度比英美兩國都快，國內也有令人讚嘆的社會安全制度，生活水準快速提高。[7]由此可知，第四共和並非毫無建樹。

但到了一九五八年，體制和國家都陷入危機。政府垮台的速度愈來愈快，難以適應帝國瓦解的事實，尤其發現自己無力解決阿爾及利亞的問題。法國右派陣營，還有軍隊，更不用說阿爾及利亞的法國殖民者，都堅決主張無論其他法國的前殖民地如何發展，阿爾及利亞都應該像一八三〇年以降那樣屬於法國。法軍抱著「下不為例」的心情發動阿爾及利亞戰爭，相信阿爾及利亞是「讓他們能夠覺得自己有用並受到尊重」的最後一個地方，失去阿爾及利亞對他們和祖國都會是一大災難。[8]一九五六年，法國就已派出四十萬軍隊，其中很多人是徵兵，前往阿爾及利亞對抗民族解放陣線（Front de Libération Nationale, FLN）。FLN是爭取阿爾及利亞獨立的激進阿拉伯民族主義運動組織。這次的殖民地戰爭所引發的衝突重挫了法國政治。連社會黨政府都主張要留住阿爾及利亞，而批評這場戰爭以及在戰爭中使用酷刑的人都遭到報復。[9]之後上台的法國政府卡在中間左右兩難，一邊是阿爾及利亞要求獨立的激烈聲浪，一邊是堅持阿爾及利亞對法國不可或缺的大批白人移民。更糟的是，若巴黎政府對FLN讓步太多，軍隊的忠誠度難免會動搖。確實，一個被人懷疑會眼睜睜看著阿爾及利亞獨立的法國政府，等於冒著被軍事政變推翻的危險。

然而，一九五八年五月發動叛變、把局勢推向危機關頭的不是阿爾及利亞本地人，而是法國移民。他們趕走了駐阿爾及利亞的法國政府官員。駐阿法軍指揮官馬蘇將軍成立了「公共安全委員會」，一方面是出於對法國移民的同情，但主要還是為了控制大局。五月十五日馬蘇在演講最後喊出「戴高樂萬歲！」，漸漸地，軍隊、移民和巴黎許多政治圈的人，都開始把戴高樂視為能助他們擺脫僵局的人。軍隊和移民都認為他會是法屬阿爾及利亞最強大的捍衛者。馬蘇發表演說的同一天，戴高樂發出簡短聲明，其中提到損害國格、分化人民、擾亂軍隊，還有拜「政黨制度」之賜，法國步上通往災難之路。他聲明自己願意「接下共和國賦予的權力」。[10]有四個因素幫助他重回政壇：一九四四年他以戰爭英雄之姿返回法國，在民主共和的基礎上重建一個完整的法國；人民對他一九四六年戲劇性的自願隱退記憶猶新；不久前他才出版了多卷戰爭回憶錄，不只讓人民發現他仍然蓄勢待發，也用煽動的語言和情感的訴求發揮了巨大的影響力。[11]最重要的是，一九五八年的法國當局陷入低潮，隨時有政變的危險。[12]

五月結束前，國民議會投票決定邀請戴高樂組閣。他很快把握住機會，打造他渴望已久的政治制度——雙首長制，總統和總理都是行政首長，但總統比總理職權更大。新憲法的詳細條文由戴高樂的忠實支持者德勃雷草擬。戴高樂當上總統之後，德勃雷成了第五共和的首任總理。新憲法包含了戴高樂想要的大部分內容，但負責協商的人是跟他看法一致的德勃雷。[13]一九五八年九月二十八日舉辦的憲法公投，投票率高達百分之八十五，其中有八成投下「贊成票」。基本上這是對戴高樂這個人投下了「贊成票」。[14]新憲法使得國會要組成或解散政府更為困難，大幅強化總統的職權，但總理仍然保有重大的決策權。總統尤其要負責外交和國防政策，戴高樂也充分利用自己的權力，對歐洲、殖民地和法蘭西共同體投入最多心血，特別是阿爾及利亞問題——在一九六二年之前這都是法國最迫切的政治問題。[15]戴高樂也會插手其他他想干預的領域，但日常政策就沒有管那麼細，尤其是財經政策，他多半都交由總理和財政部長負責。[16]

為了避免政黨多元的現象再度發生，投票制度大幅改變，捨棄了各種形式的比例代表制。最後採用的制度是兩回合的選舉程序，第一回合先初選（通常只會剩下兩名候選人），一週後再舉辦決選。這讓國民議會中的多數派得以維持政府運作，雖然議員仍可照常批評行政部門。新的選舉制度對新共和聯盟（〔UNR〕新成立的戴高樂黨）來說運作良好，對共產黨則不然。戴高樂不准新政黨掛他的名字，但表面上保持距離不過是小心為重。[17]他知道沒有大黨的支持，過段時日他就會失去立足點。戴高樂渴望的另一個重大憲改是總統直選，不再由國會選出，但他願意耐心等待這天來臨。一九六二年，總統直選及總統任期七年的公投通過。這當然不只為戴高樂提高了總統的職權，還有未來的總統，雖然到了二〇〇二年總統任期又縮短為五年。[18]

最重要的是，奉戴高樂之命制訂的憲法通過了時間的考驗。雙首長制（又稱半總統制）被很多其他國家採用，特別是前共產國家，但都不像在法國那樣創造出一個結合有效政府和民主政體的理想成品。第五共和的五十五年間政府穩定，[2]新體制在全國廣受肯定，甚至受到社會主義和共產主義政黨的支持，儘管剛開始社會主義陣營有許多人、共產黨則是全部都反對新體制。密特朗一九八〇年代當上法國總統後曾表示，「這個體制在制訂時沒想到我，但卻很合我用。」[19]

戴高樂的成就不只是展開影響深遠的體制改革，他也善用「模擬兩可」這個政治策略解決了阿爾及利亞的問題。一九五八年當他對移民說「我理解你們的處境」時，對方以為他會致力保住阿爾及利亞，但他說的話其實模擬兩可，他也沒承諾什麼。戴高樂並不強烈支持或反對阿爾及利亞與法國合併，但他的首要之務是終止戰爭，解決阿爾及利亞問題形成的爛瘡。他高明地「善用敵人的分裂、支持者的忠誠（總理德勃雷對阿爾及利亞獨立問題尤其冷淡），以及失望的法國大眾對戰爭的厭倦」。[20]戴高樂的立場連同法國輿論，明顯離法國移民及其軍事支持者愈來愈遠。一九五九年，戴高樂提醒軍隊他們不是一個自治體：「你們是法國的軍隊。你們只因為她、為了她、仰賴她才存在。你們為她效命，這就是你們存在的理由。」[21]軍隊和移民都知道，即使戴高樂之所以能在一九五八年五月上台，他們功不可沒，但如今他跟法國民眾站在一起的立場已經難以動搖，要再一次起義而且成功的機會更加渺茫。然而，一九六一年阿爾及利亞還是爆發了一次軍事叛變，戴高樂以過人的冷靜讓多數法國人站在他那一邊，叛變最後

2 編按：第五共和自一九五八年十月四日新憲法公布施行至今，已將近六十一年。

不了了之。如文森·萊特所說，戴高樂在電視上對國人的號召力「感人、堅定又有效，是戲劇效果和真心誠意的少見綜合體」。[22]一九六二年，阿爾及利亞成為獨立國家。戴高樂任內總共讓十二個法國海外殖民地獨立。

戴高樂雖然在很多方面都相當保守，但哈札里辛格（為戴高樂的神話和功績寫了一本發人省思之作）認為，戴高樂仍然「朝著歷史的方向前進」。他有一些重要的判斷後來證明正確無誤：一九四〇年有必要繼續作戰，整合法國抵抗運動；看出第四共和的選舉和政黨制度漏洞百出；堅持打造新憲法，後來在第五共和也運作良好；接受去殖民化的需要。[23]哈札里辛格指出，戴高樂不只改變了政治制度，也對改變法國的政治文化有重大的貢獻，讓「右派跟共和和解，左派跟國家和解」。同時，他又為舊價值賦予新的意義，例如「英勇、責任感、歸屬感、對抗命運，以及反物質主義」。[24]「英勇」值得強調一番，尤其在阿爾及利亞戰爭結束之前，當時不斷有人要暗殺戴高樂。安全顧問常警告他要減少跟群眾接觸，避免危險和非必要的風險。每次集會他那過人的身材都變成再明顯不過的攻擊目標。但戴高樂都不屑理會這些勸告。[25]

在外交政策上，戴高樂承認共產中國，批評美國參與越戰，（根據法國的經驗）相信越戰會失敗收場。[26]他在維持與西德的友好關係上（第四共和就已建立）扮演重要角色。他讓法國退出北約的聯合軍事指揮系統，雖然堅決反共卻跟蘇聯建立更好的關係，聲明自己不受美國的外交政策影響。戴高樂對英美的敵意明顯可見，曾經兩次否決英國申請加入歐洲共同體（繼任者龐畢度上台後才接受）。英國人對加入歐洲組織的態度高度分歧且愛恨交織，戴高樂甚至收過許多英國人的來信，希望他行行好，繼續阻擋英國加入共同市場。[27]對英美政府來說，戴高樂可能是棘手的夥伴，但他在位期間毫無疑問提高了法國的國際聲望。

第五共和的憲法較有問題的一個元素是公投，因為針對特定議題的公投往往會變成對發起公投的政府或個人的投票，而且也容易被濫用。原則上總統不能發起公投，只有政府和國會有此權利。也不能針對與憲法抵觸的改革舉辦公投。但這些規定都被戴高樂和後來的總統打破。公投也是一把雙面刃，甚至可能變成對總統及其判斷的信任投票。一九六一年一月和一九六二年四月，戴高樂就藉此決定了阿爾及利亞相關議題，一九六二年十月針對總統直選舉辦的公投則明顯是針對憲法。[28]然而，社會動盪讓戴高樂多少失去了早年的權威，其中包括一九六八年警察跟巴黎街頭示威者的激烈衝突。一九六九年四月他輸了地方分權和重整上議會（即參議院）的公投就反映出這個事實。[29]他把這項挫敗視為法國人民對他收回信任的表示（儘管投票結果只有小輸），因此立刻辭職，最後一次歸鄉退隱，十八個月後逝世，享年八十歲。此後無論是法國還是全世界，都公認他是二十世紀最偉大的法國人。

蘇亞雷斯

西班牙獨裁統治者佛朗哥將軍在一九七五年逝世前六年決定了，等他死後要由胡安・卡洛斯重建王朝。卡洛斯順利登基後一年便換掉佛朗哥最後欽點的海軍上將卡雷羅・布蘭科，改任蘇亞雷斯為首相。軍隊中雖然很多人不願放棄佛朗哥獨裁時代享有的優越地位，但卡洛斯國王（儘管他是佛朗哥指定的國家元首）卻選擇由蘇亞雷斯領導政府，期望他能帶領西班牙走上民主之路。蘇亞雷斯在一九七六年出任首相，一九八一年退位，從很多觀察家看來，他都不像是會推動重大改革的人。他在佛朗哥時代是高階官僚，一九六〇年代晚期和一九七〇年代早期擔任廣播電視局長。後來他在國家轉型階段扮演了決定性角色，讓民主人士大感意外。

蘇亞雷斯的成就必須放進歷史脈絡裡來看。他有一部分是為了回應社會亟需改革的強大聲浪，儘管可以使用的脅迫工具都掌握在反對與前朝一刀兩斷的權貴手中。一方面他要面對過去威權體制下既得利益者的施壓；另一方面，反佛朗哥的左派人士則要求徹底改革，社會主義者和共產主義者皆然。蘇亞雷斯的求同存異風格對於調和難以調和的差異，在很大程度上發揮了重大的功用。但他並沒有受到廣大群眾的歡迎，這方面他遠遜於社會黨領導人岡薩雷斯。[30]不過，他的優先要務是跟共產黨領導人卡里略建立合作關係。卡里略打過西班牙內戰，不久前才以「歐洲兩大共產黨」領導人之一的名號享譽歐洲（另一個是義大利共產黨領袖貝林格）。[31]一九七七年蘇亞雷斯決定為共產黨爭取合法化，這對剛成形的民主無疑是最危險的時刻，一不小心就會導致軍事政變，讓民主化過程停擺。蘇亞雷斯執政期間一直存在這樣的危險，但直到一九八一年西班牙才發生一次較大的政變，後來能夠化險為夷也是他的功勞。

若說佛朗哥時代的官僚成為民主推手讓人意想不到，那麼共黨領袖讓人吃驚的程度也不遑多讓。在西班牙轉型初期，卡里略（二〇一二年九月才逝世，享年九十七歲）成為蘇亞雷斯協商新政治秩序時最重要的夥伴。雖說民主化過程有了突破性進展後，社會黨得到的支持就遠多於共產黨，但共產黨在佛朗哥死時尚未合法化，卻能夠得到西班牙社會不少支持。將共產黨合法化雖然激怒很多軍事高層，可是持續打壓卻可能導致嚴重反彈。共產黨若與新政府正面衝突，軍隊就可以有藉口打住民主化過程。

因此，流亡已久的共黨領袖卡里略在這中間扮演了關鍵的角色。返回西班牙之後，卡里略在一九七六年十二月被囚，但蘇亞雷斯早在一九七七年二月就跟他展開對話。這位共黨領袖對首相的提議做出了回應。卡里略同意承認君主政體、國旗和西班牙王國的完整，這多少減輕了保守派的恐懼。[32]蘇亞雷斯最大的功勞是說服共產黨接受君主立憲制。社會黨要花更長的時間才接受，因為從內戰以來佛朗哥派與共和軍之間就理念不同，左派排斥君主政體乃理所當然。然而，蘇亞雷斯認為把共產黨納入體制內有根本上的必要，而他跟卡里略的協商達成了這個目標。高階軍團對於共產黨成為西班牙政治的合法參與者縱使不滿，卻也不得不接受。蘇亞雷斯大膽地對外宣告，他相信西班牙人民已經成熟到足以「融合自己的多元」，而不讓共產黨合法化就是繼續打壓他們，他不認為人民「看到我國監獄滿是因為意識形態而入獄的人會覺得感激」。[33]

比起把共產黨拉進新秩序裡更了不起的是，蘇亞雷斯成功說服了佛朗哥時代任命（而非選舉）的西班牙議會（Cortes）同意將自己廢除。若蘇亞雷斯直接宣布關閉議會，維安部隊勢必會逮捕他，於是他著手建立一個改革聯盟。在對議會的一次重要演講中，他提出充分理由說明，若想避免國內發生衝突和顛覆行動，議會就應該開始承認「我們社會的多元化」，這就表示要為合法組黨結社打開大門。如他所說，「政黨的目的很明確，主要就是為了掌權。所以，如果國家本身提供的合法性不把這條路打開，未來只有表面的和平，顛覆行動就會在表面下萌芽。」他利用聽者想避免「顛覆」的願望，說他相信他們能理解「不能、也不會出現憲法真空，更何況是合法性真空」。[34] 一九七六年十一月議會投票表決政治改革法案前夕，蘇亞雷斯當上首相不過才五個月，很多觀察家仍不確定結果會如何。然而，最後贊成票有四百二十五票，反對票只有五十九票。蘇亞雷斯不只藉由掌握和回應廣大社會的需求展現了高超的領導技巧，甚至在老一輩的菁英階層中也達到共識，獲得支持。為了鞏固新的根基，他把政治改革法案交由全國公投，拿到百分之九十四的驚人支持率。

蘇亞雷斯也成功建立一個溫和保守聯盟，名為民主中間聯盟。一九七七年它成為西班牙一九三六年以來首次大選中最成功的政黨。民主化也給了巴斯克地區和加泰隆尼亞地區的獨立運動帶來希望和新的機會。因此，若要鞏固民主體制的西班牙王國，就要確保最初的競爭式選舉是全國性，而非地區性的。民族主義政黨和地區性政黨通常在自己地盤上進行的地區選舉，會比全國性的投票表現更好。以西班牙為例，他們在地區選舉拿的票就比全國選舉多百分之十五到二十五之間。[35]因此，最早針對全國性立法機構舉辦的自由選舉中，獲益最大的政黨就是訴諸西班牙全國的政黨。最明顯的就是蘇亞雷斯的中間偏右聯盟，以及岡薩雷斯帶領的社會黨。後佛朗哥的最初幾年，溫和的非民族主義政黨成為最大政黨，對民主的發展很有幫助。

二十一世紀的第二個十年，民族主義運動和獨立運動仍舊是西班牙政治的頭痛議題，但不再對民主政府構成嚴重威脅。[36]要是在後佛朗哥初期，這些運動就有瓦解國家的危險，極可能導致西班牙重回威權統治。如此一來，軍隊將形成政權的支柱，而鎮壓獨立運動（雖然只是暫時的解決之道）也會連帶抑制羽翼未豐的西班牙民主。[3]相反地，蘇亞雷斯很早就採取行動確

3 西班牙學者索妮雅・阿隆佐（Sonia Alonso）指出，加泰隆尼亞地區近年愈來愈多人支持獨立，同時強調這不是要反對（西班牙重建民主之後）在一些有強烈在地認同的地區展開權力下放，畢竟「結構性地忽略周邊地區的疾苦」，並「強迫推銷一個中央集權、同質性高的國家……既無法保證領土的完整，也無法保證民主就能存活。」(Sonia Alonso, *Challenging the State: Devolution and the Battle for Partisan Credibility. A Comparison of Belgium, Italy, Spain, and the United Kingdom*, Oxford University Press, Oxford, 2012, pp. 247–248.)

保加泰隆尼亞和巴斯克地區的民意傾向溫和，前者尤其成功。巴斯克民族主義黨和加泰隆尼亞的民族主義者代表在一九七七年參加協商。一九七八年的西班牙憲法將大幅下放權力給這兩個地區，此後加泰隆尼亞語和巴斯克語，將跟卡斯提爾語（標準西班牙語）一樣，成為兩地的官方語言。

一九七三年的石油危機之後，蘇亞雷斯的第一個政府因為嚴重的經濟和社會問題陷入困境。新選出的首相起初想用行政命令引進一項經濟穩定計畫。然而，考慮過後，他認為若引進一項取得共識的「協定」來支持足以因應問題的一系列政策，那將更具正當性，效力也更高。後來，蒙科洛協定（以首相官邸命名）普遍被視為民主轉型歷史中最具效力的協議之一。當時面對工人普遍的不滿，蘇亞雷斯知道，為了第一年的民主實驗，他必須跟共產黨和社會黨這些反對勢力進行利益交換的協商，以換取工會領袖理解並接受令他們不舒服的工資控制政策及反罷工協議。他邀請了一九七七年六月選出的新國會各黨領袖前往蒙科洛參加一連串秘密會議，共產黨也包括在內。

經過大規模協商並達成協議之後，蘇亞雷斯才把蒙科洛協定帶到兩院。由於各黨已經做出困難的讓步，最後下議院只有一票反對，上議院只有三票（另有兩票棄權）。工會和各大政黨簽下的協定包括平息勞工對薪資、通膨和公債的不滿，交換條件就是一系列的政治社會改革，從確保言論自由到避孕合法化等。這個協定為西班牙社會更加民主化鋪路。[37]蘇亞雷斯的包容風格所結成的果實，也可從西班牙一九七七年申請加入歐洲共同體（現今的歐盟）一事中看到。當時他得到議會所有政黨的支持。跟其他脫離威權統治的國家一樣，西班牙加入歐盟有助於鞏固民主政體（儘管近年來國際經濟危機和共同貨幣的問題又引發緊張關係）。

蘇亞雷斯知道有必要制訂新憲法，如此一來新成形的民主秩序才有穩固的基礎，但他也很清楚用簡單多數決的方法強行通過有其危險。一九七八年四月，他在國會演講中說，「憲法是全國意見一致的展現，必須藉由共識來達成，因此有必要把現今存在的各種政治勢力都納入考慮。」[38]雖然共產黨已經承認國王是國家元首，但社會黨還需要進一步說服，一直到擬定憲法之際，他們都堅信西班牙應該成為——並被定義為——共和國。然而，最後他們也接受了君主立憲制，條件是廢除死刑和投票年齡降低到十八歲。[39]在很大程度上，是蘇亞雷斯領導西班牙進行協商，轉型為民主國家。憲法草案在國會幾乎全體通過，也得到將近九成的民意支持，最大的例外是巴斯克地區。[40]

一九七九年大選，蘇亞雷斯帶領的民主中間聯盟小贏社會黨，但並未成為絕對多數。在位期間，蘇亞雷斯從未得到群眾的讚揚。他一方面跟佛朗哥政權的關係太近，難以受到民主左派的青睞；另一方面又太開明，對反佛朗哥的言論太過寬容，讓大多數保守勢力（包括高階軍團中的很多人）不以為然。巴斯克的極端組織ETA發動恐怖攻擊，在一九八〇年代初危及政治穩定。從一九七〇年代中起，每一年都有更多人死亡，包括軍隊裡的人，導致軍隊對新民主體制產生不滿。蘇亞雷斯清楚意識到他本人的政治權威逐漸消蝕，相信自己若執政到國會任期屆滿，將會危害民主化的過程。比起延長自己的執政年限，他更在乎西班牙民主的命運，於是就在一九八一年一月末辭去首相職位。

過了幾個禮拜，二月二十三日這天，議會正在開會確認繼任首相人選時，一支由特赫羅中校率領的分遣隊打斷會議，開了多發子彈，命令所有人安靜。幾乎所有人都蹲在地上。蘇亞雷斯是沒有這麼做的一小群人之一。他跟卡里略、岡薩雷斯和另一名社會黨領袖，遭到與其他議員隔離的處置。要是當天的政變成功，他們逃不過入獄的命運。結果這種情況沒有發生，卡洛斯國王扮演了關鍵的角色。軍隊占領國會的同時，坦克車也開上其他城市的街道。國王打電話給主要指揮官，命令他們將人和坦克召回營中。

隔天，最高總司令胡安・卡洛斯穿上將軍制服，在電視上宣布他不會容忍打斷民主程序的舉動。雖然西班牙人民多半都反對這次政變，但國王的立場對瓦解政變起了重大的作用。比起政治人物或民意，軍隊對身為國家元首的國王所下達的命令更有反應。最後政變失敗，幾名涉案的軍官被捕入獄。新的君主制一直沒有特別受到人民的青睞，合法性仍舊薄弱，能否逆轉很大部分取決於卡洛斯國王的態度。最初，他任命蘇亞雷斯為首相，並認同西班牙應該成為民主國家，而他，則是君主立憲制國家的國王。最重要的是，他在一九八一年二月政變中採取的立場贏得了人民的敬重。正如林茲和史特潘所說，是胡安・卡洛斯「將君主國合法化，而不是君主國將國王合法化」。[41]

然而，所有接受佛朗哥政權、甚至因此飛黃騰達的人之中，讓西班牙快速從威權轉為民主的最關鍵人物是蘇亞雷斯。他來自舊朝代的核心，這個事實就表示他夠了解那個團體的想法，即使後來他解除了黨禁，而且隨即舉辦真正的民主選舉。他無論如何都算不上魅力型領袖。（岡薩雷斯才是後佛朗哥政治家中比較接近的一個）。他也不是掌控一切的「強人領袖」。他尋求共識，樂於與人合作，願意讓步和妥協，但追求目標堅持不懈——民主的目標。在這方面，他成就非凡。

戈巴契夫

以一名領袖來說，戈巴契夫帶來的改變比蘇亞雷斯更加驚人。首先，他領導的國家是一個「超級強權」（至少從軍事來看），甚至是數十年來確保共產黨不只在蘇維埃共和國還有大半中歐和東歐掌權的國家。可想而知，蘇聯的體制轉變比起西班牙的徹底改革會造成更廣泛的反彈。[4]不過，蘇亞雷斯和戈巴契夫之間仍有些重要的相似點。兩人都來自舊體制的顯要階級，

4 不過，西班牙和葡萄牙的民主化，對民主在拉丁美洲擴散是一種刺激和鼓舞，史稱第三波民主化。而一九八〇年代晚期始於蘇聯的改變跟之前在南歐和拉美發生的改變無關，是為第四波民主化。

而大多數的蘇聯異議分子及外國領袖也都認為戈巴契夫可能進行的改革很有限。沒人想到戈巴契夫會危害共產黨的一黨專政或破壞階層嚴明的權力結構。同樣地，沒人想到他做的事會危及蘇聯在東歐的霸權。無論如何他都不可能「丟掉」蘇維埃黨國領袖（更何況是其軍工複合體）認為是打贏二戰才合法得來的地緣政治戰利品。

戈巴契夫是政治領袖靠自身力量造就深遠影響的典範，儘管在一九八〇年代下半蘇聯已經有許多應該改變的理由。[42]經濟成長率長期下滑。軍工複合體雖然蓬勃發展，卻要經濟體的其他部門付出代價。生活水平雖然比史達林時代高很多，仍遠低於鄰近的北歐和西歐國家。共產時代雖把教育水平拉高，包括高等教育部門（研究機構和大學培養出許多優秀專家），然而裡頭也埋下改變的種子，提供了有利徹底改革的土壤。

問題是，蘇聯體制賞罰分明，有獎勵同流者和懲戒異議分子的複雜機制。尤其對掌權者來說，徹底改革要冒的風險似乎遠多於可能的利益。若他們的優先考量是讓共黨體制和蘇聯維持不變，那麼在一九九二年前（到那時候兩者皆已不存在了）他們可以理直氣壯地說，這些疑慮都有充分的理由。雖然到了日後某個階段，蘇聯就會走到危機關頭，但在一九八〇年代中一切都還維持穩定，儘管底下潛伏著問題。[5]即使契爾年科當上蘇共總書記（即蘇聯領導人）那黯淡的十三個月期間，也沒有發生社會動盪，只有牢騷怨言。蘇聯計畫經濟的限制（儘管在軍事科技、太空研究和發展獲得成功）是改變的動力之一，但一九八五年蘇聯並沒有發生危機。是徹底改革引發了危機，而不是危機迫使改革發生。我們若說，是蘇聯經濟搖搖欲墜才迫使戈巴契夫展開改革，那就搞錯了問題。要是經濟情勢如此緊迫，就無法解釋戈巴契夫不久（一九八七年初）就把政治改革放在經濟改革之前。我們是可以主張必須政治改革以克服政府官僚的反對意見，如此才有可能引進市場。然而，戈巴契夫致力於自由民主化的改革不為別的目的，後來他也承認：「在政治戰場的核心中，我們忽略了經濟，以致人民因為缺乏日常物資和排隊搶必需品而無法原諒我們。」[43]

另一個同樣失準的說法是，雷根政府的強硬修辭和提高軍武支出，迫使蘇聯領導階層不得不在冷戰中承認失敗。[6] 從戰後到一九六〇年代，美國在軍事上都贏過蘇聯，但蘇聯的外交政

5 潛伏在底下的一個主要問題是民族問題。蘇聯的非俄羅斯民族中，尤其是愛沙尼亞、拉脫維亞和立陶宛，絕大多數的當地人民若有選擇都想要獨立。然而，在經濟改革之前，這些波羅的海國家的人民都知道要求獨立只會淪落到古拉格，更早之前是死刑。

6 戈巴契夫之前的蘇聯領導階層對第一任雷根政府的美蘇政策採取了傳統的對應方式。無人反對國防部長烏斯季諾夫一九八三年五月在政治局會議上發表的看法：「我們為了防禦所做的一切都應該繼續。所有我們原先部署的飛彈都要發射……」(Zasedanie Politbyuro TsK KPSS, 31 maya 1983 goda, Hoover Institution Archives, Fond 89, Reel 1.1003, Opis 42, File 53.) 即使在一九八六年，當時的KGB主席切布里科夫也在政治局會議上堅稱「美國人只懂武力」。(Zasedanie Politbyuro TsK KPSS 14 oktyabrya 1986 goda, Volkogonov Collection, R9744, National Security Archive, Washington, DC.)

策沒有因此緩和。相反地，有幾年蘇聯仍持續支持共產政權擴張，鎮壓匈牙利革命和布拉格之春也算在內。從一九七〇年代早期開始，蘇聯在軍事上才大致趕上美國，雙方都有足夠的核武和有效的發射方式能把對方從地表上抹除。雖然雷根支持的戰略防禦計畫（SDI）可能發展出的科技新品讓蘇聯不免擔心，但蘇聯軍工複合體的領導高層之所以熱烈討論這件事，只是為了避免一心想刪減國防經費的戈巴契夫真的這麼做。[44]後來雷根承認「SDI可能要數十年才會發展起來」，而且也不會是「打不破的盾牌」，因為「沒有一種防禦百分之百有效」。[45]雷根在一九八三年三月向全世界公開SDI的野心，當時蘇聯的領導人是安德洛波夫。但安德洛波夫跟契爾年科執政時，蘇聯對美國提高軍事經費的反應都是照樣跟進。改變蘇聯外交和國防政策的是戈巴契夫，而非雷根或SDI。

戈巴契夫比其他領導高層更不滿一九八〇年代中的蘇聯社會狀況。他也比他們更擔心因為錯估、意外或故障而引發毀滅性核戰。然而，一九八五年三月契爾年科過世時，戈巴契夫是政治局裡唯一的改革者，也是唯一致力於結束冷戰的人。政治局的其他成員組成代表選舉團，向中央委員會提名一位總書記，也就是選出蘇聯的下一任領導人。戈巴契夫是如何在契爾年科死後二十四小時內成為那個人選呢？從蘇聯領導集團的組成結構和保守程度看來，他被選上的原因顯然不是因為他支持改革。他並沒有跟政治局同仁分享自己較激進的改革理念，日後有很多人都抱怨說他們從沒想到戈巴契夫後來會推動改革。[46]他也是政治局最年輕的成員，腦袋最靈活，體魄也最強健。當時，三年內就有三名年邁的最高領導人相繼去世，年年舉辦國喪讓蘇聯抬不起頭。此外，戈巴契夫已經在領導階層中排名第二。（安德洛波夫尤其欣賞他的聰明和活力，上台十五個月期間就擴大了他的職權。）一九八五年三月十日傍晚契爾年科過世，戈巴契夫的位置讓他得以主動出擊。他在政治局召開並主持了一場會議，當晚十一點開會就被「預選」為領導人，隔天下午就成為總書記。[47]

尤其重要的是，成為蘇聯領袖之後，戈巴契夫的想法持續在改變。一九八五年，他相信蘇聯需要改革，而這個體制本身確實也可以改革。到了一九八八年夏天，他又得出不同的結論：光改革還不夠，體制本身需要徹底轉變。後來他寫道，那年他在蘇共第十九次代表大會上的演說，不過是為「一個體制平和順利地轉成另一體制」的一次嘗試。[48]在那次演說中，他也提到每個國家都應該有選擇自己的生活方式和社會體制的自由，任何從外強加的體制，尤其是藉由武力，都是「把已經過時的危險軍火拿來用」。[49]在一九八八年六月的報告中，以及六個月後在聯合國發表的演說中，戈巴契夫都表明這是通則，沒有例外。這番話給了東歐人民一張通行證，隔年他們真的照他話去做。若戈巴契夫在一九八五年就相信改革還不夠，需要的是體制轉變，那麼光是小心行事也達不到目標。他必須是一個完美的演員才能當選總書記。真正的關鍵是，他的政治目標（而不只是某些特定的看法）在他站上蘇聯威權體制頂端時產生了變化。[50]

共產黨的層級嚴密，政治資源（包括非常重要的任命權）集中在總書記手中，最高領導人的地位高於黨、政府、國安會（KGB）和軍隊，這表示總書記遠比其他政治人物更有機會引發根本的改變。然而，史達林之後就沒有蘇聯領導人能掌握其他同志的生死，而如果跟同志太疏遠又可能被推翻，就如赫魯雪夫一九六四年的下場。削弱長久以來習慣掌握威權的體制是很危險的事。因此，戈巴契夫要善用高超的政治手腕來發揮領導人的權力，才能推動危及既得利益的徹底改變。如他後來所說的，「沒有政治操作就想移動強大的官僚體制，光用想的都不是好事。」[51]重建（perestroika）剛開始前四年間，跟戈巴契夫最親近的改革盟友之一雅科夫列夫（受到戈巴契夫的快速提拔）說得更露骨：「重建前四年若堅持走激進路線，勢必會毀了全面改革的構想。官僚若群起反抗——黨、政府、軍警特和經濟部門——會讓國家重回史達林主義最可怕的時期。」他強調，一九八〇年代中的政治脈絡跟日後完全不同。[52]

戈巴契夫小心翼翼地為他想採取的每個改革步驟取得政治局的同意，尤其是上台後前幾年。當時的會議比布里茲涅夫時代長很多，與會者可以自由表達意見，或反駁黨領導人的意見。很多時候，在戈巴契夫監督下擬定並呈給政治局的文件，即使他已經批准，還是得再修正。例如，一九八七年十一月他準備在布爾什維克革命七十週年發表演講，當講稿呈給政治局批准時，多名成員強烈反對這句話：「社會主義的威權官僚模式」在蘇聯建立。戈巴契夫用一貫的策略性讓步來回應。他說，「模式」或許該以「方法」或「方式」來取代。在同一場政治局會議中，也有人對「社會主義多元化」這個詞有意見，批評「多元化」是一個外來的概念。[53]戈巴契夫這樣能屈能伸意味著，每份變成官方政策的文件都是一次新突破，即使有些構想在他跟幕僚一起發展的過程中不了了之。重要的是，政治局也因此要負起共同的責任。無論心存何種疑慮，他們都無法輕易跟最終結果撇清關係。

戈巴契夫在政治局從來沒有獲得大多數人的認同。跟其他政府首長（包括民主國家）相同的是，他在外交政策上的著力點比經濟政策多。當上總書記不到一年，他就換掉整個外交決策團隊。[54]另外，只有中央委員會成員才能晉升政治局。總書記雖然比其他蘇聯政治家更有力量影響晉升人選，但到了後史達林時代就沒有完全的掌控權，而是由政治局一起選出新成員。戈巴契夫的另外一項重大改革便是在一九九〇年三月設立總統一職，他也順利被國會選為蘇聯總統。7

尤其在一九九〇年三月之前，戈巴契夫必須巧妙地處理保守派居多的政治局成員。沃羅特尼科夫是其中之一。根據他的說法（得到不少同事的認同），戈巴契夫採取的是「民主且共同

7 根據當時通過的法律，蘇聯未來的總統要由全民選出。然而，這樣的選舉還沒成真，蘇聯就先瓦解。從一九九〇年三月起，戈巴契夫就以國家元首而非蘇共總書記的身分統治國家，甚至在許多重大議題上進一步繞過政治局。在一九九〇年之前，蘇聯仍是黨國體制，政治局有權不服從總書記，甚至在他越線時罷免他。蘇聯瓦解前兩年，權力從黨轉向政府。一九九一年一月我跟中央委員會的意識形態委員會副委員長會面時，他說他的權力只夠叫咖啡進來他的辦公室。直到蘇聯消失前兩年，大半權力都離開中央委員會的大樓後，外國的非共黨學者才能進入蘇共的殿堂。

合作」的方式。想在政治局發言的每個人都有機會說話，戈巴契夫也會認真聽他們的意見。若看法很不一致，戈巴契夫會說「我們得再想想，再多做些功課。」他會找到某種說詞，確保表達疑慮的一方得到安撫，或願意等到下次會議再決定。但沃羅特尼科夫黯然說道，到了最後關頭戈巴契夫仍會得逞，有時則是先接受中間立場，等到適當時機再改變。[55]雅科夫列夫在回憶錄中從另一個觀點切入：戈巴契夫「身邊都是年紀比他大很多、比他擅長台面下運作的人，隨時都可以達成協議，把他趕下台」。[56]他強調一個事實：戈巴契夫再怎麼權大勢大，也不可能侵犯「當時最有權勢的精英和派系」的利益。[57]

說服的力量

蘇聯體制民主化的程度愈深，戈巴契夫就愈需要仰賴說服的力量，而非總書記的權威。沃羅特尼科夫承認有段時間常被戈巴契夫的論點打動。他常在政治局發言，表達對戈巴契夫改革的懷疑，不只口頭也用文字加以反駁。「但到了最後，」他說，「我常臣服於他〔戈巴契夫〕在信念上的邏輯。那也是我自己的錯。」[58]他跟同僚太晚才發現，戈巴契夫有多投入民主化的過程，不但拿走共黨高層的權力，還用競爭式選舉取代馬列主義作為政治合法性的來源。接受言論自由的同時，戈巴契夫實際上也解放了出版社、大眾媒體，刺激了蘇聯社會，讓保守的共黨成員成為眾矢之的。沃羅特尼科夫用不同方式表達了相同的論點：「假民主列車的速度如此之快，我們想阻止也力有未逮。」[59]

戈巴契夫不是傳統定義下的「強人領袖」。他並不強勢，也樂意做策略性的讓步及接受批評。他尤其不符合蘇聯傳統認知的強人領袖。改革前幾年，帶領蘇聯太空研究的沙格底耶夫曾有機會觀察戈巴契夫在小組討論中的表現。[60]他指出，「只有少數人沒拜倒在戈巴契夫的個人魅力和動人口才之下。」雖然讚賞這個人有如「天生傳教士」的狂熱，沙格底耶夫認為戈巴契夫經常高估自己的過人說服力所能達到的目標。他愈來愈相信「自己可以說服蘇聯所有人任何事」。[61]但他強調，戈巴契夫的領導方式尤其重要的一點，正是他嘗試去說服跟他對話的人，即使是用「最激昂最雄辯的方式」。沙格底耶夫說，這是「我國政治文化大幅前進的跡象」，因為這種方法「跟以前的老大採用的傳統方式截然不同」。在那之前，他們「從未嘗試過改變他人內心的真正看法或信念，只會直接下達命令，要求別人遵守」。[62]

戈巴契夫的領導風格跟蘇聯的傳統政治文化相悖，這點雖然吸引到沙格底耶夫這位傑出科學家，卻沒有打動整個蘇聯社會。戈巴契夫的聲勢在一九八九年春天到一九九一年十二月蘇聯解體前直直落（雖然一直到一九九〇年五月，他當上總書記五年多後，葉爾欽才取代他成為蘇聯最受歡迎的政治人物）。[63]沙赫納札羅夫是戈巴契夫推動政治改革的助手和顧問。他認為戈巴契夫的權威從他一九八九年春天主持名為蘇聯人民代表大會的新國會及其內部機構最高蘇維埃時就打了折扣，前者是同年三月蘇聯史上第一次舉辦真正的競爭式全國大選而產生的。[64]為了鼓勵「議會制文化」的發展，戈巴契夫花一整天的時間主持議會，實際上成了議長、國家元首和共黨領袖，集三種身分於一身。沙赫納札羅夫說，為戈巴契夫著想的人告訴他，扮演議長的角色等於破壞了個人的權威：「當數百萬坐在電視前面的人，看見某個不知名的年輕代表跟國家元首爭辯，後者耐心陳述自己的看法，甚至從容應付對方的公然羞辱」，他們會覺得國家已經失去希望。「在蘇聯，」沙赫納札羅夫說，「從遠古至今，人民就崇拜甚至愛戴嚴厲的統治者。」他們很難接受溫和圓滑的統治者。他們如何期待這樣的領袖提供秩序和安全感，來交換人民對他的心悅誠服？[65]

重建期間，負責大多數蘇聯經濟管理工作的人是雷日科夫，一九八五到一九九〇年他擔任部長會議主席。一開始他是戈巴契夫有條件的盟友，後來卻開始嚴厲批評他。他尤其反對戈巴契夫犧牲了他認為更緊迫的經濟問題，致力於追求民主化。事實上，雷日科夫主張由技術專家來解決經濟問題的方式，才是市場化改革沒有更早被接納的主因。然而，在本文的脈絡中，最重要的是雷日科夫對戈巴契夫領導風格的觀察。他認為，無論從本質或性格來看，戈巴契夫都無法成為一個權謀政治家，但若以為他很優柔寡斷也不正確。[66]其實「早在我們國家的議會制遊戲開始之前，」雷日科夫說，戈巴契夫就是個「議會型的領導者」。他還說，戈巴契夫「如何在黨國官僚體制下成為這樣的人，只有天知道」。總之，起初他雖然一階一階朝著蘇聯共青團（共黨青年聯盟）和共產黨的傳統晉升之路往上爬，最後還是成了這樣的領導者。[67]他沒有暴虐統治的性格和渴望，儘管馬基維利如此傳授，史達林也將之內化。[9]這不表示戈巴契夫缺少領導的野心。剛好相反。他曾在跟密友的對話中說，「我很早就想成為同儕中的領袖，那是我的天性。後來我加入共青團……以及入黨後都是如此。這可以說是我發揮潛能的一種方式。」[68]

前面說過，戈巴契夫在位將近七年，前五年都是全蘇最受歡迎的政治人物。這很大一部分是因為他思想開放、移除人民對戰爭的恐懼（蘇聯在二戰期間失去二千七百萬人，損失慘重），以及推動包括言論自由、宗教自由和選舉權的許多新自由。尤其重要的是，他在接收到新證據或有力論點時願意改變想法，這在某些觀察家眼中是弱點，某些卻認為是優點。戈巴契夫的很多改變都清楚可見，而其中某些改變則是被語言的連續性把外觀給遮蔽了。有些抨擊他的人低估了他的想法演變的程度，緊抓著他不斷重複的「重建」和「社會主義」不放。他們忽略了一

8 俄羅斯從過去至今都是個多元的國家，沙赫納札羅夫的觀察絕非普遍現象。然而，確實在很多俄國人眼中，領袖面對大眾批評若反應平靜，就表示他個性軟弱。

9 根據俄羅斯學者狄米崔·富曼（Dmitriy Furman）的觀察，日常生活中會被視為怪物的人（他把恐怖的伊凡和彼得大帝算在內）在俄國傳統認知中卻是「偉人」；相反地，終結農奴制的沙皇亞歷山大二世卻不是「偉人」。他自問，戈巴契夫會落在這個評價系統的哪個位置？答案是：哪裡都不是，「在恐怖的伊凡、彼得大帝和史達林被視為偉人的評價系統裡，戈巴契夫不只『不偉大』，甚至是偉大的相反。」(Dmitriy Furman, *Nezavisimaya gazeta*, 1 March 2011.) 然而，富曼接著說，在一個「對當代已開發世界來說的正常評價系統中，戈巴契夫無疑是一個偉大的統治者和政治家，或許是俄國歷史上最偉大的一個。」

個要點：他上台後的前面五年間，這些用語的意義已經完全改變。在「改革」一詞仍是禁忌的時代，「重建」逐漸成為蘇聯體制改革的含蓄代稱，後來則變成戈巴契夫致力追求的目標：蘇聯體制的根本轉變。他要的是以法治而非共黨專政為基礎的多元民主。至於「社會主義」，戈巴契夫從一九八五年的共產改革者，到了一九八〇年代末成為支持社會民主主義的社會主義者，那真的是一種質變。[69]

到了一九九〇年春天，共產體制在蘇聯被政治多元化取代，公民社會快速發展，法治日漸取代獨裁，體制快速邁向民主化。簡單地說，政治體制轉變了。在重建的前四年，這多半是「由上而下的革命」。戈巴契夫一邊推動激進的政治目標，一邊還要撫平強硬派，避免內部政變讓一切功虧一簣。這裡就跟蘇亞雷斯有共同之處。戈巴契夫同樣奮力推延強硬派發起政變的時間，因此一九九一年八月政變真正發生時，制度已經建立，也有足夠的人從順民變成積極的公民，成功反抗政變。尤其重要的是，短短兩個月前，葉爾欽才經由普選當選俄羅斯總統（非蘇聯總統），因此當戈巴契夫及其家人被軟禁在克里米亞海岸的度假別墅時，葉爾欽才擁有反抗政變人士的民主正當性。[70]

戈巴契夫是轉變蘇聯外交政策的主要角色，同時也是改變國際體系的關鍵人物。冷戰始於蘇聯接管東歐，後來東歐和中歐國家一一獨立，成為非共產國家，戈巴契夫也平靜接受這種結果，冷戰隨之結束。就經濟制度而言，戈巴契夫在一九九〇到一九九一年間接受了市場經濟的原則，然而，是社會民主主義式的市場經濟。合作社在一九八八年合法化，很多迅速成為稍加偽裝的私人企業。不過，比起民主化的必要，戈巴契夫較晚才接受把市場當作經濟的主要調節器。他同時也面臨官僚體制對市場化的強烈反彈。因此，當蘇聯的政治體制瓦解時，經濟仍處於過渡階段，不再是計畫經濟，但也尚未成為市場經濟。

有些人認為戈巴契夫是一個「軟弱」甚至失敗的領袖，因為他帶領的國家（蘇聯）在一九九一年底從世界上消失。若他當初沒有推動蘇聯體制的自由化和民主化、改變蘇聯的外交政策，蘇聯或許還能屹立很多年。外交政策造成的影響是，當那些最不滿的蘇維埃加盟共和國（特別是愛沙尼亞、拉脫維亞和立陶宛）看見東歐人在一九八九年紛紛獨立，他們的渴望從要求在蘇維埃內擁有更大的自治權，轉變成要求完全獨立。戈巴契夫有意追求蘇聯體制的瓦解，但極力避免蘇維埃共和國聯盟解散。然而，一旦獨立的渴望被喚起，他並沒有打算訴諸長久以來用以鎮壓獨立運動的暴力方式來解決問題。在他的政策讓人相信爭取獨立並非不可能之前，利用既有的賞罰體制就能維持住現狀。戈巴契夫努力透過協商、說服和妥協避免共和國聯盟分裂，他提出的最終建議版本甚至不是新版的USSR（蘇維埃社會主義共和國聯盟），而是USS（主權國聯盟）。這對許多黨國高層、軍事領袖和國安會委員來說都難以接受。他們指責戈巴契夫對激進派和獨立派太寬容，不願意使用手中握有的脅迫力量來保持蘇聯的完整。[10]

後來，有個俄羅斯民族主義的領導人物告訴他，他沒有權力讓華沙公約組織或蘇聯本身解體。若他不打算用武力阻止這些事發生，就該讓位給「更果斷的愛國者」。[71]然而，最後大半蘇聯都和平解散（對比另一個共產聯邦：南斯拉夫），這某方面也是戈巴契夫的功勞。對他來說，這是體制轉變造成的非預期結果，但縱使不斷有人呼籲他宣布戒嚴，進入緊急狀態，阻止國家繼續分裂，他也堅持不肯。說到底，是戈巴契夫推動的自由化和民主化讓獨立運動變得可能。就蘇聯瓦解這件事來說，他的「罪」是用自由取代恐懼，以及反對用流血的方式解決問題。

理念對戈巴契夫以及對共產主義崩解都很重要，如同戈巴契夫上台和共產主義崛起時一樣。尤其在高度威權的體制下，理念若要發揮政治效力，就需要有體制內的人加以支撐。蘇聯體制得以轉型，除了靠嶄新的理念，還有創新的領導和強大的政治力量（總書記的思維跟之前的領袖截然不同）。最後的結果是，過去四十年來被守舊蘇聯嚴格限制主權的國家開始轉變。到了一九九〇年代，雅科夫列夫不再一味崇拜戈巴契夫，卻在一九九五年說：「我認為戈巴契夫是本世紀最偉大的改革者，因為他是在自古以來改革者都沒有好下場的蘇聯完成這件事，所以更是如此。」[72]確實很難想到二十世紀下半葉有人比戈巴契夫對他自己的國家甚至國際影響更大（而且多半是好的影響）。天性是改革家而非革命家的他，最後卻（戈巴契夫自己的話）「用漸進的方法造成革命性的改變」。

鄧小平

鄧小平跟戈巴契夫是截然不同的轉變型領袖。鄧是中國經濟體制轉型的關鍵政治人物，戈巴契夫則是蘇聯政治體制轉變的推手。鄧輩分較高（一九〇四年出生，戈巴契夫一九三一年出生），參與了中國革命；戈巴契夫出生時，共產體制已經確立。兩人都在遠離首都的村落出生，但鄧來自地主家庭，戈來自農家。兩人都很重視教育和專家權威的看法。戈巴契夫有別於一般農家子弟，進入蘇聯的頂尖大學就讀，鄧卻沒受過高等教育。一九二〇年代上半鄧到法國希望能半工半讀，他先去當低薪工人，後來才到共產黨刊物辦公。這份刊物是旅法期間思想變得激進的中國青年所創。鄧在那裡的頂頭上司是比他大六歲的周恩來，後來成為中共政府地位第二高的成員（第一是毛澤東）。一九二六年一月，鄧相信自己即將因為政治宣傳工作被捕、甚至驅逐出境而逃到蘇聯。他在莫斯科中山大學就讀一年，該校由共產國際所創，目的是要訓練中國共產黨和國民黨的成員。兩黨的活躍分子在一個屋簷下就讀，因此鄧有個同班同學是蔣經國，即蔣介石之子。（鄧小平擔任中國最高領袖期間，蔣經國也是台灣的最高領袖。鄧曾想跟蔣會面，但後者拒絕。）[73]

10 就是為了扭轉蘇聯瓦解的過程，以及阻止戈巴契夫和蘇維埃共和國十五個領袖中的五個（至少）簽訂協議，以一個自願且鬆散的新聯邦取代過去的蘇聯，才會發生一九九一年的八月政變（但幾天後就失敗）。

一九三〇年代中，因為受到國民黨的攻擊，中共撤退到中國西北陝西省的新基地，此為史上有名的「長征」。當時鄧也跟著毛澤東長征。參與的八萬男性和兩千女性中，只有十分之一抵達目的地。[74]後來鄧雖然遭到毛澤東的批鬥，早期他的聰明才智和組織能力卻很受毛澤東賞識。因此，早在二戰之前，鄧就跟毛和周私交甚篤。國共內戰期間，鄧擔任政治委員，並曾在一次決定性戰役指揮五十萬大軍，最後中共在一九四九年掌權，內戰結束。[75]早在一九五六年鄧就被任命為中共總書記。在大多數共產國家，這都是最高領導人的位置。但在中國，毛澤東頂著黨主席的頭銜，毫無疑問掌握最高的權力。不過，鄧負責黨的日常運作，同時也是政治局常務委員，位居黨內領導階層的殿堂。[76]

毛澤東對阻撓他的人有強烈報復心，為求權力不擇手段，鼓勵個人崇拜，鼓吹急起直追全面實施共產主義的浪漫革命思想，甚至在追求理想的過程中超越更早起步的蘇聯。鄧雖然從不懷疑共產黨的絕對權力、嚴格層級和內部紀律（民主集中制），對管理政府組織和追求經濟現代化卻比毛務實得多。因此，也難怪毛澤東晚年會懷疑鄧對他的「大躍進」和「文化大革命」不以為然。毛的這兩個計畫最後都變成災難。一九五八年到一九六〇年的大躍進在農村設置大規模「人民公社」，取代較小規模的農業合作社和專業技術，動員浩大結果卻一敗塗地。大躍進為達成中國社會共產化而損失的人命，會在第六章完整討論。

無論當時內心的想法如何，鄧都忠心耿耿且不擇手段地幫助毛澤東推動這項後來導致大飢荒的政策。[77]要到一九六〇年代下半和一九七〇年代上半的文化大革命期間，鄧對這場實際上反智、反教育、反文化的共黨青年反權威運動（毛澤東神聖不可侵犯的領導除外）所感受到的不滿才較為清楚可見。當時鄧成了被批鬥的對象，被控是「走資派」，一九六九年遭到下放，當了一陣子鉗工，四十年前他在法國雷諾工廠也做過一樣的工作。鄧的長子鄧樸方為了逃脫紅衛兵的迫害，從北京大學的宿舍高窗上往下跳，從此摔成殘廢。[78]

毛雖然完全同意將鄧免職、下放，卻不贊成將他逐出黨。若非如此，鄧就很難東山再起。鄧在一九三〇年代的派系鬥爭中曾是毛最強大的後盾，並在戰時跟和平時期都證明自己的實力，因此毛對他仍存有敬意。一九七三年二月鄧小平一家人獲准遷回北京，隔月鄧復職，重掌他被逐出黨前夕擔任的國務院副總理職位。[79]然而，一九七五年他再度被免職。一九七七年鄧與美國國務卿塞勒斯・凡斯見面時，他已經重返職位。回想起兩年前他被免職前兩人見面的情景，他打趣地說，如果他在國際上有名，也是「因為我的三起三落」。[80]一九七六年毛澤東死後，受許多黨內大老敬重（雖然領導文化大革命的四人幫強烈反對他）的鄧小平很快就鞏固自己在領導階層中的地位。

鄧從未當過黨主席，此後也未再坐上總書記的位置。但到一九七〇年代末時，他比毛指定的接班人華國鋒權力更大。[81]領袖的個人權勢比他在黨內的階級更重要，這在共黨體系中很少見。然而，鄧並未獨攬大權，而是透過管理進行統治。這反映出他在黨內高層所具有的崇高地位置。隨著他把愈來愈多自己的人馬放在關鍵職位，他的權勢就愈來愈大。到了一九八〇年二月，政治局已經多半都是鄧的人。一九八一年，鄧身兼國務院副總理、中共副主席，再加上中央軍事委員會主席三職。他並非正式的國家領袖，但從一九七〇年代晚期到整個一九八〇年代，他無疑就是中國真正的領導人。他完全不搞個人崇拜。跟毛不同的是，不可能有學生必須浪費時間來背誦他的作品。[82]

取得權位後（雖然並非獨裁權力），鄧開始推行日後將徹底改變中國經濟體制特色的經濟政策。一九五七年毛跟蘇聯領導人赫魯雪夫形容鄧是「矮個子」（鄧只有一百五十公分出頭），此人「絕頂聰明」，有「大好未來等著他」。[83]毛說的沒錯，但他怎麼也想不到鄧的最大功績會是破壞毛澤東思想的根基。鄧並沒有鼓勵正面批鬥毛，因為那「也就是給我們黨、我們國家抹黑」。[84]畢竟毛在中國就像列寧和史達林的綜合體，不但帶領中共革命成功，中國成為共產國家後的大半時間也由他統治。然而，鄧的政策跟毛澤東思想徹底切割，首先是推動農業改革，一九八〇年代廢除集體制，恢復農村以家戶為單位的生產方式，大幅刺激農業生產。此外，也在沿岸地區設立四個經濟特區，逐漸開放國際企業到中國投資。鄧的方法是「先持續實驗，再廣泛採納特定政策」，[85]但仍然堅持為整體經濟帶來深遠的改變。

一九七〇年代晚期的經濟體制轉變，讓中國經歷了人類史上最驚人的經濟成長階段。[86]國有制或公有制跟大規模私人企業結合。計畫經濟漸漸轉變成實質上的市場經濟，儘管私人企業和公家機關關係緊密。久而久之，鄧本身雖然並無此意，高官跟企業（包括有很多海外分支的企業）開始相互勾結，許多黨國幹部藉此累積大量財富。[87]鄧推動的經濟體制改革造成的一個後果是貪污加劇和極度不平等。這個體制還有一個致命傷：由於缺乏民主政體的可問責性，這種後果所導致的民怨從而對政權造成威脅。

不過，中國成為世界工廠，躍升為國際經濟的關鍵成員，受惠的不只是新形成的超富階級而已。每年百分之十的經濟成長率提升了好幾億人民的生活水平。都市化速度驚人。一九七六年毛逝世時還有八成中國人民住在鄉村，到二〇一二年全中國十三億人口已有將近一半住在城市裡。[88]如今，大多數城市居民都是工廠的工人，但富有的中產階級也大幅成長。儘管經濟快速成長導致財富分配嚴重不均，鄧的改革成果仍然遠比毛苦哈哈的平等主義帶來更多實質的好處。

在鄧及其繼任者治下，中國的政治管制也變得寬鬆。鄧鼓勵青年出國留學，開放外國直接投資，如此一來勢必無法避免外界資訊流入中國，包括其他政治體制的資訊在內。政治討論的界線變得比毛執政的大多數時期更寬。然而，雖然樂見經濟體制轉變，鄧卻堅持反對政治體制產生質變。他致力於維持共產黨的霸權，誰要敢以民主之名挑戰政府，他也會毫不留情出手反擊。因此，一九八九年六月四日數百名示威者（及一些旁觀者）在天安門廣場遭到屠殺，正是鄧而不是別人，堅持要派出軍隊和坦克不計流血鎮壓抗議行動。[89]當時的中共總書記趙紫陽在過去擔任總理時曾熱誠且有技巧地推動鄧的經濟改革，他卻反對在北京街頭實施戒嚴。因為如此，從事發當時到二〇〇五年逝世為止，他都被軟禁在家。[90]

鄧小平和戈巴契夫是共產體制下的兩名偉大改革者，但兩人的成就很不同。如何比較終究取決於評價者的價值觀。戈巴契夫促進了好幾億人的個人自由（言論及出版、集會、宗教、通訊、結社、旅行的自由），蘇聯和東歐人民都包括在內。鄧小平也不遑多讓，他提高了更多億人的物質生活水準，但並未給予他們上述的自由，海外旅行的自由除外。今日的中國是個混合體，結合共產政治體制和非共產經濟體制。雖然鄧小平堅持維持政治體制，但他在改變經濟體制中扮演的決定性角色，讓他有充分資格成為轉變型領袖。鄧的成就在現今中國比戈巴契夫的成就在現今俄羅斯更明顯可見。從很多方面來說，今日中國是鄧小平打造出來的。若是中國持續享有快速的經濟成長和相對的政治穩定，鄧留給後人的中國在二十一世紀，或許比起毛澤東打造的中國在二十世紀的影響力更大。

曼德拉

前一章討論開創型領袖戴克拉克時，已經略微提過南非廢除種族隔離的經過。如前所述，一九九〇年代早期南非快速轉為多數統治，很大部分是拜蘇聯的轉變之賜，尤其是蘇聯外交政策改變和冷戰結束。白人至上主義者聲稱南非若轉型為多數統治將走向共產主義，但到了一九八〇年代末還要打出共產主義幽靈牌，比起以往是更加不恰當了。戴克拉克也承認這點，雖然表達方式不太一樣。他說若沒有戈巴契夫引發的改變，「我們在南非的轉變過程會困難很多，說不定會延遲好多年。」[91]

長久以來，曼德拉都是國際間最知名的種族隔離反對者。他是小族長之子，一九一八年出生於南非的特斯凱區。父親過世時，曼德拉年僅九歲，他所屬的泰姆族大頭目達林岱波收養他，成為他的監護人。在曼德拉的印象中，他的領導風格偏向集體而非個人領導，這對未來的南非總統產生了巨大的影響。酋長、首領和其他人不時要從遠方被召來大殿開會，達林岱波會在大殿歡迎他們並解釋集會的目的。「從那時候開始，」曼德拉說，「他會一語不發，直到會議將盡。」[92]小時候坐在會議中聽得入迷的曼德拉如此形容：

> 每個想說話的人都會發言。那是民主最純粹的形式。發言者或許有地位高低之分，但每個人的意見都會被聆聽，無論你是首領或子民、戰士或醫者、店主或農人、地主或工人。不會有人打斷別人的發言，會議一開就好幾個小時。自治的基礎就是，所有人都能自由表達意見，而且都是價值平等的公民。（很遺憾，當時女人被視為二等公民。）[93]

除了提到女性的次要地位，晚年的曼德拉對當時民主程度的記憶多少過於美化。但自我的認知和選擇性記憶，要比冷漠的史學家或人類學家提出的客觀論述，更能影響一個人日後的作為。曼德拉體驗到的部落文化以及在南非學校所受的英國教育，都讓他的認同得到獨特的養分。他說攝政（即大頭目）常受到批評，甚至炮轟，但他「只是傾聽」，絲毫「不表露情緒」。會議會進行到共識達成，或大家都同意各持己見，留到下次會議再討論解決方式。曼德拉說，絕不會有多數壓垮少數的情況發生。攝政只會在會議最後說話，提出總結。曼德拉還說，「身為領袖，我一直遵循最初在大殿看到攝政示範的原則。我總是努力傾聽每個人在討論中要說的話，之後才大膽提出自己的意見。」往往，他之後說的話不過就是「我在討論中聽到的共識」。[94]

曼德拉在教會學校受教育，先後進入黑爾堡大學（為黑人設的高等學府，後來曼德拉因發起抗議而被退學）和維瓦特斯蘭大學就讀。高人一等（幾乎跟戴高樂一樣高）的曼德拉很快在人群中脫穎而出，後來成為南非少數的黑人律師之一，從一九四〇年代早期就活躍於政治圈。一九四四年，他跟非洲民族議會（簡稱非國大）的朋友和長期領導人物瓦特．西蘇盧與奧利佛．坦博創立非國大青年聯盟。從很多方面來看，這都是立場溫和的非國大的激進分支。一開始他們擁護種族國家主義，對於跟白人合作感到懷疑，包括那些在非國大有些影響力的白人共產黨員。一九四九年曼德拉號召將這些人逐出非國大。然而，當南非政府在一九五〇年通過反共產主義法時，因為涵蓋的範圍太大，任何組織或個人都可能因為反抗當局而被判違法。[95]雙方面臨的共同威脅促使曼德拉聯合共產黨員一起反抗白人的少數統治。一九六四年曼德拉在對法院的演說中，區分了共產黨和非國大的目標。他說共產黨員的目標是除掉資本主義者，讓工人階級掌權，而非國大則是要協調階級利益。然而，他又說：

反壓迫運動之間的理論差異，是我們現階段負擔不起的奢侈。再者，數十年來，共產黨是南非唯一準備把黑人當人看且平等對待的政黨。他們準備好要跟我們一起吃飯、交談、生活和工作。因為如此，現今很多黑人把自由等同於共產主義。[96]

曼德拉表明了自己的不同立場。他強調自己對英國國會、美國分權制，尤其是司法獨立的讚賞。至於非國大淪為共產黨的工具一說，他拿二戰期間英美聯合蘇聯反抗納粹德國作為比喻，強調只有希特勒敢「說這樣的合作關係讓邱吉爾或羅斯福淪為共產黨或共產黨的工具。」[97]

曼德拉和坦博在一九五二年創立最早由黑人經營的法律事務所之一。整個一九五〇年代，他經常被取締甚至被捕。有段時間當局對他下達逮捕令，他到處藏匿，躲避捉捕，因而獲得「黑花俠」的綽號。一九六〇年三月二十一日，在約翰尼斯堡以南的沙佩維爾有六十九名黑人反抗者被槍殺，受傷者更多，進一步激怒占大多數的黑人和外國輿論。實施種族隔離的南非政府宣布國家進入緊急狀態，查禁非國大。[98]非國大決定轉為地下，並組成五人協調委員會，曼德拉被選為其中一員，獲派到秘密集會跟基層解釋這些決定。[99]沙佩維爾大屠殺那一晚，曼德拉在喬・史洛弗家中（他們的白人同志，也是南非共產黨的領袖人物）與瓦特．西蘇盧一同討論非國大該如何回應。他們決定號召全國黑人燒掉依法規定配戴的黑人通行證。三月二十八日曼德拉在一群特別受邀前來的記者面前燒掉他的通行證，兩天後被捕，此後五個月都在牢中度過。[100]

非國大轉往地下之後，曼德拉愈來愈像它未來的領袖。非國大主席艾伯特．盧圖利在國外廣受敬重（一九六一年他成為第一位獲得諾貝爾和平獎的非洲人），但在非國大較激進的成員眼中他太過溫和，一來他願意跟白人合作，二來他堅持非暴力原則。沙佩維爾大屠殺之後，曼德拉也是認為不得不用武力反抗當局的強硬立場和暴力對待黑人多數的人之一。他成為非國大的分支「民族之矛」的主要創立人。該組織捨棄對個人的恐怖攻擊，採用經濟破壞的策略，理由是這樣日後才有和解的希望。曼德拉帶領由非國大和南非共產黨共同成立的民族之矛，並任命史洛弗為總幹事。[101]一九六二年間曼德拉遭南非警方追捕，後來他逃出國，用半年的時間拜訪其他非洲領袖，為非國大和新階段的抗爭爭取支持，還在衣索比亞和摩洛哥接受軍事訓練。[102]返回南非前，他前往倫敦跟老友及非國大流亡領袖坦博會面，另外還有工黨和自由黨領袖，以及非國大的基督教贊助者。[103]返國後不久，曼德拉就在一九六二年八月五日被捕，往後二十七年半都在牢中度過，直到一九九〇年二月十一日南非政府取消對非國大的禁令才獲釋。

一開始曼德拉被判五年徒刑。然而，他擔任「民族之矛」領袖的證據被揭露之後，一九六四年他再度受審，差點就被判死刑，後來改為無期徒刑。那次在法院中，他在四小時論辯的結尾說：

我把生命都奉獻給這場非洲人民的抗爭。我反抗白人宰制，我也反抗黑人宰制。我珍惜的是民主自由社會的理想，所有人和諧共處，享有平等的機會。這是我希望自己用生命去爭取並達成的理想。但如果必要，這也是我準備要付出生命追求的理想。[104]

曼德拉的牢獄歲月多半在環境嚴酷的羅本島度過，後來才轉到較一般的監獄，但仍被隔離監禁。南非政府從一九八五年開始跟他接觸，總統波塔承諾若他願意放棄暴力手段就將他釋放。但曼德拉拒絕了這個條件，這讓他幾乎又多坐五年的牢。他繼續展現過人的耐心，並在一九八〇年代逐漸意識到自己遲早會獲釋。他決定，就算如此，也要照他自己和非國大的意思去做。

曼德拉的韌性，加上南非政府承受的壓力愈來愈大（包括資本外流），使得戴克拉克和他所屬的國民黨（NP）在一九九〇年曼德拉獲釋之前和之後的協商期間，只能得到一點點他們想要的東西——保護少數族群的權利和財產權，以及有關選舉規則的協定。然而，基本上「國民黨領導階層只能協商要如何交出權力」。[105]一九九一年，從一九六〇年遭禁以來，非國大第一次在南非舉辦全國大會，曼德拉被選為主席。一九九三年他跟戴克拉克共同獲得諾貝爾和平獎。即使身為非國大主席，長期監禁又讓他獲得英雄般的地位，並成為反抗種族隔離的代表人物，曼德拉在非國大討論政策時卻不一定能隨心遂意。例如，即將舉辦南非的第一場民主選舉前，他提議把投票年齡降到十四歲，卻因為遭到非國大的全國執行委員會委員的強烈反彈而作罷。[106]那些年他思索了政治領導的本質。他在筆記本中寫下，「領袖的第一個任務是創造一個願景。第二是打造一幫追隨者來幫助他實現那個願景，並透過有效的團隊管理執行的過程。追隨他的人知道自己要往哪裡走，因為領袖會向他們傳達這個願景，而追隨者也相信他設立的目標，以及達到目標的過程。」[107]

曼德拉在集體領導的信念和英雄地位之間相互拉扯。一九九四年他經由民主選舉成為南非第一位黑人總統之後，突破萬難贏得了大多數南非白人的尊敬甚至喜愛。然而，他對於跟戴克拉克共享南非民主轉型的功勞很不以為然。[108]經過種種磨難，他會有這種反應也不難理解。主持內閣會議時，他的方式就像當年大殿中的攝政王。根據某閣員的說法，曼德拉「平靜地聆聽，吸收一切，然後才插話」。[109]有時他跟非國大的看法不同。例如，他們對曼德拉成立的真相與和解委員會所發現的事實感到不滿。對此他回應說，「他們的表現雖不完美但很傑出，我肯定他們做的每一件事。」[110]曼德拉把制訂經濟政策的工作移交給其他人，尤其是副手塔博·姆貝基，但在外交政策上卻很活躍，熱愛「從事個人外交，不顧國際時差開心地打電話給各國元首」。[111]

曼德拉致力於改善人權和社經平等、消除種族歧視，以及促進南非不同種族的和解。有些目標的實際達成度比其他來得高。尤其令人佩服的是，曼德拉贏得了許多南非白人的認同，接納了過去被南非黑人視為異己的文化象徵。特別值得一提的是，他在世界盃橄欖球決賽中穿著跳羚隊的球衣現身，讓球員大受感動，也讓全場真心讚賞。建立一個多種族的和諧社會和新形式的統一國家，尤其又是在長年不平等的情況下，從來不是件容易的事。然而，我們很難想像誰會有比曼德拉更正當、更寬容的起點，尤其在國家和他個人經歷那麼多苦難之後。他自己也遵照民主制度的新規則行事，甚至在「萬年總統」司空見慣的大陸上樹立典範，五年任期結束後便在一九九九年下台，二〇一三年十二月逝世，享年九十五歲。南非從少數白人統治的國家（絕大多數人口都無投票權）變成一個民主國家，在政治體制轉變的過程中，曼德拉的貢獻比誰都大。種族隔離總有一天會結束，但若沒有曼德拉，民主轉型之路就不會如此平和，甚至讓失去政權的少數白人接納。

轉變型領袖和激勵型領袖

轉變型領袖的標準很難達到，本章一開始就已說明。這裡舉的五個例子都是國家的最高行政首長（鄧小平是實際上而非名義上的領袖），若非如此，要達到標準也很難。然而，如此大刀闊斧促成體制改變的政府首長其實少之又少。轉變型領袖跟激勵型領袖不同，雖然兩種類型可能重疊。我們很難想到比甘地更具政治份量的激勵型領袖，雖然他從未當過政府官員。他不只在印度獨立運動上扮演重要角色，也成為不同國家無數抗議活動的非暴力抵抗典範。抵抗緬甸軍政府的反對黨領袖翁山蘇姬是現今世界的激勵型領袖，或許也可能成為轉變型領袖。若緬甸政府的小幅度自由化會演變成體制的改變，那她就是促成改變的重要人物，肯定會被視為緬甸民主之母。南韓的金大中對反抗威權統治（持續至一九八〇年代）的人來說是一大激勵。他不但曾經入獄，有一度還被判死刑，對充實韓國民主發展的貢獻不會少於任何人。一九九八年他終於當選韓國總統，之後釋放多名政治犯，對北韓展開「陽光政策」，目標是讓南北韓的關係解凍，但成果有限也延續不久。他上台之前南韓的民主化過程已經展開，因此他不能算是轉變型領袖，但他在亞洲政治圈仍是個果敢而重要的人物，二〇〇〇年他榮獲諾貝爾和平獎。

另一些領袖或許富有魅力，享有重要的政治地位，但非造成體制改變的關鍵人物。葉爾欽就是其中之一。他有時會被稱為「俄羅斯民主之父」，其實並不正確。葉爾欽一九八七年就跟蘇共領導階層決裂（雖然黨員身分保留到一九九〇年），因此一九八八年戈巴契夫及其核心集團做出最重要的決定時（尤其是改成競爭式選舉），他並無影響力可言。美國總統柯林頓說，葉爾欽老是為了「分到太少開創民主的功勞」而苦惱。[112]但這樣的結果其來有自：葉爾欽並非民主化的啟動者，也不具有那麼做的地位。他所做的事，就是往戈巴契夫推動的改革打造出的政治空間移動，而且一開始就相當成功。

葉爾欽最接近轉變型領袖的地方是在經濟改革的領域。蘇聯解體前幾年，市場經濟的概念就已經被接受，蘇聯也不再有可以稱為計畫經濟（或稱統制經濟）的東西。然而，有些打造市場的實際步驟，是在葉爾欽當權期間才展開，一九九二年一月放鬆多數產品的價格即為一個重要的起點。但一九九〇年代所建立的與其說是「市場經濟」，其實更像瑞典學者斯特凡・荷德倫的一本書名：「掠奪式資本主義的惡例」。[113]俄羅斯的天然資源在背後有人操弄的拍賣會中，以不到國際市價的價格轉交給「內定的億萬富翁」。大眾對此事的不滿，以及延伸出的極端不公和腐敗，都破壞了俄羅斯支持民主的力量。蘇聯解體前幾年，葉爾欽獲得大量追隨者。他外型威武，衝動急躁的政治風格很符合俄羅斯人對「強人領袖」的想像。早在二〇〇〇年葉爾欽把權力移交給普丁之前（普丁承諾會讓他和他的家人免於迫害），他早年的聲勢就已經大幅蒸發。他對民主目標造成的影響弊多於利。[114] 11

一個較有可能被視為轉變型領袖的人是華勒沙。一九七〇年代他以波蘭造船廠工人領袖的身分崛起。一九八〇到八一年間他是一個激勵人心又有政治敏銳度的領袖，帶領團結工聯的工人展開撼動波蘭黨國根基的大規模運動。從一九八〇年夏天到一九八一年十二月，波蘭出現實質的政治多元化和充滿活力的公民社會，團結工聯和天主教會（有數百萬成員重疊）是其中最

11 如俄羅斯政治分析家莉莉亞・謝夫特蘇娃（Lilia Shevtsova）的觀察，「矛盾的是，葉爾欽政府的腐敗強化了人民對強大的威權統治的需求，而不是可避免這種領導方式再度出現的獨立制度。」(Lilia Shevtsova, *Russia—Lost in Transition: The Yeltsin and Putin Legacies*, Carnegie Endowment for International Peace, Washington, DC, 2007, p. 32.)

突出也最具權威性的兩個組織。若是波蘭當局沒有在一九八一年十二月成功發動戒嚴，逮捕華勒沙和其他團結工聯的領導人物，讓這場運動的聲勢大減，華勒沙確實就會成為一名轉變型領袖。然而，波蘭的民主轉型不是在一九八〇年代初展開，因為共產秩序在當時得以重建，而是在外來影響力變得關鍵的一九八〇年代末。一九八九年團結工聯再度合法化，並在全國大選中大勝，共黨領導階層不得不對莫斯科的改變、波蘭社會因這些改變而燃起的期望，以及冷戰即將結束做出回應。有一段時間，華勒沙就是波蘭人的認同焦點，一九九〇年下半他當選總統（之後聲勢開始下滑）。但即使沒有他，波蘭不久也會獨立，成為非共產國家。只要波蘭人相信即使他們甩掉國內的共黨領袖，蘇聯也不會出兵干預，就會產生這樣的結果。[12]

同樣的道理也適用於哈維爾和捷克斯洛伐克一九八九年尾發生的「絲絨革命」。哈維爾是一名德高望重的領袖，因為身為知名作家，他寧可選擇充滿迫害和牢獄的一生，也不願接受一九六八年布拉格之春時蘇聯派坦克鎮壓革命之後由保守的共黨政府立下的遊戲規則。然而，一九六九到一九八八年間，捷克斯洛伐克絕大多數人民都選擇平靜的生活。因為是歐洲最後一個被蘇聯入侵（重新扶植共產政權及莫斯科認可的領袖）的國家，背負著這個曖昧的「殊榮」，他們更不敢冒險讓蘇聯再度出兵。一九六八年八月蘇軍入侵之前，共產黨在捷克是少數，但跟波蘭比起來已經多很多。蘇軍入侵之後，無論是捷克或斯洛伐克的共黨信徒都少了很多。人民退回日常生活中。但一旦他們相信支持獨立也不會導致外國軍隊進駐布拉格或布拉提斯拉瓦，捷克和斯洛伐克就沒有理由懷疑自己很快就能成為非共產國家。時機到來時，捷克很幸運出現了像哈維爾一樣具有道德權威的領袖登高一呼，儘管他並不是一個天生的政治家。哈維爾是個傑出的領袖，除了靠好口才宣揚自己的理念，也願意承擔散播這些理念的後果。然而，他不能算是一名轉變型領袖，因為就算沒有他，捷克和斯洛伐克一旦發現波蘭和匈牙利往民主前進也暢通無阻，甚至東德為抗議政府舉行大規模示威也和平落幕時，仍然會快速轉向民主。

轉變型領袖之所以促成轉變，不只是因為非凡的個人特質，畢竟像哈維爾這類領袖也不乏那些特質。還有很多激勵型領袖也從未擔任過政府職位。本章舉出的五名轉變型領袖中，個人特質最平凡的是蘇亞雷斯，而最不屈不撓、展現寬大情操的是曼德拉，在領袖魅力和風采威嚴上，只有戴高樂能與他匹敵。對最多人的生活造成最大改變的是戈巴契夫和鄧小平，一個經由促進大半歐洲的民主化來達成，另一個是經由改變世界人口最多國家的經濟體制、進而提升更

12 如今我們從蘇聯政治局的文字紀錄得知，一九八〇年八月蘇聯領導階層曾認真考慮入侵波蘭，但到了一九八一年就轉為堅決反對。當時他們跟阿富汗正在激烈交火，波蘭是東歐最大的國家，波蘭人民素來又有挺身對抗侵略者的傳統。再加上當時雷根上台不久，入侵波蘭勢必會讓東西關係陷入緊張。然而，一九八一年波蘭人不知道的是，蘇聯領導階層雖然極力說服波共領導人賈魯塞斯基鎮壓國內的反抗行動，卻反對入侵波蘭。到了一九八九年，戈巴契夫公開宣稱每個國家，包括「社會主義」國家在內，都有權選擇其人民想要的體制，波蘭人因此更加確信就算推翻本國的共黨領袖，也不會導致外國出面干預，雪上加霜。

多人的生活水平來達成。這五個人都有一個共同點：時代、地點再加上局勢，讓他們有了難得的機會，而他們也把握住機會，成為改變體制的關鍵人物。

CHAPTER 5 革命和革命型領導 Revolutions and Revolutionary Leadership

引發體制改變的領袖除了轉變型領袖，還有革命性領袖，假如革命成功的話，但實際上失敗比成功的例子還多。在威權體制下，革命失敗的代價是處決，再輕也是監禁。在民主政權下，革命的下場只有失敗。不過，幸運的是，帶領或參與某個革命政黨或運動，最壞的後果通常就是被邊緣化，除非是逼近動武的邊緣。革命型領袖和政黨在民主國家會失敗的原因很簡單易懂：政府受到選民的監督，也必須為自己的決策負責，因此政府有關注人民的意見和福祉的強烈動機，不會想造成民怨沸騰。最重要的是，自由公平的選舉意味著政府可以被推翻，無須暴力動亂或突然改變體制也可能推動重大的政策改革。如捷克作家瓦楚里克一九六七年六月在布拉格的演講中所說的（因而激怒了共黨當局），民主的準則和規範是「一種讓統治工作變難很多的人為發明」。這對被統治者（一國公民）有明顯的好處，那就是強迫政府為其作為負責。然而，他認為掌權者同樣也得到好處，因為政府要是失敗，民主體制的統治者「能讓部長免於被槍斃」。[1]

探討革命型領袖之前，必先釐清革命（revolution）的定義。從語意來看，revolution指旋轉，從動詞型態revolve就看得出來。實務上，革命往往是一個威權統治取代另一個威權統治。然而，從法國大革命以來，這個概念開始有政府完全輪替以外的意義。杭亭頓認為，革命「意味著快速且猛烈地摧毀既有的政治制度，新團體進入政治圈，建立新的政治制度」。[2]對約翰．鄧恩來說，「革命是一種大規模、猛烈且急促的社會轉變。」[3]此外，即使革命推翻了威權統治後上台的仍是威權統治（情況往往如此），取而代之的也常是另一種跟革命前的秩序大不同的威權政體。到時會出現不同的政治制度、不同的贏家和輸家，若是共產革命，還會有不同的經濟制度。

有些作者不把「暴力」列為革命的特徵之一。[4]但如果將之排除，「革命」的概念就會把太多種不同的政治現象都包括進來。較好的作法是把革命（就思想家如杭亭頓和鄧恩的定義，即使他們在其他方面的看法相差很大）及諸如公民不服從、消極抵抗、國家崩解和政變等事件清楚區分。把公民不服從和非暴力抗爭排除在「革命」的定義之外（即使會導致政權替換），並不是要貶低其重要性，更不是要否定其價值。相反地，由大批人民發起的非暴力抗爭，比起暴力抵抗更常成功推翻獨裁政權，之後建立民主政府的機率也更高。[5]此外，統治菁英分裂，由一個派系推翻並驅逐另一個派系，也必須跟革命加以區別。當菁英階層中的一個團體在政變中取代另一個團體，他們自己可能稱之為革命（因為「革命」保有浪漫色彩，但「政變」幾乎只有貶意），但這樣只會擴大概念本身，無益於討論。

革命的特徵和結果

革命跟民主和平轉移最大的不同為何？政權轉移若是透過革命達成，會有以下幾個特徵：一、大規模的人民參與；二、推翻既有制度；三、為革命後上台的政權建立正當合法的新意識形態；四、在政權替換之前、期間或之後不久使用暴力。革命當然可能有不同的定義（其他政治概念亦然）。不過，這裡的起點仍然希望將和平或經由協商達成的體制轉變，與社會政治運動藉由暴力推翻政權加以區隔。

有些人志在研究所有已知的革命實例（定義往往比此處寬鬆），描述革命發生時的社會和政治狀況。雖然想找出革命起因的共同點，提出有限的解釋，卻還是失敗，因為案例太過多樣。[6]要整理出促成革命的社會及政治狀況並非不可能，例如戰爭、統治者對其統治正當性失去信念、封閉的政治體制裡教育程度提高、相對剝奪感加深、嚴重不平等、高度威權政體走向民主化、執政者無力達成愈來愈高的期望等等，但不同時期和不同的地方仍有許多出現上述情況卻沒有發生革命的例子。此外，不同革命的起因和過程差別甚大，因此試圖找到一體適用的解釋也就意義不大。

馬克思的解釋仍是目前為止最有野心的全面性解釋。制度性的關係以及生產當中不停變動的物質力量兩者之間的「矛盾」（指日漸不相容），讓馬克思看見了革命性轉變的根源。[7]國家權力就是統治階級的權力，而階級鬥爭在他眼中是歷史產生轉變的引擎。推翻資本主義和資產階級的無產階級革命就是轉變的最終階段。從資本主義到共產主義之間，會有一個階段是「革命性的無產階級專政」，但終究會走向共產主義，進一步形成一個無階級、無國家的社會。[8]這套理論激發了許多革命運動，有些成功推翻了資本主義，但沒有一個接近於實現馬克思的共產主義社會的夢想。馬克思雖然淡化了領袖和思想的重要性（階級比個別領袖重要，意識形態是社經發展的附帶現象，本身不具意義），二十世紀的國際共產運動卻自相矛盾地且驚人地推翻了他的理論。思想對列寧和毛澤東這些人來說至關緊要，兩人也前後扮演關鍵角色以促成革命性的轉變並建立共產政權，一個在世界上面積最大的國家，一個在世界上人口最多的國家。[9]

並非所有革命都由強人領袖帶領，有些甚至缺乏明確的領袖，雖然一旦革命成功推翻它反抗的政權，這種狀況就不會持續太久。這些領袖在革命之後做了什麼事，有些在這章討論，有些留到下章，因為令人吃驚的是，這些好不容易推翻威權統治的革命型領袖，往往採取了一樣威權的統治方式，即使建構方式有所差異。政治文化較難像政治體制那樣一夕改變，很多都取決於新領導人傳承的政治文化。然而，很大一部分也要視坐上統治位置的革命領袖（長久以來以男性居多）的價值觀、政治信仰和統治風格而定。雖然這樣的領袖沒有人是從一張白紙開始，但他擁有的選擇仍比成熟民主政府中的領袖來得多樣。他當然也會受國內外的狀況所限，但理論上來說他受制度和習俗約束的程度較低。

墨西哥革命

二十世紀對全球衝擊最大的革命，就是讓共產主義者上台的革命，稍後我們會提到這些革命和革命領袖。撇開俄國革命不論，二十世紀前二十五年有另外三場革命造成深遠的影響，即墨西哥、中國和土耳其的革命。墨西哥革命是其中的異數，不只因為它跟其他兩國革命相比之下，比較不是全國性和文化運動的產物，而且也沒有單一領袖在革命過程中特別重要，如中國的孫中山，或者土耳其的阿塔圖克。

霍布斯邦認為，「當對日常生活相對微小的期待看來非經由革命無法達成時，個人就會變成革命者。」[10] 即使這種激進化的情況發生，也不必然會爆發革命。不過，墨西哥的狀況是，原本生活就不太好的農村生活惡化到讓很多農民走上革命一途，最後革命席捲全國。這場革命始於一九一〇年，往後十年激烈抗爭不斷。迫使人民起而反抗的威權統治太過腐敗，改革目標似乎只有藉由革命才能達成。那些目標包括土地改革、勞動改革、受教機會、反對外國宰制和剝削國內經濟。大批的革命力量來自目睹自己過去幾年的生活水平急遽惡化的農民。這場革命雖然有不少領袖，卻沒有形成凝聚眾人的革命運動，反而分散各地，政治主張各異，十年的革命戰亂期間甚至經常互相拚鬥。

一九一〇年革命爆發時，墨西哥的威權統治者是在政變中上台的波費里奧・迪亞斯（很多十九世紀的前任領袖都是如此）。是中產階級對迪亞斯的獨裁產生不滿，引發了革命運動。當時率先發難的是一名懷抱理想主義的有錢地主弗朗西斯科・馬德羅。他要求檢討墨西哥一八五七年的憲法，並反對迪亞斯參加一九一〇年的總統選舉。迪亞斯贏得假選舉後，馬德羅的大膽言行換來牢獄之災。獲釋後他沒有默默歸鄉，反而在一九一〇年十一月號召人民推翻迪亞斯政府。他的號召馬上獲得響應，尤其是農村的窮人，其中有些是祖產被沒收的原住民，但大多還是麥士蒂索人（歐洲人與美洲原住民的混血後代）。一九一一年幕僚說服迪亞斯下台，革命的第一目標才達成。

馬德羅在遠比前一年自由公正的選舉中當選總統。即使如此也未能阻止暴力繼續發生，因為他對舊政權來說過於革新，但實際展開的改革又太保守，無法滿足農村地區已然釋放的力量。最後馬德羅政府被一九一三年的軍事政變推翻，馬德羅本人被殺。然而，之後上台的蠻橫軍政府也未能平定叛亂。從一九一一年就積極投入革命抗爭的地方領袖從各地冒出頭，其中又以墨西哥南部的薩帕塔和北部的法蘭西斯可・維拉（綽號龐丘）最為突出。薩帕塔之所以對馬德羅不滿，主要原因是他未能立即把沒收的土地還給農民。他跟維拉都擅長打游擊戰以及吸引大批支持者。他們的訴求充滿民粹主義和平等主義的色彩，但缺乏全國性的政治目標及複雜的意識形態基礎。一九一九年薩帕塔在打游擊戰時誤入陷阱被槍殺。維拉一直活到一九二三年，即革命戰爭結束後三年，但最後也被暗殺。[11]

跟二十世紀前二十五年的三大革命不同的是，墨西哥革命不是受到偉大思想的啟發。同時間發生的中國革命受到了現代民族國家的鼓舞，土耳其革命也受到西化和世俗化概念的刺激，一九一七年的俄國革命則是受到推翻資本主義和專制統治，以及建立共產國家的目標所驅使。在墨西哥，促使農民發動革命的與其說是對未來的憧憬，不如說是要討回喪失的權利。地方的自由被剝奪、原本自給自足的農民變成沒有土地的勞工，以及農村生活愈來愈窮困，逼得人民群起反抗。因此，相較之下，墨西哥革命的目標較小，既無一名擁有權威的領袖，也無「偉大的思想之父」，沒有主張自己具有普遍的正當性，也不帶烏托邦色彩。[12]

跟中國和土耳其約在同時發生的革命相比（更不用說俄國），它比較不算是意識形態的革命。若跟前一章討論到徹底改革的突出實例相比，即蘇聯一九八〇年代下半的體制轉變，兩者的對比尤其大。蘇聯的狀況是，藉由漸進及改革的方式，達到「革命性」的轉變（戈巴契夫的用語）。[13]墨西哥的狀況剛好相反，是用革命性的方式達到改革的目標。[14]經過十年的革命和內戰，後革命政權終於在一九二〇年成立，之後政治和社會上確實有些重大而具體的革新。有些改變並非各個革命領袖預期中的結果。他們得到的是地方、地區以及個別的支持，新政權則傾向中央集權和官僚政治。然而，後革命政府推動農業改革並提倡世俗教育，一九二〇年代陸續成立新機構，例如一九二一年成立教育部，一九二五年成立墨西哥中央銀行，一九二六年成立全國灌溉委員會，一九二九年正式創立新政黨——國家革命黨（PNR）。[15]

革命前的許多前朝菁英都被驅逐。一九二〇年代早期對墨西哥政治留下最深遠影響的總統是奧夫雷貢。過去他支持溫和改革的馬德羅，反對薩帕塔和維拉。然而，碰到該民粹、該激進的時候，他也毫不含糊。革命戰爭期間他占領墨西哥城，看見人民挨餓，他就把一些教會財產分給窮人，還逼迫富商去掃街。[16]一九二〇年十二月當上總統之後，他不只推動教育和勞動改革，還有反教會干政的政策，這項政策最終也害他送上性命。他對人民要求提高國家經濟自主權所做出的回應，讓他跟美國不同調，美國直到一九二三年他承諾不會將美國石油公司收歸國有才承認他的政府。因為革命建立的新規定，奧夫雷貢不得在一九二四年十二月的選舉爭取連任，但四年後他又重返這場混戰，再度當選總統，卻在墨西哥市慶祝勝選時，遭一名反對其教會政策的天主教狂熱分子暗殺。

前文提過，革命成功後上台的國家領袖可有的政策選項，常比成熟民主國家的總統或首相（總理）要多。然而，墨西哥的後革命領袖卻仍舊受到派系、商業利益、社會制度的箝制，其中又以教會的勢力尤其龐大。但整體來說，當時推動的社會和經濟政策仍跟革命運動的主軸一致。這些改變不是單一領袖造成的。就算當時是另一位革命領袖站上最高位置（維拉曾經很接近），專門研究拉丁美洲的歷史學家艾倫・奈特認為，結果「多半仍然——就廣義的意識形態來看——相差不大。」[17]

一九一一～一二年的中國革命

一九一一年尾到一九一二年初的中國革命（辛亥革命）不只終結兩百五十多年來的清朝統治，還有兩千年的帝制。在一九一二年二月，中國朝廷向革命勢力低頭，宣布當時年僅五歲的皇帝溥儀退位，中國成為共和國。這樣的結果證明了托克維爾的名言：威權體制最危險的時刻，就是它開始改革自己的時候。二十世紀的前十年中國開始展開一些重大改革。一九〇五年慈禧太后派使節到日本、美國和歐洲五國，考察這些國家的治理方式，之後展開憲法改革和教育改革，但憲改並未明顯減少權貴階級的權力，教改也沒有大幅抵銷富貴子弟的特權。此外，朝廷和政府持續被建立清朝的少數滿族人把持，占人口多數的漢人多半被排除在外。最重要的改革是一九〇九年成立省級議會（諮議局），以及允許公共集會。[18]議會中某些受過高等教育的成員後來呼籲展開更深遠的改革。

一九一一年尾發生一連串地方將領率領的叛變。這些叛變反映出人民對中國在軍事和經濟上落後日本的不滿，也表明了地方將領的反清情緒。受過教育的中產階級，尤其是放過洋的人，認為中國亟需現代化。各地叛亂四起，到了年底，一個共和國宣布成立，並把過去的夏季首都南京作為政府所在地，而滿清政府仍在北京搖搖欲墜。中國最接近「反對領袖」的人物是孫中山。他為了推翻滿清、在中國建立現代共和政府奮鬥多年，多半時間都在海外。中國爆發革命時，孫正在美國旅行，從丹佛的報紙得知家鄉的起義。但他沒有立刻搭船返國，反而先前往巴黎和倫敦。他的任務是要說服歐洲政府在中國國內衝突升高時保持中立，並停止提供滿清政府經濟援助。一九一一年聖誕節返國後，孫被十六個到南京開會的省級議會代表選為「臨時總統」，更加凸顯他是這場革命的政治和思想領袖。[19]

一九一一年十一月，清廷把袁世凱召回北京。袁是一個野心勃勃的能幹將領，之前跟溥儀之父醇親王交惡而被逐出朝廷。如今，清朝相信袁是足以贏得全國各地造反軍隊支持的最佳人選——再不行就舉兵鎮壓。一九一一年十一月袁被任命為內閣總理大臣，他組了一個多半由自己人馬組成的內閣。清廷分裂成兩派，一邊認為滿清已經玩完了，一邊認為滿清能靠袁延續生命。袁愈來愈不願意跟清朝——後來甚至是任何人——分享權力。幾名保皇黨遭暗殺（懷疑是袁在背後唆使），再加上北京的漢人軍隊眼看比滿清軍隊多，保皇派逐漸站不住腳。一九一二年二月十二日溥儀正式退位，清朝結束。[20]

孫中山已經被選為臨時總統，但他手中沒有軍力可與袁掌握的軍力抗衡。他無意延長這種「雙重權力」的局面，最後只當了六週「總統」就說服到南京參加全國會議的代表，改選袁作為國家臨時總統。然而，對孫來說，「臨時」這點有其重要意義。他支持在革命後成立立憲政府及中國局部民主化。憲法草案在一九一二年三月擬定，並開始籌備議會選舉——除了由省級議會選出參議院成員，也要根據每八十萬人有一名代表的原則直選眾議院成員。這裡明顯可見美國政治制度的影響，因為參議院人數較少，參議員一屆任期六年；眾議院人數較多，任期僅三年。選舉制度仍離民主的目標很遠。女性無投票權，男性也要有一定財產才有。據估當時只有四千萬人可以投票，約占當時人口的一成。[21]

不過，選舉是通往民主的重要第一步。至少它不像後來在中國大陸舉辦的選舉那麼不民主（有別於近幾十年的台灣）。孫中山把他的革命同盟會改成政黨：國民黨（KMT），由年輕有為的宋教仁帶領參選。送跟孫中山在海外流亡時就是同盟會的一員，在孫手下服務。宋雖跟孫合作，卻不一定跟孫意見一致，一老一少對憲法的看法就不同。宋支持以內閣制為主的政體，由議會和總理掌握實權，總統只是形式上的國家元首。孫則想恢復他短暫為首的總統制，但這一次多了完整的憲政合法性。他不希望自己創立的政黨贏得選舉後，他卻淪為有名無實的領袖。[22]

一九一三年一月選舉結果公布後，證明孫的擔憂有其根據。有四個政黨參選，國民黨雖在兩院都拿到最高票，卻沒過半數。國民黨顯然在內閣成員和總理人選上都有最大的決定權。總理人選以宋教仁的呼聲最高，因為國民黨在他的領導下拿到勝利。然而，一九一三年三月他站在上海的火車月台上，準備前往北京與袁商談組閣事宜時卻遭槍手射殺，兩天後逝於醫院。一般認為幕後主使人是剛掌權不願跟人分享權力的袁世凱。[23]

無論如何，袁忙不迭地鞏固他的威權。一九一三年一整年，警察奉他之命逮捕國民黨的國會議員及其支持者。一九一四年一月他正式解散國會，緊接著又在二月解散省級議會。一九一五年他甚至試圖自立為帝，建立新王朝。精挑細選而出的「眾議院」一致擁他為帝。然而，此舉讓他在首都失去一些支持者，各省也爆發大規模抗議，很多省份甚至進一步脫離北京獨立。隔年袁病逝，此後幾年中國陷入動亂，地方「軍閥」（有些之前效忠袁）割據。中國一旦分裂，中央政府無論行政或軍事都顯得不堪一擊。這無助於中國達成一九一九年一戰結束後召開的巴黎和會上所希望達成的目標。戰勝的協約國口頭上說會照顧中國的利益，實際上卻出賣了中國。德國戰前享受的經濟特權轉移給日本，日本同時得以在中國兩省駐兵。[24]

一九一九年五月四日，北京三千多名學生上街抗議政府在巴黎和會上喪權辱國，任戰勝國踐踏中國主權。學生洗劫並放火燒了某官邸（交通總長曹汝霖官宅），因為認為對方向日本低頭，有辱國格。另一位著名政治家被痛毆（駐日公使章宗祥），有些學生也遭警察毆打（其中一人受傷身亡）。學生的舉動讓中國社會早已有感的批判思潮有了流傳後世的正式名稱。後人稱之為五四運動。[25] 其中很多思想領袖都來自北京大學。[1]

一九一一年革命爆發時並無一人擔起領袖角色（孫中山為革命到歐美奔走是一大例外），五四運動也一樣。袁世凱死後軍閥割據，全國性的主要領袖是軍閥段祺瑞。一九一六年段出任總理。段雖然受過袁的提拔也效忠於他，但並不支持袁稱帝。[26]一九一三年袁出兵征伐（段當時是代理總理），孫中山再度流亡海外，一九一六年袁死後才返國。這次（最後一次）流亡期間，孫把國民黨變成一個階層分明、紀律嚴謹的政黨，強調對領袖的絕對效忠。他主張下一場革命首先要是武裝革命，之後才進入「訓政」時期。唯有經歷此過程，全體人民才會準備好在共和憲政體制下自治。[27]孫雖非共產黨員，仍跟中國其他革命分子一樣受到俄國革命的影響。有鑑於中國在巴黎和會所受的屈辱，歐洲強權又爭相保護自己在中國的經濟利益，孫很樂意尋求與蘇聯新領導階層合作的機會。蘇聯雖然不認為中國已經成熟到能接受蘇聯式的「社會主義」，卻也樂意促進與孫帶領的國民黨以及新成立的中國共產黨之間的合作關係。布爾什維克有意支持中國的反帝國革命勢力，其實跟現實政治的顧慮一致，因為中國會是蘇聯對付日本的有用盟友。一九〇四到〇五年的日俄戰爭中，日本戰勝，即使要怪也是怪革命前的俄國政權太弱，但戰敗的事實仍然在布爾什維克心中留下傷痕。

從一九二〇年開始，孫中山就提出他的中心思想。為了擴大政黨的號召力，他名之為「三民主義」，即民族主義、民權主義（民主主義）和民生主義。三者的概念都有些曖昧不明。第一個最清楚，因為孫確實帶領一個民族主義政黨（國民黨）。一九一六年返國之後，他就鼓吹

1 雖然Peking現在都寫成Beijing，但一個例外是北京大學仍維持Peking University的舊稱。因為該校以此名在國際上打響名號，正式交流時也都如此自稱。

中國統一，結束軍閥割據。問題在於，中國雖然以漢人居多，但孫也承認其他享有同等權利的民族。他指的「民權主義」為何並不清楚（但肯定在國民黨內並無落實）。再者，可以說中國尚未準備好接受完整的民主制度，孫支持有限的投票權和「訓政」時期也反映了這個觀點。「民生主義」有時譯成「社會主義」，但字面來看就是指「人民的生計」。由此可見，孫不只想提升人民的生活水準，也想促進平等，包括擁有土地的大小。[28]一九二一年，短命的北洋政府餘黨賦予他「總統」的頭銜，卻沒有得到全國的認同。孫多半以家鄉省會廣州為根據地，晚年一直都是國民黨毋庸置疑的領導人，卻很少得到各方軍閥的支持。一九二四年十一月到北京商討國是後不久，孫發現自己已經癌末，隔年三月病逝，享年五十九歲。[29]

孫中山來自普通農家，對自己的領導才能有強烈自覺，也具備吸引追隨者的人格特質。雖然沒有參與一九一一年的中國革命，也從未統一中國，但稱他為中國革命之父或共和之父也不為過。是他堅持革命才是帶來改變的適當方式，即使當時很多人都偏向改革立憲。高學歷加上熟諳英文，他成了在國際上支持中國廢除帝制、建立現代共和國的有力代表。他也是國民黨的主要創辦人，國民黨在其繼任者蔣介石的帶領下統治中國，直到一九四九年共產黨上台為止。[2]孫雖然不沒有蔣那麼威權，基本上也提倡民主，主張改革和現代化，卻稱不上是一位民主領袖。他對五四運動引發的政治和思想潮流多少有點冷淡。以研究近代中國的歷史學家（喬納森·芬比）的話來說，「他通常不會認同他無能掌控的任何運動。」[30]今日中國仍視他為中國二十世紀的兩大革命之一的領導人。由此更可看出，革命領袖各種形式都有，不一定要是政權瓦解時帶頭衝鋒陷陣的人。

阿塔圖克和土耳其革命

穆斯塔法・凱末爾生於一八八一年，以「阿塔圖克」（意指土耳其之父）之名為人所知，這是他一九三四年正式接受的頭銜。一九〇八年，他參與了「青年土耳其黨」發起的革命，反抗蘇丹阿卜杜勒哈米德二世的違憲統治。雖然尚未成為反抗運動的領袖，他已經懷抱著成為領袖、領導國家的野心。還是年輕軍官時，他曾在觥籌交錯時誇口說有天要讓朋友當上總理。「那你呢？」朋友問。「任命總理的人，」凱末爾答。[31] 一九一八年他在給女性友人的信上說：「如果有天我獲得極大的權勢，我想我會一次推動我們社會需要的轉變……花了那麼多年受高等教育、研究高尚的社交生活、嚐到自由的滋味，為什麼我要掉回一般人的等級？相反地，我應該要把他們提升到我的等級。他們應該要變得像我，而不是我像他們。」[32] 聽這種口氣，也難怪土耳其在阿塔圖克的統治下沒有變成民主國家，而是一個相對開明的威權國家。

2 國民黨至今仍存在於世，是現今台灣的兩大黨之一，仍然維持原名。

阿塔圖克在一戰期間以軍官身分脫穎而出，當時土耳其跟德國同一陣營。緊接著他又率軍反抗協約國掌控土耳其，以及希臘占領部分土國領土。一九一九年一整年，他集結了支持民族主義的軍官，以及自發挺身反抗協約國占領土國的獨立團體，成功把這些人的力量結合成一場全國反抗運動。[33]一九二〇年他召開大國民議會，被選為國家元首。隔年一月，奧圖曼帝國的幾位大臣在阿塔圖克的安排下遭到綁架，新土耳其宣布成立。雖然有意跟蘇維埃新國度的領袖建立友好關係，他對土耳其的共產黨員不會比對舊朝官員手下留情。不少共產黨員一九二一年在他的默許下遭到槍殺。[34]

這之所以是一場革命，一來因為是以武力推翻既有的國家當局，二來也是改變了土耳其的意識形態根基。它終結了土耳其仍為奧圖曼帝國核心時施行的制度，換掉傳統的政治權威和宗教權威——蘇丹和哈里發。（即使如此，還是有延續的成分。土耳其民族主義者雖然贊成推翻帝制，認為蘇丹有礙進步，卻還是採用了奧圖曼時期的官僚制，尤其是把軍隊當作新國家的樞紐。[35]）蘇丹沒有馬上被廢，但到了一九二二年秋天，阿塔圖克因戰勝希臘大受鼓舞，進一步移除國內殘餘的絆腳石，擴大自己的權威。他有安卡拉的大國民議會（掌握實權）組成的政府為他撐腰，蘇丹則在伊斯坦堡繼續帶領殘存的奧圖曼政府。阿塔圖克宣稱：「主權和王權從來不是由學術辯論來決定，而是靠武力奪來的。奧圖曼王朝靠武力篡奪了土耳其人的政府，統治他們六百年。如今土耳其已經拿回自己的主權。」他希望自己的論點受到認同。若非如此，事實就會加以證明，但「不免要有人頭落地」。[36]蘇丹王位終究還是被廢，蘇丹本人在一九二二年底前流亡海外。隔年土耳其共和國宣布成立，阿塔圖克成為第一任總統。

代表宗教權威的哈里發比蘇丹撐得更久。然而，到了一九二四年，阿塔圖克稱哈里發正在做過去蘇丹做的事——聽取批評政府的言論，與外國強權代表接觸。三月初，阿卜杜勒邁吉德的宮殿被警察包圍，電話被切斷。哈里發識相地宣布退位，但一旦從土耳其踏上保加利亞的土地，他就撤銷退位聲明。此舉對他並無好處。從此他再未踏上土耳其的土地，一九四四年逝世之後，子嗣要求將他的遺體送回土耳其也遭拒。[37]然而，廢除哈里發讓土耳其人跟新國家的庫德人關係惡化。庫德人占總人口的兩成，廢除哈里發就拿掉了土耳其人和庫德人共有的重要宗教象徵。[38]

阿塔圖克既是土耳其革命的思想領袖也是軍事領袖。思想在這場革命中扮演重要的角色，尤其是阿塔圖克的思想。他崇尚西化，雖然有時理想和作為之間有些差距。二十世紀前二十五年崛起的庫德民族主義（一個新現象），對土耳其民族國家的構想是一大挑戰。阿塔圖克和其他土耳其民族主義者在爭取獨立的過程中承諾讓庫德人自治，最後卻未能實現，一九二〇年代中庫德人發起的反抗運動也慘遭鎮壓。[39]此外，阿塔圖克雖然對民主原則懷抱敬意，真正要實行時卻又三心二意，後來發現一旦成立他自組的人民黨（後來改為共和人民黨）以外的政黨，勢必會讓自己的期望和目標受挫，也就放棄了民主的嘗試。但他在其他方面確實展開西化。為阿塔圖克立傳的安德魯．孟果指出了他的一連串最後「形成文化革命」的決策。[40]包括非宗教統治取代宗教霸權，尤其重要的是教育體制的去宗教化；關閉宣告結婚和離婚的宗教法庭；取消酒禁（未取消前阿塔圖克也公然忽略）。

女性解放方面大有進展，即使阿塔圖克以傳統方式休了自己的妻子。兩次世界大戰之間的土耳其女性享有跟男性一樣的繼承權，還有前所未有的教育和工作機會。此外也鼓勵女性不戴面紗（但未禁止）。[41]外交政策方面，阿塔圖克把民族主義和反帝國主義與審慎的務實中立結合。他帶領的革命和之後建立的非宗教規範在他死後仍延續下來。他在一九三八年逝世，由曾在阿塔圖克政府中擔任外交部長、之後又擔任多年總理的伊諾努接任總統，繼續現代化的工作。他在推動民主化這個重要層面上走得比阿塔圖克還遠。土耳其共和國的第一場自由選舉在一九五〇年舉行，共和人民黨落敗，伊諾努心甘情願接受結果。[42]

歐洲的共產革命

一九一七年的俄國革命

大多數人都會同意，二十世紀最重大的事件就是一九一七年的「俄國革命」。那年年底，共產主義者在世界面積最大的國家掌權，之後幾年崛起的蘇聯在往後七十年間對世界政治造成巨大衝擊，尤其是第二次世界大戰之後。然而，一九一七年俄國發生兩場很不一樣的革命，不該混為一談，分別是二月革命和十月革命——多少讓人混淆，因為根據西曆應是三月和十一月。[43]掀開一九一七年俄國革命序幕的罷工和示威活動始於三月八日，也就是國際婦女節。[44]這並非巧合，因為抗議的起點就是彼得格勒的紡織廠女工發起的罷工，他們刻意選這一天公開表達對戰爭和艱苦生活的憤怒。後來情勢快速發展，才過一個星期沙皇體制就崩解。

這場革命對列寧來說完全出乎意外，雖然後來他成為同年第二場革命最具影響力的鼓吹者，也是確保革命有助**共產主義者**（不是自由主義者和社會主義組成的聯盟，甚至不是不同派別的社會主義者組成的聯盟）掌權的關鍵人物。列寧理所當然被視為蘇聯的國父，他是個正統的馬克思主義者，相信社會主義革命無可避免會發生，同時也具備強烈的革命性格和信念，願意奉獻一生加速這個過程。然而，一九一七年初列寧對革命的勝算並不樂觀。在一月流亡瑞士期間，他對蘇黎世的一群工人演講：「我們這些老一輩的人死前或許看不到即將到來的這場革命會發生的關鍵戰役。」[45]當時列寧不過四十六歲。

俄國在一戰中損失慘重，戰爭日漸引發民怨，在戰爭中首當其衝的人尤其不滿，即列寧口中「穿軍服的農民」。布爾什維克（一九一八年改名共產黨，是以列寧為首的革命運動其中一個派別）在二月革命中尚未扮演重要角色，因為他們的領導階層不是被囚就是流亡海外。[46]自由主義者和許多社會主義政黨及派系都對沙皇政府愈來愈不滿。布爾什維克在首都彼得格勒

（當時叫聖彼得堡）雖有許多工人支持，但仍稱不上是全國第一大黨。當時成員最多、最受歡迎的政黨是主要以農民為號召對象的社會革命黨（SRs），看一九一七年十一月俄國第一次真正的自由選舉就知道（後來也成了最後一次民主選舉，時隔七十多年才打破紀錄。）[47]

然而，無論是三月或十一月的革命，關鍵行動都發生在彼得格勒。得知首都風波的農民也挺身捍衛自己的權利，重新把土地分配給耕作土地的人。食物短缺加上厭戰，都加深了人民對沙皇政權的不滿，過去數十年日積月累，到了一九一七年的前幾個月，力量已經大到再也無法抵擋。大規模的工廠罷工最後集結成總罷工，彼得格勒陷入癱瘓。杜馬——更早在一九〇五年爆發的革命之後成立的立法機關，具有有限的權力和投票權——試圖在抗議者和政府之間協調，群眾要求當局成立一個能贏得杜馬信任的政府，但沙皇尼古拉二世並無回應。[48]

二月革命讓反對沙俄專政的自由派和激進派短暫並肩合作。一九〇五年的革命動盪期間，曾經出現過「工人代表蘇維埃」這個團體（「蘇維埃」在俄文裡指議會），一九一七年它又在彼得格勒復活。發現這個團體也能吸引到軍隊的支持後，他們就改名為「工兵代表蘇維埃」（又稱彼得格勒蘇維埃）。罷工和反沙俄運動到了第四天，警察逮捕多人並對群眾開槍，造成數百人死傷。但隔天很多軍團叛變，光在彼得格勒就有六萬五千名士兵加入反抗行動。[49]失去軍隊的支持，讓沙俄政權變得不堪一擊。沙俄政府內的多數大臣被捕，尼古拉二世在一九一七年三月十五日退位。他跟妻子以及四個女兒和一個患血友病的兒子遭到軟禁，一九一八年七月在烏拉山脈的葉卡捷琳堡遭到布爾什維克槍決。

臨時政府在此時成立，主要由批評舊政權無能又威權的自由主義者組成。他們力圖推動立憲，朝著舉辦立憲會議選舉的目標前進。社會主義者（但反對共產主義）克倫斯基是臨時政府的一員，反常地既是杜馬也是彼得格勒蘇維埃的成員。五月，聯合政府規模擴大，其他社會主義者加入，包括孟什維克和社會革命黨。[50]三月到十一月短短幾個月間，口才出眾的克倫斯基做過司法部長（利用職權釋放所有政治犯）、戰爭部長，還有總理（從七月起）。在這段動盪時期，他最大的難題就是承諾跟俄國的盟友繼續奮戰。列寧和布爾什維克從一開始就反對參戰，也準備跟德國另外簽訂和平協約以擺脫戰爭。列寧一心希望俄國退出戰爭，德國國防軍最高統帥部甚至協助他從瑞士返俄，用密封火車廂載著他和幾名同志橫越德國，回到彼得格勒的芬蘭車站。回國後他立刻著手打擊臨時政府，呼籲來迎接他回國的人拒絕與之合作。俄國一九一七年兩次革命之間的時期後來稱為「雙重權力期」，蘇維埃（尤其是彼得格勒蘇維埃）和臨時政府各自主張自己擁有較高的權力。

回國途中列寧高喊的口號之一是「和平、土地和麵包」，後來放進他的「四月提綱」中。這不但擴大了布爾什維克的訴求，呼籲單邊撤軍和強迫重新分配土地也讓他們的立場跟臨時政府清楚區分開來。為了從尚未穩定的新政府手中搶走權力，列寧也在他的四月提綱中納入「所有政權歸於蘇維埃！」的口號。在此同時，他對隨之引發的後果也很小心，尤其擔心布爾什維克尚未在彼得格勒蘇維埃占多數之前就發生政權轉移。二月革命後的前幾個月，彼得格勒蘇維埃的執行委員會由孟什維克和社會革命黨掌控。[51]一直到秋天，布爾什維克才在彼得格勒和莫斯科蘇維埃都占多數。從那時候起，列寧就隨時準備造反。然而，一九一七年黨內的討論遠比幾乎整個蘇聯時代更加自由。列寧認為，由於工人階級已經堅定站在黨這邊，因此布爾什維克奪權的時機已經成熟，但中央委員會一開始並不認同。[52]

二月革命源於社會不安和很大一部分的菁英階層不再支持專制政權，因此沒有任何一個人或團體要為結果負起最大責任，但同樣的情形卻無法套用在十月革命上。列寧在其中扮演的角色比其他革命分子更加關鍵，也是最權威的布爾什維克，但托洛斯基的參與也同樣重要。托洛斯基在更早的時候跟布爾什維克和孟什維克都保持距離，但一九一七年他加入列寧的陣營，相信列寧已經接受他的「不斷革命論」，放棄較學術的馬克思原則，即在資產階級革命（亦即二月革命）之後需要有長時間的「資產階級民主」統治。[53]托洛斯基的知識掌握力與列寧相當，論革命靈活度也不輸列寧。兩人都對自己的能力很有自信。（但一九二〇年代中，托洛斯基卻栽在黨內一個思想遜於他、狡猾和殘忍程度卻勝過他的布爾什維克統治階層成員手中。那人就是史達林。）托洛斯基跟列寧一樣都對沙俄突然垮台感到意外。一九一七年三月列寧人在瑞士，托洛斯基跟其他兩名布爾什維克領袖人物都在紐約。一個是尼古拉．布哈林，另一個是亞歷珊德拉．柯倫泰，唯一在第一個布爾什維克政府中擔任要職的女性。留在國內的黨內成員一九一四年被圍捕，因為布爾什維克不僅反對俄國跟德國打仗，還希望德國打勝，理由是俄國要是戰敗就會加速革命的速度。[54]

一九一七年七月，報紙報導列寧是德國間諜，布爾什維克受到重創。列寧確實靠德國的幫忙從瑞士返國，因此這個指控雖然錯得離譜，卻很具殺傷力。某些布爾什維克剛好在這時候展開奪權行動，有兩萬名克隆施塔特海軍基地的水兵加入工人的行列，但列寧認為時機未到。臨時政府暫時占了上風。兩軍交戰造成約四百人死亡。列寧因為這些事件和通敵嫌疑再度流亡海外，這次到了芬蘭。托洛斯基短暫入獄，史達林變成留在國內未被捕獲的布爾什維克中最資深的一個，地位因此變得重要。[55]

一九一七年秋天，布爾什維克在彼得格勒蘇維埃取得多數，托洛斯基被選為領袖。他認為蘇維埃是革命最適合的工具，最後能助布爾什維克（他一九一七年八月才正式入黨）執政。列寧喊出「所有政權歸於蘇維埃！」這句口號主要是在打擊臨時政府，而非跟托洛斯基一樣相信蘇維埃（而非布爾什維克）應該率眾奪取政權。列寧最掛心的是如何確保布爾什維克掌握完整的權力。第一屆蘇維埃代表大會在一九一七年六月舉行時，布爾什維克仍未成為這個全國組織的多數，也沒在重要選舉中拿過勝利，但這時的列寧就針對一個象徵性問題脫序作答，展露他的雄心。有個講者問，在俄國目前的情勢下有沒有政黨能夠靠自己的力量掌權，以為用不著說破也猜得出答案為否，列寧卻大聲說：「是有這麼一個政黨。」[56]但在布爾什維克革命前的準備階段，這種政治上的大膽風格跟他的個人作為不完全一致，他寧願謹慎一些，或許是因為他相信一旦革命成功，自己就會變得不可或缺。即使臨時政府在七月釋放了被捕的布爾什維克，列寧仍在芬蘭多留了幾個星期，同時發文激勵同志，聲稱武裝起義的時機已經到來。布爾什維克的領導階級對此意見分歧，但其中有些人在報上發表對這項政策的不滿，讓政府警覺到另一場革命可能爆發。由於當局已經有所警覺，更多布爾什維克認為再延後奪權行動反而危險。[57]

彼得格勒蘇維埃的軍事革命委員會成了布爾什維克起義的工具。該委員會當初之所以在八月成立，是因為擔心科爾尼洛夫將軍會成立軍事獨裁政府，因此開始組織抵抗者。列寧直到十一月六到七日的晚上（根據一九一七年的俄國曆是十月二十四到二十五日）才現身。六日那天，軍事革命委員會部署的軍隊已經接管首都的戰略要地。十一月七日（每年蘇聯全國都會盛大慶祝這一天）他們占領冬宮，當時臨時政府正在裡頭開會。克倫斯基逃出宮，餘生流亡海外。（一九七〇年逝於紐約，享年九十一歲。史達林之後確保了這場革命的許多贏家，即參與奪權行動的其他布爾什維克同志，會遠比他們在一九一七年十一月趕下台的總理還要短命。）

托洛斯基實際規畫和參與布爾什維克革命的程度大過列寧，但列寧對新政權的權力結構和意識形態的影響力比任何人都大。有些人認為這不過只是一場政變，但實際上它就是本章一開始定義過的革命。它藉由武裝起義造成政治和經濟體制的改變，並得到了大批群眾的支持（雖然並非大多數），最後甚至產生由新意識形態基礎提供正當性的新政權。一九一七年蘇維埃在全國擴散，一個全國性的代表大會選出了代表他們的中央執行委員會。對蘇維埃的普通成員來說，這個組織顯然暫時取代了臨時政府的角色，直到一九一七年十一月舉辦立憲會議選舉後成立類似的政府為止。（選舉日期早在布爾什維克奪權之前即已決定。）然而，這樣的結果卻沒有發生。布爾什維克領導階層另有算盤。新政府宣布成立時名為人民委員會（比起一九四六年「部長會議」的名稱多了革命色彩），而且全由布爾什維克組成。列寧任政府元首，托洛斯基任外交事務人民委員，史達林是民族事務人民委員。

在這次的立憲會議選舉中，非共黨的社會主義者表現得遠比列寧領導的政黨好。如研究蘇共歷史的頂尖學者所說，「國人有一半都投票支持社會主義，反對布爾什維克主義。」[58]這樣的民主細節並不困擾列寧或托洛斯基。當立憲會議召開第一次會議，而布爾什維克無法取得多數選票時，布爾什維克代表和偏左的社會主義革命分子退出會議。隔天，布爾什維克赤衛軍阻止其餘代表（也就是大多數會議成員）進入建築物，立憲會議從此結束。列寧選擇了一黨專政。有些布爾什維克確實支持更多元的聯合政府，並讓蘇維埃扮演更重要的角色。然而，即使蘇維埃仍是憲法體制的一部分，名字也保留下來，一九二三年起國名甚至就叫蘇維埃社會主義共和國聯邦（USSR，簡稱蘇聯），但這些組織再也沒有取回一九一七年短暫掌握過的權力。

一九二一年之前，布爾什維克都在跟反革命分子打內戰，最後戰勝。雙方都毫不留情地剷除異己。早在一九一七年十二月，布爾什維克就成立全俄肅清反革命和消除怠工特別委員會，俗名契卡（Cheka），後來多次轉型，名稱改了又改，包括OGPU、NKVD，以及KGB。布爾什維克打贏內戰多半要歸功於卓越的領導，托洛斯基在一九一八年三月擔任戰爭人民委員，列寧則擔任政府元首和主要理論家。

經濟和政治體制都快速轉變。工業和銀行收歸國有。一九一七年時多少呈現無政府狀態的民主被政治打壓所取代。打壓的對象不只是想恢復沙俄統治的守舊派，還有非布爾什維克的社會主義者。列寧準備好若是群眾暴動，他就在經濟政策上做些策略性的退讓，正如他一九二一年推動新經濟政策時一樣（將小型私人工廠和私人貿易合法化）。然而，他表明這不代表他在政治上會容忍孟什維克或其他批評。一九二二年列寧中風，此後身體逐漸失能，最後在一九二四年一月逝世。他生命的最後兩年，主要權力從政府（人民委員會）轉移到黨中央委員會及其領袖身上（書記）。史達林從一九二二年四月當上總書記，並得到列寧的完全同意。一九二〇年代結束前，史達林結束局部經濟自由化（一九二〇年代大半時候所實施的混合經濟），改為實施強制性的農業集體化，結果導致民不聊生，飢荒爆發。一九三〇年代前期，共產黨的獨裁統治不但已經確立，史達林也把黨和社會中所有其他組織都操控在手中。列寧毫不猶豫動用恐怖行動或處決來對付布爾什維克的反對者，史達林則用同樣的方法來對付布爾什維克內部真實或想像的敵人，也毫不感到愧疚。同時間，他也如願在國際共產運動中爭取到最高領導地位。

東南歐的共產革命

歐洲大多數的共產國家基本上若非蘇聯所創，就像一九二〇年代在亞洲成立的第一個共產國家蒙古，不然就是在蘇聯扶植下成立。共產主義在東歐崛起，很大一部分是二戰和蘇聯戰勝導致的結果——納粹德國在陸戰遭到擊敗，蘇聯扮演的角色遠比其他國家都來得重要。但有兩個東南歐國家，共產黨之所以能掌權明顯是本土革命，而非蘇聯介入，那就是南斯拉夫和阿爾巴尼亞。南斯拉夫共產黨員為阿爾巴尼亞共產黨提供了重要協助，兩國曾認真考慮合併成同盟國，甚至聯邦。兩國共產黨都利用戰時抵抗運動的主力持續推動革命的目標。某程度來說，其他東歐和中歐國家也是如此，共產黨員都在抵抗運動中扮演活躍角色（雖然是一九四一年六月納粹德國攻打蘇聯後才開始），但共產黨員帶領的游擊隊在戰時扮演如此重要角色的歐陸國家，只有南斯拉夫。

約瑟普·布羅茲，人稱狄托，這是他一九三四年取的化名。第一次世界大戰他加入奧匈帝國的軍隊，一九一五年受重傷，被捕，之後五年在俄國獄中度過，布爾什維克革命後才獲釋。[59]回到南斯拉夫王國後，他成了布爾什維克的支持者，很早就加入一戰結束後不久即成立的南斯拉夫共產黨。一九二〇年代狄托多次被捕，一九二八到一九三四年入獄。獲釋後，他被選為南共政治局的成員，隔年被召往莫斯科為共產國際工作，即國際共產運動組織。共產國際說穿了就是蘇共及其獨裁領袖的工具，美國某位前共產黨員稱之為「史達林國際」。[60]不過，從一九三五年到一九四三年瓦解，共產國際都由保加利亞共產黨員季米特洛夫帶領，他也享有某程度的權威和影響力。[61]對外國共產黨員來說，被召去為共產國際工作可能是通往更高權位或墳墓之路。很多以莫斯科為根據地的歐洲共產黨員都是逃離法西斯主義或其他右翼威權統治的難民，後來卻在一九三〇年代晚期史達林政權下的大清洗中喪命。狄托之所以逃過一劫，主要是因為他特別受到季米特洛夫的青睞。地下共產黨的領袖基本上是在莫斯科選出，一九三七年狄托獲選，一九三九年正式得到總書記的頭銜。[62]

可見，日後成為蘇聯眼中釘的狄托，剛開始會在南斯拉夫共產黨中崛起，其實是因為莫斯科對他的提拔。然而，等他在南斯拉夫建立了不靠蘇聯扶持的政權，甚至觸怒蘇聯時，其個人威權卻有增無減。他的領袖特質在戰爭期間以及一九四八年南蘇關係決裂後愈顯突出。英國軍官比爾．迪金（日後成為威廉．迪金爵士及牛津大學聖安東尼學院的第一屆院長）一九四三年跳傘到被占領的蒙特內哥羅與南國游擊隊聯繫。他指出，狄托靠著「少少的話語或動作」就可以展現權威，受到「周圍的人自然而然的完全尊重」。在他眼中，狄托「對自己的判斷很有自信，自制力又高」。他以為會見到一個對開放辯論毫無興趣的教條主義者，沒想到對方「討論問題很靈活，犀利又幽默，對很多事都充滿好奇」。[63]

米洛凡．吉拉斯曾是狄托的親密戰友，後來對狄托的批評比迪金這位保守的英國軍人學者更多。[64]吉拉斯是南斯拉夫游擊隊的領導階層，也是戰後南國政府的重要一員，後來卻成為該體制的批判者。他呼籲黨內民主化，卻在一九五四年一月被逐出黨。之後他因為寫了《新階級》一書（他第一部探討共產主義的重要作品）而入獄九年。他在書中提出「所謂的社會主義所有權」已經變成「政治官僚所有權的一種掩護」。[65]他在後來的著作——一本帶有含蓄批評的狄托傳記——提到狄托的思想限制、他的虛榮，以及他對奢侈生活日漸加深的渴望。儘管如此指控，他還是強調戰爭期間和戰後，狄托都展現了「耀眼的政治天分」。他擅長掌握時機，知道選擇正確的時機展開「關鍵的行動步驟」。他也有「強烈的危機感，既出於直覺也出於理性，還有打不倒的求生、存活和堅持到底的意志，以及狡猾且永不滿足的權力慾」。[66]下章會討論狄托從戰後到一九八〇年逝世為止在南斯拉夫所扮演的獨裁角色。本章的重點是他跟南共一開始如何掌握權位。

戰爭期間，狄托不只是南共主導的游擊隊反德義侵占運動的領袖，他跟同志也參與了內戰。游擊隊擊敗了克羅埃西亞的法西斯主義者和塞爾維亞的民族主義者之後，狄托在一九四四年成為南斯拉夫臨時政府的領袖。在西方盟國的施壓下，他不得不接納了三個保皇黨成員，但隔年三人就跟君王制一起被廢。在戰爭期間解體的南斯拉夫以聯邦人民共和國之名重建。到了一九四五年底，南共就取得政治霸權（其他東歐國家的共產黨要好幾年才如願），一開始是從戰場上贏來的，之後則是無情地剷除那些與占領軍合作的人得來的。後來南共藉由一九四五年十一月的選舉將統治權合法化，那次選舉只能贊成或反對南共的提名人。既然權力已經到手，他們又在解放南斯拉夫的過程中真正贏得了大批人民的擁戴，應該大有希望在自由選舉中拿下勝利。結果，反共者沒有信心能安全地投下反對票，而狄托帶領的運動則大獲全勝，贏得百分之九十六的選票。[67]拜解放戰爭和革命運動之賜，南共上台執政，之後也極力守住政權。

然而，打贏戰爭和建立威權並非南共成功的唯一原因。除了提出落實社會正義的誘人承諾，他們似乎也給人和諧共處取代族群衝突的最大希望。南共的一項優勢是：他們是最「南斯拉夫」的一個政黨，是唯一結合了各個民族的政黨，這些民族無論在戰時、戰前或戰後都陷入慘烈的衝突中。狄托自己超越了種族界線，父親是克羅埃西亞人，母親是斯洛維尼亞人。他從小在克羅埃西亞的村落長大，但塞爾維亞人和蒙特內哥羅人在他領導的游擊隊運動裡人數卻特別多。（塞爾維亞人自己也鬧分裂，有人支持南斯拉夫祖國軍，有人支持南共帶領的游擊隊。）此外，南共的領導核心成員也來自不同民族。[68]

阿爾巴尼亞共產黨執政的過程，同樣是對抗占領軍的全國運動加上革命內戰造成的結果。在對抗軸心國的陣營中，阿國共產黨取得了明顯的主導地位。墨索里尼統治的義大利在一九三九年入侵阿國，從一開始恩維爾．霍查就是反抗行動中的活躍分子。他是地主之子，在法國留學時受到共產主義吸引。阿共在一九四一年成立，霍查當上黨魁，直到一九八五年逝世才換人。當時他不只是東歐最屹立不搖的黨魁，也是二十世紀非世襲統治者在位最長的政府首長。這多虧了霍查本人的狡猾和狠毒，以及阿共確立的制度。

二戰期間，南斯拉夫共產黨給阿共的直接建議比蘇共給的更多，但霍查即使在戰時就比某些同志更當心跟南共走得太近。一九四四年，阿共推翻德國在首都地拉那扶植的政府。他們證明了自己也能像南斯拉夫那樣，把民族解放運動轉向革命的目標。在奪位過程中扮演關鍵角色的霍查既博學又聰敏（晚年又寫出精彩的回憶錄）。[69]他也是記恨如仇、固執己見的史達林主義者，一生崇拜史達林，即使在赫魯雪夫揭露史達林某些大規模殘殺行動之後。阿國在戰前就受到索古國王的威權統治，霍查執政後，阿國不只是從一種威權統治變成另一種威權統治，甚至變成了極權統治。霍查比多數共黨領袖更進一步去除公民社會的所有元素，包括把宗教組織和宗教信仰都變成非法活動。

亞洲的共產革命

中國共產黨奪權之路

撇開蘇聯的傀儡政權蒙古不論，亞洲的第一個共產國家是中國。中國也是亞洲本土共產革命中第一個成功的案例。中共上台之後，對全球政治的影響遠比東南歐的共產革命更大，尤其長遠來看。不過，中共的奪權過程跟巴爾幹半島仍有些許相似之處。中國跟阿爾巴尼亞一樣，南斯拉夫就更不用說了，都是靠著民族解放戰爭加上共產革命，共產黨才得以掌權。二戰期間，日軍占領中國，國民黨和共產黨各有自己的反抗軍。蔣介石為首的國民黨軍隊首當其衝，損失慘重。中共主要利用游擊隊攻打日軍，傷亡較少。對毛澤東來說，首要之務是準備跟國民黨即將到來的奪權之戰。抗日戰爭開始時，中共軍隊掌控的地區只有四百萬居民；戰爭結束時，他們占領的地區居民逾九千五百萬。同時間，中國紅軍已經從十萬人增加到九十萬人。[70]

從一九三〇年代開始毛澤東就被視為中共領導人。日本投降後，無論是他或國民黨領袖蔣介石都不願接受美國充當和事佬，幫助雙方達成協議。一九四五年末和一九四六年初的表面和平很快破滅。[71]國共內戰一直持續到一九四九年中共打贏為止。蘇聯領導人跟美國一樣希望國共和解。史達林建議中共不要企圖接收整個中國。史達林甚至難得承認自己錯了（儘管並非公開場合），說「抗日戰爭結束後，我們邀請中國同志與蔣介石共商達成協議的方式。」他們當場說好，「回到家卻自行其道：召集軍隊發動攻擊。結果證明他們對了，我們錯了。」[72]中共在爭取當時占中國絕大多數人口的農民支持時，有幾項優勢。他們對窮困農民和沒有土地的農工特別有吸引力。[73]中共承諾會讓他們擁有自己的土地，反觀國民黨在這方面太過依賴大地主和地方上的政治掮客。此外，國民黨也因為普遍太過腐敗，以及無力控制嚴重通貨膨脹而受到重挫。店家發現自己一天要改好多次售價。偏偏中國二十世紀上半葉都是處在這種民不聊生的窘境。

有些之前替國民黨打仗的人也願意倒向共軍，靠他們養活。中共也不吝徵召之前替日本打仗的中國友軍。此外，蘇聯還給了中共多半從日本來的大砲。帶領人民解放軍的是能幹的軍人朱德，但毛才是軍事委員會的頭子，掌握最高政治權力。他在這階段展現的領導才能和統治全中國的強烈決心，對中共成功奪權起了重要的作用。

一九四六年國共內戰爆發，前兩年蔣介石帶領的國民黨在人數和裝備上都遠比共軍更具優勢，前一年更是捷報連連。然而，此後到國民黨戰敗期間，共軍領袖比國民黨領袖更能鼓舞麾下士兵，在社會上也動員到更多支持力量。中共在軍事和政治上都獲得勝利。毛澤東尤其成功證明：國民黨在提高民族尊嚴這方面的能力令人質疑。雖然從很多方面來說，中共掌權就表示跟中國傳統決裂，他們仍然成功激發了人民的愛國心，以及跟過去一個半世紀來的屈辱一刀兩斷的渴望。一九四九年十月初，中國人民共和國宣布成立，毛說中國人民「站起來了」。[74]

胡志明和越共掌權

共產黨在很多國家都因為意識形態的力量和紀律嚴明的階層組織而發揮了超越其人數的影響力。不過，亞洲的革命運動有兩個在歐洲沒有的優勢。歐洲的共產黨很少完全靠自己的力量上台，亞洲的共產黨則把建立新社會和經濟秩序的革命目標，跟掙脫殖民統治的解放運動結合，擴大訴求的對象。此外，他們吸引到了多半未受過教育且是當時最大社會階層的農民。聚焦於農民的苦難和期望，就表示要淡化馬克思的正統思想，那就是工業社會裡的勞工階級將是引發革命、帶來改變的社會力量。毛澤東和胡志明都強調農民的革命潛力。兩人年齡相仿，胡生於一八九〇年，毛生於一八九三年，兩人都在一九二〇年代早期加入共產黨。「志明」的意思是啟迪，是他一連串化名（至少五十個）的最後一個，從二戰開始使用。[75] 3

胡志明年輕時在海外到處遊歷，做過各種工作。一戰爆發前他人在美國，後來據說到了波士頓當糕餅師傅。他也當過海員，在倫敦的卡爾登飯店當過低階主廚，在巴黎當過修片師。一九一五到一九一七年他人在倫敦，但要到一九一七年底到一九二三年在法國的六年期間，他才成為共產黨員。一方面受到布爾什維克革命的鼓舞，二方面不滿凡爾賽和約未能將威爾遜總統的民族自決推及中南半島，他在一九二〇年加入法國共產黨，時年三十。一九二〇和三〇年代他到了蘇聯和中國，成了共產國際在亞洲的特工。他的想法有別於傳統的馬克思主義，認為共產主義「在亞洲比在歐洲更容易適應水土」，因為亞洲傳統上就認同「社群和社會平等的概念」。[76]印度共產黨員羅易是一九一九年在莫斯科召開的共產國際成立大會上最突出的亞洲人，他也認為共產主義在亞洲掌權的機會比歐洲高，而亞洲的革命將會引領世界推翻資本主義。但這兩個人卻處不來。胡不但在國際共產運動中普遍受到喜愛，連跟他協商的反共人士都喜歡他。相反地，一九二〇年代在莫斯科認識他的羅易卻瞧不起他，覺得他在思想上和外表上都很不起眼。[77]胡之後的生涯，包括在不同游擊基地間跋涉，證明羅易兩樣都說錯了。胡成為一九三〇年成立的越南共產黨的主要創辦人和領袖。同年十月，在共產國際的指示下，越共把名稱改為印度支那共產黨，因為後來幾年除了越南之外，它還要把範圍擴展到柬埔寨和寮國。

二戰期間，越共成立全國解放組織越盟（越南獨立同盟會），反抗與日本占領軍合作的法國維琪政府。戰時扮演的反抗角色讓他們得到全國矚目並發揮對群眾的影響力。雖然由胡及其黨內同志主導，但越盟把重點放在建立大聯合政府和爭取越南獨立上。[78]一九四五年他們靠一己之力也能在河內掌權了，雖然是美國採取的行動給了他們機會——一九四五年八月美軍在廣島和長崎投下原子彈，不久日軍就投降。同月，越盟接收河內的政府大樓，建立越南民主共和國，由胡志明擔任總統。當時，胡仍一心要保持國際以及國內的支持者聯盟。一九四五年九月初他在河內對五十萬群眾演說時還引用了美國獨立宣言，明顯期望二戰之後美國對越南自治的支持會比一戰後威爾遜口惠而不實的支持更多。[79]

然而，杜魯門總統把拉攏法國看得比支持越南獨立更重要。雖然戴高樂將軍後來承認法國在中南半島的戰爭很難打贏，而美國也將發現他們在越南打的戰爭一樣無望，但一九四五年他打出了影響華府最深的一張牌：警告美國若敢反對法國為奪回中南半島殖民地所做的努力，就等於把法國「推向蘇聯的軌道」。[80]美國政府原本對法國在越南重建殖民統治的舉動不甚熱心，但在中共一九四九年執政之後就改觀。從那時候開始，華府就很擔心共產主義會在亞洲擴散。

雖然越盟成功削弱法軍，一九五四年正式結束越法戰爭的和平協定卻讓越南國土分裂，

3 很多革命領袖因為反抗或逃離他們意欲推翻的保守威權統治而取了化名。例如，Ulyanov成了列寧，Djugashvili成了史達林，Bronstein成了托洛斯基，Broz成了狄托。

胡志明對此大失所望。中蘇領導人都支持這項協議（蘇聯直到一九五〇年才承認越南民主共和國，而且是中國先承認，蘇聯才跟進）。胡對兩國感到失望。然而，他需要兩國的政治支持，也依賴蘇聯供應武器。但北越從來不只是蘇聯的附庸國，中蘇交惡最激烈的幾年，胡有時會在中蘇之間挑撥離間，卻又跟雙方領袖保持良好關係。由於北越會提供武器給越共（他們在南越的同志），美國政府就有理由相信越南全國都可能被赤化。甘迺迪執政時曾派美國軍事顧問前往南越，幫助反共的威權總統吳廷琰指揮的軍隊。但直到詹森上台才派遣美國作戰部隊前往越南，而且人數一次比一次多。胡生前來不及看到美軍撤出越南及一九七三年在巴黎簽下保全顏面的協定，利用政治力量暫停衝突，直到一九七五年越共統一南北越。戰爭結束時，共有五萬八千名美軍白白喪命，而越南的損失更慘重。約三百萬士兵和平民犧牲，國土滿面瘡痍，尤其美軍利用有毒化合物橙劑讓叢林樹葉掉落、越共無所遁形。戰後多年，仍有許多越南人因此產下畸形兒或罹癌。[81]越南革命分子為了打贏這場戰爭付出了高昂的代價。[82]

共產革命跟自發性起義（如俄國的二月／三月革命）不同的是，領袖、思想和組織在其中永遠扮演重要角色。在有些情況下，一個人比其他同志的角色更加重要。長遠來看，胡志明就是如此，無論是一開始發動革命或革命運動之後的發展、一九四五年成立共和國，或為反抗法國重建殖民統治（法國終究失敗）的游擊戰都是。一九六〇年代中美軍進入越南時，胡已經不再是越共領導階層中最有權力的決策者，雖然他在北越仍備受尊崇。他在國際上的地位仍是越共的一項資產。（這點他比其他較少旅行的同志更加清楚。）越共成立的前二十五年，胡的政治生涯有起有落，但到了一九四〇年代早期他手中的權力無疑比黨內任何人都大。不過，他在黨內最高階層的統治風格是尋求共識。他並沒有試圖複製史達林、毛澤東或北韓金日成的領導方式，而是更偏向集體領導，主要靠的是說服的力量，而非威嚇或命令。[83]胡刻意塑造聖人的形象，並在一九四〇和五〇年代用化名寫了兩本歌功頌德的「自傳」。[84]儘管如此，他本質上仍傾向是個調停者，而非專制的強人領袖，他最終也成為比其他強人領袖更成功的共產黨領導人。

波布和柬埔寨的殺戮戰場

柬埔寨統治者施亞努親王在一九七〇年的政變中被推翻後，赤柬共產黨和反共勢力之間即展開激烈內戰，最大的受害者是柬國境內的少數越南人。一九七〇年代早期，尼克森總統下令轟炸柬國，目標是赤柬和運送武器到越南的叢林小徑，未料卻造成其他反效果。轟炸行動「讓一個仇美情緒高漲的國家永遠不愁招不到（赤柬）新兵」。[85]施亞努親王也在其中扮演了一定的角色。不滿自己被龍諾將軍趕下台，一九七〇年三月他在北京的廣播節目上呼籲柬人「走進叢林加入游擊隊」，因而鼓舞了當時規模還很小的共產黨。[86]甚至早在執政之前，赤柬就在內戰中讓人民先看到他們兇殘的一面。占領了曾是皇都的烏棟之後，他們殘殺了好幾萬百姓。[87]一九七五年攻占首都金邊後，他們開始著手建立一個不同以往的共產政權，不但清空城市，還廢除貨幣、學校、法院和市場，甚至遠比任何國家都快完成農業集體化，幾乎全國人民都被迫下田工作。直到一九七九年越南軍隊入侵，終結了赤柬的獨裁統治，改以「正常」的共產統治，估計從一九七五到一九七九年間，至少有五分之一（甚至四分之一）的柬人死於非命。

赤柬的主要領導人是波布，本名沙洛特薩，年輕時留學法國，加入法國共產黨，回國後擔任教師，後來受到毛澤東和中國文化大革命影響。然而，他的烏托邦思想結合了對階級鬥爭的嗜血追求，程度甚至遠超過毛。他曾是赤柬政府的領導人，幸好時間不長，期間他行事低調，不像毛一樣提倡個人崇拜。波布是他一九七六年取的別名。他似乎真的相信共產主義可以建立在他的黨羽和隨從所殺害的人民骸骨之上，無論是割斷他們喉嚨（這是好幾萬人的命運）、用鏟子把他們活活打死、開槍射殺，或是死於赤柬政策造成的飢荒。連自以為是領袖親信的同志也被捕，逃不過被凌虐致死的命運。一九七九年，百分之四十二的柬國兒童不是喪父就是喪母。但波布從頭到尾都對自己的天才堅信不移。[88]他相信「自己會比馬克思、列寧、史達林和毛澤東這些偉大的前輩爬得更高」。[89]越南人在金邊建立自己挑選的政府之後，波布帶軍撤退到柬泰邊境的叢林營地，繼續打了十八年的游擊戰。神奇的是，由於中國持續給予支持，再加上西方國家願意透過冷戰的扭曲觀點來看待柬國（把蘇聯而非中國看成頭號敵人），聯合國仍舊承認赤柬是柬國政府。一九九八年波布自然死亡，再過一個月就是他的六十三歲生日。

金日成在北韓掌權

儘管政治宣傳和他自己的造神運動把金日成打造成一個傳奇，他實際上是蘇聯扶植的北韓領袖。不過更早他是從中國人那裡得到了養分。一九二九年尾和一九三〇年上半，他因為被懷疑加入左翼團體而入獄。大半年少時光都在中國的滿洲度過，一九三一年加入中國共產黨，當時韓國還沒有獨立的政黨。[90]一九三〇年代韓國受日本統治期間，金加入了反抗占領軍的游擊戰。他跟多數共產革命領袖一樣沒用真名。金日成是假名，他的本名是金成柱。一九四〇到一九四五年他人在蘇聯，但刻意隱瞞此事，將自己美化成偉大的民族解放者。直到蘇聯占領北韓，美國掌控南韓之後，金才被扶植上台，因為他給人腦袋靈活的好印象。然而，他並非蘇聯當局相中的北韓最高領導人的第一人選，他們的第一人選是會讓人看起來更獨立的曹晚植，此人曾經帶領過非暴力改革團體。但蘇聯當局後來發現曹事實上對他們來說太過獨立了。不久曹就跟蘇聯占領軍發生齟齬，之後被捕。[91]

第二人選金日成在一九四五年十二月成為韓國共產黨北韓分部主席，隔年二月就在蘇聯扶持下成為臨時人民委員會的委員長。這個新政權在一九四六年接管了九成以上的企業，並展開影響深遠的土地改革。[92]一九四八年九月，大韓民國正式在首爾宣布成立不到一個月，北韓就宣布成立另一個由金日成為首的國家：朝鮮民主主義人民共和國。這並非革命，而是蘇聯操作的結果，由於金日成承諾要掙脫外國的監管（當時的例外是蘇聯），他所得到的群眾支持比蘇聯在東歐扶持的某些領袖還多。他也在史達林死後進一步建立了一個跟蘇聯模式大大背馳的體制。金日成沒有複製蘇聯的局部寬鬆和文化放鬆政策，反而把北韓發展成一個獨特的共產主義混合體，既像蘇丹王國又像極權體制。儘管教人不可思議，這位「偉大領袖」金日成的個人崇拜最後甚至超越了史達林、毛澤東，以及羅馬尼亞的共產領袖希奧塞古。

古巴革命

雖然古巴在費多·卡斯楚上台後幾年成為共產國家，但一九五九年發生的古巴革命卻非共產革命。古巴共產黨曾經不屑卡斯楚兄弟和切·格瓦拉這樣的中產革命分子，但他們可是花了幾年的時間在馬埃斯特臘山脈的叢林和山區打游擊戰，反抗古巴腐敗的威權政府。當時的總統巴蒂斯塔是在一九五二年三月的一次軍事政變中上台，而他稱之為革命。跟這次政變不同的是，卡斯楚及其同志最後拿下勝利的戰爭是一場不折不扣的革命。這場革命始於一九五三年，卡斯楚等人試圖攻下聖地亞哥德古巴的蒙卡達軍營卻失敗。他跟戰友鼓吹社會轉型和國家獨立，把美國這個強大的鄰居視為剝削古巴的帝國強權。總統跟不正派的美國商人勾結，最為人所知的就是後來成為巴蒂斯塔「賭場改革正式顧問」的黑幫老大邁爾·藍斯基，這項事實對於激起大眾的反美情緒很有幫助。[93]一九五〇年代期間，影響卡斯楚最大的不是馬克思，而是致力於掙脫西班牙殖民統治的古巴英雄何塞．馬蒂。馬蒂一八九五年逝世時未能見到古巴獨立。他雖然不是馬克思主義者，但鼓吹符合社會正義的民主制度，以及民族自決。卡斯楚一直很崇拜他，日後還說，「我先是一個馬蒂信徒，之後才是馬蒂信徒、馬克思主義者和列寧主義者。」[94]

卡斯楚是地主父親和廚娘兼管家生下的兒子，後來兩人結為夫妻。他生於一九二七年八月，年少時曾寫信給富蘭克林．羅斯福恭喜他贏得一九四〇年的選舉，並問他能否寄給他十美金，「因為我從沒看過十元美鈔，很想要有一張。」[95]後來他收到美國國務院的回函，但沒附上十元美鈔。卡斯楚後來說，「有人跟我說，要是當初羅斯福直接寄給我十美金，我就不會讓美國這麼頭痛了！」[96]卡斯楚在一所知名的耶穌會學校求學，一九四五年進入哈瓦那大學法律學院就讀。幾年後他說，不知道自己為什麼決定讀法律，他認為「我多半是想到有人說過：『他話那麼多，應該去當律師。』」[97]學生時代，卡斯楚受激進政治所吸引；特別的是，他既懷抱政治激進主義又有突出的體育成績。跟羅斯福要十美金過後九年，他的棒球潛力被球探相中，紐約巨人隊開出五千美元的簽約金，他卻拒絕了這筆錢。[98]

展開嚴肅的革命運動後，卡斯楚多次險些喪命。一九五三年攻占蒙卡達軍營失敗後，很多參與者都被槍決，槍決前甚至遭到凌虐和截肢。卡斯楚一開始逃過一劫，但在五天後被捕。當場要被處決之際，掌管巡邏隊的黑人軍官薩利亞中尉命令手下住手。據卡斯楚說，後來他說：「不要開槍。你殺不死思想，你殺不死思想……」[99]一九五三年十月受審時，卡斯楚在法庭發表了持續好幾小時的動人演說。最後的結語是：「判我罪吧，無所謂。歷史有天會赦免我！」[100]他被判十五年徒刑，但實際上只坐了一年又七個月的牢。大眾輿論的壓力，加上大主教薩倫提斯認為他跟同黨都不再構成威脅，因此他成為擴大特赦的一員。[101]出獄後不到兩個月，卡斯楚就離開古巴前往墨西哥加入弟弟勞爾的行列，勞爾比哥哥更早受到共產主義的吸引。卡斯楚在那裡認識了阿根廷的年輕醫生及馬克思革命分子恩內斯托・格瓦拉（一般稱切・格瓦拉）。當時格瓦拉二十七歲，比卡斯楚小兩歲。一九五六年十一月他們從墨西哥訂到一艘舊船格拉瑪號（後來古巴共產黨最大報便以此命名）。他們在船上裝載了大量武器和彈藥，原本只能容納二十五人的小船擠進了八十二人。一行人駕船前往古巴，在墨西哥灣碰到暴風雨差點沉船，花了比預期多兩天才抵達古巴，最後在離預定靠岸地點約一哩處擱淺。

抵達馬埃斯特臘山脈後，他們逐漸得到鄉下民眾的支持。給予他們最堅定支持的主要不是農人，而是採收季靠糖廠維生、幾乎沒有其他收入的工人，當時他們被形容是「半無產階級工人」。這場革命陸續吸引了社會上的其他團體（包括城市的工人），因為以拉丁美洲的標準來看，古巴是個相對都市化、識字程度高的社會，也有一些重要的工會。因此，這場革命不是單純的農民起義，而是以鄉村為起點、在中產階級革命分子的帶領下展開。

卡斯楚帶著反抗隊伍的核心成員沒收大地主的家畜，分給貧困的農民。一九五七年前幾個月，卡斯楚周圍的人總共才十八個，他是大家公認的領袖。這時他已經發現累積名聲和新聞宣傳的重要，因而答應接受《紐約時報》特派員赫伯・馬修斯的訪問。馬修斯辛苦地翻山越嶺，一路還得避開巴蒂斯塔的士兵，終於抵達卡斯楚的營地做了訪問。同時間，勞爾故意裝神弄鬼，給人武裝反抗分子遠比實際人數多的印象，例如讓一名信使氣喘吁吁地帶著「第二分隊」（其實不存在）的報告抵達。[102]這次訪談幫卡斯楚做足了宣傳，他身旁的人很快增加到約三百人。馬修斯在登出的文章中如此形容卡斯楚：「此人的性格讓人無法抗拒。很容易了解為什麼手下會崇拜他，還有他為什麼會抓住全古巴島上年輕人的想像力。眼前是一位受過教育、獻身革命的狂人，一個有理想、勇氣和非凡領導特質的人。」[103]《紐約時報》還登出他握住狙擊槍的照片。

卡斯楚是團體中唯一被視為指揮官的人，但後來他把頭銜給了格瓦拉。格瓦拉不只在團體中擔任野地醫生，也積極參與他們的武裝行動。卡斯楚曾經親手射殺麾下一名偵察兵，因為此人接受了巴蒂斯塔軍隊給的一萬美金，答應對方把革命分子帶往埋伏地點。[104]經過無數械鬥，卡斯楚一行人在一九五八年中控制了東古巴的大片土地，並在該地架設廣播電台。同年七月，八個古巴反對黨和反巴蒂斯塔團體在委內瑞拉首都卡拉卡斯發表「內戰革命反抗陣線宣言」，公認卡斯楚為領袖。卡斯楚的廣播電臺播報了該宣言。古巴共產黨並未參與卡拉卡斯的這場會議，但不久後，他們的領袖羅德里格斯慢半拍才發現這場運動的潛力高過他的預期，於是前往馬埃斯特臘山脈跟卡斯楚會面。兩人建立了友好的關係，羅德里格斯後來還在卡斯楚政府任職。

到了一九五八年後期，卡斯楚的反抗軍增加到三千人左右，支持者愈來愈廣。軍隊日漸民主化的同時，他們遭受的抵抗愈來愈少。反抗軍往哈瓦那移動之際，巴蒂斯塔知道自己的總統職位就快不保。一九五九年一月一日，他跟親友一起搭機前往多明尼加共和國。另外兩架飛機隨後跟上，上面不只載滿了他的親信，還有古巴幾乎所有的黃金和美元儲備金。一月三日，卡斯楚在全島展開勝利遊行。一月八日，他在教堂鐘聲和工廠及船隻汽笛聲下帶領軍隊進入哈瓦那，站上總統府的陽台對幾十萬群眾演說，一同以往說了好幾小時。在英國派駐古巴的大使眼中，卡斯楚有如「何塞．馬蒂、羅賓漢、加里波底和耶穌基督的綜合體」。[105]當時，卡斯楚及其追隨者普遍被視為激進民主人士，而非馬克思革命分子，這不完全是誤解，儘管勞爾．卡斯楚和切．格瓦拉對蘇聯所知甚少，卻已經比卡斯楚更加支持共產主義。要到日後，卡斯楚才會跟國際共產運動合作（並跟蘇聯結盟）。

古巴革命是領導人舉足輕重的清楚實例。在這裡，幫助革命分子上台的不是共產黨的組織紀律，而是卡斯楚這個人展現的領袖魅力。他沒有像某些共黨領袖一樣操作個人崇拜，他擔任古巴元首期間也沒有街道、建築物或公園以他命名，但部分是因為他的個人特質太過強烈，無須這麼做。他的領導風格一般被形容是「卡斯楚主義」（fidelismo），這是一種拉美傳統的領袖主義（caudillo），即是領袖受大眾歡迎並當作父親一樣信任和順從。正統的共產黨員，例如古巴的東德大使館裡的人，就不贊成他的領導方式中的情感成分，但這就是卡斯楚能夠引起溫暖的回應、甚至打動人心的一個原因，烏布利希和何內克[4]從來就無法做到。東德大使館一九六四年呈給東柏林高層的一份機密報告中，批評了卡斯楚的「民族主義和左派激進主義」、他「對潮流及其原因的主觀評估」，以及他「喜歡從情感觀點導引大眾」，還有在面對困難時「發洩情緒」的傾向。[106]

卡斯楚也擅長戲劇化的動作，懂得如何展現個人特質。一九六〇年他現身聯合國，身穿他的招牌橄欖綠戰鬥服向聯合國大會演說時，即造成了強烈的效果。他捨棄了昂貴的紐約飯店，帶著八十五名代表移往哈林區中心的旅館，得到黑人和拉丁支持者的喝采，對美國政府和充滿敵意的美國大眾媒體，表達出他的輕蔑。在那次國家元首外交的特殊場合下，他接待了蘇聯領導人赫魯雪夫、印度總理尼赫魯、埃及總統納瑟，以及激進的黑人領袖麥爾坎X。[107]雖然很注重象徵，卡斯楚同時也比一般在位多年的領袖保有更多自然率直。此外，他絲毫不為物質誘惑所動。如他的主要傳記作者所說，「不只自稱知道他為人的人，甚至連他的許多仇敵，都認為他是少數沒有趁在位時圖利、然後在瑞士儲存大筆金錢的專制統治者。」[108]

有些革命始於大批民眾上街抗議或攻陷政府大樓，不等某個領袖登高一呼，有些依靠某個領袖或小團體帶領。古巴顯然屬於後者。卡斯楚及其戰友的大膽無畏和鼓舞人心的能力，以及

4 譯注：兩位都曾任東德領導人。

他們助農村人民擺脫苦難及推翻腐敗政權的目標，為他們贏得愈來愈多支持。卡斯楚自己日後也強調，當初推動革命的只有一小群人：「仔細想想，我們才三、四個人就創造了運動的胚胎，出發攻擊蒙卡達軍營。從一開始——說也奇怪——我們就只有一小團領袖，還有一個只有三個人的執行委員會。」他接著歸納：「激進的革命政黨往往在地下誕生，秘密進行——只有少少人創立和帶領。」[109]帶領古巴革命時，卡斯楚既非馬克思主義者也非列寧主義者，但他的根本理念與列寧一致，那就是人民需要一個思想前衛的專業革命家，帶領他們理解光是改善生活條件還不夠（甚至可能分散焦點，模糊問題），真正需要做的是推翻舊政權，創造截然不同的體制和嶄新的社會。[5]

歐洲共產主義之死——非革命

在探討革命和革命領袖的章節裡討論「非革命」似乎怪怪的。這麼做的原因很簡單。一九八九年的東歐「革命」造成了普遍的迷思。無論是本身經歷巨變的國家或世上其他地方，往往把那一年發生的事稱作「革命」。由此可見自從法國大革命以來，「革命」二字就染上一層浪漫色彩，即使經歷的事件算不上革命、甚至更勝革命的人，也仍然渴望往昔的革命熱潮，一心想要相信體制改變是他們「革命」的成果。

我們應反其道而行：長久以來，一般都認為革命含有武力或武力威脅的成分，我們有必要把它跟政權和平轉變，以及靠外國強權撐腰才存在多年的政權突然垮台加以區別。當一個區域的霸主決定不再強迫人民接受其統治，政權隨之垮台，這也不算是革命。東歐在一九八九到九一年發生的轉變就是很好的例子。戈巴契夫代表的蘇聯領導階層表明不會動用武力維持東歐的共產體制，加上當時蘇聯體制的基礎也正在解體中，所以更不可能。[110]東歐的共產國家被外國勢力滲透，絕不算完全自主（南斯拉夫、阿爾巴尼亞和羅馬尼亞是例外）。當蘇聯放棄界定和強制規定該地區的改變限度時，這些國家很快就主張獨立。上一章提過，戈巴契夫一九八八年夏天在莫斯科，以及同年十二月在紐約的聯合國會議上都公開表示，每個國家的人民都有權自己決定想要生活在什麼樣的體制下。一九八九年，蘇聯不只排除了自己武力干預的威脅，也強力呼籲東歐共黨領袖不要訴諸武力。[111]大規模和平示威爆發，但那既是體制改變的徵候也是原因。這些運動沒有形成革命，甚至比革命更好。

波蘭和匈牙利尤其如此。兩國都經由協商走向民主，是最早把握莫斯科的改變以開啟新機會的國家。波蘭率先在一九八九年八月任命非共黨總理馬佐維耶茨基。一旦確認蘇聯不會再出兵鎮壓，捷克在這年的最後兩個月發起大規模的反共產政權示威活動。二十年來，持續撰寫和

5 編按：進入二十一世紀之後，卡斯楚的健康大不如前，他在二〇〇八年辭去總統職位，二〇一一年辭去古巴共產黨第一書記的職位，兩個遺缺都是由勞爾繼任。二〇一六年十一月二十五日，卡斯楚去世。

發送地下刊物的人不超過一千人，這一小群人受到當局的迫害，以及社會大眾的忽視。[112]但在一九八九年，公開支持他們的人變多，同年十一月十九日，這群嚴陣以待的少數團體（一九七七年發起七七憲章，成為一股反對勢力）把他們的反抗運動改名為「公民論壇」，由哈維爾擔任非正式領袖。從十一月中到十二月初，這群人聚集在布拉格的魔燈劇院，召開高度民主的會議，參與者都能表達自己的意見，重要議題則由投票表決。[113]然而，當時也參與了多數討論的提摩西・賈頓・艾許指出哈維爾享有的特殊地位。雖然「很難想像有比哈維爾更不威權的人，」但他常變成最後的仲裁人，「能夠多少平衡運動中的各種不同傾向和利益」。[114]

大規模而和平的反共黨抗議活動對政府形成壓力，但壓垮他們的最後一根稻草是華沙公約組織在十二月初高峰會議上的宣言：一九六八年的入侵行動是錯誤且非法的行動。由於最高領導團隊的每個成員終究都是因為蘇聯入侵才坐上職位，如今他們的權位就失去了正當性。不到幾天，捷克總理亞達麥茨和總統胡薩克就相繼辭職，以非共產黨員為主的政府成立，七七憲章的領導人物也包括在內。年底之前，也就是一九八九年十二月二十八日這天，曾於一九六八年擔任捷共第一書記的改革派杜布切克當選聯邦國會議長（國會發言人）。隔天，這個其他方面仍未改造的組織不敢改變潮流，選出哈維爾為捷克總統。

在保加利亞，執政多年的共黨領袖日夫科夫在柏林圍牆倒塌（一九八九年十一月）隔天，就在基本上可稱為政變的行動中遭到罷職。從那時候到一九九一年十月的多黨選舉期間，保加利亞完成和平民主轉移。多年來都是歐洲最高壓國家的阿爾巴尼亞也是，它雖然不在蘇聯集團內，卻無法對蔓延其中的改變免疫。一九九〇年十二月，執政的共產黨在會議中同意讓反對黨合法化，隔天阿爾巴尼亞民主黨成立（DPA）。在一九九一年舉辦的選舉中，新政黨的表現不如繼承共產黨衣缽的阿爾巴尼亞社會黨，但一九九二年民主黨就在選舉中大獲全勝。中東歐發生的這些和平體制轉移，都不算是一般定義下的革命。[115]

只有羅馬尼亞的狀況看上去比較像革命（但仍未達到杭亭頓或鄧恩定義的標準）。蘇聯發生的改變雖然對該國輿情造成影響，但蘇聯領導人在那裡早就失去影響力。當局動用強大的武力鎮壓反希奧塞古獨裁統治的抗議群眾。反對希奧塞古的體制內成員採取了暴力手段，而非暴力抵抗行動則在群眾間擴散更廣。一批政治菁英把握機會取代另一批菁英的過程中有明顯的操作成分。[116]東德和南斯拉夫也以各自的方式成為中東歐民主化運動的例外，雖然兩者也都不算是革命。以德意志民主共和國（俗稱東德）的例子來說，一九八九年支持東德民主化的抗議行動很快就被德國統一的呼聲取代，促成戈巴契夫和柯爾兩位關鍵人物進行協商，最後在一九九〇年取得成果。

在南斯拉夫，民族情感反而造成反效果。在德國強調民族情感促成了東西德的統一（聯邦共和國擴大），但在南斯拉夫過度強調民族性就會忽略民族多元的面向，反而導致衝突和內戰。到了一九八〇年代末，馬列主義已經失去以往曾有的吸引力，而且自從狄托死後，就沒有領袖能贏得發展不均的南斯拉夫共和國一致的尊敬。塞爾維亞共黨領袖米洛塞維奇率先打出民族主義牌。他算準了狄托的聯邦制度難以維持，於是著手建立（或試圖重建）大塞爾維亞，結果卻演變成一場災難，但這場災難也稱不上革命。[117]

由此可知，一九八九到九一年在東歐發生的體制轉變有些共同點，但也有許多差異。只要有莫斯科撐腰就似乎屹立不搖的共黨領導人，帶著不同程度的怨恨和無奈退位。跨國影響力一開始從蘇聯發出，之後席捲了一個又一個中東歐國家。思想在其中扮演重要的角色，除了獨立意識，還有追求民主的思想。莫斯科早在一九八九年之前就不再發號施令，但共黨領袖仍在國內實施威權或極權統治的國家，從共產到民主的過程就沒那麼順利，這三個例子中的其中兩個尤其如此。羅馬尼亞共產黨分裂，超過一千名黨員在抗議者和當局十二月發生的衝突中被殺，希奧塞古在一九八九年的耶誕節這天被行刑隊槍決，有些前政治局同仁對此完全視而不見。[118]阿爾巴尼亞共產黨協商出一條政治多元發展之路，但阿國的民族同質性本來就比其他國家高。多民族的南斯拉夫在血腥內戰中瓦解，後繼的國家往後二十年以差別甚大的速度摸索出不同程度的民主制度。

無領袖的革命

本土共產黨掌權的過程通常由黨內領袖帶領，多半是有個特別權威的人扮演了決定性角色，但也有很多革命突然就爆發，連最有組織的反抗團體都措手不及。因此，中國革命一九一一年爆發時孫中山人在科羅拉多州，一九一七年俄國發生二月革命時，列寧人在瑞士。近幾年在中東發生的革命也多半沒有領袖。甚至一九七九年的伊朗革命，以及二十一世紀第二個十年在阿拉伯世界發生的革命動亂也是。

伊朗革命

一九七七到七九年的伊朗革命中，大批群眾抗議巴勒維國王的統治，有幾次甚至有多達兩百萬人上街與秘密警察對抗。雖然多數抗議都和平進行，但仍有暴力衝突，尤其是執政的那一邊。伊朗素來有街頭抗議的傳統，至少可以追溯到十九世紀後期，較近一次是為了支持穆罕默德·摩薩台。摩薩台曾是伊朗首相，是個自由派的民族主義者，一九五〇年代早期跟巴勒維（及英國的商業利益）發生衝突，在政變中被推翻。由英國情報單位軍情六處策畫的第一次政變以失敗收場，但他們說服美國政府伊朗有被赤化的迫切危險，儘管沒有多少根據，卻仍達到了英國政府想要的效果。第二次政變由美國中情局策畫，成功在一九五三年推翻摩薩台。損失的不只是伊朗人民，西方國家也因此長時間得不到伊朗人的信任。此外，之後伊朗再也沒有出現像摩薩台那樣思想如此自由或民主的領袖。少了受民眾支持的首相在旁箝制，巴勒維展開了威權統治。直到下台之前（因為一九七九年的革命，而非政變），他都讓西方占盡利益（跟摩薩台形成對比），但都是一些華府和倫敦也認為目光短淺的利益。[119]

一九六三年，群眾重返伊朗街頭支持柯梅尼。他譴責巴勒維為美國軍事人員提供豁免權。[120]但隔年柯梅尼就流亡海外，直到一九七九年二月革命成功推翻巴勒維之後才回國。對參與一連串反巴勒維示威的一些人來說，柯梅尼本人和伊斯蘭共和國的概念都是一種鼓舞，但也有很多人讚賞摩薩台提倡的自由、去宗教化的政府。一九七〇年代，巴勒維違反人權的作法受到愈來愈多西方人士的檢視，而吉米．卡特在一九七六年贏得美國總統選舉，對巴勒維的反對者無疑是一大鼓舞。選戰期間，卡特曾說伊朗是一個應該更努力保護人權的國家。巴勒維礙於壓力只好命令薩瓦克（ＳＡＶＡＫ）他的秘密警察）停止對犯人刑求。[121]

巴勒維的局部自由化讓很多舊組織重新出現，包括摩薩台的民族陣線、作家協會、教師協會、圖德黨（意指「人民」，其實就是共產黨），另外也出現許多新組織，包括保護政治犯委員會和保護人權委員會。[122]一九七七年德黑蘭展開大規模示威，反對巴勒維統治、政府腐敗，以及他對外國利益的依賴，隔年示威蔓延更廣。二月，大不利茲市發生暴動。群眾攻擊警察局、豪華飯店、伊朗美國協會及百事可樂辦公室，軍方出動把群眾予以驅散，逮捕了六百五十名示威者，其中九名遭到擊斃。暴動者多半是年輕人，有大學生、中學生和年輕的工廠工人。暴動蔓延到其他城市，一九七八年八月有座電影院被燒毀，四百三十人葬身火窟。九月，十一個城市宣布戒嚴後，德黑蘭的都督派軍隊驅散高喊反國王口號的群眾，並且無差別地對群眾開槍，連當局估計的死亡人數都有八十七人。反對者聲稱至少有四千人被殺，他們認為是政府低估了數字，不過這樣的數字也過於誇大。到了十一月，示威群眾變得愈來愈激烈，德黑蘭的許多建築遭到燒毀或洗劫，英國大使館也包括在內。到了年底，很多士兵和示威者都不打算再忍受鎮壓行動了。一九七九年一月，巴勒維國王「發現自己不但控制不了街頭抗議人群，也控制不了軍隊」。有些軍人拒絕聽命，離開崗位，甚或把武器交給示威者或對「忠誠的軍官開槍」，巴勒維只好離開伊朗，從此再未踏上祖國土地。[123]

伊朗革命絕非不流血革命，但伊斯蘭政權成立後官方提出的數字（逾六萬「烈士」）也過於誇大，跟兩名社會學家的估計（約三千）形成對比。專門研究現代伊朗歷史的阿布拉罕米安強調，這是一場從社會底層自發的革命，而非從上而下發動的革命。他寫道：

> 沒有全國性的政黨、有系統的網絡或相互合作的組織，動員大規模示威、集會和罷工。剛好相反，把群眾聚集起來的往往是特殊團體、草根組織，最多是非正式網絡。例如中學、大學或神學院的同學，還有貧民窟的青少年、工會成員、店員，偶而還有市集裡的清真寺傳教士。[124]

革命後發生的事又是另外一回事。發動革命的雖然並非柯梅尼和激進穆斯林，但他們很快抓住機會成為革命成功的最大受益者。此外，柯梅尼發表的激進聲明也切中了革命勝利時的普遍民情。他本人在一九七九年二月一日返回伊朗，也就是巴勒維逃離伊朗後十七天，受到兩百萬人的熱烈歡迎。革命最後階段只持續了幾天。群眾不讓巴勒維的大臣進入辦公室，還攻進軍火庫，用拿到的武器跟唯一還效忠國王的皇家侍衛隊對抗。[125]整體來看，從這個過程可見，革命可以在沒有領袖的狀況下發生，但儘管如此，革命過後還是很快會出現領袖人物。在伊朗，這樣的領袖人物是伊斯蘭主義者，在這樣的神權政治當中，宗教權威比非宗教權威掌握了更大的權力，而柯梅尼從回國到一九八九年逝世為止，都是當中最權威的人物。

二十一世紀的阿拉伯革命

然而，若是把一九七七到七九年推動伊朗革命的各種團體都一律視為激進穆斯林就錯了，雖然後者後來剛好接收了革命成功的果實。一個世代後爆發的阿拉伯革命更是如此。這波橫掃阿拉伯世界的人民起義從二〇一〇年十二月的一次隨機事件拉開序幕。名叫穆罕默德・布瓦吉吉的貧窮商販沒錢賄賂官員，因而拿不到許可證，突尼西亞督察員因為他無照買賣而沒收了他的貨物、貨車和秤砣。失去一切又遭遇不公平的對待，絕望之下他引火自焚，兩個多星期後死於嚴重燒燙傷。

阿拉伯世界有發動革命的充分理由：獨裁領袖的高壓統治、高失業率、用人唯親、貪污、貧窮和極度不平等、重男輕女、宗派主義和排斥異己等等。很多人都能感同身受布瓦吉吉用自焚表達的絕望。多半時候人民只是因為害怕挺身反抗會遭到當局迫害，革命才遲遲未發生。BBC的中東編輯傑洛米・波恩在他的著作《阿拉伯起義》中觀察道：

> 一九九〇年伊拉克侵占科威特之後，我第一次前往中東，聽到一些經驗遠比我豐富的記者說，阿拉伯人喜歡強人領袖。這個特點顯然說明了海珊這種領袖怎麼能存活下來，儘管他們不但拘禁甚至常常殺害自己的人民。我幾乎馬上就想到，那種暴君是透過暴力和恐懼來統治人民，而且說阿拉伯人喜歡強人領袖實在荒謬。但我羞於承認在我的腦袋想通之前，說不定也閃過這種念頭。[126]

由布瓦吉吉點燃導火線的起義導致突尼西亞（宰因・阿比丁・班・阿里）和埃及（胡斯尼・穆巴拉克）的獨裁者被推翻，利比亞的穆安瑪爾・格達費被抓，之後被殺。葉門的起義導致在位三十多年的沙雷總統下台，但結果會如何仍不明朗。目前沙雷總統仍留在國內，很多依舊效忠他的安全人員和他的家人也都留在職位上。[127][6] 這場革命影響了中東和北非的所有國家，之所以蔓延開來，很大原因是阿拉伯語是這個地區的共同語言，因此半島電視台播放的內容大家都看得懂（包括業餘人士拍攝的影片），還有網路及手機的普及。由卡達王室資助的半島電視台在逃避威權政府的審查以及為「無聲者發聲」扮演了尤其重要的角色。[128]

這地區幾乎每個國家都開始相信改變的可能，又因為願意挺身抵抗政權的人數眾多，而班．阿里、穆巴拉克和格達費這類屹立不搖的獨裁政權被推翻的消息實在太過振奮人心，人民心中也就燃起更大的希望。前兩者及其親信完全是被人民推翻的。至於格達費，利比亞人雖然挺身反抗並推翻了他的政權，但同時也在聯合國支持下向北約請求空中支援而如願。如《金融時報》前中東編輯大衛．加德納所說，歐美政府長久以來都「跟地區強人形成網絡勾結」。阿拉伯革命對這類「現實主義者」是一大挑戰，也引發了不太一致的回應，例如利比亞的反抗分子得到了軍事上的幫助，但巴林對手無寸鐵的抗議者發動血腥鎮壓卻只受到輕微指責。[129]在大多數的情況下，群眾一開始上街反抗政府時都採非暴力方式，這也幫助他們爭取到國際輿論的支持。當政府如預期那樣派兵鎮壓時，抗議方也會動用不同程度的暴力。尤其在敘利亞，結果是漫長的慘烈內戰。這地區的君主國雖然也實施威權統治，存活下來時卻比共和國的問題較少。部分是因為，這些國家的領袖似乎比自行上台的共和國領袖更具正當性。他們得以存活（儘管地位搖搖欲墜），也因為他們做了一些較為開明的妥協，以及更大幅度的讓利，以減輕大眾的不滿。尤其是在約旦和摩洛哥，兩國在二〇一一年推動的改革正是為了防堵激進的要求或革命動盪。

世襲原則在君主國比在共和國更為人接受。對前者來說這是傳統政體的基本模型，對後者來說卻像篡位者在傷口上抹鹽。因此，穆巴拉克、格達費和沙雷打算讓兒子繼位，結果只是讓埃及、利比亞和葉門群眾更加不滿，最後將之推翻。敘利亞的權位世襲已經在世紀之交發生，之後的經驗很難稱得上是這類政治輪替的正面宣傳品。雖然一開始巴沙爾．阿薩德似乎比他的凶狠父親哈菲茲．阿薩德要好，但他用來對付反抗者（一開始採用和平方式，但並沒有持續太久）的殘忍和無差別的暴力，都讓人想起老阿薩德。如分析中東革命的專家所說，「不只獨裁者，連他們的兒子和繼承人」後來都「被當成是邪惡的以及邪惡政權的象徵」。[130]

二〇一一年的阿拉伯革命無論是否成功推翻舊政權，基本上都沒有領袖帶領。在衝突延長的國家，例如敘利亞，包括伊斯蘭團體在內的組織，當舊政權開始搖搖欲墜時就已在戰鬥中扮演了顯著的角色。但在革命最快成功的國家，例如突尼西亞和埃及，大規模反抗行動來自各式各樣的社會團體，以致當局措手不及。找不到領袖（進而除之而後快）的事實，讓受到威脅的政權一頭霧水。年輕、受過教育的中產階級在動盪中扮演了不成比例的顯著角色，但較為成功的革命則要歸功於窮人的參與，他們人數可觀，「跟舊世界沒有利害關係，起義對他們也沒有損失」。[131] 即使是街頭抗議自然也會有非正式的領導人，但他們多半不屬於政黨或工會之類的

6 譯注：沙雷已於二〇一七年遭到伊朗支持的反叛軍擊斃。

正式組織，也非「魅力型」領袖，而是網路上的活躍分子，努力散播示威和當局冷血回應的消息，幫忙動員朋友和更廣大的社群。[132]

在阿拉伯起義中成功推翻世俗專制政府的國家（但每個都在口頭上對伊斯蘭獻了殷勤），無領袖革命的好處後來都變成了壞處（如一九七九年的伊朗）。最有組織的團體快速填補了政治空缺，新領袖致力於遂行己願勝過建立共識和民主制度。埃及二〇一二年的選舉（是民主選舉，至少有誠實計票，而且沒有人事先知道結果）最後只剩下兩個讓很多人反感的候選人相互競爭。這些冒著生命危險推翻穆巴拉克的人只能在前一任總理沙菲克（有軍隊支持）和穆斯林兄弟會（簡稱穆兄會）的領袖穆爾西之間二選一，最後穆爾西險勝。很多不信任穆兄會的世俗化埃及人民把票投給穆爾西，因為若支持穆巴拉克政權的重要成員，就表示在革命中死傷的人白白犧牲了。

在埃及和其他地方，穆兄會因為受過世俗專制政府的拘禁和迫害而贏得聲望，他們為窮人提供的慈善服務也受到肯定。因為是既有的組織，表示他們在革命後的政治環境下會比非宗教自由派人士更容易蓬勃發展。但奧利維耶．羅伊認為，看來「阿拉伯之春也讓穆兄會出乎意外」。[133]阿拉伯世界的民意調查顯示，多數國家對宗教在政治中該扮演何種角色意見分歧，只有黎巴嫩例外。他們一致認為宗教影響力應該減到最少，反映了黎國的宗派分裂，以及擔心走宗教路線又會再引起慘烈內戰。[134]受調查的多數阿拉伯國家都漸漸有個共識：神職人員「不該設法影響一般百姓的政治行為」，但宗教高層對政府決策該有多少影響力，受訪者的意見則嚴重分歧。不過，對大多數受訪者來說，經濟都是人民最關心的議題，尤其是突尼西亞和埃及。他們最擔心的問題是失業和通貨膨脹，認為第二重要的問題則是政府腐敗。[135]

穆兄會雖不是發動二〇一一年革命的主要推手，卻是一開始的最大受益者。那些懷疑他們能否建立民主政府，卻還是在總統大選姑且把票投給穆爾西的人，很快就加深了他們的懷疑（而非希望）。二〇一二年中大選時穆爾西的支持率有百分之五十七，到了二〇一三年五月卻掉到百分之二十八。[136]更重要的是，他利用勉強多數來推動囿於一黨之見的改革，而非建立共識。新憲法只有百分之三十二投票人出席就草率通過。穆爾西的統治方式，相較於蘇亞雷斯利用國家賦予他的權力帶領西班牙完成民主轉型（見第四章），簡直不可以道里計。他當然有許多問題要對付，更不用說搖搖欲墜的經濟，對很多埃及人來說都是最大的問題。這個「深層政府」（deep state）裡的許多組織在穆巴拉克時代就已發展完成，如軍隊、維安部隊，以及很大一部分的司法部門和大企業，但他們卻無法信任穆兄會。軍隊在二〇一一年的革命過後權勢更大，因為他們默許了推翻穆巴拉克的行動。如今，軍隊裡的不同部門都可以找到反對穆爾西政府的人。新政府甚至讓曾跟他們短暫結盟的「薩拉菲」（〔Salafi〕極端穆斯林）感到失望。對他們而言，新政府太過自由，不夠堅守伊斯蘭的嚴格教義。最重要的是，穆爾西利用他在選舉中拿到的勉強多數將世俗的自由主義者排除在政治程序之外，讓他們失望透頂。

上述種種缺失導致二〇一三年七月初推翻政府的軍事政變得到了社會各階層的廣大支持，穆爾西被捕。之前為了推翻失去民心的專制政府而在革命中扮演關鍵角色的人，覺得革命被辜負了，但這並非第一次有人這麼覺得。穆爾西的統治方式，還有後來他被推翻的過程，都說明了擬定協議的好處。有些從威權轉型成民主國家的最成功案例，尤其是西班牙，就是依據新的遊戲規則，經過協商和妥協達成各式各樣的協定。穆爾西政府對「社會」正當性與「多數」正當性的差異既無興趣也無心理解。有趣的是，二〇一一年十二月在埃及進行的一項學術調查發現，很多人贊成民主，反對國家需要強人領袖，如果此人推翻民主制度，但同時有逾六成人反對「軍隊應該永遠退出政治」。表面看來，最後一點似乎跟前兩點相衝突。然而，由於之前的經驗記憶猶新，因此很多埃及人漸漸地把軍隊視為他們所嚮往的民主的終極守護者。[137]願意讓軍隊參與政治的大多數人之中，也包含滿意穆巴拉克統治的人。

這有助於解釋二〇一三年七月支持推翻穆爾西政府的大規模聯盟。其中包括懷念穆巴拉克政府、不願放棄昔日特權的人，以及最不遺餘力反對舊政權的自由民主人士。然而，很難理解推翻一個經由民主選舉產生的總統會有助於提高統治合法性。同樣難以理解的是，取締埃及最大的社會組織穆兄會，這樣的行為該如何跟民主相容。對於掌握權力、殺掉上百名穆兄會反抗者也在所不惜的軍隊菁英，這個問題或許不特別困擾他們。但對於鼓勵他們推翻政府的「自由派」來說，暴力推翻政權之後造成的理想幻滅，勢必又要再度重演。

有些革命有人帶領，如一九一七年俄國的十一月革命，或一九五八到五九年的古巴革命；有些相較之下缺少領袖帶領，如二〇一一年的突尼西亞和埃及。政權轉移顯然不一定要靠既定的組織、傑出的領袖甚至一群領袖才能達成，革命也可能是一場範圍更廣、組織更鬆散或缺乏組織的運動。這並非要否認在某些革命中，若非特定領袖扮演關鍵角色，體制也不可能在當時改變，或者會產生很不一樣的改變。一個體制中，領袖和政權若犯錯也缺乏負責的機制，體制改革就在所難免。當這樣的目的可能經由和平方式達成，如後佛朗哥時代的西班牙或一九八九年的東歐，通常會比革命更好。然而，在不得已的情況下，當經由和平方式改變高壓體制的所有努力都失敗，就有了發動武力革命（強迫暴君下台）的理由。不過，從本章探討的大多實例和下章的例子就清楚可見，最後的結果很少符合革命分子理想中的承諾和希望。

CHAPTER 6

極權領導和威權領導
Totalitarian and Authoritarian Leadership

第一個或許也是唯一一個把「極權」當作正面形容詞的獨裁者，是兩次大戰期間義大利的墨索里尼。早在一九二三年，他的對手就曾經用過這個詞，但兩年後墨索里尼的支持者和他本人也接納了這個詞。他提到「我們狂熱的極權意志」，還說「我們要把國家打造成法西斯，那麼日後義大利人和法西斯……就是同義詞。」[1]墨索里尼喜歡形容他領導的體制是lo stato totalitario，即極權國家。[2]這是他從義大利哲學家喬瓦尼・秦梯利那裡借來的詞。秦梯利後來成為法西斯主義的思想家。法學家施密特可以說是德國的秦梯利，他為希特勒的獨裁政權提供了部分的理論基礎。他主張「Führer」1的地位高於任何國家組織，也是「國家的最高法官和最高立法者」。[3]施密特也贊成「極權國家」的概念，但希特勒本人很少用這個詞，用的時候也會加上「所謂的」。[4]共黨領袖和思想家從不用「極權」來形容自己的體制，只有在提到法西斯

1 譯注：原指元首或領袖，後來專指希特勒。

國家時才偶而用上。[5]

雖然極權主義的概念早於「極度史達林主義」（用來形容一九三〇年代早期到史達林一九五三年逝世之間的蘇聯）和希特勒上台，最常使用「極權主義」一詞的卻是法西斯和共產體制的批評者。一九三〇年代的一個觀察讓這個詞多了一種魅力，那就是史達林帶領的蘇聯和希特勒帶領的納粹在政策和目標上有明顯的差異，卻也有些顯著的共同點，儘管他們聲稱彼此是兩個極端。蘇聯和德國都有一個階級分明的政黨跟各層級的政府部門平行，但權威又高於他們。[6]兩國都有政治警察在一九三〇年代動用暴力和恐怖威脅，只不過戰前的德國目標較明確，而蘇聯有時則是動用大規模暴力。兩國也有都宣傳部門，負責解釋歷史和當代社會，提供一個可以套進所有社會現象的框架。兩邊的教條當然很不同，馬克思和列寧（即使是史達林簡化過的版本）的主張是兩者中較為複雜的。兩邊的意識形態都勾勒出未來的前景，納粹是一個種族純淨、國力強大的大德國，蘇聯是一個破除階級的和諧社會。比想像的未來更重要的是當時正在發生的種族迫害和血腥鎮壓。德國有幾百萬人接受了宣傳口號，相信猶太人是導致世界災禍和德國不幸的根源。而在蘇聯，數百萬人贊成懲罰階級敵人，相信史達林的獨裁統治意味著工人階級已經在所謂的「無產階級專政」中掌握權力。[2]兩國也都有對偉大領袖的個人崇拜。

二戰後，「極權主義」因為常常用來形容所有共產國家而變得更加流行，儘管這些國家後來發生重大的變化，彼此之間也差異甚大。例如，當代中國跟當代北韓就有很大的不同。此外，把「極權主義」標籤毫無區別地貼在共黨統治下的波蘭和匈牙利、一九六〇和七〇年代狄托統治的南斯拉夫，以及金氏家族三代統治的北韓也無益於討論。這三個歐洲共產國家還存在一些公民社會的元素（教會在波蘭尤其重要），但北韓就完全沒有。共產體制從過去到現在一向有高度威權的傾向，但把它們都歸在更極端的高度極權，只會模糊其中的重要差異。[7]

極權主義的概念本身就充滿爭議。有些學者甚至拒絕將之套用在一九三〇年代早期（這時史達林的權力已經鞏固）到史達林逝世的蘇聯，或是一九三〇年代中到一九四五年戰敗的納粹德國，認為這兩國並非一切都被上位者控制。然而，若極權主義的定義是一人掌握所有決策的體制，那麼歷史上從未存在過這種體制。儘管如此，我們也沒有必要放棄這個詞，就如同即使實際存在的民主國家都不完美，也沒有必要拒絕稱呼任何國家為「民主國家」。全然的掌控，尤其是掌控人民的思想，顯然只存在於喬治．歐威爾的小說《一九八四》裡。[8]但歐威爾自己也很清楚，在描述他觀察到的共產主義和法西斯主義具有的傾向時，他並沒有提供社會現實的精準描述，只是勾勒出「極權主義的概念……邏輯上會導致的後果」。[3]對歐威爾來說，極權主

2 這幾百萬人占蘇聯人民的多數還是少數仍有待爭議。農業集體化在鄉下地區造成極大痛苦，而一九三〇年代農民還占人口大多數。然而，即使在二十一世紀，後蘇聯人民被問到二十世紀蘇聯最偉大的領導人是誰時，史達林時常還是名列前茅。由此可見，那些把國家的成功，尤其是蘇聯打贏二戰，跟史達林綁在一起，把失敗、壓迫和暴行都推給其他人的宣傳，發揮了深遠的影響力，在很大一部分人民心中留下痕跡。

義是馬克斯・韋伯所說的「理想型」(ideal type)(當然韋伯此詞並非一定是正面的評價)。韋伯認為，用極端或純粹的方式來表達特定政治或社會範疇的內涵對分析有益，例如他最有名的分析之一：官僚組織。[9]

同樣地，用嚴格而極端的字眼來呈現極權主義的特色也有其道理。我們可以研究某些國家，看看它們是否夠貼近「理想型」而足以被形容是極權國家。這樣好過一直改變定義(冷戰期間就有這種傾向)，以便使共產國家大致來說，或是蘇聯本身，無論內部如何改變永遠都是「極權」國家。這種傾向反過來造成另一種混淆，美國學者珍・柯克派區克就是最好的例子。她是雷根政府一九八〇年代上半的駐聯合國大使。所有的共產政權都是極權的，而威權體制或她所謂的「右翼專制國家」可以從內部產生改變，但極權的政權就不行，這樣的觀點就是因為她而變得普及。[10]因此，蘇聯尤其會對源自體制或蘇聯社會內部的改變無動於衷。支持這種普遍看法的人，把極權主義的抽象概念跟實際的共黨國家混淆。他們沒有發現，有些共產體制在後史達林時代是變得更威權，而不是更極權，而且即使是在執政的共產黨內部都會出現各種不同的意見，儘管社會和外界看到的仍然是牢不可破的單一整體。

相信極權國家不受改變影響的人，也忽略了共黨國家教育程度提升的重要性——不僅識字率普遍提升，社會中的高等教育機構也明顯變多。若共產主義含有「自我毀滅的種子」(借用馬克思對資本主義的形容)，那就是透過教育讓人民接受新觀念，不再只是盲目接收過時的教條。認為共產體制不會受內部改變影響的人，同時也忽略了一個事實：**領導階層**（在國家轉向共黨統治並維持其統治這件事情上扮演重要角色）也可能是國家轉型的推手。

在政治和社會的實際狀況下，極權和威權體制是在同一個連續體上。一端是極權體制的極致，例如恩維爾．霍查統治的阿爾巴尼亞或金日成統治的北韓，另一端是溫和威權的新加坡。新加坡雖然不是民主國家，卻有蓬勃的市場經濟，在大部分的實務上也推行法治。兩端之間的國家，是否夠貼近理想型極權主義而可稱為極權國家，或是較適合稱為威權國家，都可以留待討論。最高統治階層或許將權力分散，但**極權體**制跟威權體制的差別在於，最大且往往最高的權力都由一人掌握（而且歷來都是男性）。相反地，**威權政權**可能是獨裁或寡頭政治。換句話說，有些由一名獨裁者統治，有些則是集體領導。即使是寡頭政治，領袖的性格和價值觀仍然比民主國家的領袖更有可能為體制帶來重大改變，因為後者的權力較為分散，制度和民意都會

3 更完整的脈絡是歐威爾難以接受讀者誤解《一九八四》是對社會主義的攻擊（在美國尤其普遍）。他表明自己曾是也還是「民主社會主義者」（他一直把Socialism的S寫成大寫）。因此，他寫信給美國汽車工人協會一位為《一九八四》在美國右派出版品反應不俗而感到困擾的職員，「我最近的小說無意批評社會主義或英國工黨（我是該黨的支持者），而是要揭發一個中央集權的經濟可能導致的扭曲，這種扭曲在共產主義和法西斯主義已經部分成真。我不認為我形容的社會一定會到來，但我相信（但不能忽略本書是個諷刺文學的事實）類似的狀況可能會到來。我也相信，極權主義的概念在各地的知識分子心中已經生根，而我嘗試要勾勒出這些概念在邏輯上會導致的後果。」(Cited by Bernard Crick, *George Orwell: A Life*, Penguin, Harmondsworth, 1980, p. 569.)

對領袖的所作所為設下較嚴格的界線。

史達林的獨裁統治和蘇維埃寡頭統治

亞當．斯密指出，「一人統治」比多人統治更容易「濫權」，以及發生「反常、荒謬和不合理的事」。[11]雖然否認群體也會做出愚蠢的決策或支持惡劣的行動未免可笑（斯密也沒有否認），不受約束的一人統治確實比較危險。以蘇聯和中國這兩大共黨國家來看，集體領導時期都不像史達林和毛澤東獨攬大權期間那樣掀起腥風血雨，造成大破壞。一九一七年的布爾什維克革命之後至少十年，蘇聯基本上都走集體領導路線，先是列寧統治後來是史達林，後者一直在鞏固自己的權力基礎。列寧還在世時是共產黨內最有影響力的人，儘管他最高的正式職位是政府首長（人民委員會主席），而非政黨領袖。然而，他在政黨領導團隊內靠著政治聲望、自然散發的權威和說服的力量高人一籌。他對黨內同志並沒有針對阻礙共產黨鞏固權力的人那樣動用脅迫和恐怖行動。然而，即使史達林成了俄國近百年來最惡名昭彰的大屠殺凶手，也不能否認是列寧為史達林的暴政創造了許多先決條件。列寧是摧毀原本就很脆弱的政治多元化的關鍵人物，他強調集中權力於單一政黨、不屑議會政治、反對司法獨立，以及成立懲罰性的政治警察機構，從而為未來的獨裁統治鋪下根基。

直到一九二〇年代晚期，列寧的接班人史達林都在逐漸鞏固權力，不斷在黨內領導階層中選邊站，同時避免讓人看出他的獨裁野心。到了一九二九年，史達林顯然已經是蘇聯最高領袖，雖然集體領導的某些成分在一九三〇年代初仍舊可見。一九三三年，如同研究這時期蘇聯歷史的權威學者所說，史達林「本身已經是個獨裁者，他的提案在政治局顯然從來不會受到挑戰」。[12]史達林的頭號敵人托洛斯基先是被逐出領導階層，後來被逐出黨外（一九二七年），一九二八年被流放邊疆，一九二九年流放海外。後來，很多一九一七年的革命領袖都在史達林的命令下被殺，包括布哈林。對大多數人來說，這就是一九三六到三八年的莫斯科公審後被處死刑。對托洛斯基來說，則是一九四〇年在墨西哥被史達林的內務人民委員部（NKVD）成員用碎冰錐刺殺。

跟一九三〇年代不同的是，一九二〇年代大半時間蘇共內部仍會辯論，儘管其他政黨都遭到取締。俄國內戰後，列寧的新經濟政策包含了對農民的讓步，而且從集體領導期間延續到一九二〇年代晚期。從一九二九年開始，史達林率領農業強制集體化的運動，一九三三年底導致超過兩百萬農民流離失所。國家要求農民上繳高額的穀物收穫量，因而導致飢荒，在烏克蘭、俄羅斯南部和北高加索造成五百多萬人喪命。[13]史達林對集體化過程特別感興趣，堅持要用死刑（一九三二年八月七日頒布法令）來懲罰從集體農場田地偷走穀物的人。[14]

史達林一心要讓蘇聯快速工業化，而社會快速動員雖然在一九三〇年代帶來長足的進展，卻也付出了慘重的代價。史達林顯然不可能親自參與蘇聯的每個重大決策，即使是在權力如日中天時。除了史達林，行使權力的還有不同層級的官僚，這些單位也都掌握且設法捍衛自己在體制內的利益。然而，史達林確實成功破壞了一九二〇年代發展起來的「寡頭政治」，而且就如研究史達林統治方式的蘇聯學者所說，史達林個人獨裁的根基是，他對「包括政治局成員在內的所有蘇聯官員的命運」，都握有「無限的權力」。[15]

史達林對某些制度比其他制度展現出更細微的興趣，國家安全機構（政治警察）尤其受到他的緊密掌控，他也會指揮鎮壓行動。光是一九三七到三八這兩年，就有超過一百七十萬人被捕，至少八十一萬八千人被射殺。[16]其中包括蘇聯和史達林數量龐大的假想敵，還有數量較少的真正反共分子。多名政治局成員，以及很大一部分的高階軍團也無法倖免於難。後者之中最有名的受害者是圖哈切夫斯基元帥，他在內戰中為布爾什維克作戰，後來成為蘇聯紅軍現代化的關鍵角色。史達林牢牢掌握NKVD，把「同志」的死活都掐在手裡，甚至把網子撒得更遠。有些社會團體成了他緊盯的目標。舊日貴族、神職人員、知識分子和農民，由於占比較少，比工廠工人更容易被捕。到了一九三〇年代晚期，史達林逐漸加強搜捕內部敵人，許多黨內和政府高官都因為他性喜猜疑而飽受騷擾。連續幾屆政治警察頭子，即執行清算的單位，被處決的機率尤其高。所有社會團體或個人都害怕因為往往毫無根據的罪名被捕。根據一個正確的觀察：史達林的大規模鎮壓行動「使他的政權有別於之前的列寧政權，以及之後的蘇聯政權所使用的選擇性鎮壓」。[17]

史達林的接班人赫魯雪夫呈現了在某些人眼中是極權主義、但更應該說是後極權的威權主義體制內擔任領導人的可能性和困境。他跟史達林一樣，利用黨內最高職位（總書記，赫魯雪夫執政期間改為第一書記）把支持者拉進領導團隊，再逐漸加強自己已經很強大的地位，但最後的統治方式並像史達林所積累的那樣成為怪異的權力。赫魯雪夫的雙手在史達林時代絕稱不上毫不血腥，他卻先後在一九五六年蘇共第二十次代表大會的秘密報告，以及一九六一年的第二十二次代表大會的公開演說中批判史達林，展現了領袖魄力。當時，史達林的過人天才和如神一般的崇高地位已經傳頌了三十年。赫魯雪夫一九五六年的突破性演說甚至違抗了中央委員會主席團（當時如此稱呼政治局）某些大老的意願。

其中又以莫托洛夫、卡岡諾維奇和伏羅希洛夫最不遺餘力保護史達林的偉大形象。莫托洛夫在某次主席團會議中宣稱，「史達林是列寧志業的偉大延續者」，而且「在史達林的領導下，社會主義拿下了勝利。」[18]赫魯雪夫的回應是：「史達林背叛了社會主義，而且是以最野蠻的方式。他毀了黨。他不是馬克思主義者。」赫魯雪夫不但不保護史達林的歷史形象，還堅持有必要「加強砲轟個人崇拜」。[19]後來他在黨內領導階層的親信米高揚針對「去史達林化」一事寫道：「他具備了領袖的特質：堅毅、執拗地追求目標、勇氣、不惜違反普遍的刻板印象。」他還說，赫魯雪夫只要迷上一個新概念，就會全力追求，「像坦克車一樣奮勇向前」。這雖然也有壞處，但米高揚認為這對一個投入「去史達林化」戰役的領袖來說，是再好不過的特質。[20]

黨內高層有些反對赫魯雪夫的作法，害怕批評史達林會造成不堪後果。一九五六年二月的秘密演說也的確在國際共產運動中引起強烈反彈，撼動了全球黨員的信念，在東歐引起動盪，尤其是波蘭和匈牙利。年底之前，反共黨統治的革命在匈牙利爆發，卻遭到蘇聯坦克車的無情鎮壓。主席團的大多數成員都責怪赫魯雪夫破壞了國際共產主義的安定，一九五七年試圖將他免職。但赫魯雪夫技高一籌，轉向中央委員會求助，該組織不但比主席團大，也有更多他的支持者，很多人不久前才受他提拔。原則上，中央委員會的職權高於主席團（政治局），但通常聽命於規模比它小的主席團。眼看領導團隊出現分裂，中央委員會不得不選邊站。一九五七年他們站在赫魯雪夫這邊，但一九六四年又是另一回事，因為主席團的絕大多數成員都決定除掉赫魯雪夫（只有米高揚準備替他說話）。這一次，中央委員會全面反對赫魯雪夫，認為他的作法愈來愈反覆無常、自以為是。在他們眼中，他破壞了體制內幾乎所有組織和菁英團體的利益。

赫魯雪夫開啟了去史達林化的過程，這點確實功不可沒。但是他在一九五〇年代中採取集體領導，一九六〇年代早期卻開始做出衝動而獨斷的決策，整個過程對蘇聯社會危害不淺。一九六二年蘇聯在古巴部署飛彈，差點釀成核戰，也是赫魯雪夫的決定。在國內，他對經濟帶來的弊也多於利。他跟史達林一樣被假科學家李森科所騙，支持李為增加農產拿出的無用特效藥，不顧真正的專家拿出的證據。一九六四年七月，因為氣不過科學院和農業學院內部的反抗聲音，赫魯雪夫下令廢除科學院，將農業學院從莫斯科趕到鄉下。[21]但這些最後都沒有發生，因為他的資深同志都努力拖延時間，等待適當時機推翻一個愈來愈專制、易怒又難以預測的領袖。他們在一九六四年十月十四日出擊，把正在度假的赫魯雪夫叫回莫斯科，強迫他退休。兩天後，《真理報》上的社論甚至沒提到赫魯雪夫的名字，只說他「計畫輕率，結論膚淺，決策倉促，作為不切實際，空口說白話，只愛發號施令」，而且「不肯把科學和實際經驗已經解決的事納入考量」。[22]雖然這並非赫魯雪夫政權的全部樣貌，但肯定道中了一部分。

一九六四年布里茲涅夫上台，繼赫魯雪夫成為蘇共領導人，接下來又是十八年的集體領導。總書記再次得以利用該職位可得的政治資源逐漸鞏固自己的權力。一九七〇年代，一連串愈來愈荒謬的榮耀往布里茲涅夫身上堆，包括軍事最高榮譽：勝利勳章，因為他在二戰中扮演的角色（當時看起來並不特別突出），還有作家的最高榮譽：列寧文學獎，因為他出了薄薄幾冊請人代筆的回憶錄。布里茲涅夫和他的政治局同志很樂意讓KGB利用各種方法鎮壓蘇聯社會的公開反抗行動，從警告到長期拘禁在勞動營或精神病院。問題似乎是，若你認為自己可能挑戰蘇聯的權威，怎麼可能精神正常？至於對付那些在國際上或蘇聯的重要少數團體中都享有聲望的異議分子，方法就又不同。因此，作家索忍尼辛（反共，但非自由主義者，而是俄羅斯民族主義者）被驅逐出境，註銷國籍；批評許多黨內作法的物理學家及自由主義者沙卡洛夫則被境內流放。

從這些作為可見布里茲涅夫是個保守的共產黨員，連赫魯雪夫推動的反史達林化都遭到反轉。史達林雖然沒有完全被平反，但在刊物上稱讚他變得比批評他容易。布里茲涅夫的基本立場是盡量避免破壞現狀。但在面對蘇聯各方菁英時，包括黨高層、軍隊、KGB和內閣，他走的是懷柔路線。布里茲涅夫時代是蘇聯官僚的黃金時代。史達林威脅到（也常常要了）他們的性命。赫魯雪夫威脅到（也常常開除）他們的職位。而布里茲涅夫當政時，他們得以一起變老，舒適度日，不用再提心吊膽。但對一般百姓來說，自由受限，物資短缺，連買基本糧食都得大排長龍，跟黃金時代天差地遠。然而，在二十世紀末所進行的一份嚴肅調查中，蘇聯人被問到這一百年來蘇聯的最好時代是什麼時候，布里茲涅夫都是最常被提到的時代。[23]在很多人心目中那是一段安定、可預測的年代。

史達林時代，任何人都可能被捕，即使根本沒有批評政府。秘密警察要抓到一定的人數，史達林又生性猜疑，而覬覦你公寓的鄰居也可能去打你小報告。布里茲涅夫時代，你必須真正做了什麼事，當局才會盯上你。那可能是民主社會覺得完全合法、在蘇聯卻會招來重罰的事，例如要求更大程度的國家自治（如烏克蘭或立陶宛）、散播違禁文學作品的打字稿，或是寫抗議信（例如抗議當局迫害索忍尼辛和沙卡洛夫）。相反地，遵守所有外在規範的蘇聯人民會覺得生活還算安穩。在史達林的統治下，數十萬人莫名其妙被捕。在布里茲涅夫的統治下，遊戲規則清楚可辨。

一九七〇年代，除了布里茲涅夫，政治局也有不少資深成員極具份量，包括蘇斯洛夫、柯西金、葛羅米柯和烏斯季諾夫。雖然高度威權，但人民在自己家中不再害怕暢所欲言，跟史達林時代形成對比。矛盾的是，比起一九七〇年代，一九三〇年代後期史達林恐怖統治期間，有更多人真心相信蘇聯正在創造一個各方面都遠遠凌駕當代西方的新社會。在赫魯雪夫時代，這種樂觀主義仍然存在，甚至獲得了新生命。那是蘇聯第一次把人送上外太空的時代，大多數蘇聯人都引以為傲。相反的，布里茲涅夫時代，憤世嫉俗的色彩愈來愈重。以歐威爾的話來說，這是「雙重思想」（doublethink）的年代，人可以一邊誇耀自己高人一等、蘇聯體系終將獲勝，一邊嫉妒西方的生活水準、渴望西方的產品、嚮往西方的生活。然而，重點是，集體領導基本上至少比史達林的獨裁統治好太多了。對蘇聯人民來說，無論是勞工、農民或受過教育的專業人士，一九七七年的生活品質都比一九三七年好。有領導團隊集體把關，對人民造成的痛苦再也不像史達林如此巨大。

中國的個人統治vs.寡頭統治

類似的模式也可以在另一個共產巨人身上看見，那就是中國。中國最大的災難就發生在毛澤東掌握無上大權期間。相較於此，中共在一九四九年革命成功後前幾年及毛死後，則創下輝煌的成果。一九四九到一九五七年，新中共政府控制住通貨膨脹，大幅減少貪污，往工業化大步邁進。這期間仍有幾十萬人死在新政權下，所以不應該將之美化，但還是比毛獨攬大權那幾年有更多實際的成果、更少人死於非命。

即使在一九五〇年代上半，毛澤東無疑比其他同志享有更高權力，但他對政策的影響力仍然相當有限。部分是因為那個階段中國大量吸取蘇聯經驗，同時也小心避免蘇聯農業集體化造成的某些慘重後果。中國領導階層都把經濟快速發展和科技進步視為共同的目標，雖然大家對達成目標的速度和方式各有不同的意見。那幾年，毛維持「相對中立的立場」是「為了淡化衝突，建立共識，避免領導階層的差異更加兩極化」。[24]如同兩位中國政治專家所說，在一九五〇年代中之前，「毛似乎對政治局的辯論很寬容，甚至能接受經濟政策的失敗。」[25]因此那幾年中國在毛的領導下達到最實在的成就也並非意外。等到毛開始自認為懂得比專家多，甚至在一九五八年脅迫同志接受所謂的「大躍進」政策後，災難才隨之而來。

大躍進之前是百花齊放運動，得名於毛提出的「百花齊放、百家爭鳴」主張。[26]赫魯雪夫認為毛其實是想讓批評者自暴身分，這樣他就能找出這些人並加以對付。這麼想的並非只有赫魯雪夫一人。但是這種表面的大鳴大放背後的一個誘因，就是赫魯雪夫公開批判史達林的某些罪行。毛在這種時候證明自己跟蘇聯獨裁者毫無相似之處才是審慎之舉。他雖然願意鼓勵同志批評某些缺失，卻絕不會任人批評共黨體制。隨之而來的批評顯然超出毛的料想之外，共產黨內部的意見也呈現極大的差異。一九五七年，毛在政治局內的地位開始動搖，他的反應是重新強調階級鬥爭的重要，並展開「反右鬥爭」。好幾十萬黨員被開除黨籍。[27]緊接著展開的大躍進運動是毛對社會的大規模動員。這時他不再聽取工程師和技術專家的意見，包括來自蘇聯的合格專家，甚至讓中央政府部門形同虛設。這種鼓動人心的意識型態眼看就要讓專家意見顯得多餘。大型「人民公社」在鄉下設立，因為毛致力於建設共產主義的終極目標，以及十五年內要在經濟上超越英國的較小目標。沒有人留心實際的障礙或專家的意見。大規模動員一旦展開，虛報的數字讓人以為農產量增加，實際上卻大幅降低。一九五九和一九六〇年的嚴重水災又讓毛造成的人為災難更加慘烈。

連同那些因為拖慢進度、沒有配合「大躍進」而被殺的幾萬人，至少共有三千萬人在一九五八到一九六一年死於非命（根據省政府檔案所做的一份較近研究則細估多達四千五百萬）。主要是餓死和病死，其中又以營養不良和過勞的工人最多。[28]一九六二年一月，當時在政治局位居第二、也是公認的毛澤東接班人劉少奇在演說中把大躍進釀成的慘重後果三成歸咎於氣候惡劣和蘇聯收回援助，七成歸咎於錯誤的政治決策，這已經是最接近對毛的批判。[29]大躍進是毛個人最先提出且大力推動的計畫。它引發的悲劇規模太大，因此一九六〇年代早期中國還得重整政府，讓國家和社會再度團結起來。儘管如此，一九五〇年代上半的集體領導還是難以重建。一九六二年，大躍進運動已結束，毛「打斷了國家復蘇進程，迫使其同志們接受新一輪的階級鬥爭」，並且表明他絕不容許反抗行動。[30]

有些在一九五九到一九六一年間[4]被降級的機構，這時又恢復到接近共產黨的常態。而毛相信是官僚政治緩和了他的激進行動，讓它變得比較無害。雖然一九六〇年代早期他的優越領袖地位無可置疑，但其他領袖也享有極高的權勢，包括劉少奇、鄧小平，以及北京市委第一書記彭真。毛不只想坐上更高的位置，也對極端激進的思想熱情不減。他對赫魯雪夫統治下的蘇聯走「修正主義」強烈不滿，愈來愈擔心中國逐漸喪失了革命熱情。此外，他也著迷於建立自己的功績，寧可把志業交付給激進革命分子，也不願交給官僚或改革派。他的解決方式就是發動所謂的「無產階級文化大革命」。持續十年的文革期間，官僚和務實改革派等都活在水深火熱之中。毛煽動中國青年，鼓勵他們除舊布新。這波大規模迫害的主要受害者是學校老師。他們遭到免職和批鬥，很多下鄉後不堪拷問而承認犯了政治罪行。[31]一九六〇年代晚期，大學已經停課多年，因為學生都成了毛澤東思想的特工。毛本身也從旁煽風點火，鼓勵把武器分發給積極投入革命的工人和學生。「武裝左派」成了當時的口號和行動方針。[32]暴力失控迫使一九六九年軍隊出動減輕混亂程度。文革從一九六六年持續到一九七六年毛逝世，但一九七〇年代上半不再像一九六〇年代下半如此激烈。長遠來看，它達到的效果剛好是毛期望的相反。這場動亂引起極大的反感，甚至讓務實派和改革派在後毛時代取得優勢，其中鄧小平（第四章提過）扮演了最決定性的角色。

中共在批評毛的時候很小心（中國紙鈔上至今仍印著他的肖像），因為他在中共歷史上的角色太過重要。毛在革命之前、革命期間，以及之後獨裁領導黨國二十五年多期間，都是最高領袖。但後毛時代以鄧小平為首的領導階層，很難不譴責文革，畢竟很多人都因此受害，而修補傷害的任務也落在他們肩上。他們既無法掩蓋文革動盪的罪魁禍首非毛莫屬的事實，卻又要宣揚毛的一生功大於過的理論。中央委員會在一九八一年提出的〈關於建國以來黨的若干歷史問題的決議〉中聲明：

> 一九六六年五月至一九七六年十月的文化大革命，使黨、國家和人民遭到建國以來最嚴重的挫折和損失。這場文化大革命是毛澤東同志發動和領導的。[33]

事實上，毛之前的愚行害更多人喪命（大躍進），但大多數都是當時占中國最多的農村人口。以全球的標準來看，那遠遠比「無產階級文化大革命」的結果更加慘烈。然而，文革持續較久，受害者又是官僚和教育程度最高的人。大躍進發生在農村，文革則是都市和農村皆有。一開始受影響的主要是城鎮，但從一九六八到六九的冬天開始，狂熱分子和暴徒也打著文革之

4 編按：即「三年自然災害時期」或「三年困難時期」。

名進攻農村。近來的研究估計光是農村的死亡人數就在七十五萬到一百五十萬之間，受到永久傷害的人也同樣多。[34]城市裡因為文革而喪命的人數估計「約五十萬人，一九六七年的都市人口約有一億三千五百萬」。[35]

文革對中國的教育和經濟成長都造成悲慘後果，對政治菁英造成的負面影響也遠比大躍進更深。的確，跟一九三〇年代晚期史達林統治的蘇聯相比，文革期間被免職的官員比例更高，雖然中國官員遭監禁和迫害的比例沒有蘇聯高。一九六六年的中央委員會書記有十三人，一九六九年只剩下四個，黨中央有六到七成官員都被免職，由此可見其規模之大。[36]由於以上種種原因，後毛領導階層才認為文革是中國建國以來遭遇到的最大打擊，而且難以免除毛應負的責任。

從毛澤東到鄧小平

毛澤東發動這場他有生之年的「最後的革命」時，妻子江青也是激進團體的一員並扮演重要角色，即使她跟毛的關係不再特別緊密。江青是演員出身，利用毛主席夫人的地位施展自己的政治野心，她認為她的任務之一是鼓勵毛澤東做自己，亦即好好做個革命家，不讓隨波逐流和搖筆桿的人擋住鬥爭清算的工作。具體來說，她強化了毛認為國家需要文化革命的信念。實際上發生的卻是一場**反**文化革命。很多中國文化珍寶被毀，例如歷史建築、繪畫、博物館館藏和藏書。他們鼓勵年輕的紅衛兵「破四舊」，即舊思想、舊文化、舊風俗和舊習慣。黨內大老也難逃一劫，毛主席是明顯的例外，對他的個人崇拜反而提升到新的高度（或深度）。一九六六年鄧小平被批為「走資派」，在一九六七年被免職並軟禁，之後下放到工廠勞動。劉少奇也在一九六七年被免職並被批為「叛徒、內奸、工賊」，一九六九年遭軟禁期間病死。

毛一九七六年逝世不久後，江青跟「四人幫」的另外三名成員隨即受到懲罰。四人幫其實有一陣子是「五人幫」，毛就是第五個也是最重要的成員。然而，他無意指派四人中的任何一個當他的接班人。一九七六年毛已經病到無法參加政府和政治局的會議，由他指定的代理總理並有意繼承其位的華國鋒代為主持。華採取了介於「四人幫」的激進路線和鄧小平之間的立場。毛生前最後幾個月，根據鄧小平女兒的說法，鄧只有被點名時才會參加政治局的會議，因為他覺得「每日在家，與子孫們相聚，比去看四人幫猖狂的嘴臉要舒服多了」。參加會議時他也會採取選擇性耳聾。四人幫如果有人批評他，例如張春橋，鄧就推說聽不清他說的話。但張春橋抱怨，當時坐在桌子另一邊的華國鋒一低聲宣布「散會」，鄧就馬上把椅子往後推，起身走人。[37]毛死後一個月，四人幫（皆為政治局成員）被捕。他們的偏激革命行動皆有賴於毛的默許甚至鼓舞。毛一死，受過他們迫害的黨內和政府菁英得以聯合起來。江青和張春橋在之後的審判中被判死刑，後來減為無期徒刑。一九九一年，罹癌的江青上吊自殺。張春橋關了二十年才獲釋。[38]

毛率領的革命所獲致的短暫成功，包括大規模動員和攻擊黨與國家機構，到頭來都適得其反。毛死後推動的改革，包括建立大量私人企業和發展市場經濟，遠遠超過了毛所反感的赫魯雪夫或布里茲涅夫領導時的「修正主義」。文革造成的非預期結果就是，這些存活下來的黨內幹部和知識分子一輩子對這類粗糙、極左、欠缺思考的革命路線免疫，那不只對他們個人是慘痛的經驗，對中國的社會和經濟發展也傷害甚鉅。[39]

文革造成的種種不幸之中，至少還有這個有益的副作用。除此之外，還有另外一個。在蘇聯，試圖引進市場化措施的人都會遭到經濟部會的保守官僚和黨內幹部的強烈反對，即使戈巴契夫時代也是。但文革期間，中國的官僚體制受到重創，因此鄧小平提出的市場化改革雖然更加大膽，卻沒有遭到類似的強烈反彈。毛之後的領導團隊會聽取專家的意見，而鄧很快成為其中最有影響力的一員。他們推動的政策遠比毛從一九五〇年代後推動的政策合理得多，然而當時毛的地位已經高過其他同志。

鄧小平扮演的角色在第四章已經討論過。這裡需要強調的重點就是，他不管是政策內容或領導方式都跟毛很不同。即使在影響力最大的時候，即一九七八到一九八〇年代末，他也非黨內或國家的最高領袖。不過，直到一九八九年他都是中央軍事委員會主席，而相信自己能仰賴軍隊的支持也是他鞏固權勢的重要方法。一九九〇到一九九一年，鄧的思想在北京逐漸失勢，部分是因為蘇聯危機升高，並在一九九一年底蘇聯解體時達到最高點，讓中共大老強烈感受到自由化的潛在危險。此外，一九八九年的天安門大規模抗議行動和之後的血腥鎮壓也讓鄧的地位動搖。保守的共產黨員和毛澤東思想左派，都責怪十年改革養大了年輕人對政治自由化的胃口。改革開放因為讓資本主義和個人主義的毒素滲透進來而受到抨擊。再次強調階級鬥爭、計畫經濟的重要，並表明反對經濟體制進一步自由化的人，因而得到了力量。要是當初回應的人不像鄧如此堅定、手段高明和受到愛戴，這股保守勢力的反彈會更成功且影響深遠。鄧的論點是，只是十年的改革就讓黨捱過了一九八九年的動盪。[40]他反對民主化，但拒絕放棄他主導的經濟路線。

鄧小平擔任中國最高領袖期間，他的意見往往凌駕其他人的意見，但黨內領導階層仍持續進行激烈辯論。有些領袖想要考慮鄧不會贊同的重大政治改革，但仍然支持鄧主張的激進經濟改革，最明顯的就是胡耀邦和趙紫陽。[5]也有人強烈反對任何政治寬鬆政策，對鄧的市場化經濟政策深感懷疑，例如華國鋒（毛指定的接班人）和李鵬（天安門事變發生時的總理）。鄧不再是領導階層最權威的人之後，「鄧小平理論」跟馬列主義和毛澤東思想一樣，成了中共的指導思想之一（這也讓中共的意識形態變得更加混雜和矛盾）。但鄧跟毛不同的是，他自認為是

5 若以為中國在後毛時代沒有政治改革就錯了。中國雖然肯定沒有接受自由民主，但仍有漸進的改革，政治體制（沒有像經濟體制那樣大幅轉變）的運作方式也跟毛統治時很不同。見David Shambaugh, *China's Communist Party: Atrophy and Adaptation* (University of California Press, Berkeley, 2008).

務實派，而非理論家，也從不渴望達到意識形態上的神聖地位，或是成為個人崇拜的對象（跟毛形成強烈對比）。

除了推動經濟改革厥功至偉，鄧也讓中國的政治體制有了一項很重要的發展。接班問題一直都是困擾威權體制的一個難題，尤其是共產體制。[6]這裡頭有兩個彼此相異但都很嚴重的問題。一方面，當最高領導人指派愈來愈多親信坐上高位，後者又擔心未來飯碗不保而支持他，就會導致執政者在位時間長之又長。另一方面，當領袖不得不換人時，通常是在位者年老病逝，這時候黨內鬥爭可能已經激烈到危及體制的穩定。鄧的一個實際成果就是為折衷人物江澤民在一九八九年成為中共領導人鋪路（天安門事件過後），並從一九九三年起擔任中共主席。更重要的是，他把接班過程制度化，此後黨內和政府最高職位只能坐十年——任期五年，可連任一次，時間符合中國共產黨全國代表大會召開時間。甚至在權位輪替之前，鄧對江的接班人選就有決定性的影響力。此人就是胡錦濤，二〇〇二年他如期坐上領導人的位置。二〇一二年十一月習近平繼胡接任黨主席前，習將是接班人選早已眾所皆知。為接班一事制訂規則至少減輕了威權統治面臨的一個問題，起碼在當時是如此。[7]

江澤民一九八九年當上黨主席之後二十五年，無論是他或兩位繼任者都沒有達到類似鄧的權威高度，更不用說可跟毛比擬的至高權力。黨主席就是最高領導團隊的關鍵人物，但畢竟只是團隊中的一員。那裡並非只有美好光明的一面，二〇一二年野心勃勃的地方首長薄熙來被開除黨籍並遭到逮捕就是一個血淋淋的例子。薄的妻子谷開來被控謀殺一名英國商人，與薄一同競爭黨內最高位階（中央政治局常委會）的政敵把薄可能掩蓋罪行一事當作利器。薄在二〇一三年被判刑，甚至還多了貪污的罪名，審判雖未公開，但媒體仍有報導（在國際上尤其大幅報導）。在領導階層內，黨主席的角色愈來愈傾向於平衡黨內相互競爭的利益，而不是主宰決策的過程。[41]相對於廣大的社會，尤其是各領域菁英而言，這個體制漸漸變成一種「諮詢式威權」，因為領導團隊（再度跟毛形成強烈對比）聽取了政府以外的專家意見。但體制本身仍然保有威權統治特有的缺點，最重要的一點就是最高領導團隊不需向大眾負責，畢竟除了地方層級，並沒有競爭式的選舉。另一個主要問題是黨內和政府高官的大規模貪污。然而，後毛時代是中國經濟快速成長、絕大多數人生活水準大幅提高的時期。即使沒有鄧小平這樣享有優越政治地位的領袖，集體領導下的中國在過去二十年仍然遠比毛澤東暴虐統治的時代進步更多，暴力事件和人民死傷也少很多。

6 姑且不論君主制，二十世紀安排有規則的定期接班最成功的威權政權是墨西哥的革命制度黨（PRI）。墨西哥總統只能做一屆，因此黨內領導階層常換血，七十年來都維持一黨專政。即使在二〇〇〇年落選，它還是保留許多非正式的權力，並在二〇一二年由尼托重新奪回總統寶座，儘管那是一場多少還是算民主的選舉。見 Gustavo Flores-Macías, 'Mexico's 2012 Elections: The Return of the PRI,' *Journal of Democracy*, Vol. 24, No. 2, 2013, pp. 128–141.

7 編按：二〇一八年三月初在北京召開的中國第十三次人民代表大會通過一項修憲案，將國家主席的任期制取消。

共產主義領袖

在共產世界中，塑造個人崇拜、享有無上權力的領袖並非只有蘇聯和中國才有（史達林和毛澤東），在南斯拉夫也能找到。在狄托的統治下，南斯拉夫在一九六〇和一九七〇年代發展成一個遠比蘇聯和中國更為溫和的威權國家。此外，由於南斯拉夫採用的聯邦體制愈來愈成熟，各個共和國領袖的角色也就日漸重要。狄托的聲望在凝聚多民族國家時扮演重要角色，一九八〇年他過世之後，國家瓦解的危機就開始升高。

然而，狄托在位期間從未制止圍繞著他創造出來的個人崇拜，只是程度從未像史達林、毛澤東、羅馬尼亞的希奧塞古，或北韓的金日成那麼誇張，而且跟其他致力於創造英雄神話的共產領袖相比（如希奧塞古），狄托受到愛戴確實有真實的根據。二戰期間他率領高效率的游擊隊抵抗德國侵佔；南共憑一己之力（而非有蘇聯軍隊撐腰）取得政權後他當上領袖；南斯拉夫被踢出國際共產運動的共產黨和工人黨情報局時，他是隨時準備挺身對抗蘇聯的全國領袖。冷戰期間，狄托成為不結盟國家領袖中的重要人物，跟美蘇陣營都保持距離。另一位跟狄托並肩作戰的游擊隊領袖米洛凡・吉拉斯，後來成為戰後共黨政府的重要成員，直到他開始主張民主化。他對狄托有些不一樣卻也不失準確的觀察。狄托一九八〇年逝世後不久，吉拉斯形容他是個「老謀深算、直覺精準、精力無窮的政治家」。[42]然而，他也提到狄托「天生的優越感」，「相信自己應該得到特別的照顧」。再者，「到最後專制權力把驕傲、正當的衝動變成自利、蠻橫的衝動，而〔狄托〕最親近也最忠心的同志則同時成了領導人和馬屁精。」[43]

在共產國家，一名領袖的地位高過其他人其實大大違背了當初激發革命的思想。領袖崇拜是法西斯主義的固有成分，卻跟馬列思想背道而馳，雖然列寧的強大信念，以及堅持共產黨要嚴格實施中央集權、遵守紀律、階級分明的主張，都為之後的獨裁統治創造了先決條件。然而，即使在史達林統治下，思想本身原則上還是高於領袖。史達林不太可能在一九三〇或四〇年代推動蘇聯企業私有化，因為這樣徹底背離了官方的意識形態。他當然也無意這麼做，他在很多方面都是真正的馬列信徒，就算違反了馬列思想他也不會承認。艾倫．布魯克曾經貼切歸納過希特勒和史達林教條的不同：「對希特勒而言，意識形態是元首說了算；對史達林來說，是總書記說馬列說了什麼算。」[44]

然而，史達林在營造個人崇拜上不遺餘力，因此一九三〇年代他的地位遠高於他一九二〇年代時的革命同志。一九五六年，赫魯雪夫在蘇共第二十次代表大會上發表「秘密演說」抨擊史達林後，有個名叫查金的老布爾什維克寄了封信給他。查金在一九一七年的夏天入黨，他回想起一九二六年四月的一個夜晚。當時史達林造訪列寧格勒，謝爾蓋．基洛夫（那年成為列寧格勒黨部頭子）邀他吃晚餐。查金是列寧格勒某報的編輯，當時也在座。席間，基洛夫說：「少了列寧當然很艱難，但我們還有黨、中央委員會和政治局，他們會領導國家走上列寧主義的道路。」在房間裡踱步的史達林回答：

對，沒錯，有黨，有中央委員會，有政治局。但別忘了，我們的人民對這些的了解少之又少。幾百年來，俄國人民都受沙皇統治，也都支持沙皇。幾百年來，俄國人民，尤其是農民，都習慣有一個人領導他們。而現在也必須要有這樣一個人。[45]

史達林說這番話時無疑是真心的（一種非馬克思版本的歷史決定論），但同時也是為了自己，因為想必他很清楚誰會是那「一個人」。十年後在另一段私人對話裡，史達林說「人民需要一個沙皇」，意指他們需要「有人可以尊崇，以此人的名義生活、勞動」。[46]蘇聯很多宣傳者都相信，灌輸並強化人民對偉大領袖的崇拜，要比讓大多數人熱情接受馬列主義簡單。有一陣子，這種個人崇拜風氣過盛，史達林也認為自己當之無愧時，他偶而會虛偽地表示出版商做得太過火。因此他才會在一九三八年告訴某家兒童文學出版社，他們應該燒了《史達林童年故事集》這本書，因為「個人崇拜」和「無敵英雄」不符合「布爾什維克的理論」。[47]

並非所有共黨國家都接受對領袖的個人崇拜。舉例來說，領導匈牙利超過三十年（一九五六到一九八八年）的亞諾斯．卡達就避之唯恐不及。卡達跟英雄領袖的形象距離很遠，但他之所以能在位那麼久，靠的不是高壓統治，也不是塑造偉大的形象。憑藉著在黨內的領導地位，他就是匈牙利的主要決策者，卻又不是獨裁統治者。一九五六年匈牙利革命後幾年，他曾經發動猛烈鎮壓，但從一九六〇年代早期開始就改走謹慎的改革路線。從那時候到一九八〇年代中這二十五年間，匈牙利比那時期的其他歐洲共黨國家進行了更多經濟改革，文化上也更加寬鬆。卡達擅長玩弄曖昧，知道在什麼程度內偏離蘇聯正統才安全。一九六一年十月，當赫魯雪夫在蘇共第二十二次代表大會上公開抨擊史達林時，卡達趁機強化匈牙利去史達林化的目標。在意識形態上，他走得比蘇聯許可的程度還遠。一九六一年尾他聲明「不反對我們就是支持我們」，反映出他願意接受政治上保持靜默，這跟赫魯雪夫的宣導風格形成對比。[48]

還有，卡達的作為跟毛澤東的「大躍進」和「文化大革命」也天差地遠。不但沒有大規模動員讓所有人接受或至少口頭傳誦官方的意識形態，反而接受只要人民不公開挑戰體制就能保有自己的生活和想法。在農業上他對市場讓步，成果跟其他共黨國家比較起來反而更為成功。匈牙利有些改革者鼓吹農業和其他經濟制度的改革，卡達雖然不是主要推手，但也不曾出手阻礙。[49]相較於其他共黨領袖，由於擁有寬廣的可能性，卡達還算生活簡單，還能像童年在鄉下一樣在自家院子裡養雞。他完全避免個人崇拜，跟前一任匈牙利共黨領袖馬加什·拉科西形成強烈對比。[50]

卡達統治下的匈牙利有時被稱為「陣營中最快樂的營房」（指蘇聯陣營的歐洲共黨國家）。說「快樂」未免誇大，而且形容卡達這個人時，這也不是每個人都會選擇的形容詞。再說，波蘭在很多時期，而捷克斯洛伐克在一九六八年都比匈牙利更自由，但有很長一段時間，匈牙利整體來說是「陣營」中高壓程度最輕的「營房」。匈牙利人民對卡達的看法也有一百八十度的轉變。一九五六年到五〇年代末他普遍被視為叛國賊，因為他是蘇聯認可的領袖，負責在匈牙利革命遭到鎮壓後「重建秩序」。久而久之，他漸漸被視為現有的人選中「比較不爛」的一個，因為有來自莫斯科的種種外在限制。這種心態轉化成一種勉為其難的尊重，甚至更多。一九八九年夏天他逝世時，有超過十萬人來參加他的喪禮。更驚人的是，十年後（匈牙利後共黨統治的民主已實施十年）形象憂鬱、不夠英雄氣慨的卡達在不只一份民意調查中被選為二十世紀「最偉大的匈牙利人」。[51]雖然他不是自由民主主義者，但也跟羅馬尼亞的希奧塞古那樣的獨裁統治風格相差很遠。後者是共黨國家的強人領袖，因為有時不把蘇聯的外交政策放在眼裡，多年來在西方國家的首都比卡達更受到尊崇。

卡斯楚的執政

古巴的共產主義有強烈的國家主義成分，相較於在東歐執政的共產主義，其實更接近亞洲的反殖民共產主義。愛國的一面當然是卡斯楚的重要特質。如第五章所說，一九五九年一月他帶領的革命抗爭勝利，上台掌權時，卡斯楚還沒成為共產黨員。他心目中的英雄何塞・馬蒂不只致力於讓古巴脫離西班牙的殖民統治，也擔心取而代之的是美國的非正式宰制。一九六一年，卡斯楚把七二六運動[8]跟共產主義結合。他渴望社會正義，反對資本主義，又面臨經濟發展的難題（大企業不是已經國有化就是被嚇跑），因此不過幾年古巴就採納了正統的（因而高度威權的）共產政經制度。一九六三年卡斯楚統治的古巴正式被視為國際共產運動的一員。

二〇〇八年，健康惡化的卡斯楚把領導權讓給弟弟勞爾時，他已經在位長達半個世紀。他的政治壽命之所以如此長，很大一部分來自他的個人魅力，但也因為他採納了共產體制特有的制度（加上經過證明的掌控工具）。此外美國推動的政策所產生的不良後果也是一個因素。早期美國為了推翻卡斯楚政權做過許多努力，後來又孤立並設法打擊古巴政府，讓卡斯楚得以訴諸古巴人的愛國心，維持國人的圍城心態。[9]當冷戰期間古巴還是蘇聯的盟友時，接連幾個美國政府的政策還比較容易理解，但後來蘇聯瓦解、古巴不再有能力被視為美國的威脅（除非是在最離奇的想像中），美國的政策就很難理解了。[10]美國若採取全面與古巴往來的政策，卡斯楚就很難抗拒自由化和民主化的路線。但只要卡斯楚還是領袖，這樣的自由化就沒有發生。勞

8 編按：七二六運動（Movimiento 26 de Julio）是卡斯楚所領導的革命團體，「七二六」之名來自一九五三年七月二十六日攻打蒙卡達軍營的行動。

9 研究古巴和卡斯楚的德國專家福克．史奇卡（Volker Skierka）形容美國一九六〇年代早期開始對古巴的禁運，是「史上一個大國對小國做過的最漫長、最強硬、政治上最無意義的經濟制裁，效果卻跟預期相反。」見 Volker Skierka, *Fidel Castro: A Biography* (Polity, Cambridge, 2005), p. 371.

爾繼位之後，經濟改革的幅度也不大（此時歐巴馬政府有限地放鬆美國對古巴的政策）。共黨政權在蘇聯垮台之前，古巴可以從對蘇貿易中獲利，也可以得到蘇聯提供的能源和軍武。因此到一九九〇年代，當後蘇聯的俄羅斯不再提供這些援助了，古巴也陷入物質條件大幅惡化、糧食短缺，還有長時間停電的困境。[52]

哈瓦那在莫斯科轉向資本主義後仍然堅持共產路線，讓很多觀察家大感意外。適度的政治鬆綁或許有助於此點，但在很多情況中它反而可能刺激人民要求更深遠的改變。古巴最重要的政策轉變是放寬信仰，使得宗教信仰不再會讓某些人無法擔任官職。[53]九〇年代底經濟援助到來，因為委內瑞拉的查維茲一九九九年上台，補充油因而有了新的來源。然而，古巴的生活水準仍未提高。主要的成功案例是在健康和教育方面（不少共產國家都是，但古巴尤其顯著）。特別令人讚嘆的是，二十一世紀古巴的嬰兒死亡率和平均壽命非常接近美國，儘管美國比古巴富裕很多。[54]

窮人的教育和健康前景改善，尤其是鄉下的窮人（革命前古巴都市人口的識字率就已經很高），但多元民主或政治自由卻沒有更加普及。反對古巴共黨政權的人長期受到壓迫，儘管政治犯的人數大幅減少。[55]使用移民安全閥[11]意味著，很多潛在的反政府分子都在國外，不在古巴。這項措施讓好幾十萬古巴人在接連幾次的移民潮中得以移居拉美其他國家或美國。卡斯楚統治下的古巴採用蘇聯式的經濟體制，其改革程度甚至比不上卡達統治的匈牙利。卡斯楚始終對任何種類的「市場社會主義」深深存疑。他也沒有試圖效法戈巴契夫的經濟改革下所推動的政治改革。雖然完全可以不管蘇聯，獨立做決策，但一九六〇和一九七〇年代的卡斯楚卻把「社會主義」的正統共產概念予以內化。他固執地堅守共產理想，即使後來蘇聯自己都放棄了理想。這就是為什麼他雖然多次跟岡薩雷斯（支持民主的西班牙社會黨領袖，一九八二到一九九六年任西班牙首相）見面，卻仍然抗拒這位西班牙民主社會主義者所提議的改革。[56]

只要還是黨領導人和總統，卡斯楚就是決策過程的主導者，也是革命理想的守護者。他的聲望、才智和人格都受人肯定，不需要人為打造出的個人崇拜。在位如此之久，再加上古巴日常要面臨的問題，他卻仍受民眾愛戴或許令人意外。古巴也有貪污的問題，但卡斯楚本身卻不受污染，對物質主義嗤之以鼻。一九九〇年代間，許多古巴人擔心的是物資不足，而非物資過剩，因此共產體制要能存活很大一部分要歸功於人民對卡斯楚殘餘的忠誠。美國的古巴專家茱莉亞·史威格也強調「古巴反抗和存活」時期「卡斯楚的領導方式和個人魅力」的重要性。她

10 國內的政治考量顯然讓柯林頓打消對古巴採取建設性政策的念頭。一九九三年十二月六日他對泰勒·布蘭奇（Taylor Branch）說，西班牙首相「岡薩雷斯今天針對美國對卡斯楚統治的古巴實施三十多年的禁運訓了他一頓——說這麼做沒道理、適得其反、是個錯誤。」然而，柯林頓說，「現在還不是改變的時候。」見 Taylor Branch, *The Clinton Tapes: A President's Secret Diary* (Simon & Schuster, London, 2009), p. 92.

11 譯注：指人民可以移居海外。

還說：「他的無所不在，讓很多古巴人即使看著鄰居變得冷漠或從此離開，也持續把革命視為一套他們無法置身事外的理想。」[57]

北韓的極端例子

全世界僅存的五個共黨國家中，有四個在亞洲，一個在加勒比海，但至今唯一把個人崇拜發揮到極致的是北韓。金家三代長久以來都致力於大規模造神運動，雖然程度一代不如一代。金日成時代的個人崇拜最誇張，他是北韓的第一位共黨領袖。金日成在韓戰期間（北韓有中國的大力支持，南韓有美國和其他民主國家大規模投入）確實有些真正的支持者，最後韓戰在僵局中結束。大多數北韓人認為是南韓入侵北韓，引發戰爭，而在金日成的領導下他們贏得了勝利。[58]北韓政府嚴格掌控社會，對外面世界封閉，同時又打造不容嘲弄的領袖崇拜。國家的所有進步都歸功於金日成及其家族。很難想像在北韓以外的地方，會有共產黨像北韓形容金日成一樣形容已故的領袖：「比基督更會愛人，比佛陀更仁慈，比孔子更有德，比穆罕默德更正義。」[59]

兒童到上幼稚園的年紀就要學會在拿到點心時說「謝謝你，慈父般的偉大領導人」。[60]金一向是「世界的太陽，國家最聰明的腦袋」。[61]而且，他「不只保護人民的政治生活，也拯救人民的肉體，因為他的愛能治癒病患，讓他們重獲新生，就像春雨落在朝鮮的神聖土地上」。[62]除了把自己神化，金日成在共黨政治圈的一大創新是把口頭上對馬列主義的支持與世襲統治結合，讓他的兒子金正日繼承權位。金正日在一九九四年金日成逝世後繼位，完成了極權主義與「蘇丹制度」的結合。[63]有趣的是，北韓的《政治辭典》裡有一條修訂很早就指出了金氏王朝的雄心。一九七〇年版還收錄以下條目：「世襲制是剝削式社會的一種反動習俗，其中的某些職位或財富可以合法傳給子嗣。世襲制原本是奴隸社會的產物，後來被封建主採納，當作一種延續獨裁統治的方法。」[64]這個定義到一九七二年版就消失了。二〇一一年十二月金正日逝世，王位由么子金正恩繼承。[65]北韓人民受飢荒和生活水平低下所苦，金家三代的獨裁統治卻很少設法改善人民的生活。青少年脫北者「平均比南韓青少年矮五吋、輕二十五磅」。[66]北韓政權的高壓和獨裁統治，讓它比大多數極權國家更貼近歐威爾在《一九八四》所描述的體制和社會。

法西斯領袖

在以農民居多的社會中，用領袖造神運動來鞏固人民的支持，是跟馬列主義背道而馳的，是共產體制裡的一種異質品，無論它有多好用。相反地，領袖崇拜卻是法西斯主義的中心思想，對二十世紀的兩大法西斯政權都不可或缺，也就是墨索里尼和希特勒。所有領袖崇拜的一個共同點，就是利用它來煽動對意識形態最無感的人以便支持某個政權，無論是法西斯義大利、納粹德國，或沉迷於領袖崇拜的其他共黨國家。如前文所說，墨索里尼採納了極權國家的概念。

對他和他身邊的人來說，那是他們追求的目標。然而，儘管墨索里尼實施高壓統治，比起希特勒的德國或史達林的蘇聯，他統治的國家離極權國家的理想型還是比較遠。

墨索里尼

墨索里尼在一戰前曾是反宗教干政的社會主義者。到了戰爭的尾聲，他開始強烈反對社會主義和共產主義，同時也仍然反天主教。過不久，他認為應該放下對教會的敵意才明智，畢竟比起硬鬥，跟梵蒂岡和解才是合理的選擇。此外，雙方也有些共同的信念。墨索里尼反覆提到重申權威、紀律和秩序的必要，而「他對社會主義、自由主義和唯物主義教條的強烈反對」，在教會很受肯定。[67] 雖然支持共和，他也樂於保留君主制，只要掌握最高權力的人是他，不是國王。墨索里尼剛崛起時，由於國王可以派兵鎮壓逐漸擴大的法西斯運動，因此跟國王埃馬努埃萊三世為敵並不明智。墨索里尼的法西斯運動迅速發展。一九一九年，他跟一群志同道合的退伍軍人組成標榜國家主義的「法西斯戰鬥團」。很快地，這個團體孕育出的黑衫軍開始落實戰鬥，展開跟社會主義者、自由主義者和其他民主主義者的對抗。墨索里尼帶領的法西斯政黨在一九二〇年只有約兩萬人，到了一九二一年底便增加到將近二十二萬。該黨承諾為加入者提供工作是部分誘因，此外還有使命感和愛國心。他們號召年輕人加入，尤其是農村青年。一九二一年時，該黨有四分之一成員都是農場工人，農人則占了百分之十二。[68]

一九二二年，墨索里尼藉由威脅和恐嚇當上總理。他呼籲國王不要反對「法西斯革命」，[69]同時揚言要派黑衫軍上羅馬街頭大遊行，反抗既有政權。國王拒絕簽署首相法克塔呈上的法令，宣布國家進入戒嚴，這麼一來就能派軍鎮壓墨索里尼帶領的一群暴民。然而，軍隊或警察是否值得依賴卻很難說，因為這兩個組織都有人支持墨索里尼和他追求的目標。無論是這個原因，還是只想避免流血，最後國王邀請墨索里尼共組聯合政府。[70]墨索里尼的蠻橫行為一直延續到一九二四年的選戰，他的政府所支持的人選贏得了三分之二的票數。國會裡的著名社會主義政治家馬泰奧蒂批評法西斯黨在選舉中使用暴力和脅迫。他還說，墨索里尼已經表明，就算選後他們是少數黨，他也不會放棄權力。不到兩週，馬泰奧蒂就被刺殺身亡。[71]幕後主使者就是墨索里尼，雖然他矢口否認。

保守民意持續在國內和海外支持墨索里尼。在倫敦，《泰晤士報》指出他成功打擊布爾什維克主義，說他「垮台會是可怕到難以想像的事」。一九二五年一月，墨索里尼終止內閣制，全面掌握獨裁政權。國王再次成為推手，顯然認為右翼威權好過軟弱無能的內閣制政府和政黨競爭。[72]到了一九二六年底，墨索里尼查禁了法西斯黨以外的政黨，甚至為此專設法庭，義大利的大多數共黨領袖和其他反法西斯分子不是被捕就是被警察監控。[73]

一九二五和一九二六年間，墨索里尼多次險些被殺，但最後都毫髮無傷逃過一劫。教宗說他「果真受神庇佑」，拿波里大主教在布道中說他「因為某種天命」而存活下來，想必是「為了義大利甚至全人類的更大福祉」。[74]羅伯特．帕克斯頓指出，墨索里尼政權步上軌道後過了很久，他還是很愛提起「法西斯革命」。他指的是「一場對抗社會主義和軟弱自由主義的革命，一種團結、激勵義大利人的新方式，一種能把國家共同體置於個人自由之上、不變更財產卻能集結民意的新政府權威」。[75]然而，墨索里尼已經準備好出手操控以遂行己意，盡可能拉攏愈多民意愈好。他告訴過一名故友他花了多少心力在重要機構和不同利益團體間求得「平衡」，包括「政府、政黨、王室、梵蒂岡、軍隊、民兵、官員、地方黨部領袖、大臣、聯邦首長和大型獨占事業。」[76]建立極權政府在當時對墨索里尼來說仍是遙不可及的目標。

領袖崇拜是他用來強化權威和維持權力的主要機制。口才過人的墨索里尼在一九二〇年代中讓義大利享有「鐵腕統治」和重建「秩序」應有的好處。如同克里斯多福．杜根所說，「經過前幾年的混亂之後，『秩序』的神話令人著迷。諷刺的是，煽動暴力、破壞法治、讓國家蒙受恥辱的罪魁禍首，竟然成了社會對穩定有所渴望的最大受益者。」[77]建立墨索里尼偉大形象的計畫主要來自法西斯黨內部，因為黨不如「領袖」[12]受歡迎，所以希望能從他身上沾些光。然而，對墨索里尼的領袖崇拜也讓他跟黑衫軍的粗暴手段拉開距離。通常只要事情出了差錯，都可以歸咎於別人。杜根指出，一九三〇年代間，法西斯的挫敗經常都「歸咎於領袖周圍那些無能、腐敗又不可靠的隨員，一般認為墨索里尼本人對周圍人的過失一無所知，不然就是寬宏大量原諒了他們」。[78]

甚至連某個希望法西斯主義更加整體畫一的義大利記者都認為，法西斯主義有「各種流派」，而「唯一能統一整體的元素，就是領袖無敵的神話」。[79]一九三〇年代間，墨索里尼自己也愈來愈相信這個神話。他說：「跟著直覺走時我從來沒出過錯，聽從理性卻每次都出錯。」法西斯主義的一個特點就是把「直覺」置於理性之上。[80]不過，義大利和德國的法西斯主義有些重要的差異。反猶當然是希特勒的中心信念，但對墨索里尼卻非如此。一九三二到三五年間他就用了猶太人當財政部長，而且猶太人在墨索里尼的政黨從最初開始的比例就算高。[81]直到一九三〇年代晚期義大利跟納粹德國日漸友好，猶太人在義大利社會的影響力才變成重要議題，歧視猶太人的法律則是要到一九三八年秋天才頒布。[82]

二戰晚期，義大利顯然終將戰敗，墨索里尼「對仇敵的不屑」便「延伸到追隨者身上」。[83]當戰爭帶來的苦難失去意義，他早期累積的聲望就快速下滑。一九四五年四月，墨索里尼和他的情婦克拉拉．貝塔奇被共產黨游擊隊抓到並射殺，之後倒吊示眾時，群眾很快就遺忘墨索里尼過去有多受愛戴。有個在場的年輕記者總結了從頌揚偉大領袖到詛咒失勢領袖的快速轉變：「上面是暴虐統治，底下是輕信和因循」，當那些「本來會衝進義大利任何一個廣場大喊支持墨索里尼的人」表現得好像一直都反對他時，政治神話已經從這一個轉移到另一個了。[84]

12 譯注：Duce，義大利文指領袖或元首，因墨索里尼使用此稱謂而成了墨索里尼的代稱。

希特勒上台

雖然墨索里尼和希特勒有時會使用革命的語言，但如帕克斯頓所說，他們「都是受國家元首之邀才出任政府首長」，而國家元首之這麼做是「聽取文武幕僚的意見之後，合法行使自己的正式職責」。[85]一九二三年希特勒曾在巴伐利亞籌備叛變，希望在慕尼黑奪權，當作進軍柏林的踏腳石，但後來被捕，坐了一年牢。那次之後他決定競選官職，不再用違憲的方式奪權。這麼做不是因為他轉而相信法治，而是認為仰賴日漸強大的號召力似乎才是可靠之途，獨裁統治可以留到日後再說。希特勒利用在獄中的時間閱讀，並寫下《我的奮鬥》，此書在一九二〇年代中分兩冊出版。他對想像中的亞利安「純種」的執著和走火入魔的反猶主張，是他一貫的中心思想。一戰結束後的一九二〇年代，希特勒得以利用德國人的屈辱不平壯大自己的聲勢。他眼中的德國正處在危機和崩潰的狀態中，而他堅稱「導致德國崩潰的原因……最終且最決定性的原因，就是未能看見種族問題，尤其是猶太人帶來的威脅。」[86]希特勒也抨擊和平主義，寫下「那些想活的，讓他們去打仗；那些不想在這個鬥爭永無止境的世界裡打仗的人，不配活著。」[87]

戰勝的協約國一九一九年強迫德國接受嚴苛的和平條件，再加上一九二〇年代的高通貨膨脹率，以及之後的嚴重失業問題，都讓希特勒一九一九年成立的國家社會主義黨（納粹）在一九二〇年代得到立足之地，但二〇年代下半經濟得到某程度復甦後，他們仍然只是一個邊緣政黨。這種局面在一九二九年十月華爾街崩盤後改變。這個衝擊使得德國銀行收回給企業的貸款，到了一九三二年每三個工人就有一個以上失業。[88]希特勒的政黨是這場經濟危機的最大受益者。他們在一九二八年的國會選舉拿下十二席和百分之二點六的選票。一九三〇年九月的國會選舉更增加到一〇七席次，得票率十八點三。納粹黨一躍成為議會第二大黨，超過六百萬人投票給它。[89]希特勒的主要立傳人伊恩・克索提出了一個概括性解釋，不只適用於兩次大戰之間的德國：「有些時候，政治人物再也無法溝通，也停止理解他們本來應該代表的人民——這代表一個政治體制走到了危險關頭。威瑪時期的政黨政治人物在一九三〇年就很逼近那一點。」[90]

兩年後，希特勒的聲望仍然有增無減。年老的威瑪共和國總統也是陸軍元帥馮・興登堡的七年任期即將結束。他再度參選，另外還有希特勒和共產黨領袖恩斯特・泰爾曼。興登堡在第一回合投票沒拿下過半數，希特勒居次，但第二回合他拿下百分之三十七的票數，超過一千三百萬人投票給他。[91]由於票數很高，希特勒相信自己有資格坐上總理的位置，即掌握大權的政府首長，但興登堡斷然拒絕了他。（興登堡之所以能拿下多數票，部分要感謝社會民主黨貢獻的票，因為興登堡雖然保守，但顯然還是比希特勒好。）納粹在一九三二年的運氣有好有壞。那年的七月和十一月都舉辦了國會選舉，納粹十一月拿到的票比夏天少了兩百萬。興登堡以為自己聰明地利用了納粹的弱點，因此最後答應讓希特勒擔任總理的要求，並在一九三三年一月底完成任命，但刻意讓希特勒周圍的人都是保守派，而非法西斯主義者，相信這樣就能約束他的權力。

希特勒心裡卻有別的盤算。一九三三年二月二十七日國會大廈被燒毀更幫了他大忙。這件事是意外，是荷蘭某個社會主義青年的個人行動，希望藉此刺激德國工人挺身反抗右翼政府和資本主義。希特勒卻趁機把縱火案怪在共產黨身上，並開始打壓共產黨員，連社民黨員和其他反法西斯人士也遭殃。一九三三年三月五日，在充斥著恐嚇的選舉中，納粹黨拿下將近百分之四十四的選票，新國會的六百四十七席有二百八十八席被他們拿走。共產黨雖然被殘酷打壓，許多共產黨員和社民黨員被打甚至被殺，但共產黨的得票率仍逾百分之十二，社民黨也有百分之十八。[92]然而，這時納粹不只成了第一大黨，也因為跟保守派結盟而成為國會多數黨。事實上，他們甚至不需要依賴後者的支持就能掌權，因為納粹讓當選的共產黨議員都無法就職，這些人不是被捕就是逃跑。國會在衝鋒隊（SA）和親衛隊（SS）這兩個組織的恐嚇下，只有社民黨的九十四票反對授權法，其他四百四十一票都贊成，這等於把權力從國會轉移給納粹黨。[93]（重要的是，中央黨——戰後的基督教民主聯盟前身——原非納粹的盟友，卻也投下贊成票。）到了一九三三年夏天，超過十萬共產黨員、社民黨員和工會成員被捕，連官方都估計「拘禁期間死亡的人數達六百人」。[94]

早在一九三三年，希特勒就在納粹宣傳部長戈培爾的幫助下煽動全國一同抵制猶太商店和企業，排擠猶太人（根據「種族」而非宗教所定義的猶太人）對文化和教育造成全面的影響。

一九三四年，五千名大學教師中約一千六百名因為本身是猶太人或反法西斯而遭到免職。[95]除了有上級的鼓勵，底下也充分配合。學生在加速讓猶太裔和反納粹教授被開除這件事情上扮演了重要角色。當權者的意識形態被愈來愈多人吸收。希特勒畢竟「有過人的天賦：靠口才打動群眾的魅力」。[96]

希特勒的很多追隨者都渴望他獨攬大權，如今他得以往那個方向更快速邁進。阻礙他完全掌權的一個因素是，保守勢力可能跟軍隊結盟，尤其有些資深軍官愈來愈擔心納粹黨的武裝組織衝鋒隊（共四百五十萬成員）過於自大。他們不但逮捕、毆打、殺害猶太人、共產黨員和社民黨員，甚至在野心勃勃的恩斯特・羅姆的帶領下爭取高於軍隊的權力。希特勒的反應是選擇制裁衝鋒隊的領導階層。這不但是對軍隊的暫時讓步，也是他認為對自己有利的一步，因為他漸漸懷疑羅姆對他的忠誠。最後他派人逮捕羅姆並將他槍決。效忠希特勒的親衛隊原本地位低於衝鋒隊，如今地位翻轉，衝鋒隊最後「變成一個只從事軍事活動和訓練的組織」。[97]一九三四年七月希特勒跟衝鋒隊攤牌，同時間他也要處理來自不同地方的可能威脅。槍決衝鋒隊領袖跟槍決幾名受人敬重的保守派政治人物同時發生，其中包括前總理施萊謝爾將軍及其妻子。然而，希特勒和戈培爾強調這麼做是要讓衝鋒隊服從紀律，兩人把這次清算解釋成阻止羅姆發動政變以及將德國推向不斷革命的英雄之舉。這套騙人的說詞讓很多德國中產階級信以為真，以為是希特勒拯救德國免於混亂。

不過，直到興登堡一九三四年八月初逝世為止，希特勒都沒有達成百分之百「元首國家」（Führer state）的願望。興登堡垂死之際，希特勒設法通過一項重要的憲改，規定總統一旦死亡，該職位就跟帝國總理合併。由於總統是軍隊指揮官，這就表示這項大權轉移給希特勒之後，他就會正式被稱為「元首兼帝國總理」。[98]從那時候開始，他的專制傾向變得更為明顯，意識形態目標也更加清楚。雖然是自大狂，鼓舞希特勒的卻不只是對權力的渴望，他同時也「鼓吹不可動搖的信念」。[99]他對歷史發展的種族詮釋，伴隨著歷史由「強人」主導的強大信念。他非常崇拜十八世紀的普魯士國王腓特烈二世（腓特烈大帝）。對希特勒來說，腓特烈大帝把偉大展現得淋漓盡致，因為他結合了對內的專制統治和對外的軍事勝利，大幅擴大國家的邊界，讓普魯士成為歐洲的軍事強權。二戰晚期，當納粹德國潰敗在其他人眼中已經指日可待時，希特勒仍然從（戈培爾送他的）湯瑪斯．卡萊爾譯成德文的腓特烈二世傳記中獲得鼓舞。[100]

一九三四年時，一般人提到希特勒都稱「我的元首」，而他自己在跟大多數納粹領袖人物說話時都直呼他們的姓。他花在投射自身形象（雖然當時還沒有出現「形象」這樣的字眼）上的心力遠比政策內容要多，只有他深深著迷的領域例外，例如消滅猶太人的影響力（最後變成消滅猶太人本身）、增強德國的軍事力量，以及外交政策（下一章再述）。納粹體制有一個重要的層面不能算極權體制，那就是其他許多政策的辯論都在希特勒之下的層級發生，下級會遵循他的大方針，做事盡可能合他的意。這樣反而增強了他的無限權威，雖然難以親近、無法預測的任意干預、冗長的獨白和對政策細節缺乏興趣的領導方式，很難造就有效率的政府。[101]

希特勒討厭可能會出現批判性討論的內閣會議。一九三三年他還帶領著聯合政府，裡頭的保守派多於納粹黨，內閣一個月開四、五次會，直到夏季休會，但之後次數就少很多。他偏愛一對一會議，這樣才能掌握主導權，而且他嚴重偏袒某些部長。[102]到了一九三〇年代後期，內閣就不再開會，所有貌似聯合政府的成分都消失，體制內沒有人會懷疑元首才有最後決策權。希特勒決定聚焦的政策都由他跟他任意召來的人士商議後決定。[103]

一九三六年，希特勒在德國的聲勢已經毋庸置疑。納粹在那年的選舉拿到將近百分之九十九的選票，雖然不少人是害怕投下反對票會下場悽慘才投給希特勒。儘管如此，這時候希特勒明顯已經得到德國大多數人民的支持。經濟復甦、人民對國家軍事力量重生的驕傲，以及全國普遍相信希特勒是偉大領袖，這些都是當時的政治實況。沒有人比希特勒本人更相信自己的天才。如克索所說，「那種不可一世——召來災難的傲慢自大——不可避免，並在一九三六年達到顛峰。」[104]一九三八年初期，希特勒對奧地利獨裁者許士尼格說，「我已經達成了我的所有目標，或許已經成為有史以來最偉大的德國人。」[105]

法西斯主義可以說是二十世紀兩次大戰之間掀起的運動，而義大利和德國則是法西斯主義掌權的最佳例子。雖然兩者之間有些差異，用「法西斯」來形容兩者並無不妥，畢竟不同時期的共產體制也存在巨大的差異，甚至彼此也會起衝突（中蘇交惡就是例證）。法西斯主義是一種特殊的政治運動。雖然政治領袖要改變法西斯意識形態，遠比共產領袖揚棄馬列教條更容易，但法西斯主義運動還是有些共同點。包括美化戰爭和暴力、擴張主義、種族偏見、渴望徹底掌權、著迷於國家團結、拒絕認同社會內部不同利益和價值的差異，最重要的是對領袖的英雄式崇拜。帕克斯頓還加上其他特點：「相信自己的團體是受害者，以此合理化各種對付敵人的作為，無視法律和道德上的界線，無論對內對外都是」，以及「領袖的直覺高於抽象及普遍的理性」，還有「對錯完全取決於該團體在弱肉強食的競爭當中是否脫穎而出」。[106]

兩次大戰之間，很多歐洲國家都有法西斯運動，包括法國、英國、比利時、荷蘭和挪威。他們從義大利和德國得到鼓舞，但對國內的政治體制造成的衝擊不大。如帕克斯頓所說，「從這些力道微弱的模仿中可見，光穿上有色襯衫上街遊行，毆打本地的弱勢團體，仍不足以複製希特勒或墨索里尼的成功。還要有相當程度的危機、政治空間也要相當程度地打開、有相當程度的結盟能力，以及原有菁英相當程度的配合。」[107]我們很容易把法西斯主義的定義擴大，用來涵蓋太多不同的政權。但就如同穿上同樣的衣服打人不能保證政治運動一定會成功，也不是每個蠻橫高壓的右翼政權都能基於同樣的理由歸屬於法西斯政權。因此，嚴格來說，佛朗哥統治的西班牙或薩拉查統治的葡萄牙都不是法西斯國家，雖然兩者都高度專制。兩國一開始都是軍事獨裁政權，後來也持續走威權路線，但西班牙早在一九七〇年代出現民主轉型的突破性進展之前，就有多元性的元素逐漸萌芽。重要的是，西班牙和葡萄牙都比墨索里尼的義大利或（尤其是）

希特勒的德國保留更多傳統的保守主義元素。佛朗哥和薩拉查都是天主教徒，不但接納教會這個組織，也依賴教會的支持。不過，佛朗哥跟兩大法西斯獨裁統治者關係曖昧，西班牙內戰期間也受益於墨索里尼和希特勒的援助。內戰過後，他展開血腥鎮壓，共二十萬人被殺。[108]

德國大眾對希特勒「由衷且廣大的支持」，一直延續到二戰中期。[109]（他錯估外交政策為德國帶來禍害，也毀了自己，這是下一章的主題之一。）納粹德國結合了對希特勒的個人崇拜以及一個強大的現代國家所擁有的制度。即使在戰火肆虐期間，希特勒的魅力漸漸消失之際，國家制度仍然維持運轉。然而，對希特勒來說，國家的主要目的是把一名偉大領袖推上最高權位並效忠於他。早在一九二〇年他就公開說過：「我們需要一個天才的獨裁統治者。」[110]有個地方上的納粹領袖讚揚希特勒是「比耶穌基督還偉大跟強大的新領袖」。[111]希特勒本身的魅力、他一九三〇年代結束前所創下的政績，以及德國最需要的莫過於一名強人領袖的集體迷思，都是百萬人為他著迷的原因。亞當．斯密認為，當「成功」跟「大眾的強烈喜好結合時」，就算是偉大領袖也往往變得驕傲自滿，導致他們「自以為地位崇高、才能出眾，其實不然」，也「因為自以為是而貿然採取許多魯莽、甚至毀滅性的冒險行動」。[112]雖然希特勒的偉大是一種假象（煽動邪惡的能力除外），那也是肯定能掀起毀滅性冒險行動的假象。

獨裁政權的迷思

十八世紀的杜爾哥寫道：「專制統治很容易。隨心所欲是一國之君很快就能學會的規則。說服人需要技巧，但命令人什麼也不需要。專制統治若是激怒不了受害者，那就永遠不會從世界上消失。」[113]專制統治確實遲早會刺激受害者站起來推翻政權（雖然暴力革命往往是另一種威權統治的序幕）。然而，即使是獨裁君主也無法只靠武力統治，因為他必須要能說服周圍的人（他的禁衛隊、軍隊將領或政治警察頭子），讓他們相信效忠他有利於國家或個人利益（更常是兩者都有）。比杜爾哥年長一些的大衛．休謨認為，「要是一個暴君的權威完全來自恐嚇，就沒有任何理由要害怕激怒他。因為他身體的力量能影響的範圍很小，他進一步擁有的力量一定要奠基在我們自己的想法，或是其他人認定的想法上。」[114]

因此，說服力和武力都是獨裁領袖不可或缺的裝甲。二十、二十一世紀的獨裁統治者擁有啟蒙時代思想家想像不到的利器和媒體，從墨索里尼和希特勒發揮極致的大規模群眾集會，到電子監控、廣播電視，甚至對傳送訊息的完全掌控。[13]左右民意需要組織的幫忙，畢竟統治現代國家跟帶領十八世紀作家所謂的「野蠻部落」很不一樣。撇開傳統君主不論，很多民主化時代的威權政府都覺得有必要製造民主的表象，包括其實沒有選擇的「選舉」，藉此作為政府得到人民支持的證據。一黨獨大的執政黨通常在安排這類選舉和動員選民上扮演重要的角色。確實有證據顯示，有政黨撐腰的獨裁統治者比沒有政黨支持的個別統治者在位更久。政黨不只有助於動員，也能多少「約束政敵的野心，使他們效忠統治者」。[115]

巴斯黨（阿拉伯復興社會黨）即支持薩達姆．海珊在伊拉克掌權的重要後盾，雖然它其實是敘利亞人在大馬士革創立的，一九五一年才被一名年輕的伊拉克工程師（後來被海珊謀殺）引進伊拉克。[116]海珊雖然強烈反對國內的所有共產黨員，以及激進伊斯蘭教徒，但巴斯黨跟執政的共產黨卻不無相似之處。他們跟共黨政權一樣，致力於讓軍隊和國安機構服從黨。官員被安插到軍隊裡，以確保軍隊被黨——最重要是海珊——的思想滲透。[117]政黨同時也是建立海珊個人崇拜的推手。這後來發展到極致，他周圍的親信和下屬對他的奉承也是。城鎮、清真寺、戲院和河流都以海珊命名。旗幟上寫出「伊拉克就是薩達姆，薩達姆就是伊拉克」的標語，作家則讚揚「薩達姆是山之巔，海的怒吼。」[118]然而，研究海珊和巴斯黨最詳盡的作者認為，海珊政權無疑是暴虐政權，卻應該被視為威權而非極權政權。[119]

極權政權為了合理化執政黨和領袖對徹底掌權的野心，通常會描繪出一幅輝煌的前景，一個新的黃金時代，至少在一段時間內鼓舞大批人民，蘇聯、義大利和德國就是如此。用來合理

13 至少國內的媒體是全面掌控。外國媒體雖然會被封鎖，例如在共黨國家播送的自由電台和自由歐洲電台，但無法全國各地都有效封鎖。因此，威權和極權國家對訊息和民意流通的全面掌控是不完全的，即使是在網路入侵讓威權領袖面對嚴重考驗以及全新機會之前，就已經是如此了。

化極權和威權統治另一種較為普通的論點是，這樣能重建秩序，穩定政府。秩序之說很吸引人，因為一般人多數時候都希望有和平的環境，在穩定的社會中養兒育女。倘若有人告訴他們，不選擇獨裁政權承諾的「秩序」，就是選擇內戰和無政府狀態，而他們也相信，很多都會樂意或勉強支持當權者。

然而，這樣把「秩序」合理化有幾個根本的問題。首先，大多數威權政權本身就不顧法治，訴諸暴力並拆散家庭，動輒逮捕、拘禁、殺害好幾萬人（如智利獨裁者皮諾契），甚至數百萬人民（如史達林統治的蘇聯或毛澤東統治的中國），造成大規模混亂。無論怎麼定義「秩序」，中國的大躍進和文化大革命都離「秩序」再遠不過。第二，這種政權因為不用對民間疾苦負責，因此也無能為力解決根本問題，只能壓下問題。當改革或革命終於發生時，問題往往已經變得更加棘手。第三個問題跟大多數國家都是族群多元有關，威權國家也不例外。尤其在非洲，但中東也一樣，國界由帝國強權來決定，但帝國強權不太會考慮到地方或族群認同。如保羅．克里爾的觀察，「一般來說，在族群多元的社會中，獨裁者要靠自己族群的支持才能壯大」，而社會愈多元，「獨裁者的族群可能就愈小」。[120]這會導致獨裁者在政治和經濟上偏袒自己的族群，資源不成比例地集中在強勢的宗教團體或族群手中。這麼一來不但會加深族群之間潛在的緊張狀態，也會阻礙經濟發展。

威權統治有助社會穩定不過是一種迷思。在已經確立的民主體制中，政府下台是正常且健康的事，不表示體制或社會產生危機。相反地，威權國家的政府若下台就代表體制出現危機。過去幾十年來，東歐自一九八九年的轉型，以及中東從二〇一一年爆發的激烈動盪就是最好的例子。不久之前，民主領袖都能享受小康的安適退休生活。如今，很多民主領袖希望退休後能享受榮華富貴，靠自己的知名度賺錢。無論如何，他們的命運都迥異於墨索里尼（被槍決並倒吊示眾）、希特勒（在柏林的地堡舉槍自盡）、希奧塞古（跟妻子一起被槍決），或格達費（被反抗軍虐殺），儘管無可否認還是有很多獨裁者得以安享天年。

眼光遠大的偉大領袖，就是獨裁政權最難以動搖的迷思。這在專制政權比寡頭政權明顯，後者通常把重點放在執政黨的獨特洞察力和智慧上，而非個別領袖的特質。義大利文（Duce）、德文（Führer）和俄文（vozhd）的領袖所代表的意義，在墨索里尼、希特勒和史達林執政時都產生改變。每一個都代表一個力量、理解力、洞察力超乎常人，而且愛民如子的領導人。盲目的追隨者賦予領袖英雄特質，有時領袖本身甚至尚未標榜自己擁有這些特質。最顯著的例子是希特勒。他先是相信德國需要一個偉大英勇的領袖，後來沾沾自喜地發現自己就是那一個人。一九二〇年代早期，希特勒還沒開始打造個人崇拜（有別於當時的墨索里尼），但追隨者卻已經聲稱他們「找到了數百萬人心的渴望——一個領袖人物」。[121]到了一九二〇年代末，希特勒相信他們是對的，納粹黨也開始完全聚焦在領袖身上。「對我們而言，」希特勒在一九三〇年說，「領袖就是理念本身，每個黨員都只能服從領袖。」[122]二十世紀幾個大獨裁國家的領袖都曾不遺餘力地打造個人崇拜（雖然史達林的個人崇拜有部分是在宣揚他的謙遜），但他們身邊也從來不乏助手和奉承者為他們發明超人神話。

獨裁政權要成功，很大一部分要靠領導人上台時的社會政治脈絡、想分一杯羹的追隨者、出於恐懼事情變得更糟的理由而讓步的菁英（如義大利和德國保守派是因為害怕共產主義才跟墨索里尼和希特勒合作），以及相信一個人能展現國家智慧的盲目崇拜。這些都是「情緒化的尾巴搖著理性的狗」的危險明證。[123]這些例子是人類需要強人領袖這個假象的極致，也是個提醒我們的警訊，這類領袖所掌握的權力若不加以約束，有朝一日必會走向迫害和屠殺。

CHAPTER 7 「強勢領袖」的外交政策假象

Foreign Policy Illusions of 'Strong Leaders'

若說錯誤的外交決策**都是**幻想自己是強人、眼光不凡的領袖所為，顯然會令人誤解。然而，這樣的領袖因為不屑參考某些領域的專家所累積的知識，所以更容易犯下嚴重的錯誤。他們的另一個特色是不肯鼓勵建立在充分資訊下的自由討論，讓政府官員可以毫無顧忌地提出異議並堅持應該考慮其他方案。整體來說，威權國家比民主國家更容易做出糟糕的外交決策（兩者在國內政策的差距更大），最糟糕的政策是獨裁而非寡頭政權所為，由於沒人敢反對領導人的意見，領導人就會以為自己最有資格做出決定性的判斷。民主國家在制訂對外政策時，外交部長（美國是國務卿，英國是外交大臣）通常很有影響力，除此之外，內閣、內閣委員會、國家安全會議，連同資深部長也會參與其中，儘管各國狀況不同，參與程度也因時改變。

不過，基於本書先前所提過的種種原因，首相（總理）這個位置在外交政策上扮演的角色愈來愈重。而那些相信自己的判斷無人能及的領袖，特別容易犯某些錯誤。以「強人」形象自豪，或迫切想打造強人形象的領袖，尤其容易選擇以武力侵占其他國家。戰時領袖比和平時期的首相和總統的聲望更高，雖然這樣的聲望對其他人的性命來說風險也比較高。帶領一個國家走向不必要的戰爭、違反國際法，甚至基於錯誤的認知參戰，或者付出的代價多過帶來的利益，這都可能危及領袖的地位。根據大衛．歐文的觀察，過度自信和專橫霸道的領袖容易罹患「狂妄症候群」，症狀包括「自戀傾向，把世界看成他們得以行使權力、建立豐功偉業的競技場，而非需要用務實且非關自我表現的方法去解決問題的地方」；相信自己要對「歷史或上帝」這類更高的存在負責，而不是對自己的同僚；缺乏探討哪裡可能出錯的好奇心，因而導致「傲慢的無能」，這是因為過度的自信「使領袖不再關心政策的具體細節」。[1]

極權與威權領袖的外交政策假象

本章很大一部分會聚焦於民主領袖的外交政策假象，尤其是英國的三位首相張伯倫、艾登和布萊爾。不過，更驚人的假象會在第六章討論過的獨裁領袖身上找到，而且往往帶來毀滅性的後果。當然不是每個威權領袖都喜歡在外交上冒險。有些則專注於鞏固國內的政權，在這類威權國家中，傳承中國文化的政權在經濟現代化這點最為成功。[2]

希特勒、史達林和墨索里尼都算得上對經濟現代化有貢獻，雖然較傾向國防工業，特別是前兩位。這三位二十世紀兩次大戰之間的「偉大獨裁者」有個共同點：他們最嚴重的外交政策失誤，都是臣服於自己的神話所造成的結果。他們漸漸相信自己的天才和不屈不撓的意志終將得勝。無論是獨裁或民主政權，自我意識強的領袖容易愈來愈滿意自己的判斷，不願意聽取反對意見，即使是行政部門內部的意見。他們也會愈來愈害怕別人認為他們軟弱，或表現出軟弱的一面。

希特勒和墨索里尼的誤判

那些一開始就達到目標的干涉外國行動，從事後來看可能並非如此成功，例如希特勒占領捷克斯洛伐克。藉由簽署慕尼黑協定，希特勒保住了蘇台德地區，但一九三八年十月下半，離協定簽署才幾週，他就打算違反協定。他下令要軍隊準備「清除捷克的殘餘物」。[3]一九三九年三月德國入侵捷克，當時並未遭到其他國家軍事上的反對，表面上看來無疑是德國得利。但是，這麼做卻改變了國際輿論，尤其是英國。就這樣，無人反對希特勒向外擴張讓他更加不可一世，同時間歐洲有愈來愈多人發現他不可信任。占領捷克不但打破了不再擴張領土的承諾，也證明希特勒口口聲聲說他的目標只是要把日耳曼人合為一個國家全是謊言。[4]身為「最深信自己的絕對正確和命運的人」，希特勒從一九三八年開始變得更加大膽，帶著歐洲一步步走向災難。[5]

一九三九年九月德國入侵波蘭，讓大英國協連同法國一同加入戰爭，因為英法兩國都曾向波蘭保證，若波蘭被攻打會挺身相助。希特勒認為前一個月他跟史達林達成瓜分波蘭和波羅的海諸國的協議後，他就能夠大顯身手。該協議後來被稱為莫洛托夫─里賓特洛普條約，以參與協商並簽署協議的德蘇外交部長命名。這個條約雖然沒有宣布兩個意識形態嚴重對立的國家從此講和，但讓雙方有十年的時間避免交戰。暫時讓蘇聯分享戰利品正合希特勒的意，那就表示這段時間德國在歐洲不會兩面開戰，即使英法兩國對德國入侵波蘭的反應跟占領捷克的反應不同（而希特勒認為不會有所不同）。這同時也稱了史達林的心，因為當時蘇聯的軍事力量很弱。情況之所以如此的一大原因是，走火入魔的疑心病讓史達林剷除了蘇聯紅軍的領導階層。

向來心狠手辣和不信任別人的史達林，同意把納粹德國的數百名政治難民交給蓋世太保，包括德國的共產黨員。他們有很多人是在蘇聯大清洗期間遭到逮捕，其中有些人等於是直接從蘇聯古拉格轉到納粹集中營。[6]而向來野蠻以及對任何誓言不屑一顧的希特勒，則是那個先打破協議的人。一九四一年六月，他命令德軍進攻蘇聯。從二戰的結果來看，這是希特勒犯下最嚴重的失誤，因為德國在蘇聯的損失比在其他地方都大，也在很大程度上導致納粹戰敗，以及後來長達四十多年的東西德分裂。德軍進攻蘇聯短短一週前，希特勒跟將領開了最後一次重要會議，跟他們報告即將到來的進攻行動。希特勒告訴他們，儘管蘇聯會頑強抵抗，「戰爭最慘的部分大概六週就會結束」。在場的軍事將領大多擔心到頭來會兩邊開戰，但獨裁體制再加上早已內化的領袖崇拜，最後沒有一個人提出心中的疑慮。[7]

希特勒曾在《我的奮鬥》中寫道，「集理論家、組織者和領導人於一身的人，世界難尋」，他心裡當然想著自己，就是這樣的組合「造就了世界偉人」。[8]「理論家」顯然太誇張，但意識形態對希特勒確實很重要，他也有幾個從一戰後幾年到一九四五年他自殺之前都沒有太大改變的中心思想。其中最根本也最不可動搖的一個信念是，德國需要更多「生存空間」（Lebensraum），也有必要瓦解蘇聯，希特勒甚至把這件事跟消滅猶太人連在一起。他緊抓著「猶太布爾什維克主義」不放，相信「終結蘇聯的猶太統治，就會終結蘇聯這個國家」。[9]希特勒在一九四一年上半決定，藉由打敗蘇聯來加速實現這些目標的時間到了，如此一來蘇聯「廣大無邊的富饒資源」就能納入德國的政治和經濟掌控中。這麼做同時有助於實現伊恩．克索稱之為希特勒的「雙重執迷」，也就是「剷除猶太人」和擴大生存空間。[10]

墨索里尼比希特勒在位更久，但直到一九三〇年代他的外交政策才變得大膽。當義大利跟納粹德國緊密結盟時，他就把義大利帶向了災難。更早之前他煽動人民的情緒，聲稱義大利在其他歐洲國家擴張帝國時就輸了這場競賽，在一九一九年的巴黎和會上也沒像其他國家一樣分到土地，對此人民普遍也有同感。國際聯盟成立之後，希望在一九三〇年代推動不同於十九世紀晚期以來盛行的各種國際規範。然而，墨索里尼統治的義大利先是鞏固對利比亞（從一戰之前就是義大利保護國）的控制，接著在一九三五到三六年之間侵占衣索比亞，一九三九年併吞阿爾巴尼亞。這些行動讓墨索里尼大受鼓舞，於是他答應派五萬軍隊前往西班牙，提供佛朗哥將軍帶領的國家主義（近似法西斯主義）反抗軍援助。結果義軍損失慘重，但領袖墨索里尼對此的反應卻是增派大批飛機、裝甲車和武器前往西班牙。[11]墨索里尼對佛朗哥的支持及提供人力和物資給西班牙，是西班牙民主潰敗和佛朗哥得以建立威權統治的重要原因。他對西班牙內戰的投入，比希特勒和史達林都多。[12]從一九三六年開始，他跟納粹德國走得更近，並在一九四〇年六月把義大利帶進第二次世界大戰與納粹並肩作戰。法國的潰敗讓他毫不懷疑他將會是勝利一方的重要夥伴。但是義大利最終還是一個資歷不足且一敗塗地的夥伴。到了一九四三年夏天，墨索里尼甚至失去了法西斯大議會的支持，先是遭到國王免職，繼之被德國人解救，後來帶領小型傀儡政權，直到一九四五年悽慘而終。

史達林——現實主義和假象的結合

在三個「偉大獨裁者」之中，史達林對外交政策最是謹慎。再說，基於國家或種族優越感而向外攻城掠地是法西斯的綱領之一，但共產主義卻只能以實現廣大人民用蘇聯式「社會主義」取代資本主義的願望作為擴張領土的正當理由（最後通常是騙人的）。顯然，愛沙尼亞、拉脫維亞和立陶宛這些波羅的海國家的大部分公民並不想被併入蘇聯，但莫洛托夫—里賓特洛普條約之後，他們最先在一九三九年被迫讓蘇聯在自己的國家建立軍事基地，又在一九四〇年遭到併吞。就像其他地方一樣，當地有足夠的共產黨員聽命於蘇聯，只要有意志堅定並有蘇聯軍隊支持的少數團體，也能扶植一個不得民心的政權。德蘇條約同時也把芬蘭劃在蘇聯的勢力範圍，但芬蘭人挺身頑抗。在一九三九到四〇年的冬季戰爭中，芬蘭的部分國土遭到蘇聯侵入，但蘇聯的人力損失遠比芬蘭慘重。最後，雙方在一九四〇年三月簽訂和平協定，芬蘭獨立。[13]

看到紅軍在蘇芬戰爭中遇到的困境，史達林比希特勒更不願意加入一場更大規模的戰爭。依他所見，最好是讓資本主義者和帝國主義者彼此打一場慘烈的戰爭，蘇聯在旁觀戰收漁翁之利。然而，當時的問題是，史達林對自己的遠見太有自信，因此就算收到一連串德國將在一九四一年六月二十二日入侵蘇聯的警告也不願採信，警報來源包括在德國的蘇聯外交官、在日本的蘇聯間諜佐爾格，還有邱吉爾，以及其他人。[14]各方消息都說德國將對蘇聯全面開戰，照理說史達林應該會質疑自己的認知，即短期之內德國不可能侵犯蘇聯。納粹入侵前一天，NKVD頭子拉夫連季．貝利亞為了避免日後變成代罪羔羊，還寫信給史達林說：「約瑟夫．維薩里奧諾維奇〔史達林〕，我和我的人已經牢牢記住你的睿智結論：希特勒不會在一九四一年攻打我國。」[15]

看起來，愈多人警告史達林德國即將侵蘇，他就愈加懷疑有人故意散播假消息。史達林有時被形容為政治上最極端的現實主義者，但碰到希特勒就出奇地容易受騙。他信任納粹德國的領袖顯然勝過自己最資深的官員，因為蘇聯的五名元帥有三名在一九三七到三八年被判死刑，剩下的兩個是最無能的。要是這些警告被認真看待，蘇聯的高級將領也沒被史達林迫害的話，蘇聯在戰爭初期就不會損失如此慘重。戰爭期間，希特勒和史達林都因為不允許指揮官撤退

（即使已經毫無勝算）而讓本國軍隊傷亡更慘重。

雖然如此，史達林還是比希特勒更擅長計算西方政府對其行動可能做出的反應，包括國力最強大的美國政府。因此，二戰結束後，他在中東歐一手打造了後來的蘇聯集團也未受到懲罰。當時，西方剛結束與德國的戰爭，沒有興趣再展開另一場戰爭（一九四五到四六年的西歐資源短缺，元氣大傷），而且這次的對手還是他們擊敗納粹德國最重要的盟友。不過，史達林知道不能越過哪條線。蘇聯雖然戰勝，人力和物資的損失卻跟戰敗的德國一樣慘重，根本比不過船堅炮利的美國。即使蘇聯在東歐的霸權確立，效忠（至少一開始）莫斯科的共黨國家陸續建立，史達林仍然反對共產黨在希臘執政。他收回對希臘的援助，以免跟西方強權正面衝突，危及他最近在歐陸的戰利品。[16]

長期來看，在歐洲建立蘇聯的附庸國對蘇聯人和蘇聯底下的其他共和國並無好處。蘇聯接管東歐是導致冷戰的主因，美蘇雙方都因此投入大量軍事經費，這對蘇聯造成的經濟負擔比對美國還大，因為蘇聯經濟體較小。史達林堅持，不能只在中東歐建立對蘇聯無害的共黨政權，還要建立蘇聯式的高壓體制，這使得他很難在這些「人民民主」的國家中贏得人心。他偏愛「莫斯科共產黨員」（在蘇聯待過很長時間、能在一九三〇年代晚期的NKVD大清洗中逃過一劫的中東歐共產黨員）勝過「本國共產黨員」（在本國地下組織積極反抗法西斯的共產黨員），讓贏得人心這個任務更加困難。中歐在不同時期發生的民間騷動最讓蘇聯頭痛。還有狄托這號頭痛人物，此人不服莫斯科的命令，雖然在莫斯科待過一陣子，但他更重要的事蹟是帶領游擊隊抵抗德國侵占。最後，中東歐大多數人都因為被迫接受共黨政權而對蘇聯抱持敵意。這就表示，蘇聯本身和接替蘇聯的政權都難以獲得人民的信任，即使到戈巴契夫上台，蘇聯的外交政策轉變，也只有部分遭到翻轉。

韓戰爆發前，史達林的表現結合了小心謹慎和好勇鬥狠。一開始提議北韓攻打南韓、將共黨政權擴展到全韓的是金日成。然而，他必須爭取史達林的認同，因為他能上台很大一部分要歸功於蘇聯的扶植，此外他也需要蘇聯提供軍武。一九四九年三月，金第一次向史達林提議北韓出兵突襲南韓，統一朝鮮半島，史達林予以否決。當時有七千五百名美軍駐紮在南韓，史達林不願跟美國正面對峙。美軍並沒有料到北韓會攻打南韓，因此那年稍晚就開始撤軍。一九五〇年一月底，金日成說服了史達林。這段期間很多事情都起了變化。美國幾乎已經完全撤軍，只留下約五百人。更重要的是，中共打贏了內戰，在北京建立共黨政權。要是北韓無法靠自己的力量贏得勝利，中國為北韓供應軍隊以確保戰勝的可能性就會提高。史達林無意派軍參戰，只願意提供物資。[17]

至於毛澤東，他並不希望中國加入韓戰。經過多年戰爭，中國已經師老兵疲。況且，那段時期毛還必須聽取政治局的意見，後者強烈希望中國聚焦於國內的重建工作。然而，即使是毛澤東，都把史達林視為世界共產運動的前輩和最權威的人物（他對後來的蘇聯領袖從未有過類似的敬意）。此外，毛也覺得對北韓有責任，畢竟他們在國共內戰時曾派好幾萬士兵支援中共。如今，這些北韓士兵紛紛返國，經過戰爭的錘鍊，準備進攻南韓。[18]毛最後雖然答應原則上會供應北韓軍力，但一九五〇年六月二十五日北韓發動戰爭之後，他卻很慢才跟進。一開始似乎也沒必要，因為突襲達到了效果，北韓很快攻下南韓首都首爾。然而，當美國率領聯合國核准的多國部隊前來支援南韓時（其中以南韓自己的分遣隊規模最大），局勢就逐漸逆轉。當時南韓（大韓民國）和北韓（朝鮮民主主義人民共和國）都不是聯合國成員。更重要的是，中華人民共和國也不是。由於美國拒絕承認新成立的中國政府，不願把聯合國留給中國的位置授予中共，蘇聯代表正在杯葛聯合國。在蘇聯缺席安全理事會的情況下，在場成員以九比〇的票數（南斯拉夫棄權）譴責北韓攻打南韓，（兩天後）號召聯合國成員挺身反抗。

聯合國部隊把北韓軍隊趕回北緯三十八度線後方，即一九四五年在蘇軍和美軍占領區之間畫出的分隔線。史達林要毛澤東派軍支援北韓，說他不認為這會演變成一場「大戰」，就算會，他們也無須擔心，「因為我們一起合作會比美國和英國更強」。[19]中國真正派兵時，其規模浩大無比。三百萬士兵挺進朝鮮，根據美國的估計其中有九十萬人傷亡，死傷和失蹤都算在內，毛澤東長子毛岸英也在一次美國空襲中喪命。[20]停戰協商從一九五一年展開卻沒達成結論。到了一九五二年，金日成意識到照他的條件達成統一目標已經無望，便願意講和。但蘇聯提供了大量軍武，雖不包括軍隊，美國也遭受損失，因此史達林無意停戰；毛澤東也一樣，儘管中國軍隊死傷慘重。若非史達林在一九五三年三月逝世，僵局可能會持續更久，死傷更慘重。新上台的蘇聯領導集團期望能改善與西方世界的關係，準備好要尋找一個折衷方案來終止戰爭。死了三百萬韓國人之後（約是朝鮮半島人口的十分之一），雙方在一九五三年七月簽下停戰協議，朝鮮半島沿著停戰線分成南北韓。[21]

史達林一開始雖然對金日成主張用武力統一南北韓、將南韓併入共產政權的提議抱持謹慎態度，後來卻堅持要繼續作戰，無論其他民族流了多少血。對他來說，韓戰的好處是確保中國與蘇聯站在同一陣線對抗美國，而他也相信這場戰爭損失最大的是美國——蘇聯的「頭號敵人」。一直到過世之前，史達林都要毛金兩人拖延停火協商的時間。然而，史達林將堅持作戰才明智的信念用錯了地方。如蘇聯的頂尖歷史學家佩查諾夫所說，長期來看韓戰對蘇聯的影響非常負面。它「導致美國大規模重整軍備，北約轉變成正式的軍事聯盟」，同時「也促使美國在該地區長期駐軍」。[22]

中蘇外交政策上的獨裁領袖和寡頭領袖

若是拿毛澤東跟後毛時代的中國統治集團相比、拿赫魯雪夫跟他的繼任者相比，我們會發現有一定模式可循：愈是獨裁的領袖比起集體領導越是容易在外交政策上大膽冒進。這兩個人從一九五六年就意見不合。兩人都喜歡掌控一切，卻選擇往不同的政治方向邁進。這樣的組合造成了中蘇分裂。當赫魯雪夫開始去史達林化時，毛的意識形態卻愈走愈極端。毛在剷除黨內異己這方面不比史達林手下留情，無論是真正的敵人或想像的敵人，雖然大躍進和（尤其是）文化大革命跟史達林的統治風格很不同。即使後來史達林在蘇聯成為被批判的對象，毛仍然替他說話，史達林的著作在蘇聯消失很久之後，在中國卻還能再版。史達林有時雖然對毛有失尊重，赫魯雪夫拆穿史達林神話的作法仍讓毛不以為然，在此同時也威脅到毛自身的「個人崇拜」，雖然要到十年後的文化大革命期間，中國的毛澤東崇拜才會達到顛峰——《紅寶書》所載的毛主席語錄比馬克思和列寧的全集還受尊崇。

雙方在外交政策上的差異也日益明顯。後史達林的蘇聯是兩大共黨國家中，率先試圖改善對美關係的國家。而且，儘管赫魯雪夫做事衝動又反覆無常，蘇聯領導階層都非常希望避免核戰。相反地，毛卻對可能引發全面大戰不以為意。一九五四年他告訴印度總理尼赫魯，「社會主義陣營會在核戰中存活下來，帝國主義者則會徹底從地表上被抹除。」三年後，也就是一九五七年十一月，他在莫斯科對一群國際共產運動的成員說，核戰如果爆發，全球會喪失三分之一甚至一半人口，但人數很快就會補足，而且戰後帝國主義者勢必會全面潰敗，「全世界都會成為社會主義者」，這番話讓東歐共產黨員大為震驚。[23]

史達林逝世後的一九五〇年代期間，赫魯雪夫努力鞏固自己在蘇聯領導階層中的地位，但基本上蘇聯仍是集體領導。要到一九六〇年代早期，他把自己置於比同僚優越的地位並經常草率決策之後，才露出最固執和危險的一面。最好的例子就是他在古巴設置核武的構想。此舉導致美蘇關係陷入僵局，只要任何一方拒絕妥協就可能引發災難性核戰。最後，理智占了上風，甘迺迪政府大讓步，卻在公關上贏了這一戰。美國同意未來不會出手推翻卡斯楚領導的古巴政府，甚至進一步承諾風頭過後就會移除土耳其的飛彈（之前為了就近攻擊蘇聯而設）。不過，雙方同意後面一項讓步不會對外公開。因此，當蘇聯的飛彈從古巴撤除時，表面看來會以為是赫魯雪夫單方面讓步。蘇聯的領導階層和軍隊一開始就對在古巴設置飛彈存有疑慮，但被迫撤除對軍隊（和卡斯楚）來說都是一種恥辱。一九六四年十月赫魯雪夫被免職時，他遭指控的最大過失就是古巴飛彈危機。[24]他的同僚（大多在他平步青雲那幾年對他百般奉承）一般對他的評價是：「衝動，暴躁，領導風格專橫獨斷，超級自大。」[25]

毛澤東跟蘇聯決裂的導火線之一，就是毛認為赫魯雪夫有意跟美國講和（無論赫有多麼反覆不定）。尼克森—季辛吉跟布里茲涅夫時代的蘇聯政府相對友好的關係，也一樣讓毛憂心。不過，毛自己也打算跟美國維持曖昧關係，避免同時跟兩大軍事強權發生衝突。他跟北京領導階層都有一個長期的共同目標：讓美國改變立場，不再支持台灣（中華民國）政府為合法的中國政府。美國一直到一九七二年尼克森執政才承認中華人民共和國，但中美關係要到一九七九年在卡特總統和鄧小平的努力下才更加正常化。[26]一九七八年，鄧成為最有權威的毛澤東接班人，開始推動「改革開放」政策，中國展開「真正頭一次融入國際體制的過程」。[27]鄧重返權力核心的第一趟外交之旅就是去新加坡，距離他上次到訪將近六十年。一九二〇年的新加坡仍是「落後殖民地」，如今一躍成為「強國」。[28]套用促成這個轉變的最大推手李光耀的話來說，新加坡從「第三世界變成第一世界國家」。李在漫長的政治生涯中見過無數世界領袖，他如此形容一九七八年跟鄧小平的對談：「他是我見過最讓人印象深刻的領袖。身高才五呎，卻是人中之傑。儘管他當時已經七十四歲，但當他面對不愉快的現實時，他還是隨時準備改變自己的想法。」[29]鄧也對新加坡的進步大為讚嘆，後來他跟李建立了良好的關係，並認為中國有很多可以向成功推行市場經濟的新加坡人學習。

毛一心想用激進的思想和中國的革命成果讓世界讚嘆，但他的繼承者追求的卻是更務實的政策。這個路線由鄧小平帶領，即使他也曾批准一項軍事行動——一九七九年攻打越南，因為越南把波布政權逐出柬埔寨。一次訪美期間，鄧小平告訴卡特總統他對越南侵占柬埔寨感到憂心，並有意「給越南一個教訓」。卡特在國家安全顧問布里辛斯基的勸說下，決定不要太努力勸鄧小平打退堂鼓。[30]鄧告訴白宮與會者，中國只打算打一場小規模戰爭。實際上說不定比他想的更短，因為中國軍隊的表現不如預期，不到一個月就被迫撤軍，期間在越軍猛烈的抵抗下，傷亡估計達四萬兩千人。[31]

之後幾年，中國將軍隊現代化，但更多時候是仰賴日漸強大的經濟力量在全世界發揮影響力。中共當局用狹窄的觀點來看待國家利益，懲罰為達賴喇嘛提供援助的國家（減少這些國家與政治高層接觸的機會，或減少其貿易或投資的機會），讓中國違反人權成為國際議題的國家，或提議讓台灣脫離中國獨立的國家。然而，務實主義改善了中國跟台灣的關係，以致台灣大多數人都寧可維持現狀（在一個多元的民主體制內維持實質的自治），也不願意跟中共合併或正式獨立。獨立不只會終止台灣目前與中國的經濟互惠關係，也會提高中國侵台的機率，甚至把美國也拉進來，爆發更大規模的衝突。後毛時代的中國利用直接投資及海外援助，跟世上各大洲國家都建立緊密的經濟聯繫。中國在國際上的經濟和外交活動，很多都跟它的能源和原料需求有關，但也有一些是為了在政治上爭取國際組織的支持。畢竟連加勒比海小國在聯合國都有投票權。[32]後毛時代的領袖把中國的經濟力量當作外交政策的利器，這在毛的時代絕不可能，因為他發動的大躍進和文化大革命重挫了中國的經濟發展。[1]

大體來說，毛死後中國更傾向集體領導，在外交政策上其實較不那麼大膽冒進。因為經不

1 如今令其他國家更擔心的是，中國的網路入侵技術發展迅速，已經被形容是「現今世界最具侵略性的網路國家」（雖然也有其他國家可以一爭雄長）。見David Shambaugh, *China Goes Global* (Oxford University Press, New York, 2013), p. 297. 米夏・格蘭尼（Misha Glenny）寫道，「目前，美國是公認的攻擊性網路武器發展先鋒，但中國、法國和以色列緊追在後，印度和英國也落後不多。」(Misha Glenny, *Dark Market: CyberThieves, CyberCops and You*, Bodley Head, London, 2011, p. 178.)

起外界對其人權紀錄、缺乏政治自由和民主的批評，二十一世紀的中國跟俄羅斯（這時期的俄羅斯反而加強約束獨立政治運動）一樣，強力主張不干涉其他國家的內政。然而，即使是這個原則還是帶有小心謹慎的現實考量。中國反對美國二〇〇三年入侵伊拉克，但如文安立指出，中國並不打算帶頭反對終究會發生的事。因此，他們寧願把「全力反對美國單邊行動」的任務交給俄羅斯，還有美國的歐洲盟友，如法國和德國。[33]再說，北京的外交政策團隊「總結：伊拉克和阿富汗戰爭會削弱而非增強美國的力量」。[34]

後赫魯雪夫的蘇聯領導團隊（及蘇聯解體後的俄羅斯）也採取相當謹慎的外交策略。美蘇在非洲的爭端中支持不同陣營，用非洲軍隊來打代理人戰爭。但是，古巴軍隊在安哥拉戰爭中扮演要角，擊退南非種族隔離政府的軍隊，卻是卡斯楚出的主意，而非莫斯科。後來卡斯楚指出，「以前從來沒有第三國家在軍事衝突中派兵到本國以外的地方支援另一個國家。」[35]即使是布里茲涅夫時代做出的最糟外交決策，即一九六八年入侵捷克斯洛伐克和一九七九年入侵阿富汗，都不是為了擴張領土，儘管當時華府如此詮釋阿富汗行動。在莫斯科當局眼中，兩次出兵基本上都是出於防衛，為的是要恢復原狀。就捷克斯洛伐克來說，目的是要阻止社會主義經濟制度與政治多元發展結合，同時要該國繼續當蘇聯的盟友，雖然若蘇聯領導團隊更為開化，應該會對這個實驗的發展有興趣。蘇聯介入之後，重建了正統的蘇維埃體制，也警告了其他歐洲共黨國家蘇聯的忍耐有其限度，但在此同時也促成了東歐共黨國家在一九八〇年代末全面與蘇聯決裂。

蘇聯出兵阿富汗的目的，是確保鄰國不會出現反對蘇聯的政權。這項決策只有用最正式的意義來說，才能算是政治局整體所做的決定。但其實那是一小群人暗中策畫的，雖然並非一個人下達命令。確實，蘇聯領導人布里茲涅夫當時健康狀況不佳，到後期才參與討論。他絕不算是團體中最強硬的一員，不希望跟美國的關係更加惡化，因此其他人費了一番功夫才說服他占領阿富汗只是短期行動。在政治局的資深成員中（僅有他們參與決策），最反對出兵的人是部長會議主席柯西金。一九七九年三月，阿富汗共產黨兩個派系中較激進的一派領袖塔拉基堅決要求蘇聯直接出兵鞏固在喀布爾扶植的政府時，柯西金說蘇聯只會提供武器和技術援助，還說「我們的敵人正等著蘇聯軍隊現身阿富汗。」[36]然而，擁有最後決定權的人是總書記布里茲涅夫，因為重大的外交決策一定要經過他的同意。說服他蘇聯應該出兵干預阿富汗內政的三個人，分別是KGB首腦安德洛波夫、國防部長烏斯季諾夫、外交部長葛羅米柯，前兩人的角色最為關鍵。

阿富汗共產黨在一九七八年四月奪權，讓蘇聯政府大吃一驚，因為奪權的是較不受莫斯科青睞、關係也較疏遠的派系。日後，阿共成員遠比國內的傳統領袖為蘇聯領導階層帶來更多麻煩，畢竟蘇聯當局跟傳統領袖的關係不那麼複雜。上台之後，阿共花在互相殘殺的心力跟打壓傳統仇敵一樣多。蘇聯在一九七九年十二月入侵時，塔拉基已經被繼位者哈菲佐拉．阿明拘禁並處決，兩人雖是同一派系卻是死敵。安德洛波夫、烏斯季諾夫和葛羅米柯都不信任阿明，安德洛波夫和KGB尤其擔心他會「跟沙達特一樣」倒向美國。[37]阿明曾在美國留學，一向疑神疑鬼的KGB中有人懷疑他已經被美國中央情報局吸收。

由於阿明跟前任塔拉基一樣，一直期望蘇聯軍隊前來鞏固阿共政權，一九七九年十二月二十七日蘇聯人終於抵達時，他還舉辦了午宴慶祝。KGB趁機想毒害他，阿明僥倖未死，但毒物的副作用還未消退，當晚蘇聯軍隊就攻進他的宮殿將他射殺。這部分還算簡單。對蘇聯領導階層來說，離開阿富汗遠比入侵還難。戈巴契夫一九八五年三月當上總書記之前，他前面幾任都意識到這場戰爭最多也進展有限，這場延長戰已經傷害了蘇聯的國際地位。蘇聯不但失去了第三世界的朋友，跟美國和中國的關係也惡化。戈巴契夫一上台就想讓蘇聯軍隊回家，但就跟類似情況下的西方領袖一樣（包括在二十一世紀派兵攻打阿富汗的美國總統），他希望撤軍在外界眼中不會顏面盡失。他也跟他們一樣，不能告訴殉身士兵的父母他們的兒子白白犧牲了生命，雖然如他一九八七年夏天對外交政策顧問車尼亞耶夫所說的，他發現「不得不替布里茲涅夫的政策辯護時感覺很糟」。[38]等到最後一個蘇聯士兵在一九八九年二月離開阿富汗時，已經有兩萬五千名同志死在當地，超過五萬人受傷，還有很多人罹患了創傷後壓力症候群。阿富汗的損失更加慘重，超過一百萬人在這場戰爭中喪生。[39]

冷戰妄想症讓意識形態迥異的兩邊做出許多愚蠢的決策，軍事干預也多半引發了非預期的嚴重後果。執政當局總會認為軍事行動幾週或幾個月就結束了，之後就可以建立穩定的政府。

外界專家跟資深KGB官員不同的是，他們沒有機會影響蘇聯入侵阿富汗的決策。某經濟及政治分析協會（會內的激進改革者比莫斯科其他地方都多）會長博戈莫洛夫一九八〇年一月二十日寄給蘇共中央委員會一份批判備忘錄，談到軍事干預的「無望和傷害」。[40]但那時已經太遲。出兵（預定在十二月末）的決策已經在一九七九年十二月十二日的政治局會議上正式批准，在場成員都必須附上簽名。頭號反對者柯西金（不只一次向阿共稱讚越共的例子，他們不靠任何外國軍隊的幫助就趕走了美國人和中國人）在那次會議上缺席。[41]整體來說，贊成和反對的兩方從未在政治局辯論過，做出入侵決定的小團體完全忽略柯西金的反對意見。

自欺欺人的英國「強勢領袖」

若把目光轉向民主國家，英國提供了不少首相執意操控同僚，最後因為對外交政策的判斷太過自信而種下惡果的例子。其中最清楚的兩個是艾登聯合法國和以色列於一九五六年共謀入侵埃及，以及布萊爾二〇〇三年派兵攻打伊拉克。後者的最大推手當然是美國，但出兵這種事在美國比較像是共識決。總之，無論布萊爾是否願意提供人力和資源，美國都會出兵伊拉克。[42]

這些領袖欺騙大眾的程度仍有爭議，艾登的例子尤其可清楚看出欺騙的成分，但他們終究都免不了自我欺騙，只相信自己想要相信的。艾登和布萊爾不顧那些最有資格評估軍事行動後果的人所提供的知識和判斷。雖然後來他們的支持者大減，但一開始的大眾輿論卻分成兩邊，兩邊勢均力敵，有數百萬英國人都願意對兩位首相就重大國際事件提出的說法信以為真，尤其傾向於支持英國參戰。[2]

在蘇伊士運河危機中，最大反對黨工黨和較小的自由黨都反對進軍埃及。至於伊拉克戰爭，擔任反對黨領袖的保守黨黨魁伊恩・鄧肯・史密斯，似乎比布萊爾和工黨更熱烈支持美國政府的政策。反對這場戰爭的有自由民主黨、蘇格蘭民族黨，以及數量不算少的少數工黨議員、數量更少的保守黨異議分子，以及數百萬無黨派的英國人民。錯誤的外交決策往往伴隨著誤導的歷史類比，甚至是受其影響。[43]蘇伊士和伊拉克事件都帶出了二戰以來最常被重提的類比。張伯倫死後受到的負評一再被拿來當作姑息獨裁者的反面教材，警告人切勿仿效。他的統治風格讓人有充分的理由認為，他是因為相信可能跟希特勒和墨索里尼協商才會制訂之後的政策。然而，那些致力於把重大外交決策集中在自己手中的首相，愈是想在這方面跟張伯倫劃清界線，反而跟他愈是相像。

張伯倫與綏靖政策

比起艾登和布萊爾，張伯倫與一九三八年九月的主流民意更加一致。跟一九五六和二〇〇三年反對政府決策的聲浪比較起來，一九三八年反對綏靖政策的人比例少很多。張伯倫描述希特勒在捷克和蘇台德德國人之間煽起的衝突，是「我們對他們一無所知的人之間所發生的衝突」時，很少人覺得有何不妥。此外，他在這句話之前的一番話則引起了廣大迴響。他說，因為「遙遠國家」的爭端導致「我們要挖掘戰壕並試戴防毒面罩」，是一件多麼「可怕、荒誕又難以置信」的事。一九三八年他從慕尼黑返國，並在九月三十日聲明「我認為這是屬於我們時代的和平」時，獲得了熱烈的反應。[44]經過一戰的血腥屠殺，不難理解想要避免另一場戰爭的強烈渴望。事後若要為張伯倫辯解，也可以說，一年後再跟德國打仗對英國才有利，因為屆時英國已經重整軍備，而納粹德國後來的侵略行動也會讓英國人民在心理上更能接受戰爭和死傷。

2 一九五六年十一月一到二日，英國開始轟炸埃及軍事目標後不久，就「你認為我國對埃及採取軍事行動是對是錯？」這個問題所做的民調發現，僅百分之三十七回答「對」，百分之四十四回答「錯」。一旦英國的地面部隊抵達埃及，支持的聲音就愈來愈多，十一月十到十一日有百分之五十三滿意英國在中東的行動，百分之三十二反對（百分之十五無法決定）。見Hugh Thomas, *The Suez Affair* (Weidenfeld & Nicolson, London, 1967), p. 133. 英國人對伊拉克戰爭同樣意見分歧，但比起當年的蘇伊士運河戰爭，一開始的支持者明顯占大多數。兩大黨都支持參戰這點，跟一九五六年工黨反對動武是一大差別。根據民調公司Mori在二〇〇三年三月二十八到三十一日間所做的調查發現，有百分之四十七的人贊成布萊爾的決策，百分之四十四反對。贊成和反對軍事行動本身的人差距更大，百分之五十六贊成，百分之三十八反對。相反地，美國的反應就正面得多。同時間在美國做的民調發現，有百分之六十九贊成布希的出兵決策。見http://ipsos-mori.com/newsevents/ca/180/Iraq-Public-Support-Maintained-8212-The-State-Of-Public-Opinion-On-The-War.aspx. 在英美兩國，贊成戰爭的大多數人在幾年內都轉為反對。

然而，張伯倫跟希特勒簽署協定主要不是為了爭取時間，就像史達林簽署德蘇（互不侵犯）條約也不只是為了爭取時間。兩人實際上都相信希特勒會守信，而張伯倫相信自己簽下的是「光榮的和平協定」，而不只是在拖延衝突場面。[45]前一任首相鮑德溫跟他一樣想要避免戰爭，但他無法一直對外交政策保持注意力。一九三六年秋天，他告訴外交大臣艾登別拿外交事務煩他，因為他要專心處理國王和他的情婦惹出的問題（最後愛德華八世退位）。說這句話之前，艾登已經三個月沒聽過首相發表意見，因此他才會覺得「這麼說實在令人吃驚」。[46]

詹金斯在鮑德溫傳記裡指出，鮑德溫「跟張伯倫一樣主張綏靖政策，但沒有那麼獨斷和自以為是」。[47]第二句無疑是真的，第一句就比較值得懷疑。斯溫頓伯爵（當時是子爵）在鮑德溫和張伯倫政府都擔任過空軍部長，直到張伯倫開除他。他並不反對鮑德溫「迴避外交事務」這句話，甚至說「我不認為他喜歡外國人，但他肯定不了解他們。」[48]然而，斯溫頓及空軍部其他人想投資新型飛機（颶風和噴火戰機）及發展雷達技術，都從未受到鮑德溫的阻擾，他不會干涉部長做事。張伯倫則是經常干預政策，不把重整軍備當作首要之務，一九三八年五月底他把斯溫頓從空軍部調走就反映了這點。幾年後邱吉爾告訴斯溫頓，「你被開除是因為你建立了打贏不列顛戰役的空軍，而他們無法抹殺你做的事。」[49]鮑德溫受到很多批評，尤其是邱吉爾的批評。這是因為一九三六年十一月鮑德溫在下議院的演說中提到，若他在上一次選舉時說德國正在重整軍備，我們也「必須重整軍備」，他想不出在「這個愛好和平的民主國家中」，有什麼會比這麼說更能保證一定敗選。[50]斯溫頓指出，一九三五年選舉期間，英國事實上已經在重整軍備（儘管邱吉爾認為速度應該更快才對），尤其設法大幅增加皇家空軍的經費。[51]這件事當然跟該部門的部長更直接相關，而不是首相。

張伯倫的領導風格，跟鮑德溫致力於取得共識的溫和風格大相徑庭。如斯溫頓指出，張伯倫第一次涉入外交事務之後就變得特別「專橫、容不下批評」。他最缺乏經驗的領域，就是「他變得令人難以忍受地自作主張，甚至沒諮詢同僚或專家意見就自己決策或採取行動」的領域。[52]身為外交大臣，艾登曾經抱怨鮑德溫對國際事務興趣缺缺，如今他有很好的理由擔心張伯倫剛好相反。兩人「一個是頑固的老人，一個是頑固的年輕人」，一開始關係就很緊張，「艾登看不慣張伯倫愛故弄玄虛，從神祕的中間人那裡得到消息，或是跟他們見面。」[53]外交大臣艾登著重的是集體安全和國際聯盟，因而跟張伯倫產生分歧。然而，他卻發現自己常常在為首相的政策辯護，但他自己並不認同這些政策。最後他再也忍無可忍，終於在一九三八年二月因為張伯倫打算不帶任何先決條件開始跟墨索里尼協商而提出辭呈。長遠來看，辭職對艾登很有利，因為他逃過了綏靖政策失敗該負的共同責任，也在一九四〇年成為邱吉爾的外相人選（在短暫擔任戰爭部長之後），這個職位他一直做到二戰結束，邱吉爾上台後又在一九五一到一九五五年續任外相。[54]

張伯倫喜歡周圍都是支持其外交政策見解的人，拒絕最強烈批評綏靖政策的保守黨員入閣。因此，他欣然任命哈利法克斯爵士接替艾登的職位。內閣中最反對綏靖政策的艾爾弗．達夫．庫伯痛批這項任命，在日記中寫「哈利法克斯會是一個糟糕的外交大臣」，因為「他對歐洲所知甚少，對外國人所知甚少，對人所知甚少」。哈利法克斯也是喬佛瑞．道森的「摯友」，道森是《泰晤士報》的主編，擁有「致命的」影響力。[55]哈羅德．尼克爾森是隸屬於「國民工黨」的議員，也是聯合政府的一員（反對綏靖政策，有強大的國際背景，看法愈來愈接近跟他一樣是後座議員的邱吉爾）。他在一九三八年八月二十六日的日記上如此描寫首相：「張伯倫對國際政治不真的有概念。他也不歡迎有概念的人給他建議。」[56]

最贊成重整軍備的工黨議員之一休．道爾頓認為，張伯倫不只在外交事務上「缺乏經驗，容易受騙，了解不足」，而且「偏愛相同特質的顧問，勝過經驗豐富、博學精明的人」。因此，他去跟希特勒協商時沒帶外交部任何一個資深官員前往，反而帶了專長是勞資糾紛而非國際關係的何瑞斯．威爾森爵士。[57]斯溫頓說，張伯倫「相信自己可以搞定獨裁者，讓他們認清事實」。[58]如斯溫頓的觀察，「張伯倫像帶領一人樂隊，只要有人想質疑他的判斷，他就會動怒。所有跟墨索里尼的協商、或秘密或正式的接觸都由他自己包辦。慕尼黑協定也由他包辦。他相信自己一個人就能理解獨裁統治者，跟他們打好關係、簽訂和平協議。」[59]慕尼黑協定簽署的當時，斯溫頓已經辭職，但張伯倫還是徵詢了他的意見。斯溫頓回答他認為「爭取到一年的緩衝期」很值得，因為這一年軍機製造計畫就會有成果。只要首相會盡力推動軍備重整，他就會支持慕尼黑協定。「但是我已經講和了，」張伯倫回答。[60]

後來希特勒顯然不把他跟張伯倫達成的協議放在眼裡，而在此之前國會中只有少數人反對首相為避免戰爭所做的努力。工黨未能解決人民同時強烈反戰和反法西斯的困境。一九三五年，空軍估價送進下議院，斯溫頓建議大幅提高空軍經費時，工黨投下反對票。[61]雖然有少數工黨議員贊成加速重整軍備，但反對黨之所以跟政府唱反調，主要的理由是軍備競賽會導致戰爭。[62]張伯倫雖然私底下和政治上都不討工黨政治家喜歡，但在自己的陣營中卻不乏愛戴他的支持者。其中沒人比得上亨利・夏儂（綽號Chips）。夏儂是美國人，跟金尼斯夫人結婚後就成了倫敦數一數二的社交名流及保守黨議員。[3]九月二十八日張伯倫自豪地向下議院宣布，希特勒「邀請他隔天早上前往慕尼黑」，夏儂在日記中記錄他感到「一股對首相的欽佩之情永恆不滅」，而且「只想抓住他」。他還描述了下議院的情景：「我們站在自己的席位上，揮舞著議事日程表，高聲大喊直到聲音沙啞，一個難以形容的熱烈場景。如今一定要保住和平，保住全世界。」[63]達夫・庫伯在日記描述的畫面比較平衡：「那個場面很值得一書，所有政府支持者起身歡呼，反對黨則沉著臉一片安靜。」[64]

3 十足夏儂特色的一則日記如下：「今天的星期日快報登出讓人吃驚的一則消息，大概是說我其實是四十一而非三十九歲，還暗示我在相關書目裡謊報年齡。糟糕的是，事實不假。」(*Chips: The Diaries of Sir Henry Channon*, edited by Robert Rhodes James, Penguin, Harmondsworth, 1970, p. 198.)

達夫・庫伯是內閣中少數準備要挺身反對首相的人，儘管首相對自己信心滿滿。他曾是鮑德溫政府的戰爭大臣，後來張伯倫把他從陸軍調到海軍。擔任第一海軍大臣時，他對張伯倫的不滿逐日加深。他在日記中說張伯倫「痛很任何一種對立」，於是他決定就來製造一些對立。[65]外交部內有各種不同的意見，但消息最靈通的成員對於德義獨裁統治者的立場，比首相要更堅決、更實際。達夫・庫伯提到他一九三八年九月十一日讀到一封「令人讚嘆」的外交部電報。電報中指示英國大使內維爾・韓德森爵士「向德國政府表明，萬一發生戰爭我們會採取的立場」。韓德森是綏靖政策的主要支持者，他回了一連串「幾近歇斯底里的電報，請求政府不要堅持他非執行命令不可，因為他很確定這麼一來反而會對他們渴望的目標造成反效果。政府最終也讓步」。[66]達夫・庫伯指出，所謂的「政府」，現在指的只有四個人：首相、財政大臣約翰・西蒙爵士、外交大臣哈利法克斯爵士，以及內政大臣薩謬爾・霍爾爵士。[67]

一九三八年九月底，英德之間的危機升高，張伯倫在九月二十七日晚間八點發表廣播演說。對達夫・庫伯來說，「那是一次令人心寒的演說。從頭到尾沒提到法國，也沒有對捷克斯洛伐克表達半句同情。唯一只對希特勒表示同情，首相表示他能夠理解希特勒對蘇台德地區的感受。他完全沒提到動員艦隊的事。我火冒三丈。」[68]當晚召開了一場內閣會議。這晚達夫・庫伯在日記上寫：「我馬上發言，知道一定要搶在四巨頭之前說話，因為一旦他們開口，想必那些占內閣多數的應聲蟲就會隨之附和。」[69]他指出，人在柏林的韓德森「一開始就表現出任人宰割的模樣」，他並表達對張伯倫在廣播中未能給予捷克人鼓勵、反而「把同情都留給希特勒」的失望，還說「如果我們現在拋下捷克，甚至勸他們投降，我們就成了史上最背信忘義的卑鄙小人。」[70]九月二十九日，張伯倫飛往慕尼黑，帶回同意德國入侵捷克的「協議」返國，做出希特勒希望的讓步，儘管保證英德雙方絕不會交戰。隔天，張伯倫在倫敦受到的歡迎，就是庫伯所謂「難以形容的熱烈場面」。他說他「在如此欣喜的氣氛中感到非常孤單，我無法分享那股欣喜」。當天，庫伯在內閣會議中譴責這份協議並遞出辭呈。[71]

即使隔年希特勒併吞捷克之後，張伯倫在批評者眼中（例如哈羅德・尼克爾森），仍是在遵循一種「雙重政策」，表面上在武裝備戰，暗地裡執行綏靖政策，利用何瑞斯・威爾森當他的私人特使。一九三九年四月，張伯倫重組政府，但尼克爾森在二十日的日記中寫道，「張伯倫執意不願在內閣中放應聲蟲以外的人，令人心灰意冷。」[72]一九三〇年代晚期的英國政府，當面對納粹德國和法西斯義大利高舉擴張主義，實在很難做出選擇，尤其是後來選擇史達林領導的蘇聯作為可能的盟友，讓張伯倫政府的大多成員難以接受，對首相本身肯定也是一種詛咒。[4]

張伯倫的錯不在設法避免戰爭。邱吉爾認為，若英國（以及當時尚存的大英帝國）早點表明不惜一戰的決心並充分武裝就能避免與納粹交戰，但這個看法很值得懷疑。可能阻止一個理性行動者的事（即使對方是威權統治者），在希特勒身上不一定會發揮同樣的效果，因為他的人格特質和納粹意識形態的本質。錯就錯在張伯倫自認為比那些對世界理解更多、閱歷更豐富的人更懂外交政策，只有他一個人能藉由跟獨裁者建立友好關係以維持和平。這讓他低估了德義兩國對外發動侵略行動、對內實施暴虐統治的嚴重性。更重要的是，張伯倫不讓黨內痛批他和可能反對他的人進入內閣，因而扼殺了政府最高層級的辯論。這種處理外交政策的方式，正是首相獨攬大權禍害無窮的絕佳例證。

艾登和蘇伊士運河危機

安東尼·艾登爵士在一九五五年繼邱吉爾成為首相，他跟張伯倫的背景截然不同。張伯倫過去的政治歷練主要在內政，艾登則稱得上是外交政策專家。他對中東事務有長期經驗，能說波斯語和阿拉伯語。然而，進入唐寧街之後，卻是因為一次跟中東事務有關的重大決策錯誤而讓他的名聲毀於一旦。他的愚昧不能像張伯倫一樣歸咎於對廣大世界的無知。主要的問題在於，艾登一直被視為弱勢領袖，而他一心想證明自己的強硬。在艾登擔任首相的短短幾年間，艾夫林·夏克布爵士（更早是艾登的私人秘書，此時是外交部次長，負責處理中東事務）曾在日記中寫道：「他大半時候都在想著他所造成的影響，完全沒有如我所願，因為達成（當上首相的）野心而個性變強。」[73]艾登對媒體的批評相當敏感，包括指責他優柔寡斷的話。為艾登和一九五六年的蘇伊士運河危機著書的凱思·凱爾說得沒錯：「他太執迷於不要顯得猶豫不決。」[74]

一九五二年，埃及的納瑟上校在一次軍官政變後上台，不久他就成為最果敢堅決也最受歡迎的政治人物。經過一次權力鬥爭之後，他在一九五四年成為埃及總統。他是阿拉伯民族主義者，反對埃及的穆斯林兄弟會（其中一員曾試圖暗殺他），也反對埃及共產黨。然而，他曾經拘禁過埃共成員卻不影響他在短短幾年內跟蘇聯建立友好關係。艾登擔任外交大臣時，一開始努力要跟納瑟交好，對埃及也採取相對懷柔的政策。英埃兩國在一九五四年達成協議，駐埃及的所有英軍將在一九五六年之前撤離蘇伊士運河區。邱吉爾對這樣「倉促撤退」的政策雖然不以為然，卻也只能配合。有些保守黨右派的後座議員，後來人稱「蘇伊士幫」，則大肆砲轟。[75]最後一批英軍撤離埃及不過六週，納瑟就將蘇伊士運河收歸國有。[76]部分原因是前一年英美原本說好要出資建造尼羅河上的亞斯文水壩卻又反悔，讓埃及大失所望，偏偏這又是納瑟看重的一項計畫。後來水壩在蘇聯的贊助下建成。

蘇伊士運河原本為蘇伊士運河公司所有，英美都有股份。七月二十六日，納瑟卻在一場演

4 沒人比他的繼任者邱吉爾更加反共，但一九四一年六月蘇聯參戰讓他如釋重負。美國駐倫敦大使吉爾伯特・維南特（Gilbert Winant，前一任是約瑟夫・甘迺迪）一九四一年六月二十一日跟邱吉爾談話，即納粹入侵蘇聯前一天，邱吉爾已經料到會如此。當助理約翰・柯維爾指出，邱吉爾身為「頭號反共人士」卻支持蘇聯豈不尷尬，首相回答，「一點也不會。我只有一個目的：摧毀希特勒，從此我的人生就會簡單許多。如果希特勒入侵地獄，我至少也會在下議院替魔鬼美言幾句。」見 Churchill, *The Second World War, Volume III: The Grand Alliance* (Cassell, London, 1950), p. 331; and Colville, *The Fringes of Power: Downing Street Diaries 1939–1955* (Hodder and Stoughton, London, 1985), p. 404.

說中宣布將蘇伊士運河收歸國有。他說埃及已經開始「接收運河公司及其財產，掌控運河上的貨運……這條運河位在埃及領土上，是埃及的一部分，也屬於埃及」。[77]納瑟雖然提供股東補償，艾登跟大半英國既得利益還是怒不可遏。連工黨黨魁蓋茨克都在下議院的演講中說：「一切都如此熟悉。跟當年我們跟希特勒和墨索里尼交手的情況如出一轍。」（兩個多月後，他成了最大力批評以英法三國入侵埃及的人。）[78]這個經常被拿來用但卻非常誤導人的類比，在事發當時和事件過後，首相艾登和外交部長塞爾文．勞埃都使用過。[79]艾登知道保守黨有些小圈圈視他為優柔寡斷的領袖，太輕易就對妨礙英國利益的力量讓步，因此他要獲得本黨議員的一致認同很難。把一九五六的蘇伊士危機跟當年綏靖政策的困境相提並論，或把納瑟視為新希特勒或墨索里尼，如此疑點重重的歷史對照，只是讓情況更加混亂。埃及跟納粹德國不同，它不是工業強國，納瑟也不是法西斯主義者或共產黨員，而是民族主義者。

英法政府決定，他們不只要奪回蘇伊士運河，重歸國際所有，還要推翻納瑟政府，必要的話就出兵。蘇伊士運河收歸國有後，運河交接不過四天，英國內閣就成立「埃及委員會」，表明隨時準備號召各國動用武力達成現在稱之為「政權更替」的目標。該委員會（後來成了戰時內閣）七月三十日的會議紀錄聲明：「我們的最終目標是讓運河重回國際掌控，立即目標則是推翻目前的埃及政府。」[80]當時有很多人強調蘇伊士運河運行順暢對英國和國際社會有多重要，同時大聲譴責埃及將無法維持現狀。然而，實際上船運並無受阻，鬧哄哄的唐寧街十號以外的生活都一切如常。

白宮對這場軍事行動則興趣缺缺。艾森豪總統和國務卿杜勒斯對納瑟的觀感不比英國那邊好，但他們更擔心的是他可能倒向蘇聯集團和共產主義，而非他跟法西斯主義的對比。跟艾森豪的溝通過程中，艾登把自己最在意的事跟美國政府的擔憂結合。因此，他在一九五六年十月一日發給美國總統的電報中寫道：「我們認為，無論他喜歡與否，納瑟現在無疑已經落入蘇聯手中，就如墨索里尼當年落入希特勒手中一樣。現在若為了安撫納瑟而對他示弱，就像當年對墨索里尼示弱一樣無濟於事。」[81]在冷戰的處境下，艾森豪很清楚國際輿論不會認同英法兩國採取帶有往日帝國主義色彩的行動，他表明反對出兵埃及。此外，一九五六年他還有總統大選要打，這位昔日將領希望自己被視為和平使者。艾登知道艾森豪的反對立場，畢竟寫在白紙黑字的信件上。儘管如此，他卻騙自己相信一旦出兵變成既定事實，美國總統就只能接受軍事干預的結果。

納瑟是獨裁統治者，但他主張的泛阿拉伯民族主義有段時間在中東世界街頭廣受歡迎，尤其他會領導阿拉伯人英勇對抗以色列，雖然最終還是在一九六七年的六日戰爭受到重挫。一九五六年的艾登跟一九三七到三九年的張伯倫有其相似之處，但不是在對抗法西斯獨裁者這點上，而是兩位領袖都操控決策過程，忽略最值得參考的意見。以艾登的例子來說，最顯著的例子就是外交部的中東專家和政府內部的法律專家。[82]納瑟將運河收歸國有並無違法，反而是英法聯合以色列這樣是違反國際法。英國駐中東大使、外交部專家和政府裡主要的執法官員都反對出兵解決蘇伊士問題，他們並不知道其中有詐（與以色列勾結），雖然有些人還是起了疑心。[83]

艾登和勞埃已經同意法國提議的策略，即以色列先出兵攻打埃及，英法兩國再介入，表面是要勸和，實際是要奪回蘇伊士運河的掌控權，把納瑟趕下台。這個計畫史稱夏爾計畫，因為最初是一九五六年十月十四日由法國參謀部次長莫里斯．夏爾將軍在契克斯對艾登提出的。5
推翻納瑟的方法先在巴黎擬定，之後與以色列幾名領袖人物討論，包括以色列參謀總長摩西．戴陽將軍。以色列總理大衛．本．古里安堅持稱之為「英國計畫」。一開始他心存疑慮，視之為「英國偽善的極致表現」，後來才又改變想法。[84]

計畫的細節在十月二十二到二十四日的會議上討論，開會地點在巴黎市郊名叫塞夫爾的小鎮。[85]以色列代表團由本．古里安帶領，法國團由總理蓋伊．莫雷帶領。英國團帶頭的則是外相塞爾文．勞埃（而非首相），但勞埃沒有三天都在場。[86]這場會議既敏感又機密，艾登堅持不該留下書面紀錄。因此，當他發現在場的外交部資深官員派崔克．狄恩爵士在勞埃離開後簽署了一份總結協議內容的文件時，他錯愕不已。[87]隔天，艾登派另一名外交官到巴黎拿回文件，英國那份才得以銷毀。當初是本．古里安提議擬出協議內容讓三方簽字，部分原因是他擔心英國會出賣他。[88]法國政府的那份後來遺失了，但以色列的則存放在「本．古里安檔案」中，直到一九九六年，也就是蘇伊士運河危機四十週年才重見天日。[89]
6

一九五六年十月二十九日，以色列出兵攻打埃及。隔天早上，法國總理莫雷和外交部長克里斯提安．比諾飛往倫敦，據說是要對交戰國擬出英法兩國的最後通牒，要雙方停戰，否則英法軍隊就要出兵止戰，占領蘇伊士運河。事實上，文件五天前就已擬好。[90] 十月三十一到十一月一日那晚，英國軍機兌現對本．古里安的承諾，攻擊埃及的四座機場，摧毀了埃及的大半轟炸部隊。[91] 英法傘兵部隊十一月五日降落在塞得港，激烈交戰之後在當天占領該港。十一月六日，聯合國秘書長道格．哈馬紹得以宣布，以埃兩國都已接受無條件停火協議，聯合國也要求英法照做。蘇聯出口威嚇，但其領導階層也為英法的愚行竊喜，因為同時間他們正在鎮壓匈牙利革命，打算加強鎮壓行動，蘇伊士衝突正好分散國際的注意力。赫魯雪夫飛往南斯拉夫尋求狄托協助，一同鎮壓匈牙利。他告訴狄托，英以法三國為蘇聯軍隊進一步干預「提供了有利的時機」。一旦蘇伊士事件分散了注意力，蘇聯鎮壓匈牙利革命一事在西方和聯合國就不會引起太大騷動。[92]

5 一九六一年夏爾發動推翻戴高樂總統的軍事政變，後來被軍事法庭判處十五年徒刑。見Charles de Gaulle, *Memoirs of Hope: Renewal and Endeavour* (Simon & Schuster, New York, 1971), pp. 105–111; and Kyle, *Suez*, pp. 296–297.

6 一九五九年英國大選時，蘇伊士事件已經不再是熱門議題。若塞夫爾協議的內容在一九五〇年代晚期就揭發，其中的謊言和潰敗將對保守黨十分不利。帶領保守黨打贏選戰的麥克米倫在蘇伊士危機中扮演關鍵角色，整個過程可以用「先進先出」貼切地總結。他是最支持軍事干預的強硬部長之一，但擔任財政大臣時他第一個看出英鎊面臨的壓力，還有美國政府除非停戰不然不會伸出援手，這就表示英國必須快速撤軍。

比蘇聯的批評更具決定性，甚至比聯合國的譴責或國內大規模抗議更重要的，是英鎊面臨的壓力，再加上美國堅持不為英國紓困除非而且直到埃及危機解除。當時英鎊仍是儲備貨幣，但開始有人在拋售英鎊。麥克米倫原本期望戰時跟艾森豪建立的友誼會讓美國總統伸出援手。然而，雖然兩人在麥克米倫繼艾登當上首相之後重建友好關係，艾森豪對蘇伊士行動的反對立場卻沒有因此軟化。艾森豪在十一月二日給某軍中故友的信中說，英國的反應「像維多利亞時代」。他接著說，「我看不出涉入一場結果不會令人滿意的戰爭有何意義，況且全世界都認為你扮演的是恃強欺弱的角色，而你甚至沒有全體人民的穩固支持。」[93] 美國財政部長喬治．韓佛瑞在給英國財政大臣麥可米倫的電話中說，「你們不會從美國政府拿到半毛錢，除非你們擺脫蘇伊士危機。」麥可米倫大吃一驚，說：「喬治，你給我的答覆還真是冷到極點。」為了保密，韓佛瑞躲到肉品冷凍庫去講電話，所以他回答：「呃，我確實是在一個冷到極點的地方打的電話。」[94]

英國內閣深受麥克米倫的態度大轉彎所影響，開始阻止艾登繼續採取軍事行動。如凱思．凱爾所說，「危機逐漸升高的這三個月期間，艾登扮演了非常決定性的角色。根據他的參謀長聯會主席的說法，他對周圍人的掌控程度甚至超過戰時的邱吉爾，而且過程中每個行動的詳細方向都要插手。」雖然不想放棄行動，「他也覺得自己不能反抗內閣的意見。」再加上大老們都認為該到此為止，他更不能反對到底。除了麥可米倫，堅決反對繼續蘇伊士行動，反對繼續跟美國、大英國協和聯合國作對的，還有巴特勒（一開始就抱持懷疑），以及薩里斯伯里侯爵。[95]

負責蘇伊士軍事行動的中東地區陸軍總司令查爾斯・凱特利將軍／爵士總結：「蘇伊士行動給我們最大的教訓是，全球輿論如今成了戰爭的絕對準則，也必須如此看重。」[96]兩名政務次長辭職以抗議英國出兵中東，分別是艾德華・鮑伊爵士和安東尼・納丁。後者辭職可能造成的傷害尤其大，因為他是外交部次長，負責協商一九五四年的英埃協議。蘇伊士行動達到的結果，幾乎是當年期望的相反。本來想要證明英國仍是世界強權，尤其是在中東，結果反而自曝其短，加速結束帝國榮光帶給它的自命不凡。原本的目標是要證明就算美國袖手旁觀或反對，英國照樣能採取軍事行動，但英國政府向美國屈服的速度之快反而自打嘴巴。原本是要確保蘇伊士運河保持暢通，反而讓埃及在衝突初始就關閉運河。推翻納瑟原本應該讓視英國為盟友的阿拉伯保守領袖受到鼓舞，因為納瑟的野心和聲望讓他們大受威脅。相反地，根據納丁的觀察，「把納瑟變成烈士和英雄之後，我們反而讓他達到十八世紀以來阿拉伯世界從未有過的權力和聲望顛峰。」[97]

運河到隔年四月才重新開放運輸。艾登原本希望在推翻納瑟的行動中扮演領袖的角色，藉此鞏固自己在國內外的地位，最後不但賠上政治生涯，也讓健康惡化。一九五七年一月九日他辭去首相，退出政治圈。一月十八日他登上開往紐西蘭的遊輪度假休養。反對英國出兵埃及、跟「蘇伊士幫」唱反調的保守黨議員奈吉・尼克爾森一月二十二日寫給父親哈羅德・尼克爾森的信上說，「我想你知道艾星期六繞道巴拿馬運河前往紐西蘭去了，出於某些原因，蘇伊士運河沒有開放。」[98]

布萊爾和伊拉克戰爭

二〇〇三年，二戰結束以來英國首相第二次帶領國家走向一場錯估的戰爭，布萊爾因此重蹈了艾登一九五六年的覆轍。兩者之間當然有些重大的差異。艾登當年不顧美國共和黨政府的反對，仍執意出兵，布萊爾則是像美國總統的小跟班，雖然小布希不像當年的艾森豪（兩人都是共和黨）那麼博學多聞。此外，一九五六年的蘇伊士戰爭很快落幕，美國功不可沒。相反地，伊拉克戰爭卻導致新的暴力惡性循環。推翻世俗化的獨裁統治者之後，相互殘殺的派系衝突在美國為首的入侵行動過後十多年，每天還是造成大量傷亡。一份由吉爾伯．勃翰（公共衛生專家，醫生，曾任軍官）在美國霍普金斯大學彭博公共衛生學院率領的研究估計，入侵伊拉克的前四十個月就有逾六十五萬五千人喪命。支持這次侵略行動的人多半忽略或否認這個數字，但這個數字卻經得起進一步的專家檢驗。[99]連伊拉克政府都估計在入侵行動後的前五年喪命的百姓有十萬到十五萬。二〇〇九年為止，有超過四千三百名美國人和一百七十名英國人在伊拉克喪命，三萬一千多名外國士兵在暴動中受傷。[100]

入侵伊拉克多半是美國的決定，早在二〇〇二年夏天就很可能發生，無論有沒有英國或其他國家的參與。薩達姆・海珊的政權雖然高度威權，卻是美國在伊朗與伊拉克交戰時扶植的政權，當時雷根總統派唐納・倫斯斐擔任中東特使，與海珊會面。[8]二〇〇一年九月十一日紐約雙子星世貿大樓和五角大廈遭到攻擊，美國政府內一直在找藉口攻擊伊拉克的人抓住了機會。但後來中央情報局證實攻擊事件跟海珊毫無關係，而海珊跟激進的伊斯蘭教派也並非朋友。如萊斯（小布希攻打伊拉克之前的國家安全顧問）在回憶錄中所說：「中情局強烈認為海珊跟蓋達組織在九一一攻擊中並無共謀關係，也如此表達。」[101]一九九一年波斯灣戰爭結束後，伊拉克就被迫劃定禁飛區，主要由美國軍機執行，聯合國從旁支援。副總統錢尼是當時的國防部長，他認為海珊在伊拉克的長期統治雖然受到國際軍隊的約束，甚至斷斷續續的轟炸，卻仍然是「未解決的事」。小布希打從二〇〇一年一月上台，就把伊拉克視為優先處理事項。[102]他樂於相信據說擁有大規模毀滅武器的海珊是必須處理的威脅，尤其在九一一之後。[103]他是暴君雖是事實，儘管並非當代世界領袖中唯一的一個，但這也無法構成剷除他而不會違反國際法的理由。

7 奈吉・尼克爾森的政治生涯也因為反對艾登而中斷。他在東伯恩茅斯的保守黨選區協會取消了他的候選資格，其國會生涯因而隨著一九五九年的選舉告終。

8 一九八三年兩人會面時，伊拉克正在發展大規模毀滅武器，海珊證明了自負領袖所做的外交決策有多危險。他也發動了與伊朗的戰爭，從一九八〇年打到一九八八年，超過五十萬人犧牲，最後兩國都沒有搶到領土或改變政權。然而，雷根第一任總統期間，海珊被認為是中東統治者中「沒那麼壞」的一個，尤其是跟伊朗和敘利亞比起來。見Donald Rumsfeld, *Known and Unknown: A Memoir* (Sentinel, London, 2011), pp. 3–8, especially p. 4.

然而，國際法是副總統錢尼、國防部長倫斯斐和國防部副部長伍佛維茲最不擔心的事，三人是最執意要讓伊拉克政權更替的人。伍佛維茲不相信賓拉登帶領的組織能在沒有國家支持下執行二〇〇一年對紐約和華盛頓的攻擊，而海珊一定就是支持他的人。[104]錢尼、倫斯斐和伍佛維茲把九一一事件當作火藥，往攻打伊拉克的目標推進。萊斯指出，儘管中情局表明「並無充分理由」證明兩者相關，「副總統及其同僚卻都一口咬定海珊罪不可赦」。[105]錢尼在回憶錄中還為當時的立場強詞奪理：「九一一之後的前幾個月，我們放眼世界，沒有地方比海珊統治的伊拉克更可能把恐怖主義跟大規模毀滅武器結合。事後再看，即使把我們得到的某些情報並不正確這點考慮進來，這樣的判斷都仍算正確。」[106]

布萊爾雖然一心想派兵攻打伊拉克，卻在英國遭遇強烈反彈，也要面對下議院的激烈辯論。布希總統在二〇〇三年三月初打電話給他，「表明就算英國不參戰，他也不會降低對英國首相的評價」。布萊爾回應：「我對此事不疑有他，會堅持到底。」小布希「在吾友的聲音中聽到邱吉爾的回聲。」[107]布萊爾顯然也聽到了同樣的回聲。他告訴一名提醒他審慎處理伊拉克事務的官員：「你是張伯倫，我是邱吉爾，海珊是希特勒。」[108]

為了爭取下議院支持英國出兵攻打伊拉克，布萊爾覺得必須強調海珊擁有的大規模毀滅武器不只會對中東也會對英國構成威脅。為了推翻一國政權而入侵該國，畢竟是公然違反國際法的行為。[109]因此布萊爾說：「伊拉克一直否認擁有大規模毀滅武器，雖然全世界沒有一個正式的情報單位會相信。」雖然列出了幾項海珊政權犯下的罪行，還說「我完全相信那些反對出兵的人也跟我一樣痛恨海珊」，布萊爾仍然堅稱「我從來沒有把政權更替當作出兵的正當理由。」[110]然而，一年前，他在給幕僚長喬納森．鮑威爾的備忘錄裡寫道（一份如今已經解密的文件中）：「海珊政權是暴虐高壓的軍事獨裁政權。他殺害仇敵，破壞國內經濟，在該地區造成動盪和危險。我可以理解反對『國族建構』的右派保守黨基於這與我國利益無直接相關之由，反對軍事干預。但事實上，如果你抱持的政治哲學也關心其他國家……也準備為此信念改變政權，就應該對海珊的事更熱烈投入。」[111]布萊爾確實很「熱烈投入」。

二〇〇三年三月二十日，出兵前三天，下議院針對伊拉克之事展開辯論。羅賓．庫克發表了一場十年後仍經得起時間考驗的演說。[112]他先是當了四年的外交大臣才成為下議院領袖。庫克說，若二〇〇〇年美國總統大選的結果是高爾當選，他懷疑英國是否要攻打伊拉克根本不會成為問題。他還說，英國人「並不懷疑海珊是暴虐獨裁者，但他們並不相信他會對英國造成明確且立即的危險。他們希望給聯合國視察團一個機會，並懷疑是美國政府為了自己的目的才逼迫英國加入戰爭」。[113]庫克直指問題核心：

> 說來諷刺，要不是伊拉克的軍力太弱，我們甚至不會考慮出兵……我們不能根據海珊很弱的推測來決定軍事策略，對外又宣稱他對我們構成威脅，所以必須採取先發制人的行

動。伊拉克可能沒有一般認知的大規模毀滅武器，也就是足以用來瞄準一個戰略城市的可靠裝置。它或許還有生物毒素和戰場用的化學彈藥，但那是打從一九八〇年代美國公司賣給海珊炭疽菌、英國政府後來核准他們的化學和彈藥工廠就有了。有什麼理由非得現在出兵消滅一個已經存在二十年的軍事力量，而且還是我們扶植的政權？[114]

庫克在二〇〇三年三月十七日發表辭職演說，他在同年出版的回憶錄中還能毫不心虛地全文照登。相反地，布萊爾在同一場下議院辯論中的演說當時雖備受讚賞，卻經不起時間考驗。一百三十九名工黨議員投票反對伊拉克戰爭。唐寧街十號新聞室的資深成員藍斯．普萊斯（上司是厲害的阿拉斯泰爾．坎貝爾）後來寫道：「要是每個工黨議員，包括部長級議員，都摸著良心投票，今天要走的八成就是布萊爾……他可以撐過來都是因為保守黨支持這場戰爭。」[115]後來發現海珊擁有大規模毀滅武器的情報不是過時、錯誤，就是刻意捏造，就算伊拉克過去擁有這類武器也都已經銷毀，因此反對出兵的人愈來愈多。此外，布萊爾和小布希利用情報的方式總是太不疑有他，就連當時的情報分析師也不敢苟同。

布萊爾稱那些反對英國參戰的批評者是「反美人士」。[116]如果理解這個行動有多愚蠢，理解決策底下的虛假理由就是「反美」，那麼美國總統歐巴馬和他的國務卿約翰．凱瑞也可以算在內。二〇〇五年〇十一月，約翰．凱瑞指控小布希總統主導「美國史上最大的誤導及欺騙行動之一」，以及「操弄錯誤情報以迎合政治目標。」[117] 二〇〇六年，就在布萊爾用「瘋狂」來形容他所謂的某些歐洲政治家的「反美情緒」同一週，前總統卡特接受BBC訪問時說：「英國政府的政策，明顯在遷就許多源自華府的重大失誤，對此我感到失望。」反對伊拉克戰爭的卡特又說：「無論白宮提出什麼極端或輕率的政策，我看英國政府幾乎都會自動放棄自己的影響力，採取同樣的政策。」[118]

兩年前，卡特的前國安顧問布里辛斯基說的尤其中肯：

由一個喜歡摩尼教簡潔口號的總統帶領的美國，在一個不熟悉的地區判斷失誤，尤其再加上九一一事件的衝擊效果，或許是可以理解的，即使還是很糟糕。我們美國人有責任更正我們的過失。比較難以理解的是，為什麼一個對阿拉伯世界知之甚詳，對伊斯蘭文化也深入理解的盟友會如此軟弱，無力促使美國採取更明智的行動。要是英國，美國最信任的盟友，代表歐洲發表堅定的意見，而不是在英美同謀關係中扮演軟弱的追隨者，就能讓人聽到它的聲音。美國也就不得不聽取它的意見。[119]

問題在於，雖然英國的外交部和學術界對阿拉伯世界都比美國更有研究，布萊爾卻不打算認真看待那些抵觸其信念或阻礙他與美國總統密切交往（無論是哪一位總統）的意見。伊拉克權威查爾斯．特利普是二〇〇二年十一月去參加唐寧街十號會議的成員之一。布萊爾和外交大臣傑克．史特勞在這次會議中接見了熟悉中東事務的學術界人士。特利普指出，「不祥的是，布萊爾似乎對伊拉克是個複雜而令人迷惑的政治社會，完全不感興趣，只想確認只要推翻海珊就能將『邪惡』從該國抹除。」[120]某位派駐阿拉伯世界的前英國大使二〇〇二年就認為可能開戰，他說，「那會是大災難。他們不知道自己捲入了什麼麻煩。伊拉克是個複雜無比的國家。他們就是不聽我們的話。」[121]外交部的中東專家和資深軍官都憂心忡忡。[122]英國負責打擊恐怖主義的國安機構軍情五處也一樣。軍情五處的處長曼寧漢姆－布勒女爵說，在布萊爾的豪賭之前，海珊構成的威脅「很有限」，一旦攻打伊拉克就會「大幅」加重這個威脅。從那之後，英國的許多年輕穆斯林變得激進，恐怖威脅「差不多淹沒了軍情五處」。她認為伊拉克戰爭讓打擊蓋達組織的力量分散。她警告布萊爾，若對海珊政權採取軍事行動，英國反而會面臨更多恐怖威脅，這個警告不幸成真。「伊拉克做的就是讓人民產生新的動力投入恐怖主義，」她在針對伊拉克戰爭所做的齊爾考特調查中表示。她對於二〇〇五年七月七日倫敦發生的爆炸案感到沮喪，但二〇一〇年時表示她早就預料到會發生這種事。[123]

相較於現任官員，卸任的資深文官和大使更能自由發表意見，直言攻打伊拉克可能是致命的錯誤。在冷戰尾聲擔任國防部高官的麥可．昆藍爵士在二〇〇二年八月嗅出華府的風向，他認為英國反對美國當局的時機已經來到。他寫道：「沒有明確的提議拿到台面上討論。但曾在政府內部工作的人都知道，尤其是跟美國打過交道的人，一旦提議上了台面，發揮有效影響力的時機就過了。事情已經決定，國內共識已經達成，心理的信念甚至大眾的信念往往已經難以翻轉。」[124]如昆藍在攻打伊拉克半年多前指出的：

最近在阿拉伯街頭做的民意調查中，大多數人都認為九一一攻擊事件背後有猶太復國主義的陰謀。在這樣的氛圍下，還認為大眾會為了美國為首的推翻海珊政權行動歡呼並鬆一口氣，也未免太過天真。此外，之後要治理伊拉克也是問題。口口聲聲說已經有政權隨時可以上台，尤其是既能讓美國滿意又能得到人民支持的政權，令人難以信服。[125]

一九九〇年代早期的內閣辦公室聯合情報委員會主席布蘭斯韋特爵士在二〇〇三年寫道：「過去六年來，若說布萊爾對美國政策有任何影響力，那也只有為它包裝而已」，而「他在伊拉克事件上盲目跟隨美國的立場，導致他更大的政策千瘡百孔。」即使在最好的狀況下，英國靠著跟美國的「特殊關係」能發揮多少影響力，布蘭斯韋特也表示存疑。他認為那主要只是讓首相和他身旁的人自我感覺良好，讓布萊爾「在美國成了英雄」(但不是在最自由的團體中，這點必須指出)，而「他跟幕僚都喜歡這種感覺」。[126]

布萊爾政府的內閣大臣多半對他做事的方法很有意見，特別是跟伊拉克有關的事。一九九八到二〇〇二年中擔任內閣秘書長的威爾森爵士，在離職前與布萊爾最後一次見面時曾警告他關於「當時正在進行的事所潛藏的危險，還提醒他合法性的問題」。回想起布萊爾對軍事行動的意見，他說：「我會說他眼中閃爍的光芒讓我擔心。」接任威爾遜職位的藤伯爾爵士說，內閣在「戰爭倒數期間都沒看到重要文件，包括二〇〇二年三月列出英國對伊拉克戰略選項的文件，還有二〇〇二年七月關於替代軍事方案的摘要。」二〇〇三年三月，當所謂「選擇」交到他們手中時，要回頭已經太遲，這樣布萊爾就得下台，內閣也會「動彈不得」。首相「偏愛的工作方式，」藤伯爾說，「就是找一群同樣目標的人逐步前進」。[127]

巴特勒爵士從一九八八年到一九九八年擔任內閣秘書長，因此經歷過柴契爾、梅傑和布萊爾三任首相。他曾在幾個場合中批評過布萊爾的統治風格。其中包括官方的調查委員會，該會在巴特勒的帶領下交出了大規模毀滅武器情報的檢討報告。[128]為了避免情報判斷受政治壓力影響，該委員會建議聯合情報委員會主席由「具備與高階部長交涉的經驗，確實不為權勢所動，因此任期可能是最後一屆者」出任。最後一項建議放在他批評布萊爾的統治風格尤其中肯。巴特勒和他的同僚說，「我們擔心之前政府在伊拉克決策上展現的隨性和畫地自限，有損集體領導根據情報做出政治判斷的能力。這種風險在類似這次檢討報告的領域中尤其重要。由於不容爭辯的事實在這類領域中難以取得，判斷的品質因而更加重要。」[129]

攻打伊拉克前不到一個月，美國國防部長倫斯斐在公開場合說，布希總統已經對英相私下表明，就算英國不加入，進攻行動也能順利進行，此言一出讓布萊爾顏面盡失。[130]這是美國選擇的戰爭，做選擇的就是布希政府，儘管不是所有成員都一樣期待即將爆發的戰爭。而在英國，這基本上是布萊爾的選擇，因為他把外交決策權大幅集中在唐寧街十號。雖然布萊爾曾在適宜的政治時機坦承，法定權力直接授予的對象是內閣大臣和其他部長，而非首相，但經過重整的內閣辦公室服務的是首相本人，而非內閣整體。[131]布萊爾擔任首相期間，過去在外交決策上扮演關鍵角色的國防和國際政策內閣委員會形同虛設，在伊拉克戰爭之前幾個月全無開會討論。9然而，布萊爾反而自己召集了特殊委員會，而且經常沒做會議紀錄。內閣根據資料做出判斷之前該看的文件也都沒出現，例如檢察總長高仕文當時提出的法律意見：若沒有聯合國決議明確授權攻打伊拉克，入侵行動就違反了國際法。（訪美之後，高仕文改變了想法。）[132]

美國的軍事力量一投入，推翻海珊的目標得以達成也就不令人驚訝。但此舉卻不具有、也不可能具有伊拉克人民推翻海珊政權會有的合法性。入侵伊拉克行動凸顯了查爾斯．凱特利爵士在前文所提的，從蘇伊士危機中得到的教訓：「全球輿論如今成了戰爭的絕對準則，也必

9 國家安全委員會要到二〇一〇年才成立。功能等同於過去的國防和國際內閣委員會，由首相擔任主席，設於內閣辦公室，附設國家安全事務處，由外交部的前資深成員帶領，頭銜為國家安全顧問（英國政治圈的新頭銜）。成員包括外交大臣、內政大臣、國防大臣、國際發展大臣、能源及氣候變遷大臣，在二〇一〇年成立的聯合政府中還包括副首相（聯合政府中的少數黨領袖）。

須如此看重。」攻占伊拉克的行動受到聯合國秘書長[133]、大多數會員國、國際律師，以及絕大多數阿拉伯人（民調顯示）的譴責。[134]當衝突繼續，美國軍人在伊拉克喪命時，美國一開始得到的支持也很快消失。在英國，贊成與反對出兵的人原本就比較平均，後來漸漸民怨四起。這場戰爭沒有摧毀海珊的大規模毀滅武器，因為武器早就已經摧毀，卻在伊拉克挑起社群內的衝突，把權力平衡從遜尼派轉移到什葉派，讓伊拉克更倒向什葉派居多的伊朗。

此外，擊潰阿富汗的塔利班組織變得無望，想藉由軍事干預實現政治目標的希望也變得渺茫。要在阿富汗拿下勝利長期以來都困難重重，但派國際部隊前往阿富汗至少一開始具備伊拉克戰爭缺乏的正當性。入侵阿富汗在二〇〇一年底得到聯合國的支持，因為進攻蓋達組織在阿富汗的基地被視為九一一事件後的正當反應。然而，將「反恐戰爭」延伸到阿拉伯國家，讓人覺得美國及其盟友是在發起反伊斯蘭「聖戰」。[135]美國在以阿爭議中一面倒向以色列，更加深了這種印象。[136]最具資格做出判斷的人，包括在英國負責反恐任務的機構負責人也證實，入侵伊拉克激化了伊斯蘭極端主義，讓策畫謀殺和破壞的小團體不減反增（軍情五處大多成功阻擋）。針對九一一事件做出的回應，主要目的應該是要把犯人「繩之以法」，但又出現虐待伊拉克的戰俘，以及不經審判就將犯人無限期拘禁在關達那摩監獄的事件。過去在海珊統治的伊拉克無立足之地的蓋達組織，從伊拉克戰爭之後就變得更活躍。直到中東人民發起「阿拉伯之春」，讓該地區第一次真正露出民主曙光時（目前為止只有少部分實現），蓋達才遭遇最大的挫敗。

這當然都是非預期的結果，卻重挫美國的國際威望，甚至連英國都遭殃。對支持出兵的政治家來說，光說「攻打的想法沒錯，錯的是執行面」是不夠的。美國那邊的主事者在回憶錄中責怪其他官員和機構太軟弱，缺乏遠見。例如，倫斯斐就寫道，「在情報單位的缺失列表中，未能強調暴動的危險是較為嚴重的一項。情報報告中偶而會討論戰後局勢動盪不穩的可能性，但我不記得有看過簡報，預測到游擊隊會為了抵抗聯軍而延長戰爭。」[137]出兵在伊拉克會被視為不法行動，外國軍隊也會被視為不懷好意的入侵者，對阿拉伯專家來說這些都不令人驚訝。伊拉克戰爭造成的許多反效果不只可以預測，批評家也確實在戰前就預測到，尤其在英國。在特利普眼中，派系衝突和反抗占領軍的武裝行動似乎「只有一開始策畫軍事占領行動的英美兩國覺得意外」。[138]

伊拉克的教訓：政策、程序和「強人領袖」

海珊本來可能避免這場戰爭。戰爭帶來的苦難，以及戰爭之前的威權統治，他都要負很大的責任。其發言人否認伊拉克擁有大規模毀滅武器，但海珊對模擬兩可的用語再滿意不過。布力克斯帶領聯合國武器視察團前往伊拉克受到阻撓，就足以讓人懷疑海珊藏了什麼東西。布力克斯相信海珊還藏有一些大規模毀滅武器，但他想要有足夠的時間追查，因而反對出兵。結果，海珊確實有東西非藏不可，或者至少要讓外界一直猜不透，那就是他其實已經沒有這類型的武器。統治伊拉克這些年來，他都在強化強人領袖的形象，而他不願表明伊拉克已經不再擁有生化武器的主要原因，就是不想顯得很弱，尤其是在伊朗眼中。這是海珊落網後對聯邦調查局的問題所做的回答，[139]不太可能有誤。

西方領袖，包括反對這場戰爭的人，都以為海珊擁有大規模毀滅武器，因為過去確實有，而他也表現得好像這些武器還存在。反對戰爭的人不認為靠這個理由就能中止布力克斯任務或侵占伊拉克，然後把接下來的責任都推給這件事。大衛．費雪曾在英國國防部服務多年，一九九七到一九九九年擔任內閣辦公室的國防資深委員，可以接觸到所有情報報告。他同樣相信海珊仍然擁有某些生化武器。如今他認為，當局犯的一大錯誤就是把海珊當作民主國家領袖來分析，因為民主國家的領袖一般不會「讓人民蒙受經濟制裁和軍事威脅的慘重懲罰」。西方民主領袖若像海珊一樣行事絕對無法存活，然而，「冷血無情的阿拉伯獨裁者卻可以，至少他撐了十二年。」[140]研究海珊和巴斯黨的專家約瑟夫．薩松指出，「隨時隨地、不計代價保持強人姿態，是海珊一輩子堅守的原則。」即使在威權體制下，程序也很重要。薩松認為，海珊不但堅持保持強人形象，而且「一旦做出決定就固執己見，也不願接受反對意見，從一九八〇年代中到他逝世都未改變。」[141]

反對美國總統和英國首相的意見，當然可以在行政部門中提出，行政部門以外就更不用說了。然而，決策過程中的缺失導致兩國在攻打伊拉克之前做出考慮不周的決策。在美國，國務院和國防部意見不合並不少見。雷根政府就發生過這種情況，但最後雷根碰到跟戈巴契夫政府有關的重大議題時，還是偏好前者的判斷（具體說是偏愛喬治．舒茲勝過卡斯伯．溫伯格）。在伊拉克爭議中，影響力異常之大的副總統錢尼和倫斯斐之間的合作關係，讓國防部比國務院占了上風。小布希雖然可以不顧錢尼和倫斯斐的反對（如同不顧兩人，而按布萊爾提議，先得到聯合國核准出兵的決議再行動，但這個外交上的努力不出所料未能成功），他還是讓國防部在很大程度上決定伊拉克政策，出兵之前如此，出兵之後更是。白宮國家安全顧問萊斯的主要任務之一，就是促進相關部會和政府機構之間的合作。她談到當初美軍進入巴格達時，她試圖對副總統強調部會合作的必要。「五角大廈剛剛解放了伊拉克，」錢尼說，「國務院做了什麼？」[142]

國務卿科林．鮑爾擔任過軍中將領，除了曾是老布希總統的國安顧問外，也比其他人有更多實際作戰經驗。然而，說到華府地盤爭奪戰，他還是比不過錢尼和倫斯斐。常被夾在中間的萊斯目睹過鮑爾跟倫斯斐之間的嚴重猜疑，前者「小心翼翼建立雙方對國際政治的共識」，後者「咄咄逼人」。[143]在國家安全會議內，倫斯斐主張，美國沒有必要在推翻海珊後對伊拉克接下來的發展發表意見，「如果有強人崛起，那就這樣吧。」[144]萊斯猜測，鮑爾之所以沒有更強烈、更直接向總統反應，國防部不該在副總統的幫助和煽動下干預主要應該由國務院負責的事，主要原因是他自己曾是職業將領，不願挑戰總司令的權威。鮑爾跟小布希之間的關係還有更微妙的因素。如萊斯所說，鮑爾「一定很清楚，要是他當初決定競選，總統說不定就是他」。[145]羅賓．

庫克根據他擔任英國外相直到二〇〇一年的經驗判斷，英國外交部的影響力在伊拉克這件事上之所以有限，原因是「國務院本身對華府發生的事影響力很小」。[146]

庫克的繼任者是傑克．史特勞，他跟前四任英國外相（三名保守黨，一名工黨）不同的是，他支持出兵，但熱烈投入的程度遠遠比不上首相。不過，史特勞認為，布萊爾喜歡非正式的決策方式勝過善加使用內閣和內閣委員會，怪不得後來聲勢下滑。史特勞在回憶錄中寫道，「要是布萊爾、我跟國防大臣必須跟國家安全委員會討論進度和決議，然後再跟內閣報告，這對布萊爾和他的聲望，以及良好的政府運作，都會更好——而且是透過書面，不是口頭簡報。」[147]他還說，他相信最後的結果還是一樣，英國仍會跟美國一起出兵。然而，二〇〇三年出兵後不久，有個未透露姓名的英國部長說：「要是科林．鮑爾是美國總統，傑克．史特勞是英國首相，戰爭可以確定不會爆發。」[148]若他們帶領的部門是主要的行動者，更有可能會是這樣的結果。

布萊爾的同僚養大了他異於常人且自我中心的認知，以為英國參戰與否都由他決定。在這種情況下，就算走正當程序也不一定能做出不同的決策。此外，戰爭爆發當時，布萊爾的國防大臣傑夫．胡恩跟一九六四到一九七〇年間在威爾遜政府擔任國防大臣的丹尼斯．希利所享有的政治聲望和群眾地位都相當不同。威爾遜因為沒讓英國加入越戰而受到讚揚（在華盛頓則不然），但希利二〇〇六年受訪時說，「威爾遜有點心動，但我說『絕對不行』。」[149]這才是部長和首相該有的關係。如一人對另一人的立場不滿到某個程度，那麼正反意見就必須在組織健全的內閣委員會中辯論，之後再到內閣中討論。以此例來說，威爾遜知道聽從部長的判斷才明智，因為後者掌管的部門對外交和國防政策有深入的了解和豐富的經驗（希利二戰時還是活躍的陸軍軍官）。在非總統制底下，首相應該努力說服在黨內或全國地位崇高的同僚，讓他們看見自己支持的政策有何價值，而不是濫用職權。以伊拉克戰爭的例子來看，依據充分資料做出的集體判斷，應該能讓人更審慎檢視推翻海珊之後的後果，而不是輕易做出判斷。[10]

缺乏正當程序會把更多權力集中在首相及非民選幕僚手中，也會對政策結果造成影響。本章探討了張伯倫、艾登和布萊爾這三個例子，三人都專斷獨行，讓同僚難以得知重要的討論和參考文件。當首相迫切想被視為強勢領袖時，忽略正當的政府程序就會更加危險。這三人之中，艾登欺騙英國大眾最甚，但**他**迴避正當程序的程度沒有張伯倫和布萊爾嚴重。張伯倫雖然痛恨反對意見，但比較在意是否被視為強勢領袖的是艾登和布萊爾。安德魯・朗恩斯利從一九九〇

10 資深國防官員大衛・費雪當時並不反對入侵伊拉克，但幾年後想法改觀，認為這場戰爭不符合正義之戰的標準。費雪寫道，「傷亡人數從二〇〇三年逐漸增加的同時，就愈來愈難堅持軍事行動利多於弊的主張，無論海珊政權無疑有多邪惡或高壓都一樣。再者，無論損益表看來如何，過去發動正義之戰會做的詳細後果評估顯然都沒做，也沒有做充分計畫以確保軍事行動後能立即重建秩序並建立合乎正義的和平狀態。」(David Fisher, *Morality and War: Can War be Just in the Twenty-first Century?*, Oxford University Press, Oxford, 2012, p. 213.)

年代就開始密切（且多半站在支持立場）觀察布萊爾的生涯。他在布萊爾上台第一年就寫道：「布萊爾先生有很多優點。而他最大的缺點，就是想盡辦法不讓自己顯得軟弱。」[150]此外，布萊爾也對自己的判斷極具信心，即使缺乏事實根據。

伊拉克戰爭之前，英國的布萊爾，美國的錢尼、倫斯斐及後來的小布希詮釋情報的方式，就是「認知過早封閉」的絕佳例子。信念會簡化事實，形塑人處理資訊的方式，過濾掉不便的事實。如此一來就更容易有系統地接納跟過往信念一致的資訊，排除掉違背這些信念的資訊。[151]無論是張伯倫、艾登或布萊爾，政府首長若抱著信念不放，只希望他徵詢的人強化他的信念，到最後就會淪為自欺和假象的受害者。因此，外交決策不該由單一領袖在效忠於他的顧問協助下達成。無疑地，因為前面討論過的發展，尤其是旅行和溝通速度大幅提升，現今的首相和總統有更多直接互動的機會，有時也必須代表自己國家發言。因此，他們擁護的政策應該經過民選政府的集體討論也就更加重要，而非更不重要。決定政策的任務不應該留給首相一個人去完成，而是相關部門且能獨當一面的政治家不該迴避的責任。在很多情況下，他們跟領導者的看法並不一致。

CHAPTER 8 哪一種領導才是我們想要的領導？ What Kind of Leadership is Desirable?

探討領導的論著中，很大比例都來自美國。從政治文獻來說，這通常就表示作者把焦點放在美國總統制，其他國家就簡短帶過。此外，如赫克羅的批評，很多總統制的研究都暗暗指向歷史和政治的「偉人」思維——成功「即凌駕對手之上，主導公共政策的走向」；成敗與否「即總統是否能遂行己意」。因此，總統制研究往往變成在倡導總統的權力。[1]前文提過，今人愈來愈常用這點來評價政治領袖。設法凌駕並支配同僚的人，太容易被視為強勢甚至是成功的領導人，而跟領導團隊一起合作的人則被視為軟弱、相對失敗的領導人。

不過，無論是個人或團體，領導方式特別受到矚目這件事並不奇怪，畢竟領導力在造成重大改變上扮演決定性的角色。在本書中，我把**轉變型**和開創型領袖加以區分。轉變型領袖很少見，他們對造成**體制**的轉變不可或缺。開創型領袖也不常見，他們改變了論述的條件，擴大了你我對政治可能性的認知。以英國的例子來說，有時這樣的開創是由集體領導達成的，而首相的主要任務則是協調其他人的工作，一九四五到一九五一年艾德禮帶領的工黨政府就是如此。

也有時候首相就是政策的主要推手，一九七九到一九九〇年柴契爾帶領的保守黨政府或許可歸於此類。

在美國，一般人對總統的期待都過高，超過一個置身於制衡體系內的行政首長可能做的事。[2]近幾十年來，評論界也出現了要求內閣制首相（總理）應該做得比原來更多的普遍傾向。他們驅策首相（總理）更積極地行使手中的權力，包括對同僚和政黨的權力。許多首相（總理）和黨魁在大眾媒體（以及另有盤算的政敵）刺激下不得不展現政治氣概，迫切想證明「自己能獨當大任」。英國有些觀察家以及前公職認為，英國首相掌握的權力不夠大，他們屢屢呼籲成立首相辦公室，原因就是不滿唐寧街十號的主人在很大程度上受到內閣辦公室的牽制。[3]在美國，富蘭克林．羅斯福首創總統行政辦公室，由於規模愈來愈大，導致前文所述的結果：其他政府部門抱怨「太多人想用總統的尖牙咬我」。事實上，正因為美國政府的權力分散，立法機構的權力尤其大，所以比起倫敦的首相辦公室，華府設立支援總統的辦公室無論是當時還是現在都有正當性。這些首相周圍的人一直在猜測（甚至預先猜測）首相想要什麼，而此類猜測又會湊巧符合自己的心意，成立首相辦公室是因為他們希望可以用首相的尖牙去咬國會議員甚至部長。

當愈來愈多議題交由首相（總理）裁決時，就不太可能找到成功的解決方案。一旦決策的責任轉移到政府首長手中，問題可能變得更棘手，因而導致問題被擱置，直到決策者能給問題最起碼（但往往不夠）的關注為止。[4]赫克羅在中國古代思想家老子所說的話中看到智慧：「太上，不知有之；其次，親而譽之。」[5]他坦承這對現代政府首長來說雖是完美的提議卻不切實際，但他鼓吹總統（首相、總理也是）應該鼓勵其他人集思廣益找出問題的解決辦法，他認為這比流行文化中常見的「『跟隨我』的熱血劇碼」，可能是「更巧妙、更有建設性的領導方式」。[6]

若把美國放進比較框架中，就能清楚看出，根據第四章對「轉變型領袖」的定義，現代總統幾乎不可能是轉變型領袖。要改變體制不太可能，甚至連重新定義可能的界線都很難。富蘭克林·羅斯福和詹森是二十世紀這類開創型領袖的最佳例子，他們推動的政策整體來說都達到正面成效。[7]（除了詹森被捲入越戰，算是其中一個重大且悲劇性的例外。）兩位總統都充分且有效利用了他們「說服的權力」。羅斯福對大眾特別有吸引力，詹森則是把自己跟參議員的私交和對國會的認識發揮到極致。[8]

有些總統放手讓其他人主導重要政策時，反而成效最高。如引言所述，杜魯門政府的國務卿馬歇爾及馬歇爾計畫，就是這類領導方式的例子，而杜魯門對馬歇爾的歐洲復興計畫給予完全的支持。艾森豪任內的民權突破儘管有限也遭到激烈反對，但終究廢除了公立學校的種族隔離制度，這很大部分要歸功於司法部長布朗尼爾，而非總統（如第二章所述，艾森豪反而是兩人之中較猶豫不決的那一個）。雷根雖然是出了名的強硬，但當他更願意跟部會合作時，改革社會福利和聯邦稅法才獲得了更大成效。[9]雷根的外交政策也一樣。他欣然放手讓喬治·舒茲和國務院去跟暗潮洶湧的莫斯科當局應對，後來自己也跟戈巴契夫建立了良好的關係。

然而，由於美國政治體制對總統設下重重限制，白宮主人比內閣制首相（總理）更有必要把手中的權力發揮極致，畢竟後者通常得到國會大多數成員的支持（無論是一黨多數還是多黨聯合）。因此，史提潘和林茲等人才會主張，歐巴馬總統應該在二〇〇九年上台時跟參議院多數黨的民主黨員密切合作，「排除或大大降低」參院透過阻撓議事以牽制總統的權力。參議院在新國會成立時有權自訂規則，因此只要簡單多數投票通過，就能排除二〇〇九到二〇一〇年的阻撓議事權。[10]由於美國政治體制被形容為「否決政治」，否決權比大多數國家設計的還要來得強大，歐巴馬或許太過小心翼翼，不想利用剛到手的民主權力來「排除可以限制多數決的阻撓議事權此一極端規則」。若此事成真，幾乎可以肯定的後果是：他的健保改革會以較未稀釋（也較不複雜）的版本通過，讓他在二〇一〇年的期中選舉有更強而有力的說詞。實際上的情形是，複雜且經過妥協的健保法案在通過的過程中非常混亂，結果反而重挫了民主黨。[11]從患者保護與平價醫療法案在強烈反對和扭曲之下得以通過的結果來看，或許可以算是一次「立法的勝利」，但這樣的「勝利」若放在英國的脈絡下，會被視為可能損害首相權威的一次「失敗」。[12]

林肯之後，美國就沒再出現過轉變型總統。十一州組成的美利堅聯盟國回歸統一及美國黑人獲得公民權，都讓聯邦共和國得以轉型。本書只在前文簡短提過林肯，因為我把焦點放在二十和二十一世紀。然而，林肯是分工合作式的領導方式也可以忠於原則、達成突破性改變的傑出例子。從某個重要的意義來看，美利堅合眾國在新的基礎上得以重建。如研究林肯總統的權威史家詹姆斯．麥克弗森所說，「沒有林肯的堅定領導」，很可能「合眾國就消失了」。[13]麥克弗森認為，林肯的領導以及聯邦政府打贏南北戰爭，解決了美國獨立戰爭和美國憲法都未能解決的兩個根本問題。第一個是合眾國如何以「一個」國家的形式存續下來，第二個是「荒謬至極的不公」（林肯的用語），即一個國家「建立在主張人人都該享有完整自由的憲章之上」，卻成了「世界上最大的蓄奴國」。[14]即使面對強大壓力，要他放棄以廢奴作為停戰的條件，林肯仍不讓步。他指出，就在他說話的同時有超過十萬名黑人士兵正在為聯邦政府打仗，「如果他們為我們賭上性命，一定是受到強大無比的動機所驅策，即便只是可以得到自由的承諾。而我們一旦做出承諾，就要信守承諾。」[15]結合高姿態的原則和低姿態的政治，林肯終於在國會拿到通過第十三條修正案所需的票數，廢除了奴隸制。[16]

如桃莉絲．基恩斯．古德溫的精彩論證所說，林肯的「政治天才」不只在於他的精湛演說和強大決心，還有他對時機的掌握。他懂得超前民意，但碰到他主張的政策時又不能超前太多，免得壞了成功的機會。[17]同樣重要的是，他願意跟當時最能幹的政治家一起合作，包括他的頭號政敵。換成一個較缺乏自信或雅量的人，就不會想要身邊圍繞著一群一開始都認為自己更有資格掌管白宮的人。比他膽小的領袖可能會想任命「永遠不會質疑其權威的支持者」擔任閣員。[18]然而，林肯卻把最高職位給了一八六〇年共和黨總統提名時與他競爭的主要對手：紐約州參議員威廉・西華德、俄亥俄州州長薩蒙・蔡斯，以及密蘇里州的政壇大老艾德華・貝斯。西華德後來認為林肯是他認識的人當中「最優秀也最睿智的一個」，而他的「寬宏大量簡直超越常人」。[19]一直無法從林肯所謂的「白宮熱」中恢復過來的蔡斯曾四次向總統遞出辭呈，第四次總統接受時讓他大感意外，但後來林肯又任命他為首席大法官，儘管蔡斯常暗中跟他作對。林肯日後告訴參議員札哈里・錢德勒，他「寧可吞了自己的鹿角椅也不願提名蔡斯」，但這對國家是正確的決定。[20]

根據內閣成員吉登・威爾斯的觀察，林肯常說「該為歸咎於他們的疏失負責的是他，不是他的內閣」。賽門・卡麥隆的例子就是一個明證。這位賓州政壇大老給正直政治家下的定義堪稱一絕：那就是「一旦拿了錢就要忠人之事」。[21]戰爭部的大規模貪污案爆發之後，林肯不得不將戰爭部長卡麥隆免職。然而，後來林肯寫了一封長信給國會，說明「因為當時政府面臨的緊急狀況才會出現」那些不幸的合約，「無論造成了何種疏失，」他跟全體內閣「至少都要（跟卡麥隆）負起相同的責任」。[22]從此卡麥隆對林肯忠心不二，而且如古德溫所說，他「很感激林肯在所有人都遺棄他的時候，拿出勇氣與他分擔責任」。[23]

在賦予總統行政權的體制內，領導人通常比內閣制首相（總理）有權做出更大的改變。然而，姑且不論外交政策，美國卻難以套入這個通則。現代的美國政治體制權力分散（包括白宮官員、其他政府部會、國會、司法部門，以及組成聯邦的五十州），因此總統在國內的權力遠比大多數的首相（總理）來得小，如果後者可以得到內閣成員支持的話（這是一個重要條件）。相較於比例代表制的國家，多數代表制的國家又更適用這樣的狀況。由首相（總理）擔任黨魁的政黨通常是國會裡的多數黨。

然而，有時候，尤其是在外交政策上，美國總統大選會比內閣制的議會改選造成更深遠的影響。二〇〇〇年的美國總統大選就是一個清楚的例子。那次大選證明，即使是像小布希如此平庸的人，一旦成為美國這種超級強國的元首就有可能翻轉世界情勢，無論是正面或負面。那次也證明僥倖和機運對選舉的影響何其大。只要在一兩個關鍵州，有比較多傾向民主黨的選民把票投給高爾，而不是投給較激進（但無勝選希望）的拉爾夫・納德，不需要多很多，高爾就能入主白宮。又或者，佛羅里達州的棕櫚灘可以使用比蝴蝶選票更可靠的投票機制（「廢票」問題突然引起大眾的關注）。[24]再或者，「假如他願意利用柯林頓的名氣替他宣傳，」高爾或許就能拿下阿肯色州。[25]事實上，布希就是因為以上這些因素才僥倖贏得選舉人票，即使輸了全民普選。而這絕對是民主國家選出的領袖，對美國以外的國家之生死存亡造成巨大影響的實例之一。如南內爾・基奧恩所說，「高爾對阿富汗採取的路線或許不會跟布希差太多，但他不太可能會攻打伊拉克。光是因為這個緣故，今日的世界就會是截然不同的世界。」[26]

在英國實施「拿破崙式」的統治？

威權國家的領袖把統治集團踩在腳下，或是民主國家的領袖把內閣踩在腳下，都會鞏固領袖的權力，但卻是以犧牲黨內成員為代價。因此，如果目的是盡可能擴張個人權力而非追求良好的治理方式，這麼做對領袖及其親信確實有實際的效益。在專制政權中，服從命令和毫無異議能滿足獨裁者的虛榮心。同樣地，民主領袖試圖擴張自己的權力時，往往也帶有不少虛榮的成分。馬克斯・韋伯寫道，政治人物每天無時無刻都要克服「庸俗的虛榮心，這是對腳踏實地追求目標，以及……避免自我中心的致命大敵」。[27]韋伯認為，缺乏客觀和不負責任是政治上「不可饒恕的罪行」，而虛榮心此一「希望自己盡可能站在最前排讓人看清楚的需求」，會誘使政治人物犯錯，「時常有變成演員的危險」，最重要的是，只在乎自己給人留下的印象。[28]

柴契爾主要的立傳作家雖然說她「自我中心」，[29]但她比較在乎利用權力來維護她重視的價值，而不是出於虛榮心讓自己成為注目焦點。如第三章所述，柴契爾為改造英國政治圈的政治論述貢獻了一己之力，這是布萊爾沒做到的事。布萊爾所接受的新中間地帶，就是柴契爾以及跟她看法一致的同僚開闢出來的。先後在柴契爾和梅傑帶領的保守黨內閣中任職的肯尼斯・克拉克認為，梅傑政府「被自認為最忠於柴契爾的人從內部破壞」，讓「布萊爾接收了比較有人味的柴契爾主義」。[30]在國內，這包括在經濟上偏向私部門勝過公部門，以及在健康、社會和教育服務方面增加私部門的成分並套用市場標準。至於外交政策，布萊爾則是比柴契爾走得更遠，他接納了美國共和黨右派的觀點，對中東採取的立場幾乎跟美國新保守派難以分別。布萊爾只影響了小布希政府對伊拉克政策的形式，而非內容。相反地，柴契爾在某些議題上毫不留情地批評雷根，即使兩人關係良好也觀念相近。尤其，在聽過政府顧問和外界專家的意見之後，她居中扮演重要角色，鼓勵雷根與蘇聯的新領導階層建立關係，努力說服他跟戈巴契夫交往有其意義。[31]然而，久而久之，柴契爾愈來愈少聽取他人的意見，她對於跟匈牙利人解釋匈牙利發生的事也毫不感到遲疑。[1]不過，一九八七年她去拜訪莫斯科的一處住宅區時，倒是承認住在那裡的人「甚至比我更了解這個體制」。[32]

相較於柴契爾，布萊爾對閣員雖然非常委婉有禮，他還是努力要效法甚至超越柴契爾把權力集中在唐寧街十號的作法。柴契爾有查爾斯．鮑威爾當她的左右手和私人秘書，布萊爾則任命查爾斯的弟弟喬納森．鮑威爾為幕僚長，這個厲害的頭銜可是喬納森自己要來的。[33]（兄弟

1 柴契爾剛上台那幾年既擅長發問也擅長聆聽，尤其是專家的意見，但最後幾年就變了。匈牙利的改革大將及匈牙利科學院院長貝倫德．伊凡一九九〇年八月與柴契爾會面，據他回憶，有人把他介紹給柴契爾後，她馬上抓住他的手臂拉他到角落，問他匈牙利所發生的那些激動事件。然而，「她沒等我回答就開始自問自答，向我解釋起匈牙利發生的事。」貝倫德拿這件事跟同年和西班牙首相岡薩雷斯（Felipe González）見面加以對照：「岡薩雷斯對匈牙利事件表達了高度的興趣和深刻的理解，並問了很好的問題。」見Ivan T. Berend, *History in my Life: A Memoir of Three Eras* (Central European University Press, Budapest and New York, 2009), p. 225.

兩人都是很能幹的政府官員，原本都任職外交部。）一九九六年，也就是柴契爾下台後六年，查爾斯．鮑威爾受訪時說，「我一直覺得，柴契爾夫人的治理風格帶有列寧主義的色彩——有堅定無比的決心，相信領路先鋒的判斷，只要把那個小小的、緊密的團隊團結在一起，就可以把事情完成……他們可以出去跟人民面對面，制訂法律，耀武揚威一番。」[34]布萊爾入主唐寧街十號之前，喬納森．鮑威爾就在一場非公開研討會中表示（消息洩漏給媒體），「我們想從封建體制轉變到拿破崙體制。」他在更後來的著作中（主題是馬基維利，而非拿破崙）解釋了自己的想法：「英國的政府體制傳統上是貴族（閣員）稱霸的封建體制，他們有自己的軍隊和資金（公務員和預算），雖然要對君主輸誠，但其實都為所欲為。首相能讓政府部門團結一致的方法不多。他的彈藥庫裡唯一的武器，而且還是不太靈光的武器，就是雇用某人和解雇某人……在政策發展和執行上，我們需要中央具備更好的協調能力。」[35]

無論列寧或拿破崙是否適合作為民主國家政治領袖的模範，或者連最低階的內閣職位都沒做過的領袖（指布萊爾，非柴契爾）是否需要其他閣員視為他「君王」（老大），答案都應該只有一個。什麼拿破崙式的統治根本沒有發生，倒是在工黨的第二任政府初期，啟用了某種監督政策執行的新機制。發起人是麥克．巴伯，他主張如果政府有一個目標，就應該制訂實現目標的計畫，以及確保目標得以實現的方法。[36]布萊爾任命巴伯為新的政策執行中心負責人，直接跟首相報告。該中心設定的目標包括減少候診時間、降低犯罪、提升學業表現，每一項都極具爭議，至於所產生的結果有預期中的也有非預期的。然而，巴伯在回顧公職生涯的一本書中卻堅稱，這個機制整體來說好多於壞（雖然「目標文化」仍引起爭議）。

無論布萊爾可能懷有何種拿破崙式的雄心，就算他自認為有權為政府做決策，他也永遠不可能達成他的帝國目標。這是因為，如果他是唐寧街十號的拿破崙，握有對外交政策和社會政策的掌控權，那麼隔壁也有另一個拿破崙，那就是主宰經濟決策，因此也掌握很大一部分國內政策的戈登．布朗。在布萊爾擔任首相的最後時光，巴伯曾撰文指出布萊爾政府的閣員都必須決定「是要偏向布朗陣營還是布萊爾陣營，或是想辦法兩邊兼顧」。不只巴伯這麼說，很多內部人士也這麼說。這位出奇強勢的財政大臣時常牽制布萊爾的權力，到布萊爾第三次連任時，他的權力已經漸漸衰退，但布朗的牽制力卻不減反增。[37]

二〇一三年四月柴契爾逝世時，她的成就獲得許多人的讚賞，尤其她是英國有史以來第一位女性首相，而且還是代表保守黨。畢竟長久以來，保守黨女性在國會和內閣的人數都遠比工黨少（雖然工黨還遠遠落後北歐的性別平等程度）。此外，很多人強調柴契爾的「強勢領導」，讚揚她是一位「堅持信念的政治家」。政治家若擁有自己的一套政治哲學和堅定的價值觀，確實極具優勢。這樣的人不會被民意調查或焦點團體過度牽著鼻子走，雖然在決定如何提出政策時或許會將之納入考量。然而，堅定的信念和實現信念的決心不必然都是好事。列寧、墨索里尼、希特勒、史達林和毛澤東都是專制的「強勢」領袖，都具備超乎常人的堅定信念（連史達林都是），這還只是幾個顯著的例子。保守黨內閣的大多數成員（以及很大部分的黨內議員）最後都決定不再容忍柴契爾的某個強烈信念，那就是：她永遠是對的。將近四分之一個世紀後，當初要柴契爾下台的閣員仍然不被懷念柴契爾領導的人所諒解。史學家安德魯・羅伯茲也是其中之一。他形容那些在一九九〇年把柴契爾趕下台的閣員是「一群野心蒙眼的懦夫、笨蛋和叛徒」；詭異的是，他使用的語言竟讓人想起史達林的爪牙在一九三〇年代的公審中對犯人的指控。[38]

傑佛瑞・侯艾當年的辭職演說導致柴契爾在一九九〇年被迫辭去首相。他提到首相如何操控同僚的反應，連閣員在白廳開會、議員在國會開會，她都好像在旁邊下指導棋，只是她沒現身也沒出聲。他指出，「每次討論總會不知不覺回到：首相會怎麼看這個問題？久而久之，她太習慣什麼事都順她的意，最後變得自信過頭，愈來愈少徵詢同僚的意見，愈來愈依賴自己的小團體。這種事總是會發生。愛德華・希思如此，布萊爾也是。」[39]肯尼斯・克拉克回想有一次首相在內閣裡說，「我為什麼要包辦政府裡所有的事？」克拉克說，「我想我不是坐在現場唯一這麼暗想的人：『瑪格麗特，問題在於，妳認為妳必須全部包辦。但妳不應該，妳也做不到。』」[40]

柴契爾或許對閣員很強勢，最終也因此下台，但她不像布萊爾置內閣於不顧。阿利斯泰爾・達林不只是從一九九七到二〇一〇年間擔任閣員，也是支持「新工黨」強調「中道英國」（Middle Britain）的政治人物之一。他也是眾多批評布萊爾的人之一，他們認為這些年來政府缺乏共同討論，因而也就無法為政策真正負起共同責任。他指出，如果有布萊爾回憶錄的讀者看了書之後以為「對東尼來說，『新工黨就是我』」，那也不是讀者的錯。達林在歸納布朗和布萊爾的首相生涯時說，太多時候「我們在大局已定之前根本沒有什麼討論」。他還指出，以不顧內閣意見這件事來說，「例如〔大學〕學費這項政策就從未好好討論，所以不算共同的成果。黎巴嫩議題也幾乎沒討論。因為他〔布萊爾〕覺得是對的事，於是就不打算理會民意和內閣可能會有的意見。」[41]

領袖和政黨

比起定義什麼是**好的**或（更稀有的）偉大的領導，定義什麼是**有效的**領導比較容易達到共識。評價一名領袖的好壞，要不憑藉個人對該領袖的好惡，要不就是看他是否贊同該領袖所推

2 當一個民主國家的資深政治家感到有必要把自己抱持的信念屈服在某個個人的意志之下，不禁讓人感嘆地聯想到生活在獨裁國家的樣子：當領袖不在或未下達明確指示時，把獨裁者的意志無限上綱就成了行動方針。在納粹德國，這叫做「為元首服務」。如伊恩・克索所說，「在納粹德國的達爾文叢林裡，通向權力和晉升之路要透過揣摩『元首的意志』，不能傻傻等著指示，而是要主動去推銷希特勒心中可能的目標和願望。」(Ian Kershaw, *Hitler*, Penguin, London, 2009, p. 321.) 民主國家的閣員為了晉升（或避免降職）而採取類似的低姿態提醒了我們：很多在國內爬到最高權位的政治人物，過去都曾是黨內的批評者甚至反抗者。

動的政策。然而，不同的情況所需要的領導風格和特質各異。因此，「最有能力幫助團體達成目標的那個成員，就是特定情況下最有效的領袖。」[42]約瑟夫．奈伊給「領袖」的簡潔定義是：一個「幫助團體打造並實現共同目標的人」。[43]政黨以外的組織領袖可能也要「決定或釐清目標」，[44]但決定目標並非民主國家的政黨領袖該做的事。廣義的目標（因為「目標」在二十世紀上半葉對某些政黨來說已經不像過去那麼偉大），應該是黨員跟領袖共同討論的結果，否則他們又何必花費時間實現目標？在民主國家中，有效的政治領導包括幫助政黨贏得權力，並在執政之後幫助政黨實現其擁護的政策。

領導階層跟議會黨團的關係（以及領導階層跟地方黨員的關係）通常都是、也應該是雙向的關係。領導團隊具有決定優先處理哪些政策的優勢，但如果實際政策更多時候是被媒體大亨或金主所操控，這就不是有效或民主的領導方式，而是另一種主從關係。對政黨領袖來說，尤其是在英國，跟自己的黨保持距離遠比挺身反抗媒體老闆更容易獲得媒體青睞。史坦利．鮑德溫對報章老闆的態度，比他二十世紀後期和二十一世紀的繼任者強硬得多（目前的工黨黨魁艾德．米勒班[3]在某些方面是例外）。鮑德溫在一九二九年的演講中說：「羅斯米爾和畢佛布魯克兩位爵士經營的報紙，不是一般定義下的報紙，而是兩人變來變去的政策、渴望、個人好惡的宣傳工具。」他繼續砲轟兩位媒體大亨，以下這段話成了他的名言：「這些報老闆的目標是權力，而且是不用負責的權力——妓女千古以來的特權……」[45]

相反地，布萊爾對待有錢的報老闆和企業利益的態度遠比對他的黨員來得熱切，他們是除了他自己在塞奇菲爾（英格蘭東北邊）的選民外，唯一直接投票給他的人。如第二章所說，布萊爾不把這些人放在眼裡，而且不是在不經意的言談裡，是在他的回憶錄裡：他們「在遠離執政中心的西伯利亞邊疆放逐多年，淨做些無聊的苦差事」，大選之前才又出現「在克里姆林宮的廳堂裡，重新露出志得意滿的神情……」[46]卡麥隆首相的某位不具名親信曾在二〇一三年五月隨口說了一句，後來這句話被廣為傳播，他說選區裡的保守黨活躍分子好像「瘋子，眼神詭異的笨蛋」。[47]類似的黨員和領袖之間的隔閡，以及領袖對基層黨員的不屑，不但不妥，也有害民主。

領袖不該只把政黨看成實現野心的工具，而是推動黨內最多人認同的共同目標和價值的集體事業。這顯然需要努力贏得選舉才能達成。把純粹的原則置於各種妥協方法之上的政黨，很可能走不出政治荒野。這並不表示一定要放棄或輕視黨員的中心理念。政黨理念不太可能跟廣大選民的意見一致（或毫不相關），但不管是國會成員或政黨領袖，都要給他們空間，以便促進積極的與被動的選民、熱情支持者與懷有疑慮者之間的相互對話。

然而，研究民主制度以及威權統治過渡到民主的學者都會同意兩個結論。第一，可靠的政

3 米勒班已經在二〇一五年卸下工黨黨魁的職務，由傑瑞米・柯賓（Jeremy Corbyn）接任。

黨制是民主國家不可缺少的支柱，一旦政黨被由上而下予以操縱，以致無法獨立存在並發揮影響力，那麼正要轉型的專制或寡頭政權就很難或無法發展出強健的民主制。大多數承繼蘇聯體制的國家都是如此，包括俄羅斯。另一個發現是，世上多數國家的政黨從二十世紀中葉以來都面臨黨員人數大減的問題，研究調查也發現政黨得到的評價變低。比較不同政黨的某權威研究指出，「大多數國家的大多數人民都承認『沒有政黨就沒有民主』，但同樣一群人也常批評政黨的『分裂』行為。」[48]胡安．林茲三兩句就道出很多國家的政黨所面臨的另一個難題：「政黨要花錢，但不能花我的錢，不能花我的稅金，也不能花利益團體的錢。」[49]有趣的是，近幾十年民主最蓬勃發展的國家是統一後的德國（以及之前的西德）。德國的政黨是有國家補助的，黨員也持續增加，雖然很大一部分是因為東西德合併。

自由多元的政治體制下，政黨領袖對民主應有所堅持，既然這樣的期待並不過份，而且假設他們也有跟廣大選民連結的必要，那麼倘若他們認為基層黨員不過就是必要之惡，那就很危險了。研究二十世紀政黨組織轉變的作者群指出，領導人為了主張自己的至高權力，一個「方法就是把政黨邊緣化，甚至任其凋零」。這個觀察似乎反映了二十一世紀初期「丹麥和荷蘭主流政黨的經驗」，無論那是刻意為之還是無心造成的結果。[50]英國的狀況剛好相反。布萊爾上台最初幾年，工黨人數大幅增加。當時雖然很成功，但之後很多人都因為期待落空而退黨，連許多老黨員也是，對很多人來說，伊拉克戰爭是壓垮駱駝的最後一根稻草。權力過度集中在政黨領袖手中會削弱政黨內部的活力，黨員也會左右兩難，一來怕批評領袖讓政敵有機可乘，但同時又不想把更多權力讓給領袖。[51]

議會黨團或基層黨員對領袖的批評，當然會引來領袖「掌控不了」政黨的怨言。但我們必須要問，領袖對幫助他上台的人民要「掌控」到什麼程度才適當。同樣地，政黨領袖有責任不讓容不下異己的偏激分子接收政黨。因此，工黨在尼爾．金諾克的帶領下開除了「激進勢力」（Militant Tendency）這個接管了若干地方黨部、脅迫其他成員屈服或退黨的組織。另一個類似的「惡意接管行動」，如摩伊希斯．奈姆所說的，是美國共和黨被茶黨接管以致陷入危機。[52]各國政黨的聲望呈現下滑有幾個原因。第一，如奈姆的觀察，這是體制發展更健全、媒體更自由、獨立監督機制更多，使得過去被隱藏或容忍的貪污腐敗如今都被攤在陽光下，所造成的非預期結果。[53]但他認為，「失去群眾光環」也跟政黨愈來愈難在理念上跟敵對政黨有所區別有關。4因為如此，他們變得「愈來愈少依靠群眾對其理念和主張的支持，愈來愈多依靠行銷手法、候

4 美國在某方面違逆了此一潮流，一頭栽進相反的危險中。受到威脅的是走溫和路線的共和黨，構成民主論述的少量必要共識亦然。因為不願看見患者保護與平價醫療法案落實（儘管該法案已經在國會通過也得到最高法院的支持），茶黨保守派二〇一三年十月仍然一副寧可癱瘓聯邦政府、解雇數十萬工人、中止醫療研究、重挫美元以及美國的國際地位也在所不惜的姿態。他們的偏激立場，以及對一個溫和且延宕多年的社會改革所抱持的曲解，雖然不再令人感到驚訝，但教人不可思議的是，他們成功地脅迫了更多主流的共和黨領袖支持其行動，而這樣的行動對美國社會和全球經濟都將造成長遠的傷害。

選人的媒體手腕，以及，不用說，募來的資金」。[54]

並不是對獨攬大權、專橫跋扈的領袖做出批評，就表示領袖所扮演的角色既不獨特也不重要。領導團隊的每個成員，而不是只有最高領導者，都有責任解釋當局採取特定行動的原因和理由，即使那並非黨內成員預期的行動或者不符合民意的期待。民意在民主國家扮演重要角色（有威權統治傾向的國家可能會封殺獨立的民意調查），但並不因此免除領袖帶頭做事的責任。他們必須跟自己的政黨一起合作，賦予政黨在公共論述中的領導地位，而不是假諮詢真敷衍，因為若是政黨失去活力，民主也會有相同的下場。

領袖本身的信念很容易被身旁的親信強化。領袖要跟大多數閣員個別交談並就特定議題得到他們的認同並不會太難，只是要花時間而已。多數閣員都有各自部門的責任要承擔，所以對此不會多想，跟領袖一對一對話時多半會同意領袖的主張。然而，若是對政府和執政黨而言十分重要的政策方針，把議題提交給內閣委員會或內閣（若有必要），才是提升治理方式及維護民主價值的有益作法。在場或許會有一兩個人認真思考這個議題，然後提出跟首相（總理）迥異的結論，甚至是更使人信服的論點。少數人的意見之後會不會變成多數人的意見，取決於領導階層的其他成員。他們不只需要被反對論點說服、相信不同決策有可取之處，也要有足夠的勇氣反對首相（總理）的意見。

政黨日漸衰退的同時，其地位將會被社會內外擁有最多財富動員政經資源的人所取代。雖然從十八世紀以來政治和社會都發生了巨大的轉變，第一章引用的亞當・斯密和約翰・米勒的話仍然適切。「財富的權威，」斯密認為，「即使在富裕和文明的社會裡也很大」。他的學生米勒同樣指出，源自財富的影響力「不但比單純的個人成就更大，也更加穩定及長久」。[55]而政黨——工會也是——以其廣大的成員和強大的組織形成一股民主的力量，跟豪門巨富和大型商業與金融組織相抗衡。[5]領導人若是關注後者更勝前者，就可能導致兩種危險的後果。一是國家會愈來愈傾向金權政治，而非民主政治。二是政黨的地位會日漸被直接行動的組織取代。後者往往對民主規範和正當程序興趣不大，容易落入一個世紀前的革命分子所掉入的陷阱，以為只有目的才重要，因此無論用什麼方法達成目的都無妨。即使是為了對抗不公不義才憤而挺身反

5 斯密和米勒強調家族財富和人脈是「權威的來源」此一說法，過了兩個半世紀後更顯貼切。這點適用於當代的威權國家，尤其是中國；同時也適用於內閣制國家的政黨，他們必須小心翼翼被人脈最廣的候選人牽著鼻子走，而不是致力於選取經驗豐富、能力一流、支持黨理念的人。這樣的危險在英國明顯可見。即使是依然珍視「從小木屋到白宮」這種寓言（有時是真實故事，例如林肯）的美國，「肥水不落外人田」也成了近幾十年來的明顯趨勢。令人難以置信而且連統計上的或然率也如此顯示，在三億多人口當中，美國總統的最佳候選人竟出現在老布希總統的直系家族中！同樣地，對約瑟夫・甘迺迪的兒子們來說，家族財富也一樣重要。然而，更重要的是總統的家庭成員，他們繼承了總統的有錢朋友、募款人和贊助人，因為在美國的政治體制下，總統候選人需要比其他民主國家更有錢才可能打贏選戰。還有，美國仍是世界上最不平等的民主國家。如第三章所述，美國最平等的時期是詹森推動大社會改革計畫有成那段期間。然而，即使在當時，以可得的比較資料來看，美國還是比其他民主國家更不平等。

抗，如中東近幾年來的「無領袖革命」，也有可能因為缺乏民主政黨所具備的完善組織、政策一致性和政治多元發展，而為新的威權體制鋪路。

威權和民主政體下的領導

所謂迷思，或許含有幾分真實，但絕大部分是誤導。希特勒、史達林、毛澤東、金日成或海珊等被視為強人的領導者，確實都掌握了大權。就這個意義來說，他們**確實是**強勢領袖。這裡的「迷思」是由這些領袖本身及其宣傳人員大力推銷的概念所構成，什麼概念呢？就是上述領導人都有超乎常人的智慧、才幹和遠見。很多極權和威權國家都會投注大量資源來宣揚：能夠擁有這類偉大領袖是人民的福祉。在缺乏其他資訊和批判管道的情況下，這種政權的敘事可能（也常常）被廣為接受了一段時間。這種謊言也會營造出一人獨攬大權有利國家發展的假象。實情是，高壓統治造成了慘重的後果。

專橫自負的領袖在民主國家可能造成的後果，其性質跟在威權或極權國家並不相同。民主國家的領袖無論如何強硬地主導政治過程，領袖本人，更正確地說是他所屬的政黨，終究還是要對選民負責。不過，檢視威權和民主國家的領導方式，可以讓我們學到教訓並自我警惕。[6]預設領袖懂得最多、最有資格把不成比例的執行權掌握在自己手中，不是只有獨裁政權才有的狀況。此外，如前文所述，即使是在威權政體內，寡頭政治仍然比獨裁政治更不容易在國際上鋌而走險，或在國內採取血腥統治。

法西斯和許多（但非全部）共產政權鼓吹的領袖崇拜都會危害國家發展。但長久以來，納粹德國的「領袖原則」（Führerprinzip）和史達林統治的蘇聯從一九三〇年代出現的「一人指揮」（edinonachalie），也在民主國家出現非自覺的提倡者。我們在某些政治家和政治評論家身上看到，他們希望在國家層次的最高領袖可以掌握更多權力，至於在地方層次則是傾向於一人獨攬大權而不是集體領導。這種「老大原則」在納粹德國和蘇聯，尤其是史達林統治下，最適合用在位於體制頂端的Führer或vozhd身上，但也可以一路往下延伸，因此地區和地方層級的小希特勒和小史達林也能在一人領導（而且是男人，不是女人）的基礎上合理化自己的專斷決策。史達林死後，蘇聯當局才開始強調有必要在「一人指揮」和「集體決策」之間取得平衡。[56]

不同於民主國家的政黨領袖，想推動徹底改革的威權領袖可以無視政黨的意見。由於政黨本身通常是用武力奪得並獨占政權，之後以「順我者賞、逆我者罰」（最嚴重是死刑，幸運的話就是長期監禁）的方法守住權力，也就無法有力宣稱自己的統治符合倫理或民主標準。因為

6 尤其現今世上很多政權都被形容為「選舉式民主」，因為他們雖然舉辦選舉，但反對勢力上不了主流媒體，反對黨和獨立的政治運動也受到限制和迫害。這類混合政權——大多更適合稱為「選舉式威權」（或「競爭式威權」）而不是「選舉式民主」——介於真正的民主和純然的威權之間（雖然也絕非一半一半）。

如此，無論是意圖讓蘇聯體制自由化甚至民主化的戈巴契夫，或是致力於開放中國經濟體制、引入市場機制的鄧小平，都沒有義務要遵守各自設法改變的那個體制的規範。不過事實上，兩人都不想在政治上冒險，而是在既有體制中慢慢引發改變，鄧小平甚至在體制外也是這麼做。

以戈巴契夫為首的政治局，比起過去有更自由、更長時間的討論，批評者都有機會發聲，連後來與他為敵的政治局成員都承認這點。政治局當初並不知道戈巴契夫會推動何種政策就選了他當黨魁。在當時，這就表示他同時也成了國家領導人。在蘇聯體制產生質變之前，政治局有權摘掉他的黨魁位置，其他職位當然也不保。也因此難怪戈巴契夫要使用他在政治局的「說服權」拉攏更多保守派同僚，不行的時候就策略性撤退。一九九〇年三月蘇聯實施實權總統制之後，戈巴契夫就日漸忽視政治局，引發成員的不滿，但那時候政治局的功能不再等同於英國體制中的內閣，不過只是蘇共內部的最高決策委員會，而蘇共當時正快速失去全國的支持，也不再是蘇聯的權力中心了。[57]

最後，強勢領袖下的幾個重大誤解值得再次強調。在議會民主制下，一般人往往誤以為國家領袖的價值高於他們實際的價值。因此，由其他人主導的政策，功勞常由首相（總理）獨享，選戰的勝利也常被誤認為是黨魁的功勞，其實勝選或敗選跟領袖的關係不大。更根本的錯誤是，把高高在上傲視眾人、不顧資深黨員和黨機器、依賴親信更勝於黨的人，視為我們期望看到的領袖。剝奪應該屬於個別部長的權力，或干預更適合讓閣員集思廣益的爭執，無論是政府或政黨內部的爭執，都不應該被視為民主領袖的成功標誌。相信自己有權利主導不同領域的決策，也試圖行使這項特權的領袖，對良好的治理和民主政治都是一種傷害。他們應該得到的是批評，而不是追隨。

誌謝
Acknowledgements

有些要感謝的人跟本書直接相關，有些有更長的時空背景，容我先從後者開始。感謝我求學和工作待過的幾個單位，尤其是倫敦政治經濟學院和牛津大學聖安東尼學院。英國學位課程如今變得比五十多年前我還是倫敦政經學院的大學生和研究生時，狹隘而專精。因此，至今我都很感謝我在那裡讀經濟學學位時，不只能讀政治學和經濟學，還有政治經濟史、社會心理學和社會學，也能去聽各種不同的講座，例如Michael Oakeshott的政治思想史、Lionel Robbins的經濟思想史、Hilde Himmelweit和Bram Oppenheim的社會心理學，以及Leonard Schapiro的蘇聯政府和政治。學生時代，Jack Hayward、Keith Panter-Brick、Alan Beattie和Leonard Schapiro的鼓勵尤其讓我受益良多。我更加感謝牛津大學聖安東尼學院，以及牛津大學本身，因為雖然我在其他國家擔任過客座教授和訪問學者，但四十多年來，那裡都是我在學術界的家。聖安東尼學院是一所專攻社會學和現代史研究的研究學院，最大特色就是實力堅強的各地區研究中心，包括蘇聯和歐亞大陸、歐洲、非洲、遠東、中東和拉丁美洲等等。能夠跟一流的政治和歷史專家討論特定國家（和本書脈絡下的特定領袖），對我來說是一大優勢。其中很多都是我在聖安東尼學院的同事，雖然牛津社群和其他領域的好友同事也不吝撥空分享他們的見解，我會在以下名單一一列出。

聖安東尼學院跟真實的政治世界有頻繁的接觸，此外，我也因為跟政治家的正面接觸收穫良多，其中有英國也有其他國家的政治家。有些是跟首相、黨魁或外交官的特別諮詢會，有些是去參加世界政治論壇和國際行動理事會的會議（聚集了前政府首長和一些專家學者），有些是聖安東尼學院的議會訪問學人提供的機會。我在這裡列出幾位跟我就本書主題（領導、領導階層的權力和影響力）有過有趣對話的幾位公眾人物和政治人物。包括：Sir Michael Barber, Ivan Berend, (Judge) William Birtles, Sir Rodric Braithwaite, Sir Bryan Cartledge, Anatoliy Sergeyevich Chernyaev, Patrick (Lord) Cormack, Sir James Craig, the late Ralf (Lord) Dahrendorf, Mark Fisher, Andrei Serafimovich Grachev, former Senator Gary Hart, Geoffrey (Lord) Howe, Derry (Lord) Irvine, the late Rita Klímová, Nigel (Lord) Lawson, Jack F. Matlock, Jr, Vadim Andreyevich Medvedev, the late Zdeněk Mlynář, Joyce (Baroness) Quin, Sir Malcolm Rifkind, MP, the late Georgiy Khosroevich Shakhnazarov, Gillian (Baroness) Shephard, Stuart (Lord) Wood and the late Aleksandr Nikolaevich Yakovlev。

若以上是本書的背景，那麼強調前景更加重要。一本像本書涵蓋如此之廣的著作，受惠於許多作家的協助。其中藉由閱讀得到的幫助，我相信已經在注釋中充分表達我的感謝。此外我也得到同行學者更多直接的幫助。感謝以下教授回答我的某些疑問：Professor Alan Barnard (Edinburgh University), Professor John Curtice (Strathclyde University), Professor Graeme Gill (University of Sydney), Professor Leslie Holmes (University of Melbourne), Dr Philip Robbins (St Antony's College), Professor Arthur Stockwin (St Antony's) and Dr Ann Waswo (St Antony's). 更要感謝閱讀本書草稿一章或更多章，並給予我寶貴建議甚至做了必要修改的朋友同事。特別感謝 Alan Angell (St Antony's), Professor William Beinart (St Antony's), Professor Geoffrey Best (St Antony's), Dr Nic Cheeseman (Jesus College, Oxford), Malcolm Deas (St Antony's), Professor Rosemary Foot (St Antony's), Peter Fotheringham (Glasgow University), Dr Sudhir Hazareesingh (Balliol College, Oxford), Professor Alan Knight (St Antony's), Professor Rana Mitter (St Cross College, Oxford), Professor Kenneth (Lord) Morgan (Queen's College, Oxford), Professor Tony Nicholls (St Antony's), Dr Alex Pravda (St Antony's), Dr Eugene Rogan (St Antony's), Professor Avi Shlaim (St Antony's), Professor Steve Smith (All Souls College, Oxford), Professor Alfred Stepan (Columbia University, New York), Professor Arne Westad (LSE) and Professor Stephen Whitefield (Pembroke College, Oxford)。特別要感謝 Al Stepan 與我之間的許多激勵人心的對話，以及他對幾章內容的寶貴意見。

特別要補充的是，感謝名單中提到的人，都不應該因為我的見解而受指責，也不該假定他們都跟我意見一致。我很確定其中有些人並不同意我的看法，因為我的論點就是在反駁他們所寫或所說的話。

非常榮幸能跟我的英國經紀人Felicity Bryan和她領導的（風格堪稱典範的）Felicity Bryan Associates合作，以及我在紐約Inkwell公司的作家經紀人George Lucas。我跟出版商的合作過程很愉快，分別是倫敦的Bodley Head和紐約的Basic Books。感謝以下朋友的鼓勵和支持：Bodley Head的出版人Will Sulkin和Stuart Williams，以及Basic Books的Tim Bartlett。我對Basic Books的Lara Heimert無比感激，她從一開始就對這本書充滿興趣，也從頭到尾看著美國版問世。此外，倫敦的Katherine Ailes和Joe Pickering，以及紐約的Michele Jacob和Leah Stecher對這本書得以完成也功不可沒。最重要的是，感謝Bodley Head的Jörg Hensgen負責本書的編輯作業並給我許多絕佳的建議。他們為可以進一步闡述和發展的論點納入很好的建議，因此這本不算短的書會變得更長，他也要負一些責任。最後，我照例要感謝我太太Pat逐字逐句讀了本書的草稿，在各方面支持我，容忍我為此長時間工作。當各位讀到這本書時，我們已經去享受我答應她的長假了。

中英對照
Glossary

ㄅ

比諾，克里斯提安 Christian Pineau
比茲利，金 Kim Beazley
畢佛布魯克爵士 Lord Beaverbrook
布萊克，羅伯 Robert Blake
布萊爾，東尼 Tony Blair
布雷肯，布藍登 Brendan Bracken
布蘭科，卡雷羅 Admiral Carerro Blanco
布蘭斯韋特爵士 Sir Rodric Braithwaite
布朗德，威利 Willy Brandt
布朗尼爾，赫伯特 Herbert Brownell
布朗訴托皮卡教育局案 Brown v. the Board of Education of Topeka
布里辛斯基 Zbigniew Brzezinski
布里茲涅夫 Leonid Brezhnev
布力克斯 Hans Blix
布羅茲，約瑟普 Josip Broz
布倫特蘭德 Gro Harlem Brundtland
布魯克，艾倫 Alan Bullock
布哈林，尼古拉 Nikolay Bukharin
布瓦吉吉，穆罕默德 Mohamed Bouazizi
巴伯，麥克 Michael Barber
巴蒂斯塔 Fulgencio Batista
巴特勒，拉布 R.A. Butler
巴托，約翰 John Bartle
巴列維，禮薩 Reza Pahlavi
巴克盧公爵 The Duke of Buccleuch
巴沙特，瑞金諾 Reginald Bassett
巴舍萊 Michelle Bachelet
巴斯黨 Baath Party
波布 Pol Pot
波塔 P. W. Botha
波茨坦 Potsdam
波恩，傑洛米 Jeremy Bowen
波因德克斯特，約翰 John Poindexter
勃翰，吉爾伯 Gilbert Burnham
柏金斯，法蘭希絲 Frances Perkins
伯恩斯，詹姆斯．麥逵格 James MacGregor Burns
博福爾公爵 The Duke of Beaufort
博戈莫洛夫 Oleg Bogomolov
博格丹諾 Vernon Bogdanor
拜恩斯 James E. Byrnes
貝凡，安奈林 Aneurin Bevan
貝當元帥 Marshal Pétain
貝塔奇，克拉拉 Claretta Petacci
貝林格 Enrico Berlinguer
貝利亞，拉夫連季 Lavrenti Beria
貝魯斯柯尼 Silvio Berlusconi
貝斯，艾德華 Edward Bates

麥金托許，約翰 John Mackintosh
梅德維傑夫 Dimitriy Medvedev
梅爾，果爾達 Golda Meir
貿易委員會 Board of Trade
曼德爾森，彼德 Peter Mandelson
曼寧漢姆—布勒女爵 Baroness Manningham-Buller
蒙特內哥羅 Montenegro
蒙洛，愛德華 Ed Murrow
蒙卡達 Moncada
蒙科洛協定 Moncloa Pact
蒙克頓，華特 Walter Monckton
孟果，安德魯 Andrew Mango

ㄈ

伏羅希洛夫 Kliment Voroshilov
法克塔 Luigi Facta
佛朗哥將軍 General Francisco Franco
非洲民族議會（非國大）African National Congress
腓特烈二世 Frederick II
費南德茲，克里斯蒂娜 Christina Fernández
費納，薩姆爾 S. E. Finer
費雪，大衛 David Fisher
費雪，路易斯 Louis Fisher
凡斯，塞勒斯 Cyrus Vance
馮．興德堡 Von Hindenburg
馮．魏查克，理查 Richard von Weizsäcker

ㄉ

狄托 Tito (Josip Broz)
狄恩，派崔克 Patrick Dean
狄翁，斯特凡 Stephane Dion
迪金，比爾 Bill Deakin
迪金，亞瑟 Arthur Deakin
迪金爵士，威廉 Sir William Deakin
迪斯雷利 Benjamin Disraeli
迪亞斯 Porfirio Diaz
地拉那 Tirana
杜布切克 Alexander Dubcek
杜勒斯 John Foster Dulles
杜根，克里斯多福 Christopher Duggan
杜爾哥 Anne-Robert-Jacques Turgot
達林，阿利斯泰爾 Alistair Darling
達林岱波 Jongintaba Dalindyebo
大不利茲市 Tabriz
大法官 Lord Chancellor
德勃雷 Michel Debre
德沃金 Ronald Dworkin
戴蒙，賈德 Jared Diamond
戴克拉克 F.W. de Klerk
戴陽，摩西 Moshe Dayan
道格拉斯—休姆爵士 Sir Alec Douglas-Home
道格拉斯，盧 Lew Douglas
道森，喬佛瑞 Geoffrey Dawson
道爾，羅伯 Robert A. Dahl
道爾頓，休 Hugh Dalton
鄧肯．史密斯，伊恩 Iain Duncan Smith
鄧恩，約翰 John Dunn

ㄊ

團結工聯 Solidarity

拉夫羅夫 Sergey Lavrov
拉科西，馬加什 Mátyás Rákosi
拉斯基，哈羅德 Harold Laski
勒瓦達 Yuriy Levada
萊特，湯尼 Tony Wright
萊特，文森 Vincent Wright
萊斯，康朵麗莎 Condoleezza Rice
雷日科夫 Nikolay Ryzhkov
雷根，唐諾 Donald Regan
雷徹 Stephen Reicher
勞，亞瑟 · 伯納 Arthur Bonar Law
勞合 · 喬治，大衛 David Lloyd George
勞森，納吉 Nigel Lawson
勞埃，塞爾文 Selwyn Lloyd
藍斯里，安德魯 Andrew Lansley
藍斯基，邁爾 Meyer Lansky
朗恩斯利，安德魯 Andrew Rawnsley

ㄍ

古德溫，桃莉絲 · 基恩斯 Doris Kearns Goodwin
寡頭 oligarchy
國家產業復興法 Natioanl Industrial Recovery Act
國務院 State Department
戈培爾 Joseph Geobbels
戈登，布朗 Gordon Brown
格達費，穆安瑪爾 Muammar Gaddafi
格但斯克 Gdansk
格拉瑪號 Granma
格萊斯頓 William Gladstone
格勞伯，史蒂分 Stephen Graubard
格瑞拉達 Grenada
格瓦拉，切 Che Guevara
格瓦拉，恩內斯托 Ernesto Guevara
葛羅米柯 Andrey Gromyko
蓋茨克，休 Hugh Gaitskell
高仕文 Lord Goldsmith
甘貝爾 · 班納曼，亨利 Henry Campbell-Bannerman
甘地，英迪拉 Indira Gandhi
甘迺迪，羅伯 Robert Kennedy
甘迺迪，安東尼 Anthony Kennedy
甘迺迪，約瑟夫 Joseph Kennedy
岡薩雷斯 Felipe Gonzalez

ㄎ

庫伯，艾爾弗 · 達夫 Alfred Duff Cooper
庫克，羅賓 Robin Cook
昆藍，麥可 Michael Quinlan
卡麥隆，賽門 Simon Cameron
卡夫農 Lauri Karvonen
卡達，亞諾斯 János Kádár
卡多索，費南多 · 恩里克 Fernando Henrique Cardoso
卡拉漢，詹姆士 James Callaghan
卡萊爾，湯瑪斯 Thomas Carlyle
卡靈頓爵士 Lord Carrington
卡里略 Santiago Carrillo
卡羅，羅伯 Robert A. Caro
卡洛斯，胡安 Juan Carlos
卡岡諾維奇 Lazar Kaganovich
卡茲涅森，艾拉 Ira Katznelson
卡斯楚，費多 Fidel Castro
卡斯楚，勞爾 Raul Castro

柯梅尼 Ayatolla Ruhollah Khomeini
柯利達爵士，珀西 Sir Percy Cradock
柯倫泰，亞歷珊德拉 Alexandra Kollontai
柯科迪 Kirkcaldy
柯克派區克，珍 Jeane Kirkpatrick
柯西金 Aleksey Kosygin
柯爾，海爾穆 Helmut Kohl
柯爾溫 Edward Corwin
柯維爾，約翰（賈克）John Colville (Jock)
科龍貝雙教堂村 Colombey-les-deux-Eglises
科爾頓 Timothy Colton
科爾尼洛夫 Lavr Kornilov
克拉克，肯尼斯 Kenneth Clarke
克拉斯特夫 Ivan Krastev
克萊因，喬 Joe Klein
克里普斯，史塔佛 Stafford Cripps
克里爾，保羅 Paul Collier
克羅克洛夫，勞勃 Robert Crowcroft
克羅斯曼，理查 Richard Crossman
克倫斯基 Aleksandr Kerensky
克倫威爾，奧立佛 Oliver Cromwell
克隆施塔特 Kronstadt
克魯，伊弗 Ivor Crewe
克索，伊恩 Ian Kershaw
凱特利，查爾斯 Charles Keightley
凱瑞，約翰 John Kerry
凱爾，凱思 Keith Kyle
考登畢斯 Cowdenbeath
寇松爵士 Lord Curzon
坎貝爾，阿拉斯泰爾 Alastair Campbell
康納曼 Daniel Kahneman

厂

胡薩克 Gustáv Husák
胡恩，傑夫 Geof Hoon
華勒沙 Lech Wałęsa
華萊士，亨利 Henry Wallace
華倫，厄爾 Earl Warren
華格納，羅伯 Robert F. Wagner
霍布斯邦 Eric Hobsbawm
霍姆斯 Stephen Holmes
霍尼戈夫，彼得 Peter Thorneycroft
霍華，約翰 John Howard
霍查，恩維爾 Enver Hoxha
霍爾爵士，薩謬爾 Sir Samuel Hoare
惠特摩，克萊夫 Clive Whitmore
哈馬紹，道格 Dag Hammarskjold
哈利法克斯爵士 Lord Halifax
哈札里辛格 Sudhir Hazareesingh
哈斯蘭 Alexander Haslam
哈維爾 Václav Havel
何內克 Erich Honecker
荷德倫，斯特凡 Stefan Hedlund
赫德，道格拉斯 Douglas Hurd
赫克羅 Hugh Heclo
赫塞爾廷 Michael Heseltine
黑格，查克 Chuck Hagel
黑爾堡大學 University College of Fort Hare
侯艾，傑佛瑞 Geoffrey Howe
韓佛瑞，喬治 George Humphrey
韓德森爵士，內維爾 Sir Neville Henderson

杭亭頓 Samuel Huntington

ㄐ

基督教民主聯盟（基民黨）Christian Democrat
基廷，保羅 Paul Keating
基洛夫，謝爾蓋 Sergey Kirov
基西納 Néstor Kirchner
吉尼爾，拉妮 Lani Guinier
吉拉德，朱莉亞 Julia Gillard
吉拉斯，米洛凡 Milovan Djilas
吉爾莫，伊恩 Ian Gilmour
集體領導 Collective leadership
極權 totalitarian
季米特洛夫 Georgi Dimitrov
加德納，大衛 David Gardner
加納，約翰．南斯 John Nance Garner
加爾鐵里 Leopoldo Galtieri
賈頓．艾許，提摩西 Timothy Garton Ash
傑納，威廉 William Jenner
久加諾夫 Gennady Zyuganov
金，安東尼 Anthony King
金尼斯夫人 Lady Honor Guinness
金諾克，尼爾 Neil Kinnock
金瑞契，紐特 Newt Gingrich
金恩，馬丁．路德 Martin Luther King

ㄑ

齊爾考特調查 Chilcott Inquiry
契克斯 Chequers
契爾年科 Konstantin Chernenko
邱吉爾，克萊孟汀 Clementine Churchill
錢德勒，札哈里 Zachariah Chandler
秦梯利 Giovanni Gentile
全國民主聯盟（全民盟）National League for Democracy

ㄒ

西蒙爵士，約翰 Sir John Simon
西華德，威廉 William H. Seward
西蘇盧，瓦特 Walter Sisulu
希利，丹尼斯 Denis Healey
希思，愛德華 Edward Heath
希奧塞古，尼古拉 Nicolae Ceausescu
席弗曼，席尼 Sydney Silverman
錫德曼，哈洛德 Harold Seidman
夏儂，亨利 Sir Henry Channon
夏克布爵士，艾夫林 Sir Evelyn Shuckburgh
夏爾，莫里斯 Maurice Challe
下議院 House of Commons
休謨，大衛 David Hume
憲法廳 Constitution Hall
新模範軍 New Model Army
許士尼格 Kurt von Schuschnigg

ㄓ

詹金斯，羅伊 Roy Jenkins
詹森，林登 Lyndon B. Johnson
戰爭部長 Secretary of State for War
張伯倫，內維爾 Neville Chamberlain

ㄔ
柴契爾，瑪格麗特 Margaret Thatcher
查金 P. Chagin
查維茲 Hugo Chavez
車尼亞耶夫 Anatoliy Chernyaev

ㄕ
施密特 Carl Schmitt
施密特 Helmut Schmidt
施萊謝爾將軍 General Kurt von Schleicher
施亞努親王 Prince Sihanouk
史密斯，約翰 John Smith
史提潘 Alfred Stepan
史提爾，大衛 David Steel
史塔爾，肯尼斯 Kenneth Starr
史特勞，傑克 Jack Straw
史汀生，亨利 Henry L. Stimson
史洛弗，喬 Joe Slovo
史卡利亞，安東寧 Antonin Scalia
史考克羅夫 Brent Scowcroft
史威格，茱莉亞 Julia Sweig
舒茲，喬治 George Shultz
沙佩維爾 Sharpeville
沙菲克 Ahmed Shafiq
沙雷 Ali Abdullah Saleh
沙洛特薩 Saloth Sar
沙格底耶夫 Roald Sagdeev
沙赫納札羅夫 Georgiy Shakhnazarov
社會民主黨（社民黨）Social Democrat（SPD）
上議院 House of Lords
聖地亞哥德古巴 Santiago de Cuba

ㄖ
日夫科夫 Todor Zhivkov

ㄗ
自由民主黨（自民黨）Free Democrat
佐爾格 Richard Sorge
總統行政辦公室 Executive Office of the President

ㄘ
財政大臣 Chancellor of the Exchequer
蔡斯，薩蒙 Salmon P. Chase

ㄙ
斯圖亞特王朝 Stuart dynasty
斯溫頓伯爵 The Earl of Swinton
蘇斯洛夫 Mikhail Suslov
蘇亞雷斯 Adolfo Suárez
索伯格 Erna Solberg
索古國王 King Zog
索斯凱斯爵士 Sir Frank Soskice
薩帕塔 Emiliano Zapata
薩孟德，亞歷克斯 Alex Salmond
薩拉查 Oliviera Salazar
薩林斯 Marshal Sahlins
薩里斯伯里 Salisbury
薩利亞中尉 Lieutenant Pedro Manuel Sarria
薩倫提斯 Perez Serantes
薩科奇 Nicholas Sarkozy
薩克維勒—韋斯特，薇塔 Vita Sackville-West
薩松，約瑟夫 Joseph Sassoon

塞夫爾 Sèvres
塞得港 Port Said
塞奇菲爾 Sedgefield

一

伊諾努 İsmet İnönü
雅羅斯拉夫爾 Yaroslavl
雅科夫列夫 Aleksandr Yakovlev
雅爾達 Yalta
亞達麥茨 Ladislav Adamec
亞斯文水壩 Aswan Dam
葉卡捷琳堡 Ekaterinburg
優素福扎伊，馬拉拉 Malala Yousafzai
印度國民大會黨 Indian National Congress
《英國內閣》*The English Cabinet*
英國文化協會 British Council
議會制 Parliamentary system

ㄨ

烏布利希 Walter Ubricht
烏棟 Oudong
烏斯季諾夫 Dmitriy Ustinov
伍佛維茲 Paul Wolfowitz
伍茲，朗德 Randall Woods
瓦楚里克 Lukvik Vaculik
沃羅特尼科夫 Vitaliy Vorotnikov
沃克，彼德 Peter Walker
威爾金斯，羅伊 Roy Wilkins
威爾遜，哈羅德 Harold Wilson
威爾遜，伍德羅 Woodrow Wilson
威爾斯，吉登 Gideon Welles
威爾森爵士，何瑞斯 Sir Horace Wilson
韋弗利子爵 Viscount Waverley
韋斯汀，德魯 Drew Westen
維拉，法蘭西斯可（綽號龐丘） Francisco Villa (Pancho)
維薩里奧諾維奇，約瑟夫 Iosif Vissarionovich
維瓦特斯蘭大學 University of Witwatersrand
溫伯格，卡斯伯 Caspar Weinberger
文安立 Odd Arne Westad

ㄩ

約瑟夫，凱思 Keith Joseph

ㄚ

阿卜杜勒邁吉德 Abdülmecid
阿卜杜勒哈米德二世 Abdülhamid II
阿布拉罕米安 Ervand Abrahamian
阿明，哈菲佐拉 Hafizullah Amin
阿塔圖克，穆斯塔法．凱末爾 Mustafa Kemal Ataturk
阿斯奎斯 Herbert Asquith
阿薩德，巴沙爾 Bashar al-Assad
阿薩德，哈菲茲 Hafez al-Assad

ㄜ

厄文爵士 Lord Derry Irvine

ㄞ

埃亨，伯蒂 Bertie Ahern
埃馬努埃萊三世 Victor Emmanuel III
艾伯特，東尼 Tony Abbott
艾布斯，李歐 Leo Abse

艾莫瑞，里歐 Leo Amery
艾德諾，康拉德 Konrad Adenauer
艾德禮，克萊曼 Clement Attlee
艾登，安東尼 Anthony Eden
艾里森，拉爾夫 Ralph Waldo Ellison
艾哈德，路德維希 Ludwig Erhard
艾許登，派迪 Paddy Ashdown
艾奇遜，迪安 Dean Acheson

ㄠ
奧夫雷貢 Álvaro Obregón

ㄡ
歐康納，珊卓拉 · 戴 Sandra Day O’Connor
歐洲匯率機制（REM）Exchange Rate Mechanism
歐文，大衛 David Owen

ㄢ
安德洛波夫 Yuriy Andropov
安德森，瑪麗安 Marian Anderson
安德森，約翰 John Anderson

注釋
Notes and Sources

序

1 A.H. (Archie) Brown, 'Prime Ministerial Power', Part I, *Public Law*, Spring 1968, pp.28–51; and Part II, Summer 1968, pp. 96–118. In an abbreviated version, it was republished in Mattei Dogan and Richard Rose (eds), *European Politics: A Reader* (Macmillan, London, 1971), pp. 459 –482.

2 這篇訪談由耶穌會某期刊所做，刊登於*New York Times*, 19 September 2013.

引言

1 隨便舉個例子，某大報最近的一篇文章開頭就說：「多年來一般人都同意，日本最需要的莫過於一位強勢領袖。」見David Pilling, 'Why a strong leader in Japan is a plus not a minus', *Financial Times*, 18 July 2013.〔編按：本書出版於2014年4月，作者所引用的這篇《金融時報》的報導算是「最近」。〕

2 John Rentoul, *Tony Blair* (Little, Brown, London, 1995), p. 427.

3 米勒班看起來是個力求平衡、避免過度專斷的領袖，但他終究還是上了鉤，做了不必要的回應。或許是因為太在意被視為軟弱的領導人，他在一次訪談中說，「你在這份工作〔擔任工黨黨魁〕中會發現自己，而我發現自己有鋼鐵般的意志……」*Guardian*, 7 January 2012. 在二〇一三年九月二十四日的工黨年度大會上，他的演說令人印象深刻，可是他不只一次說「我的政府」（在談到下屆工黨政府會做和不會做的事時），或許是因為旁人建議他打造「強勢形象」才如此反應。然而，在布萊爾之前（他使用第一人稱單數代名詞的次數比繼任的布朗要多得多），沒有工黨領袖或首相會使用「我的政府」這種在憲法上不正確、在政治上顯得目中無人的用語。

4 'David Cameron and Ed Miliband clash over Lords reform', https://www.bbc.co.uk/news/uk-politics-18798683.

5 Donald J. Savoie, *Power: Where Is It?* (McGill-Queen's University Press, Montreal, 2010), p. 96.

6 Jonathan Malloy, 'Prime Ministers and their Parties in Canada', in Paul Strangio, Paul 't Hart and James Walter (eds.), *Understanding Prime-Ministerial Performance: Comparative Perspectives* (Oxford University Press, Oxford, 2013), pp. 151–171, at p. 168.

7 Savoie, *Power*, p. 96.

8 這項研究由牛津大學的斯蒂芬・懷特腓（Stephen Whitefield）主持。非常感謝他大方提供我後共產蘇聯國家的調查資料。文中的字體變化，以及對不同國家之差異的詮釋，都是我加的。

9 Max Weber, *From Max Weber*, translated, edited and with an introduction by H.H. Gerth and C. Wright Mills (Routledge & Kegan Paul, London, 1948), pp. 245–250, esp. p. 245.

10 S. Alexander Haslam, Stephen D. Reicher and Michael J. Platow, *The New Psychology of Leadership: Identity, Influence and Power* (Psychology Press, Hove and New York, 2011), p. 103.

11 Margaret Thatcher, *The Downing Street Years* (HarperCollins, London, 1993), pp. 6–7.

12 大法官德里・厄文主持四個內閣委員會以擬定憲政改革的政策，分別是對蘇格蘭和威爾斯下放立法權、人權法案、資訊自由法，以及改革上議院。厄文曾和大衛・米勒班〔艾德・米勒班的哥哥〕一同草擬工黨一九九七年的競選宣言，確保他所關心的憲改議題能納入其中。承諾要為成立蘇格蘭議會舉辦公投，從布萊爾的前一任黨魁約翰・史密斯（John Smith）開始，就是工黨強力主張的政策，若是食言，將對蘇格蘭的工黨造成布萊爾難以想像的傷害。（當時布萊爾認為這些法案有重疊之處，需要同一個人把關，因此才由厄文主持這四大委員會。）

13 Tony Blair, *A Journey* (Hutchinson, London, 2010), p. 516.

14 布朗的經濟顧問埃德・鮑斯（Ed Balls，後來成為議員和閣員）是構思這些考驗的重要人物，大法官德里・厄文則提供了法律上的幫助。〔編按——這五項考驗是：1) 英國與歐元區的商業循環和經濟結構彼此相配合，使英國能長久採用歐元區利率；2)「體系內」有充份「彈性」來應對歐元區內可能產生的問題；3) 加入會員將使企業決定在英國長期投資；4) 加入會員將提升國內金融服務業的競爭地位；5) 加入會員整體上來說，將在英國「提高成長、促進穩定、確保就業市場有持久的增加」。〕

15 Alistair Darling, 'The lure of common sense', *Guardian*, 11 September 2010.

16 Jonathan Powell, *The New Machiavelli: How the Wield Power in the Modern World* (Bodley Head, London, 2010), p. 112. 鮑威爾還說，布萊爾和布朗對於經濟政策「其實沒有很大的意識形態差異」，「只是布朗拒絕讓布萊爾和唐寧街十號參與擬訂過程。」（同上，p. 113）〔工黨議員〕彼德．曼德爾森分析得很對：「任何一個財政大臣都因為掌控了稅收和支出，而對政府各部門有極大的影響力。」但布朗的影響力比大多數財政大臣還大。曼德爾森認為，那是「完全不同的層次」。布朗「相信自己的聰明才智、自己人的才能，遠比唐寧街十號的任何人更能做好政府決策。」見Mandelson, *The Third Man: Life at the Heart of New Labour* (Harper Press, London, 2010), p. 240.

17 Blair, *A Journey*, p. 522.

18 See Richard Gunther, José Ramón Montero and Juan J. Linz (eds.), *Political Parties: Old Concepts and New Challenges* (Oxford University Press, Oxford, 2002).

19 一九九五年六月，當時還是首相的梅傑為了迫使保守黨重選黨魁而辭去黨魁一職，則是這個通則的一個例外。梅傑並沒有自命才智過人，而是面臨黨內後座議員對政府接二連三的批評，尤其是對他的歐洲政策，因此才相信有必要證明誰擁有更多的支持。梅傑的對手約翰．里德伍德（John Redwood）得到89票，梅傑得到218票。這樣的票數足以讓下議員的黨內成員對現任首相產生掣肘作用（尤其還有8票棄權，12張廢票），對於鞏固他的權威幫助不大，但這樣的票數也足夠讓梅傑留任到一九九七年五月的下一次大選。見John Major, *The Autobiography* (HarperCollins paperback, 2000), pp. 617–647.

20 Blair, *A Journey*, p. 545.

21 Powell, *The New Machiavelli.*

22 Ibid., p. 59.

23 Thomas Carlyle, *On Heroes, Hero-Worship, and The Heroic in History* (Chapman & Hall, London, 3rd ed., 1846), p.1.

24 Louis Fisher, *Presidential War Power* (University of Kansas Press, Lawrence, 2nd ed., 2004); and David Gray Adler, 'Louis Fisher on the Constitution and War Power', *PS: Political Science and Politics*, Vol. 46, No. 3, 2013, pp. 505–509.

25 Fisher, *Presidential War Power*, esp. pp. 278–279.

26 Ibid., pp. 261–262.

27 Cf. James Blitz, 'A long week: Putin's diplomatic gambit', *Financial Times*, 14 September 2013.

28 Fisher, *Presidential War Power*, pp. 81–104.

29 然而，對費雪來說，聯合國安理會通過的決議沒有美國憲法來得重要，前者不過是「一個吸引人但卻虛假的權力來源」。（同上，p.81）

30 然而有很多人認為，杜魯門決定對兩個人口密集的日本城市投擲原子彈，是他政治生涯中的一大污點。有人主張「在人口稀少的地區試爆，就能用更人道的方式達到同樣的目標」，即快速結束雙方在這場戰爭中所承受的長期苦難。見 Richard F. Haynes, *The Awesome Power: Harry S. Truman as Commander in Chief* (Louisiana State University Press, Baton Rouge, 1974), p. 269.

31 Robert L. Beisner, *Dean Acheson: A Life in the Cold War* (Oxford University Press, Oxford, 2006), p. 27.

32 Percy Cradock, *In Pursuit of British Interests: Reflections on Foreign Policy under Margaret Thatcher and John Major* (John Murray, London, 1997), p. 24.

33 Richard E. Neustadt, *Presidential Power and the Modern Presidents: The Politics of Leadership from Roosevelt to Reagan* (Free Press, New York, 2990), p. 10.

34 Ibid.

35 Harry S. Truman, *Off the Record: The Private Papers of Harry S. Truman*, edited by Robert H. Ferrell (Harper & Row, New York, 1980), p. 96. 一九五三年一月，杜魯門透過廣播和電視向全國發送告別演說：「富蘭克林．羅斯福逝世時，我覺得有許許多多人都比我更有資格接下總統的任務。但這是我的工作，我也應該去做。」引自 David McCullough, *Truman* (Simon & Schuster, New York, 1992), pp. 919–920.

36 Truman, *Off the Record*, p. 207.

37 Ibid., p. 211.

38 Roy Jenkins, *Truman* (Collins, London, 1986), p. 187.

39 Haynes, *The Awesome Power*, p. 255.

40 不過倒是有所謂的「杜魯門主義」，指的是杜魯門一九四七年為遏止共產主義擴張所發表的政策，必要時甚至可採取軍事行動。一開始是為了避免希臘和土耳其兩國的政權落入共產黨手中，因為英國承認自己的經濟力量已不足以提供兩國軍事援助。

41 Stephen Graubard, *The Presidents: The Transformation of the American Presidency from Theodore Roosevelt to George W. Bush* (Allen Lane, London, 2004), p. 326.

42 有個未經證實的假設是說，如今英國政黨人數比一九五〇年代來得少，以致政黨變得無法代表更為廣大的人民。著名的政治評論家安德魯．朗恩斯利據此感到憂心，認為這使得政黨「對領袖來說更難以帶領」。見 Andrew Rawnsley, "The

numbers that add up to trouble for all political parties," *Observer*, 14 July 2013。不過，朗恩斯利所舉的例子並沒有說明為什麼：一個由包含大量黨員在內的選區所選出來的領袖，就比工黨二〇一三年所擁有的十九萬黨員更有「代表性」。而且，實際來看，接連帶領工黨的約翰・史密斯、布萊爾、戈登・布朗和米勒班，都因為黨員人數較少、代表性（理應）較低，反而比一九五〇年代帶領的黨員多很多（逾百萬）的休・蓋茨克，做起事來還輕鬆得多。

43 在二〇〇八年開始的金融危機和延續更久的經濟困境中，更常見的傾向是仰賴技術專家來解決問題，而不是充滿群眾魅力的「強人」。相對於墨索里尼和希特勒崛起，這種傾向的邪惡程度遠遠不及，但也是對民主的威脅，無法取代民主。

44 Ed Pilkington, '"The Taliban thought the bullet would silence us. But they failed", defiant Malala tells the UN', *Guardian*, 13 July 2013.

45 馬拉拉在這場演講中說，「極端主義者害怕書和筆」，而且「女性聲音的力量讓他們害怕。」她表明自己虔誠信仰伊斯蘭教，形容那是「一個和平、人道、四海皆兄弟的宗教」。她說伊斯蘭教不只主張每個小孩都有權利受教，也視之為一種本分。她譴責塔利班把他們的神當作「一個心眼狹小又保守」的神，「只因為上學」就會把女生打入地獄。（同上）

46 Ibid.

47 David Remnick, *The Bridge: The Life and Rise of Barack Obama* (Picador, London, 2010), p. 574.

48 Jean Blondel, *Political Leadership: Towards a General Analysis* (Sage, London, 1987), pp. 19–26.

49「轉變型」和「交易型」領袖是詹姆斯・麥逵格・伯恩斯愛用的二分法。見 Burns, *Leadership* (Harper & Row, New York, 1978); and Burns, *Transforming Leadership: A New Pursuit of Happiness* (Atlantic Books, London, 2003).

第1章

1 Ronald L. Meek, *Social Science and the Ignoble Savage* (Cambridge University Press, Cambridge, 1976).

2 See Christian Marouby, 'Adam Smith and the Anthropology of the Enlightenment: The "Ethnographic" Sources of Economic Progress' in Larry Wolff and Marco Cipolloni (eds), *The Anthropology of the Enlightenment* (Stanford University Press, Stanford, 2007), pp. 85–102; Alan Barnard, *Social Anthropology and Human*

Origins (Cambridge University Press, Cambridge, 2011); and Barnard, *History and Theory in Anthropology* (Cambridge University Press, Cambridge, 2000).

3 Meek, *Social Science and the Ignoble Savage*, pp. 238–239.

4 Emma Rothschild, *Economic Sentiments: Adam Smith, Condorcet, and the Enlightenment* (Harvard University Press, Cambridge, Mass., 2001), p. 242.

5 Adam Smith, *Lectures on Jurisprudence*, edited by R.L. Meek, D.D. Raphael and P.G. Stein (Clarendon Press, Oxford, 1978). 本書所引用的亞當・斯密都是來自這部最學術的全集（泛稱格拉斯哥版，由牛津大學出版社Clarendon分部出版）。然而，我在引用時有翻新並修正了其中的拼音，雖然編輯保留了一些斯密本人的舊拼法，以及他的學生做筆記時的錯誤拼音。斯密是完美主義者，死前曾要求毀掉一本探討法律和政府的書籍手稿，那份稿子的完成度他覺得不滿意。若他知道學生寫的課堂筆記代替了那本書（根據講課內容寫成）出版，想必會大驚失色。然而，那些筆記就足以讓人看出手稿本身的價值。斯密一七五一到一七六四年早期在格拉斯哥任教（一七五二年開始擔任倫理學教授）。

6 Smith, *Lectures on Jurisprudence*, pp. 201–202.

7 如洛克更早的主張（*Two Treatise of Civil Government*, Everyman Edition, Dent, London, 1953, p. 180; 最早在1690年出版）。

8 農業比斯密認為的還早出現。人類以混合方式維生，也比他和跟他同時代的人所知的更加普遍。從考古學的證據看來，早在西元前七千年，新幾內亞的採獵者就已經在從事農耕。見 Jared Diamond, *Guns, Germs and Steel: A Short History of Everybody for the Last 13,000 Years* (Vintage, London, 2005), p. 148。此外，法國人類學家馬路比（Christian Marouby）也發現，「現在我們知道，除了在副極地氣候區的極端環境下，世界各地採獵者的飲食有一半以上，甚至往往超過七成，都仰賴採集植物。當然了……我們不能因為亞當・斯密忽略一九六〇年代才展開的經濟人類學研究而責怪他。」（Marouby, 'Adam Smith and the Anthropology of the Enlightenment', p. 90）

9 *Turgot on Progress, Sociology and Economics*, translated and edited by Ronald L. Meek (Cambridge University Press, Cambridge, 1973), p. 72. 我在本章提到這個人類發展四階段理論，主要是因為闡述者很關心政府和政治領導的發展。這個階段理論本身若從晚近的研究來看，可能有嚴重過度簡化的問題。不過，大膽歸納正好可以解決人類學研究的特殊主義，即力圖強調每個部落的獨一無二，或將其經驗套入更複雜多樣的類型學當中。

10 David Hume, 'Of the First Principles of Government', in Hume, *Essays and Trea-*

tises on Several Subjects Containing Essays, Moral, Political and Literary: A New Edition, Vol. 1 (Cadell, London, 1788), p. 37.

11 Hume, 'Of the Origin of Government', in Hume, *Essays*, p. 43.

12 同上。近幾十年的人類學研究為休謨的推論提供了實證。因此，在巴布亞新幾內亞高地，「某些軍事『領袖』開始出現有如大人物的行為，特別是依賴由熟人所組成的更大網絡，而不是一般百姓，」至於「戰士組織者」則逐漸「變成社會關係和財富的操縱者」。見 Pierre Lemonnier, 'From great men to big men: peace, substitution and competition in the Highlands of New Guinea', in Maurice Godelier and Marilyn Strathern (eds.), *Big Men and Great Men: Personifications of Power in Melanesia* (Cambridge University Press, Cambridge, 1991), pp. 7–27, at p. 19.

13 Adam Smith, *An Inquiry into the Nature and causes of the Wealth of Nations*, edited by R.H. Campbell and A.S. Skinner (Clarendon Press, Oxford, 1976), Vol. 2, p. 711.

14 Ibid.

15 二十世紀的人類學研究跟斯密的某些歸納一致。例如，露西・梅爾（Lucy Mair）在探討南蘇丹的努爾族（Nuer）領袖崛起的現象時寫道，「吸引人來依附他的那種人，可能是……一群兄弟中最年長的那位，這群兄弟們自己也有成年子女住在村裡。」這樣的非正式領袖相對來說較為富裕（以擁有多少牲畜來衡量），並「因為年輕時英勇戰鬥、辯才無礙、或具有儀式性的力量（據信是遺傳而來）」而獲得聲望。見 Mair *Primitive Government* (Penguin, Harmondsworth, 1962), p. 64. 不過，努爾人沒有酋長，沒有一個人有絕對的權力。有些人之所以獲得權威，是因為「值得聽信」。殖民政府（尤其是英國總督）在這裡和非洲其他地方著手建立酋長制，把自己的階級文化帶進來，希望能有一個大家認可的領袖可與之互動（Mair，同上，pp. 257–258）。梅爾做的事很特別，她把非洲各地不同部落的人類學發現彙集在一起，聚焦於他們的領導方式、權力分配和如何解決衝突。她表明，首領絕非各地皆有的現象。西烏干達的阿露爾族（Alur）有「大家認可的世襲酋長」，但隔壁民族蘭都（Lendu）和歐克布（Okebu）就沒有自己的酋長。阿露爾的酋長據說有控制雨的神力，但其世俗功能就是排解可能打起來的衝突。因此，沒有酋長的隔壁部落會求助於他們，有時請酋長的兒子來擔任酋長，幫助他們解決紛爭（Mair, 同上，pp. 120–121）。即使是在有共同認同的特定族群內，缺少解決嚴重紛爭的權威方式也可能造成慘重後果。一九七〇年代末，新幾內亞的採獵民族法尤族（Fayu）從約兩千人減少到

約四百人，分裂成四個部落，就是因為缺少解決衝突的社會或政治機制，自己人互相殘殺。見Diamond, *Guns, Germs and Steel*, pp. 205–266.

16 Smith, *An Inquiry into the Nature and Causes of the Wealth of Nations*, p. 712.

17 Ibid.

18 Ibid., pp. 712–713.

19 Ibid., p. 713.

20 Ibid. 斯密又說，從來沒有哪一個「世間的偉大家族」，其光榮顯赫「完完全全來自流傳悠久的智慧與美德」。(Ibid, p. 714).

21 Smith, *Lectures on Jurisprudence*, p. 323.

22 Ibid.

23 同上。在斯密指的俄國「革命」當中，成功者的性質更像是宮廷政變。十八世紀俄國的農民起義對反抗者來說全都下場悲慘。有趣的是，在斯密提到俄國經驗的課堂上，有兩名俄國學生也在台下，分別是德斯尼茨基（Semyon Efimovich Desnitsky）和特雷亞可夫（Ivan Andreevich Tretyakov），兩人在格拉斯哥大學待了六年，後來都成為莫斯科大學的法律教授。見A.H. (Archie) Brown, 'Adam Smith's First Russian Followers' in A.S. Skinner and T. Wilson (eds), *Essays on Adam Smith* (Clarendon Press, Oxford, 1975), pp. 247–273.

24 John Millar, *The Origin of the Distinction of Ranks*, 3rd edition, 1779, reprinted in William C. Lehmann (ed.), *John Millar of Glasgow 1735–1801: His Life and Thought and his Contributions to Sociological Analysis* (Cambridge University Press, Cambridge, 1960), p. 254. 洛克（John Locke）早前已為人民反抗暴虐統治找到正當理由（特別是保護財產權）。「政府走向終點對人類是好事，」他寫道，「哪一個對人類才最好：是人民一直讓暴君需索無度，還是當統治者行使權力不知節制，運用權力毀滅而非保護人民財產，人民可以挺身反抗？」(Locke, *Two Treatises of Civil Government*, p. 233.)

25 Millar, *The Origin of the Distinction of Ranks*, p. 250.

26 Ibid., p. 271.

27 Ibid., pp. 263 and 271.（原文字體）

28 洛克在一六九〇年推論道，「如果我們回顧過去，任由歷史的帶領，一路找到各種共同體的源頭，我們看到的多半會是一人治理的國家。」(*Two Treatises of Civil Government*, p. 168.)

29 在討論政府從起源到二十世紀發展的學術研究中，野心最龐大、最面面俱到的著作來自薩姆爾・費納，*The History of Government from the Earliest Times*, 3

volumes (Oxford University Press, Oxford, 1997).

30 Finer, *The History of Government*, Vol. III, p. 1476.

31「分期付款式的民主」一詞來自 Dankwart. A. Rustow, 'Transitions to Democracy: Toward a Dynamic Model', *Comparative Politics*, Vol. 2/3, 1970, pp. 337–363, at p. 356。在十九世紀英國，有人主張進一步民主化是對自由的威脅，論證見Albert O. Hirschman, *The Rhetoric of Reaction: Perversity, Futility, Jeopardy* (Harvard University Press, Cambridge, Mass., 1991), pp. 86–101.

32 約翰生和包斯威爾的父親（奧金列克爵士）之間的對話，是華特．史考特爵士（Sir Walter Scott）而非包斯威爾轉述的。研究包斯威爾的權威學者費德瑞克．帕托（Frederick Pottle）並不打算為這段對話的準確性背書。見*Boswell's Journal of a Tour to the Hebrides with Samuel Johnson, LL.D.*, edited by Frederick A. Pottle and Charles H. Bennett (Viking Press, New York, 1936), pp. 375–376.

33 羅伯．道爾指出，制憲會議上只有一位代表偏好君主制，那便是亞歷山大．漢彌爾頓（Alexander Hamilton），他因為採取此一立場而影響力降低。見Dahl, *How Democratic Is the American Constitution?* (Yale University Press, New Haven, 2nd ed., 2003), p. 11.

34 Dahl, *How Democratic is the American Constitution?*, p. 16.

35 同上, p.31。這裡指的是小布希競選第一任總統時，民主黨對手高爾在全國拿到比小布希多約五十四萬張的普選票（約占全部票數的百分之零點五），卻在選舉人團票小輸給小布希。

36 Alexis de Tocqueville, *Democracy in America*, translated by George Lawrence, edited by J.P. Mayer (Anchor Books, New York, 1969), p. 101.

37 Finer, *The History of Government*, Vol. III, p. 1526.

38 該提案一開始就不太激進，在國會審議時又被改得更溫和，對國會議員和特殊利益團體做了很多讓步。大體上，如約翰．凱伊（John Kay）指出的，「美國人……爭辯的健保議題，換成在歐洲甚至不會拿出來討論。但世界各地的經驗都是，只有富人能為自己買身體上或經濟上的保障。其他人只能靠國家，而瑞典做得比索馬利亞好。」(Kay, 'Only market evangelists can reconcile Jekyll with Hyde', *Financial Times*, 6 June 2012.)

39 Edward Luce, 'Obama wins a healthcare battle, but the war rages on', *Financial Times*, 2 July 2012.

40 德沃金認為，首席大法官羅伯茲想讓一連串的爭議性議題，包括不久就會呈上最高法院的墮胎和一九六五年選舉法案〔保障少數族群投票權的法案〕是否合

憲等，「被指控為黨派偏見的程度降低」。見 Ronald Dworkin, 'A Bigger Victory Than We Knew', *New York Review of Books*, Vol. LIX, No. 13, 16 August–26 September 2012, pp. 6–12, at p. 8.

41 Tocqueville, *Democracy in America*, p. 270.

42 法國大革命得到的評價至今仍很兩極，有一派學者認為它跟過去的斷裂不如革命人士堅稱的那樣巨大。托克維爾是第一個強調舊制度跟後革命法國仍有延續性的人，也是最有名的一個。赫緒曼認為，托克維爾法國大革命是「徒勞無功」的強調，並沒有得到正反任何一方所讚許，也沒有獲致後代獻身於大革命研究、並視之為現代史關鍵事件的歷史學家所同意。見 Hirschman, *The Rhetoric of Reaction*, pp. 48–49 and 138–139.

43 See, for example, Stephen F. Cohen, *Bukharin and the Bolshevik Revolution: A Political Biography 1888–1938* (Wildwood House, London, 1974), especially pp. 131 and 144; and Baruch Knei-Paz, *The Social and Political Thought of Leon Trotsky* (Clarendon press, Oxford, 1978), pp. 392–410.

44 Finer, *The History of Government*, Vol. III., p. 1540.

45 Jonathan I. Israel, *Democratic Enlightenment: Philosophy, Revolution , and Human Rights 1750–1790* (Oxford University Press, New York, 2011), p. 928.

46 這個數字是比較二○○四年和二○○八年的出口民調而來。見 Kate Kenski, Bruce W. Hardy and Kathleen Hall Jamieson, *The Obama Victory: How Media, Money, and Message Shaped the 2008 Election* (Oxford University Press, New York, 2010), p. 103. 三位作者還說，他們「發現確有證據顯示，種族觀點對某些人的投票產生影響。但歐巴馬在深南以外的地方催出的黑人選票和白人選票，足以彌補反歐巴馬的選票。」（同上）值得一提的是，共和黨從一九六八年就得到大多數美國白人的支持，但隨著美國社會的種族結構改變，這項優勢也日漸減弱。二○○八年時，不只有更多黑人和拉丁裔去投票，這些人也比二○○四年時更支持民主黨候選人。非裔美國人把票投給歐巴馬的人數，相較於二○○四年把票投給凱瑞，多出了百分之七；投給歐巴馬的拉丁裔甚至比四年前投給凱瑞的人多出百分之十四。

47 如果就像約翰．鄧恩主張的，「民主說穿了就是政治權威完全透過說服大多數人而獲得統治的名義，」那麼民主化過程在十九世紀確實向前邁進一大步，部分是受到美國獨立戰爭和法國大革命的影響。見 John Dunn, *Setting the People Free: The Story of Democracy* (Atlantic Books, London, 2005), p. 132.

48 Cf. W.G. Runciman, *The Theory of Cultural and Social Selection* (Cambridge Uni-

versity Press, Cambridge, 2009), pp. 42–45; and Diamond, *Guns, Germs and Steel*, pp. 271–278.

49 Barnard, *Social Anthropology and Human Origins*, pp. 49–50.

50 Diamond, *Guns, Germs and Steel*, p. 272. 戴蒙也發現，「新幾內亞的傳統社會中，如果一個新幾內亞人碰到另一個他不熟悉的新幾內亞人，而兩人當時都不在各自的村落裡，他們就會討論各自的親戚討論很久，試圖建立起某種關係，從而找到不應該殺了對方的理由。」（同上，pp. 271–272.）

51 薩林斯這時受到馬克思主義的影響，但後來又放棄了馬克思主義。這裡概述了他對大家長變成首領的主張，摘自 Adam Kuper, *Culture: The Anthropologists' Account* (Harvard University Press, Cambridge, Mass., 2001), pp. 163–164.

52 Diamond, *Guns, Germs and Steel*, p. 273.

53 因此，首領出現在墨西哥、瓜地馬拉、秘魯和馬達加斯加的高地，而不在新幾內亞。同上，p. 423.

54 Paul Chaisty, Nic Cheeseman and Timothy Power, 'Rethinking the "presidentialism debate": conceptualizing coalitional politics in cross-regional perspective', *Democratization* (2012) DOI: 10.1080/13510347.2012.710604.

55 Paul Collier, *War, Guns, and Votes: Democracy in Dangerous Places* (Bodley Head, London, 2009), pp. 230–231. 克里爾也發現，時下流行的多元文化熱潮容易模糊一件事，那就是「在建立少數族群的權利所依賴的體制之前，要先打造一個壓倒一切的國家認同感。」（同上，p. 185.）反殖民主義對建立國家共同體有其貢獻。尼雷爾之所以能成功鼓吹國家認同，一個原因是坦尚尼亞有共同的語言，亦即斯瓦希里語，這是很多非洲領袖沒有的優勢。〔編按：尼雷爾在坦尚尼亞被尊稱為「老師」、「國父」，他在坦尚尼亞的前身坦噶尼喀擔任總理，1961年坦噶尼喀自英國統治獨立成共和國後，他被選為首屆總統。尼雷爾致力於反殖民主義，提倡如家族一般的非洲式社會主義ujamma，並基於此原則建立一黨治國的政治體制，將各方面的平等制度化，將經濟重要部門國有化，使該國在經濟上自給自足。〕在某些地方，為建立單一國族所做的努力（不同於國家建構）反而產生反效果。針對這點，見 Alfred Stepan, Juan J. Linz and Yogendra Yadav, *Crafting State-Nations* (John Hopkins University Press, Baltimore, 2011).

56 Collier, *War, Guns and Votes*, pp. 51–52.

57 Ibid., p. 52.

58 這當然不會讓「文化」本身失去意義。若描述一個概念時缺乏共識就能讓概念本身變得一文不值，我們就只能停止探討自由和民主這類重要概念。Clifford

Geertz提出了其中一個影響力深遠的詮釋方法：「我認同韋伯說的，人類是一種編織不同意義之網並懸掛其上的動物，我把文化當作這些網，因此對文化的分析不是尋找規則的實驗科學，而是尋找意義的詮釋學。」見Geertz, *The Interpretations of Culture* (Basic Books, New York, 1973), p.5. 就「實證哲學家使用的態度研究法」和「詮釋學家對文化的符號學『解讀』」提出的有趣批評，見Stephen Welch, *The Theory of Political Culture* (Oxford University Press, Oxford, 2013).

59 或者，如理查．威爾森（Richard W. Wilson）的觀察：「在最一般的意義下，政治文化就是社會建構出的規範性體制，是社會的……以及心理的……影響力的產物，但不能化約為這些影響。它具有定下規則的性質，不只規範了大家渴望的目標，還有達成目標的適當方式。這種規範不等同於法律，但常常重疊。」見Wilson, 'The Many Voices of Political Culture: Assessing Different Approaches', *World Politics*, Vol. 52, No. 2, 2000, pp. 246–273, at p. 264.

60「價值觀」需要跟純粹的態度加以區別。價值觀在數量上雖然遠比態度來得少，但就如史丹利．費德曼（Stanley Feldman）所說，「卻比經常用來理解政治衝突的單一意識形態來得多」。費德曼發現，人在適應變動不定的環境時，價值觀的優先順序「或許會慢慢改變」，卻多半還是傾向「不動……好讓人的評價和行為維持穩定。」見Feldman, 'Value, Ideology, and the Structure of Political Attitudes', in David O. Sears, Leonie Huddy and Robert Jervis (eds.), *Oxford Handbook of Political Psychology* (Oxford University Press, New York, 2003), pp. 477–508, at p. 479.

61 支持此論點的強力證據（在較為廣義的文化脈絡下），可見Geert Hofstede, *Culture's Consequences: International Differences in Work-Related Values* (Sage, Beverly Hills and London, 1980).

62 *Le Monde*, 13 September 2010; and *Financial Times*, 14 September 2010.

63 羅伯特．普特南（Robert Putnam）在一項著名研究中，比較了義大利不同地區受歷史影響的政治文化，並記錄了公民參與在義大利北方的重要性，以及公民協會的力量和更有效的民主制度之間的關係。見Robert D. Putnam, *Making Democracy Work: Civic Traditions in Modern Italy* (Princeton University Press, Princeton, N.J., 1993).

64 *Vztah Čechů a Slovaků k dějinám* (ČSAV, Prague, 1968), p. 7; and Archie Brown and Gordon Wightman, 'Czechoslovakia: Revival and Retreat' in Brown and Jack Gray (eds.), *Political Culture and Political Change in Communist States* (Macmillan,

London, 1977), pp. 159–196, at p. 614.

65 稱杜布切克為「頭號大壞蛋」的人，是蘇聯部長會議主席柯西金。見 Archie Brown, *The Rise and Fall of Communism* (Bodley Head, London, and Ecco, New York, 2009), pp. 395–396.

66 Ivan Krastev and Stephen Holmes, 'An Autopsy of Managed Democracy', *Journal of Democracy*, Vol. 23, No. 3, 2012, pp. 32–45, at pp. 35–36.

67 Boris Dubin, 'Stalin i drugie. Figury vysshey vlasti v obshchestvennom mneii sovremennoy Rossii', *Monitoring obshchestvennogo mneniya*, No. 2 (64), March–April 2003, pp. 26–40, at p. 34.

68 Timothy J. Colton and Michael McFaul, *Popular Choice and Managed Democracy: The Russian Elections of 1999 and 2000* (Brookings Institution, Washington, DC, 2003), pp. 220–223.

69 Jeffrey W. Hahn, 'Yaroslavl' Revisited: Assessing Continuity and Change in Russian Political Culture', in Stephen Whitefield (ed.), *Political Culture and Post-Communism* (Palgrave Macmillan, Basingstoke, 2005), pp. 148–179, at p. 172.

70 Dubin, 'Stalin I drugie', esp. p. 34.

71 Yuriy Levada, *Ishchem cheloveka, Sotsiologicheskie ocherki*, 2000–2005 (Novoe izdatel'stvo, Moscow, 2006), p. 140. 有證據可以證明「政治世代」是一種更普遍的現象，部分是根據一個假設而來，那就是人的政治立場在青春期末和成年期初特別容易受到影響。見 David O. Sears and Sheri Levy, 'Childhood and Adult Political Development', in Sears, Huddy and Jervis (eds.), *Oxford Handbook of Political Psychology*, pp. 60–109, at pp. 84–87.

72 Sears and Levy, ibid., p. 77.

73 彼得大帝雖然是專制君王，卻很支持現代化。俄羅斯人每隔五年就會被問到，誰是「所有時代和所有國家當中最偉大的人」，彼得的名字往往比其他人更常被提起。見 Boris Dubin, 'Stalin i drugie. Figury vysshey vlasti v obshchestvennom mneii sovremennoy Rossii', *Monitoring obshchestvennogo mneniya*, No. 1 (63), 2003.

74 Daniel Kahneman, *Thinking Fast and Slow* (Allen Lane, London, 2011), p. 342.

75 Adam Smith, *The Theory of Moral Sentiments* (Clarendon Press, Oxford, 1976 [first published 1759]), p. 52.

76 Ibid.

77 Ibid., p. 62.

78 芭芭拉・凱勒曼（Barbara Kellerman）是一個顯著的例證。可見*Bad Leadership: What It Is, How It Happens, Why It Matters* (Harvard Business School Press, Boston, Mass., 2004); and Kellerman, *The End of Leadership* (HarperCollins, New York, 2012).

79 S. Alexander Haslam, Stephen D. Reicher and Michael J. Platow, *The New Psychology of Leadership: Identity, Influence and Power* (Psychology Press, Hove and New York, 2011), p. 199.

80 Jean Lipman-Blumen, *The Allure of Toxic Leaders: Why We Follow Destructive Bosses and Corrupt Politicians—and How We Can Survive Them* (Oxford University Press, New York, 2005), p. 231.

81 Barbara Kellerman, *Reinventing Leadership: Making the Connection between Politics and Business* (State University of New York Press, Albany, 1999), p. 46.

82 James Fallows, cited in James MacGregor Burns, *Running Alone. Presidential Leadership—JFK to Bush II. Why It Has Failed and How We Can Fix It* (Basic Books, New York, 2006), pp. 126–127.

83 Drew Westen, *The Political Brain: The Role of Emotion in Deciding the Fate of the Nation* (Public Affairs, New York, 2007), p. 125.

84 Haslam, Reicher and Platow, *The New Psychology of Leadership*, p. 200.

85 Ibid., p. 201.

86 Ibid., p. 200.

87 Kahneman, *Thinking Fast and Slow*, p. 217.

88 錫德曼是創造「邁爾斯定律」（Miles's Law）這個名詞的人，他原本是預算局的高級公務員，後來離開公職前往康乃狄克大學擔任政治學教授。魯弗斯・邁爾斯（Rufus Miles）是衛生教育福利部的行政助理秘書，他原本的說法是：「你站在哪裡取決於你坐在哪裡」。錫德曼把這句話改成：「一個人站在哪裡，取決於他坐在哪裡。」見 Harold Seidman, *Politics, Position, and Power: The Dynamics of Federal Organization* (Oxford University Press, New York, 3rd edition, 1980), p.21.（初版在一九七〇年發行）

89 Roy Jenkins, *Churchill* (Pan Macmillan, London, 2001), pp. 219–222 and p. 397. 應該補充的是，當時的狀況和邱吉爾所在的機關都不一樣了。一九一四年之前，英國的海上霸權受到德國的挑戰。但一九二〇年代中卻非如此。

90 Jennifer L. Hochschild, 'Where You Stand Depends on What You See: Connections among Values, Perceptions of Fact, and Political Prescriptions', in James H.

Kuklinski (ed.), *Citizens and Politics: Perspectives from Political Psychology* (Cambridge University Press, Cambridge, 2001), pp. 313–340.

91 Ibid., p. 321.

92 Ibid., p. 320.

93 這些很多都歸在「認知失調」的主題下，相關的實驗和理論資料很多。可見 J. Richard Eiser, *Cognitive Social Psychology: A Guidebook to Theory and Research* (McGraw-Hill, London and New York, 1980), esp. pp. 127–163; and Robert A. Baron and Donn Byrne, *Social Psychology: Understanding Human Interaction* (Allyn and Bacon, Boston, 5th ed., 1987), esp. pp. 132–138.

94 Howard G. Lavine, Christopher D. Johnston and Marco R. Steenbergen, *The Ambivalent Partisan: How Critical Loyalty Promotes Democracy* (Oxford University Press, New York, 2012), p. 125; and Charles S. Taber, Milton Lodge and Jill Glathar, 'The Motivated Construction of Political Judgments', in Kuklinski (ed.), *Citizens and Politics*, pp. 198–226, at p. 213.

95 See especially Westen, *The Political Brain*; and Roger D. Masters, 'Cognitive Neuroscience, Emotion, and Leadership', in Kuklinski (ed.), *Citizens and Politics*, pp. 68–102.

96 Westen, *The Political Brain*, p. 121.

97 Ibid., pp. 121–122.

98 See Rajmohan Gandhi, *Gandhi: The Man, His People and the Empire* (Haus, London, 2007); Louis Fischer, *The Life of Mahatma Gandhi* (HarperCollins, New York, 1997): B.R. Nanda, *Mahatma Gandhi: A Biography* (Allen & Unwin, London, 1958); Nelson Mandela, *Long Walk to Freedom* (Abacus, London, 1995); Nelson Mandela, *Conversations with Myself* (Macmillan, London, 2010); Tom Lodge, *Mandela: A Critical Life* (Oxford University Press, Oxford, 2006); Aung San Suu Kyi, *Freedom from Fear* (edited and introduced by Michael Aris, Penguin, London, new ed., 2010); Justin Wintle, *Perfect Hostage: Aung San Suu Kyi, Burma and the Generals* (Arrow, London, 2007); Bertil Lintner, *Aung San Suu Kyi and Burma's Struggle for Democracy* (Silkworm Books, Chiang Mai, Thailand, 2011); Peter Popham, *The Lady and the Peacock: The Life of Aung San Suu Kyi* (Random House, London, 2011); and John Kane, *The Politics of Moral Capital* (Cambridge University Press, Cambridge, 2001).

99 Robert A. Caro, *The Years of Lyndon Johnson, Volume 3: Master of the Senate* (Vin-

tage, New York, 2003), p. xxii.

100 Robert A. Caro, *The Years of Lyndon Johnson, Volume 4: The Passage of Power* (Bodley Head, London, 2012), p. 110.

101 Doris Kearns, *Lyndon Johnson and the American Dream* (Signet, New York, 1976), p. 171.

102 布希在回憶錄中寫道，「我沒把副總統看成另一個資深幕僚。他的名字也印在選票上，跟我一起當選。我希望他對我桌上的所有議題都很熟悉。畢竟，那個位子隨時可能變成他的……我選他〔錢尼〕不是要把他當作一項政治資產，而是要他幫我做事。他也確實幫到了我。他接受我交給他的所有任務，提供我真心的意見，也明白最後決定權在我。我們意見相左時，他也不會對外宣揚。最重要的是，我信任他。我珍惜他的沉穩，也喜歡他在身旁，而我們也變成了好朋友。」見 George W. Bush, *Decision Points* (Crown, New York 2010), pp. 86–87. 錢尼自己則說，「歷史上不乏副總統被排除在權力核心以外的例子，我自己就認識一些。但喬治・布希一開始就說我會參與治理國家的工作。他也信守承諾——我知道他會的。」Dick Cheney (with Liz Cheney), *In My Name: A Personal and Political Memoir* (Threshold, New York, 2011), p. 519.

103 See Caro, *The Years of Lyndon Johnson: The Passage of Power*, pp. 112–115.

104 Condoleezza Rice, *No Higher Honour: A Memoir of My Years in Washington* (Simon & Schuster, London, 2011), p.23. 承認判斷錯誤之後，萊斯有點放下戒心地說，「幸好沒人記得我們擬出了質疑戈巴契夫之動機的政策方針，並在蘇聯勢力在東歐瓦解及德國統一的前幾個月，精心設計了一些『測試』以檢驗莫斯科真正的意圖。」（同上）

105 Jack F. Matlock, Jr, *Reagan and Gorbachev: How the Cold War Ended* (Random House, New York, 2004), p. 314.

106 B. Guy Peters, *Institutional Theory in Political Science: The 'New Institutionalism'* (Pinter, London, and New York, 1999), p. 115. 雖然政黨結構有點變弱，黨派偏見並沒有因此消失。近來的證據指出，美國人民的黨派偏見若有變化，就是「在過去二十年反而變強。」見 Lavine, Johnston and Steenbergen, *The Ambivalent Partisan*, p. 2.

107 Peters, *Institutional Theory in Political Science*, p. 115.

108 如澳洲政治學家茱迪絲・布雷特（Judith Brett）所說，「從一九九〇年至今，工黨已經兩次把贏得選舉的總理趕下台。而〔領導自由黨拿過四次勝選的〕約翰・霍華在最後一屆任期很努力避免面對這種挑戰。」見 Brett, 'Prime Ministers

and their Parties in Australia', in Paul Strangio, Paul 't Hart and James Walter (eds.), *Understanding Prime-Ministerial Performance: Comparative Perspectives* (Oxford University Press, Oxford, 2013), pp. 172–192, at p. 177.

109 Neil Hume, 'Rudd outs Gillard as Labor Leader', *Financial Times*, 27 Junes 2013. 跟上注茱迪絲・布雷特所說的例子相反，吉拉德被趕下黨魁寶座之前，民調很低。

110 Brett, 'Prime Ministers and their Parties in Australia', p. 189.

111 'Australian PM Gillard in reshuffle after "unseemly" vote', http://www.bbc.com/news/world-asia-21920762, 25 March 2013.

112 *Financial Times*, 25/26 February 2012; and ibid., 28 February 2012. 茱迪絲・布雷特指出，陸克文「跟議會同僚和資深官員普遍存在隔閡，他有控制狂，他對所有人都粗魯無禮，上至閣員下至空姐」。(Brett, 'Prime Ministers and their Parties in Australia', p. 188.) 澳洲國立大學的坎培拉政治分析家安德魯・休斯（Andrew Hughes）認為，吉拉德「是很能幹的總理，但這點沒有深入澳洲民心」。他還說，「問題在於她奪權的方式。那是她甩不掉的包袱，而且至今還在。」(*Financial Times*, 22 March 2013.) 澳洲政治觀察家艾瑞克・簡森（Erik Jensen）在陸克文奪回總理職位後（雖然很短）不久寫道，「陸克文站在一座政府廢墟的最頂端，之所以成了廢墟，他也有不少責任。」簡森指出，有些部長寧可辭職也不願跟陸克文共事，某工黨前領袖還要求把他逐出工黨。見Jensen, 'The people's psychopath', *New Statesman*, 5–12 July 2013, p. 14.

113 最近有一項關於總理的比較研究指出，甚至早在澳洲工黨二〇〇七年勝選之前，「陸克文就釋放出一個訊息：他領導政府的方式不會受黨左右」，他並宣布將自己任命閣員，而不是由議會黨團選出 (Strangio, 't Hart and Walters, *Understanding Prime-Ministerial Performance*, p. 8). 工黨二〇一三年敗選後，執政內閣和影子內閣的選任工作又交回議會黨團手中。

114 這位參議員是史提夫・哈欽斯（Steve Hutchins）；至於閣員則是私下發表的意見。見安娜貝・克雷伯（Annabel Crabb）在澳洲期刊 *The Monthly*, August 2011, pp. 30–41發表的那篇內幕文章。全球金融危機來襲時，決策權逐漸集中在實際由陸克文主導的小內閣裡——名為政策和預算委員會，成員除了總理只有三名閣員，以及人數愈來愈多的非民選幕僚。這個團體在陸克文第一次出任總理時並不存在，而是成立於二〇〇七年後半，二〇一〇年被吉拉德廢除。然而，吉拉德自己曾是該委員會的「四人幫」之一，而且「一直替它說話，直到宣布它令人難以忍受為止」。(同上，p. 37.)

115 See, for example, Arend Lijphart (ed.), *Parliamentary versus Presidential Government* (Oxford University Press, New York, 1992); Alfred Stepan, *Arguing Comparative Politics* (Oxford University Press, Oxford, 2001), esp. Part III, 'The Metaframeworks of Democratic Governance and Democratic States'; and Robert Elgie, *Semi-Presidentialism: Sub-Types and Democratic Performance* (Oxford University Press, Oxford, 2011).

116 羅伯特・艾吉（Robert Elgie）在 *Semi-Presidentialism* (p. 24) 列出截至二〇一〇年十二月為止實施半總統制的五十二個國家。

117 這是艾吉的主要論點之一（同上），他提供了許多支持此論點的證據。

118 Elgie, ibid., pp. 151–152. 包括艾吉在內的政治學家稱總理和內閣只要對國會負責的體制為「總理—總統制」，稱總理和內閣要對國會以及總統負責的半總統制為「總統—國會制」。俄羅斯屬於後者。對普丁這位領袖的論述，見Richard Sakwa, *Putin: Russia's Choice* (Routledge, London, 2004); Alex Pravda (ed.), *Leading Russia: Putin in Perspective* (Oxford University Press, Oxford, 2005), Chapters 2 and 6–13; Lilia Shevtsova, *Putin's Russia* (Carnegie Endowment for International Peace, Washington, DC, revised and expanded ed., 2005); Angus Roxburgh, *The Strongman: Vladimir Putin and the Struggle for Russia* (Tauris, London, 2012); and Fiona Hill and Clifford G. Gaddy, *Mr Putin: Operative in the Kremlin* (Brookings Institution, Washington, DC, 2013).

119 Cf. Lilia Shevtsova and Andrew Wood, *Change or Decay: Russia's Dilemma and the West's Response* (Carnegie Endowment for International Peace, Washington, DC, 2011); and Angus Roxburgh, *The Strongman*.

第2章

1 Tony Blair, *A Journey* (Hutchinson, London, 2010), p. xvi.

2 Ibid., p. 50.

3 Anthony King (ed.), *Leaders' Personalities and the Outcomes of Democratic Elections* (Oxford University Press, Oxford, 2002), p. 216.

4 可見Lauri Karvonen, *The Personalisation of Politics: A Study of Parliamentary Democracies* (ECPR Press, Colchester, 2010), esp. pp. 4–5. 電視是政治個人化的一大要素，因為人比議題容易呈現。然而，報紙報導政治的方式也改變了。研究《泰晤士報》從一九四五年至今如何報導英國政治之後發現，「首相的整體能見度提高；他們的領導特質愈來愈常被提到；他們被報導的方式也比三十年前更

偏向私人面向。」(Karvonen, ibid., pp. 87–93, esp. p. 93.)

5 See especially Thomas Poguntke and Paul Webb (eds.), *The Presidentialization of Politics: A Comparative Study of Modern Democracies* (Oxford University Press, Oxford, paperback 2007).

6 偶而會有政治評論家注意到這點。例如，就像拉斐爾・貝爾（Rafael Behr）說的，「以為英國舉辦的是總統選舉，只是偽裝成國會選舉，這樣的看法在英國國會很普遍——卻是錯的……是媒體那樣大篇幅報導才像總統選舉，但選民看得更遠。」(Project "Ed's Charisma"—the mission to help Miliband loosen up', *New Statesman*, 28 September–4 October 2012, p. 10.)

7 Karvonen, *The Personalisation of Politics*, p. 102.

8 Amanda Bittner, *Platform or Personality? The Role of Party Leaders in Elections* (Oxford University Press, Oxford, 2011), p. 73. 不過，亞曼達・畢特納（Amanda Bittner）是強調領袖評價的學者之一，尤其是遇到競爭激烈的選舉。她發現「政黨領袖是否最重要，在至今對政黨領袖的學術研究中仍未有定論。」(p. 139.) 但要找到主張領袖不重要的嚴肅學者卻很困難。然而，有證據基礎的文獻確實指出，大多政治記者（他們樂見政治個人化）以及許多政治家都喜歡誇大領袖的角色。

9 Karvonen, *The Personalisation of Politics*, p. 20.

10 Ibid.

11 Sören Holmberg and Henrik Oscarsson, 'Party Leader Effects on the Vote', in Kees Aarts, André Blais and Hermann Schmitt (eds.), *Political Leaders and Democratic Elections* (Oxford University Press, Oxford, 2011), p. 47.

12 King (ed.), *Leaders' Personalities and the Outcomes of Democratic Elections*, p. 214. 金補充，「非要說的話，甘迺迪這個人其實是黨的絆腳石。身為天主教徒，他讓民主黨喪失了可觀的選票，主要是南部新教徒的票。」最近一項有關美國選民的學術研究總結，「單一領袖雖然占據舞台中央，但美國政治衝突長久以來的基礎是政黨。政治領袖上上下下舞台，但政黨和它的象徵意義、黨綱和黨組織，才是長期穩定政治體制的錨。」見 Howard G. Lavine, Christopher D. Johnston and Marco R. Steenbergen, T*he Ambivalent Partisan; How Critical Loyalty Promotes Democracy* (Oxford University Press, New York, 2012), p. 2.

13 Peter Brown of Quinnipiac University Polling Institute, cited in Kate Kenski, Bruce W. Hardy and Kathleen Hall Jamieson, *The Obama Victory: How Media, Money, and Message Shaped the 2008 Election* (Oxford University Press, New York, 2010),

p. 14.

14 Kenski, Hardy and Jamieson, *The Obama Victory*, p. 289. 民主黨的文宣不斷放送「馬八兩」的訊息，但大眾媒體也強化了這個訊息。Kenski等人指出，「接觸愈多電視新聞、看愈多報紙或上網搜尋選戰消息，就愈可能被灌輸馬侃是馬八兩的想法。」(pp. 288–289.)

15 Ibid., p. 16.

16 Dieter Ohr and Henrik Oscarsson, 'Leader Traits, Leader Image, and Vote Choice', in Aarts, Blais and Schmitt (eds.), *Political Leaders and Democratic Elections*, pp. 187–214, at p. 197.

17 Roy Pierce, 'Candidate Evaluations and Presidential Election Choices in France', in King (ed.), *Leaders' Personalities and the Outcome of Democratic Elections*, pp. 96–126, at pp. 124–126.

18 Ibid., p. 126.

19 Sören Holmberg and Henrik Oscarsson, 'Party Leader Effects on the Vote', in Aarts, Blais and Schmitt (eds.), *Political Leaders and Democratic Elections*, pp. 35–51, at p. 50.

20 Ibid., p. 49.

21 John Bartle and Ivor Crewe, 'The Impact of Party Leaders in Britain: Strong Assumptions, Weak Evidence', in King (ed.), *Leaders' Personalities and the Outcomes of Democratic Elections*, pp. 70–95, esp. pp. 77–78.

22 Neil O'Brien, 'The Language of Priorities', *New Statesman*, 9 July 2012, pp. 22–25, at p. 22.

23 Ibid.; and Dennis Kavanagh and Philip Cowley, *The British General Election of 2010* (Palgrave Macmillan, Houndmills, 2010), p. 378.

24 David Butler and Michael Pinto-Duschinsky, *The British General Election of 1970* (Macmillan, London, 1971), pp. 24 and 64.

25 See Kenneth O. Morgan, *Callaghan: A Life* (Oxford University Press, Oxford, 1997), pp. 692–693. See also Anthony King in King (ed.), *Leaders' Personalities and the Outcomes of Democratic Elections*, pp. 214–215.

26 Ohr and Oscarsson, 'Leader Traits, Leader Image, and Vote Choice', in Aarts, Blais and Schmitt (eds.), *Political Leaders and Democratic Elections*, pp. 197–198. 有一個不分國家和時代的有趣發現是，保守派政黨的領袖通常在「能力」上的民調較高，左派政黨領袖則是在「人格特質」上的民調較高。(Bittner, *Platform or*

Personality, pp. 78–84.) 然而，霍華在「體察民意」的民調卻比基廷高，跟左派普遍得到的評價剛好相反。(Ohr and Oscarsson, 'Leader Traits, Leader Image, and Vote Choice', p. 197.)

27 Blair interview with Lionel Barber, 'Waiting in the Wings', *ft.com/magazine*, 30 June/1 July 2012.

28 Bartle and Crewe, "The Impact of Party Leaders in Britain', p. 94.

29 John Major, *The Autobiography* (HarperCollins paperback, London, 2000), p. 312.

30 Peter Mandelson, *The Third Man: Life at the Heart of New Labour* (Harper Press, London, 2010), p. 150.

31 John Curtice and Michael Steed, "The Results Analysed', in David Butler and Dennis Kavanagh (eds.), *The British General Election of 1997* (Macmillan, Houndmills, 1997), pp. 295 and 320.

32 Bartle and Crewe, 'The Impact of Party Leaders in Britain', p. 90.

33 David Butler and Dennis Kavanagh, *The British General Election of 2001* (Palgrave Macmillan, Houndmills, 2002), p. 241. 為了闡述這個論點，巴特勒（David Butler）和卡瓦納（Dennis Kavanagh）寫道，「根據民調公司ICM的分析發現，足以決定選票的許多議題當中，工黨的經濟表現最具影響力，再來是教育、醫療、治安，歐洲議題排在最後。」

34 David Butler and Dennis Kavanagh, *The British General Election of 2005* (Palgrave Macmillan, 2005), p. 204.

35 艾森豪從總統職位退休後也做過類似的區分，但少了麥克米倫或杜魯門的諷刺語氣。談到赫魯雪夫時，他寫道，「以我們對這個詞的使用方式，他不是……一個政治家，他是個強勢、老練、冷血，而且野心勃勃的政客。」見 Jim Newton, *Eisenhower: The White House Years* (Doubleday, New York, 2011), p. 195.

36 柯林頓在一九八四年民主黨全國代表大會上演講時引用的話，摘自 Stephen Graubard, *The Presidents: The Transformation of the American Presidency from Theodore Roosevelt to George W. Bush* (Allen Lane, London, 2004), p. 626.

37 Harold M. Barger, *The Impossible Presidency: Illusions and Realities of Executive Power* (Scott, Foreman & Co., Glenview, 1984), p. 227.

38 Harold Seidman, *Politics, Position, and Power: The Dynamics of Federal Organization* (Oxford University Press, New York, 3rd ed., 1980), pp. 85–86.

39 See Bill Clinton, *My Life* (Hutchinson, London, 2004), pp. 523–524; and Taylor Branch, *The Clinton Tapes: A President's Secret Diary* (Simon & Schuster, London,

2009), p. 70.

40 'Obama's trust wasn't enough to save Rice appointment, *International Herald Tribune*, 15–16 December 2012. 不過歐巴馬二〇一三年提名查克・黑格（本身是共和黨人）接任潘內達成為國防部長的時候，確實戰勝了國會的阻力。

41 William E. Leuchtenburg, 'Franklin D. Roosevelt: The First Modern President', in Fred I. Greenstein (ed.), *Leadership in the Modern Presidency* (Harvard University Press, Cambridge, Mass., 1988), pp. 7–40, at pp. 13 and 23. See also Charles M. Cameron, 'The Presidential Veto', in George C. Edwards III and William G. Howell (eds.), *The Oxford Handbook of the American Presidency* (Oxford University Press, Oxford, 2009), pp. 362–382.

42 George C. Edwards III, 'The Study of Presidential Leadership', in Edward and Howell (eds.), *The Oxford Handbook of the American Presidency*, pp. 816–837, at p. 833. 小羅斯福也失去了很多南方民主黨人的信任，但這是因為（第三章會討論）他們擔心新政的某些法案所造成的長期效應，會破壞他們在南方主導的種族秩序。見 Ira Katznelson, *Fear Itself: The New Deal and the Origins of Our Time* (Norton, New York, 2013), esp. pp. 156–194.

43 Graubard, *The Presidents*, pp. 807–808; and Jim Newton, *Eisenhower: The White House Years* (Doubleday, New York, 2011), p. 86.

44 Newton, *Eisenhower: The White House Years*, p. 218.

45 Ibid., pp. 250–252.

46 Ibid., p. 202.

47 Randall Woods, *LBJ: Architect of American Ambition* (Harvard University Press paperback, Cambridge, Mass., 2007), p. 440.

48 Ibid., pp. 512 and 570.

49 Joseph S. Nye, Jr, *The Powers to Lead* (Oxford University Press, New York, 2008), p. 80.

50 Michael Schaller, *Ronald Reagan* (Oxford University Press, New York, 2011), p. xiii.

51 William K. Muir, Jr, 'Ronald Reagan: The Primacy of Rhetoric', in Greenstein (ed.), *Leadership in the Modern Presidency*, pp. 260–295, at p. 260.

52 Schaller, *Ronald Reagan*, pp. 45–46.

53 Ibid., p. 39.

54 Ibid., p. 78.

55 Ibid., pp. 77–80.
56 Alonzo L. Hamby, 'Harry S. Truman: Insecurity and Responsibility', in Greenstein (ed.), *Leadership in the Modern Presidency*, pp. 41–75, at pp. 73–74.
57 Joe Klein, *The Natural: The Misunderstood Presidency of Bill Clinton* (Hodder & Stoughton, London, 2002), pp. 123–124.
58 Klein, *The Natural*, pp. 179–180. 柯林頓第二次任期結束後的民調滿意度約有六成。當選民被問到如果一九九六年大選再選一次，他們會作何選擇時，「結果跟之前差不多：百分之四十六說會投給柯林頓，百分之三十六說會投給杜爾，百分之十一說會投給裴洛。」(同上., p. 180.) 用來形容史塔爾的「特別迫害官」一詞，出現在Drew Westen, *The Political Brain: The Role of Emotion in Deciding the Fate of the Nation* (Public Affairs, New York, 2008), p. 372.
59 Klein, *The Natural*, p. 209.
60 Earl of Swinton (in collaboration of James Margagh), *Sixty Years of Power: Some Memories of the Men Who Wielded It* (Hutchinson, London, 1966), p. 49.
61 Lord Beaverbrook, *The Decline and Fall of Lloyd George: And Great Was the Fall Thereof* (Collins, London, 1963), p. 40.
62 Philip Ziegler, 'Churchill and the Monarchy', in Robert Blake and Wm. Roger Louis (eds.), *Churchill* (Oxford University Press, Oxford, 1993), pp. 187–198.「但說到戰爭，」齊格勒 (Philip Ziegler) 觀察道，「喬治六世可能一直難以自在面對邱吉爾，就算不跟他保持距離，至少也無法把他當作親信。」(p. 194.)
63 Swinton, *Sixty Years of Power*, p. 116.
64 Iain Macleod, *Neville Chamberlain* (Muller, London, 1961), p. 165.
65 A.G. Gardiner, *Certain People of Importance* (Jonathan Cape, London, 1926), p. 58.
66 Robert Blake, 'How Churchill became Prime Minister', in Blake and Louis (eds.), *Churchill*, pp. 257–273, at. p. 264.
67 Ibid., p. 266.
68 Robert Blake, *The Conservative Party from Peel to Churchill* (Fontana, London, 1972), p. 248.
69 John Colville, *The Fringes of Power: Downing Street Diaries 1939–1955* (Hodder and Stoughton, London, 1985), pp. 126–127.
70 David Reynolds, 'Churchill in 1940: The Worst and Finest Hour', in Blake and Louis (eds.), *Churchill*, pp. 241–255, at p. 254.
71 艾德禮在他簡短且頗為枯燥的自傳中，證實他參與了職位的安排。*As It Hap-*

pened (Odhams, London, 1954), pp. 132–133.

72 Robert Crowcroft, *Attlee's War: World War II and the Making of a Labour Leader* (Tauris, London, 2011), p. 231.

73 Ibid., p. 174.

74 Roy Jenkins, *Churchill* (Pan Macmillan, London, 2002), pp. 775–777.

75 Colville, *The Fringes of Power*, p. 555.

76 Ibid., p. 554.

77 Ibid., pp. 554–555.

78 Jenkins, *Churchill*, p. 777.

79 Lord Moran, *Winston Churchill: The Struggle for Survival, 1940–1965* (Constable, London, 1966).

80 My interview with R.A. (Lord Butler, when he was Master of Trinity College, Cambridge, on 23 September 1966. (It was a non-attributable basis during Butler's lifetime.)

81 Ibid.

82 Lord Butler, *The Art of the Possible: The Memoirs of Lord Butler K.G., C.H.* (Hamish Hamilton, London, 1971), p. 164.

83 Moran, *Winston Churchill*, p. 404.

84 Ibid., p. 553.

85 Alan Bullock, *Ernest Bevin: Foreign Secretary 1945–1951* (Oxford University Press, Oxford, 1985), p. 87.

86 Ibid.

87 Ibid., p. 89.

88 Ibid., p. 55.

89 Bernard Donoughue and G.W. Jones, *Herbert Morrison: Portrait of a Politician* (new edition, Phoenix, London, 2001), p. 490; and Attlee, *As It Happened*, p. 239. 伯納德・唐納修（Bernard Donoughue）和G.W. 瓊斯（G.W. Jones）對艾德禮是否有能耐平息風波表示懷疑，「很難想像艾德禮或任何人可以想出一個既能留住貝凡又不會強迫蓋茨克走人的方法。」

90 Clement Attlee, Leader's Speech to Labour Party Conference at Scarborough, 1948, http://www.britishpoliticalspeech.org/speech-archive.htm?speech=158.

91 Ibid.

92 卡麥隆是這四個領袖中最明顯受限的一個，因為他是英國在二戰之後第一個主

持聯合政府的首相。這也讓他所屬保守黨的後座議員更加緊張、不滿。

93 Harold Wilson, *The Governance of Britain* (Weidenfeld & Nicolson and Michael Joseph, London, 1976), p. 9.

94 卡麥隆政府在二〇一二年夏末改組。藍斯里從衛生部調去非部會，擔任下議院領袖。

95 Butler, *The Art of the Possible*, p. 184.

96 D.R. Thorpe, *Supermac: The Life of Harold Macmillan* (Pimlico, London, 2010), p. 86.

97 同上 pp. 345–346。Hoosier（山地人）是中西部印第安那州人的俗稱。

98 我的資料來源是塞爾文・勞埃。我在一九六六年七月七日訪問他，當時沒有指名道姓，只在文章中點出他是「麥可米倫內閣中的資深成員」。('Prime Ministerial Power', *Public Law*, Part I, Spring 1968, pp. 28–51, at p. 41.) 在同篇訪談中，同時效命過三位領袖的勞埃認為邱吉爾和艾登（或許較令人意外）「比麥克米倫更傾向內閣思考」。

99 我在一九六六年七月七日與塞爾文・勞埃的訪談。

100 Thorpe, *Supermac*, p. 519.

101 *The Macmillan Diaries, Volume II: Prime Minister and After, 1957–1966*, edited with an introduction by Peter Catterall (Pan Macmillan, London, 2012), p. 89.

102 Reginald Bevins, *The Greasy Pole: A Personal Account of the Realities of British Politics* (Hodder and Stoughton, London, 1965), pp. 137–138. 巴特勒也有類似但沒那麼武斷的論點。他認為這種作法會在執政黨內部激起抗衡的力量，「因為大家會出去呼朋引伴動員周圍的人」。(*The Listener*, 16 September, 1965, p. 409.) 勞埃後來對麥克米倫的「殘酷無情」發表評論，說這讓麥克米倫試圖拉攏他，但不是出於友誼，而是「因為我對他可能是個危險」。(Thorpe, *Supermac*, p. 524.)

103 Percy Cradock, *In Pursuit of British Interests: Reflections on Foreign Policy under Margaret Thatcher and John Major* (John Murray, London, 1997), pp. 100 and 201.

104 Margaret Thatcher, *The Downing Street Years* (HarperCollins, London, 1993), p. 840.

105 Ibid., p. 851.

106 Ibid., p. 847.

107 Ibid. pp. 860–861.

108 Blair, *A Journey*, p. 119.

109 Ibid., p. 201.

110 Ibid., p. 287.

111 同上，p. 486。布萊爾聲稱自己跟英國人民有種情感的連結，而他認為執政愈久連結就愈弱。「對我和對人民來說，」他寫道，「這實在是令人難過。我跟他們的關係，一向比尋常領袖和國民之間的正常關係來得更強烈、更有感情，如果這麼形容正確的話」。(p. 658.) 他把這種疏離歸因於自己愈來愈不願意在面臨反對和異議時修改政策：「『傾聽』民意不再是指導原則，取而代之的是『做正確的事』。」(同上，p. 659.)

112 Ibid., p. 609.

113 Ibid., p. 117.

114 Tony Wright, *Doing Politics* (Biteback, London, 2012), p. 31.

115 Ibid.

116 Holmberg and Oscarsson, 'Party Leader Effects on the Vote', in Aarts, Blais and Schmitt (eds.), *Political Leaders in Democratic Elections*, p. 50.

第3章

1 尚・布隆岱爾（Jean Blondel）雖然使用redefiners這個詞，但用法不太一樣。他把這類領袖視為促成「適度改變」的人，不同於造成「巨大改變」的「改革者」。依照我使用的方式，redefining leader（開創性領袖）就是激進改革者。參照Blondel, *Political Leadership: Towards a General Analysis* (Sage, London, 1987), p. 97.

2 狄奧多・羅斯福入主白宮為總統一職增添不少光彩。他對外交政策和國際世界的理解，遠比他之前的多任美國總統，甚至他之後的不少任總統還要多。

3 Cf. James MacGregor Burns, *Leadership* (Harper & Row, New York, 1978); and Burns, *Transforming Leadership: A New Pursuit of Happiness* (Atlantic Books, London, 2003).

4 James MacGregor Burns, *Roosevelt: The Soldier of Freedom* (Harcourt Brace Jovanovich, New York, 1970), p. 351.

5 Ibid., p. 352.

6 Stephen Graubard, *The Presidents: The Transformation of the American Presidency from Theodore Roosevelt to George W. Bush* (Allen Lane, London, 2004), p. 272. 富蘭克林・羅斯福和約瑟夫・甘迺迪彼此討厭，至於杜魯門則是到死都看老甘迺迪不順眼。當約翰・甘迺迪正式角逐民主黨總統候選人時，杜魯門提到他

的天主教信仰，他語帶譏諷地對女兒說，「我怕的不是教宗（pope），而是他老爸（pop）。」(David McCullough, *Truman*, Simon & Schuster, New York, 1992, p. 970.)

7 Ira Katznelson, *Fear Itself: The New Deal and the Origins of Our Time* (Norton, New York, 2013), pp. 302–303.

8 Ibid., pp. 336–337.

9 Quoted by Katznelson, ibid., p. 337.

10 George McJimsey, *The Presidency of Franklin Delano Roosevelt* (University Press of Kansas, Lawrence, 2000), p. 41.

11 Ibid.

12 Ibid., p. 288.

13 Ibid, pp. 287 and 293.

14 Katznelson, *Fear Itself*, p. 162.

15 Ibid., p. 486.

16 McJimsey, *The Presidency of Franklin Delano Roosevelt*, p. 154.

17 Ibid., p. 163.

18 Katznelson, *Fear Itself*, pp. 178–179.

19 McJimsey, *The Presidency of Franklin Delano Roosevelt*, p. 169; 概述愛蓮娜・羅斯福的角色和影響力，pp. 151–170。

20 Graubard, *The Presidents*, pp. 258–259.

21 Harold M. Barger, *The Impossible Presidency: Illusions and Realities of Executive Power* (Scott, Foresman & Co., Glenville, Ill., 1984), pp. 101–102.

22 Ibid., p. 102.

23 David McCullough, *Truman* (Simon & Schuster, New York, 1992), p. 972; and Taylor Branch, *Pillar of Fire: America in the King Years 1963–65* (Simon & Schuster, New York, 1998), p. 295.

24 見 Alfred Stepan and Juan J. Linz, 'Comparative Perspectives on Inequality and the Quality of Democracy in the United States', *Perspectives on Politics*, Vol. 9, No. 4, December 2011, pp. 841–856. 兩位作者指出，從一九七〇年代早期開始，美國的不平等情況就惡化許多，無論是跟一九六〇年代或跟國際標準相比都是：「一九六八年的基尼係數0.388，是有史以來最好的數字；到了二〇〇九年，美國人口普查局提出的基尼係數是0.469，幾十年來最糟的數字。」(同上，p. 844.)

25 Graubard, *The Presidents*, pp. 456–457.

26 Randall B. Woods, *LBJ: Architect of American Ambition* (Harvard University Press, Cambridge, Mass., paperback, 2007), pp. 440 and 442.

27 Robert A. Caro, *The Years of Lyndon Johnson, Volume 4: The Passage of Power* (Bodley Head, London, 2012), p. 352. 關於詹森學歷較低這點（西南德州師範學院v.s. 拿羅德獎學金的哈佛或牛津畢業生），卡羅還說，「甘迺迪對詹森的感覺，沒有一樣會比詹森對自己的感覺更糟。」

28 Robert A. Caro, *The Years of Lyndon Johnson, Volume 3: Master of the Senate* (Vintage paperback, New York, 2003), p. xxiii.

29 Ibid., pp. xv–xvi.

30 Caro, *The Years of Lyndon Johnson, Volume 4*, p. xvi.

31 Robert A. Caro, *The Years of Lyndon Johnson, Volume 2: Means of Ascent* (Bodley Head, London, 1990), p. xxi.

32 Caro, *The Years of Lyndon Johnson, Volume 4*, pp. 419–420. 詹森所謂「詹森城的詹森氏」，講的是窮白人——以及他自己毫不尊貴的少年時代。

33 Ibid., p. 488.

34 Ibid., p. 484.

35 Ibid., pp. xvii–xviii.

36 Randall B. Woods, *LBJ*, p. 884.

37 Michael Schaller, *Ronald Reagan* (Oxford University Press, New York, 20111), pp. 88–89.

38 Ibid., p. 90.

39 Brian Harrison, *The Transformation of British Politics 1860–1995* (Oxford University Press, Oxford, 1996), p. 69.

40 Ibid.

41 Quoted in Roy Jenkins, *Churchill* (Pan Books, London, 2002), p. 146.

42 Rhodri Walters, 'The House of Lords', in Vernon Bogdanor (ed.), *The British Constitution in the twentieth Century* (Oxford University Press for the British Academy, Oxford, 2003), pp. 189–235, at p. 192.

43 Jenkins, *Churchill*, p. 160.

44 Ibid., p. 144.

45 Kenneth O. Morgan, *Labour in Power 1945–1951* (Clarendon Press, Oxford, 1984), p. 37.

46 Ibid., p. 37.

47 Kingsley Martin, *Harold Laski: A Biography* (Jonathan Cape, London, new edition, 1969), p. 153.

48 同上，p. 173. 我還有一個關於艾德禮和拉斯基的小趣聞。我在倫敦政治經濟學院就讀時，參加了公共行政學系辦的活動，系上教授瑞金諾．巴沙特（在他的眾多著作中，以一九三五年出版的*Essentials of Parliamentary Democracy*最為人所知）告訴我們一小群人，艾德禮當首相時有次返回母校的事。他曾在東倫敦從事許多實務社福工作，因此返校針對未來的社工人員就地方政府這個議題發表演說，時間是一戰爆發前幾年（戰爭爆發後他馬上自願從軍，還多次受傷）。學校職員中有個經常喝得醉醺醺的退伍軍人，他跑來跟艾德禮說，「克萊啊克萊，我相信我是唯一踢過哈羅德．拉斯基屁股的人」，當時巴沙特也在場。當時的首相比現在更受人尊敬，用這種放肆的口氣跟這麼高位的人說話，讓講者（和拉斯基）的同僚都很困窘。但艾德禮處變不驚。「很好，」他說，「我們需要更多像你這樣的人。」

49 Morgan, *Labour in Power*, pp. 99 and 117.

50 Ibid., pp. 370–371.

51 Ibid., p. 172.

52 Nicklaus Thomas-Symonds, *Attlee: A Life in Politics* (I.B. Tauris, London, 2010), p. 167.

53 Archie Brown, 'The Change to Engagement in Britain's Cold War Policy: The Origins of the Thatcher-Gorbachev Relationship', *Journal of Cold War History*, Vol. 10, No. 3, 2008, pp. 3–47.（我利用英國資訊自由法取得內閣辦公室和外交部的文件，以及那篇文章提到的關於契克斯會議的學術論文，已解密。裡頭有柴契爾的一些注釋，很有啟發性。）另見 Rodric Braithwaite, 'Gorbachev and Thatcher,' *Journal of European Integration History*, Vol. 16, No. 1, 2010, pp. 31–44; and Archie Brown, 'Margaret Thatcher and Perceptions of Change in the Soviet Union', ibid., pp. 17–30.

54 Richard Aldous, *Reagan and Thatcher: The Difficult Relationship* (Hutchinson, London, 2012), p. 207.

55 Quoted in Geoffrey Howe, *Conflict of Loyalty* (Macmillan, London, 1994), p. 332.

56 見 Howe, *Conflict of Loyalty*; and Douglas Hurd, *Memoirs* (Little, Brown, London, 2003). 值得一提的是，即使曼德拉與她會面時曾私下鼓吹自己的理念，還是無法動搖柴契爾反對制裁南非種族隔離政策的立場。儘管如此，曼德拉仍對她留下好印象。他曾在一次留下記錄的訪談中說，「她很溫暖，你知道；跟我聽到

的剛好相反……我也對她留下深刻無比的印象……她堅毅的人格特質打動了我，果真是鐵娘子……」見 Nelson Mandela, *Conversations with Myself* (Macmillan, London, 2010), p. 385.

57 政治評論家總是愛把政府視為黨魁政治意志的延伸，這表示即使是艾德禮這樣致力於尋找共識、不愛對大臣發號施令的工黨領袖和首相，也常被描寫成是一九四五到五一年的工黨政府中左右所有政策的主導人物。因此，BBC的政治編輯尼克・羅賓遜（Nick Robinson）在二〇一二年工黨代表大會前夕寫的一篇文章，標題就是「艾德・米勒班是邱吉爾還是艾德禮？」，內文是「在禮拜二〔的大會上〕，我們可能會想起他〔邱吉爾〕的繼任者，是那個工黨人〔艾德禮〕創立了NHS，鞏固了這個福利國家，在『一毛錢都沒有』的時候成立了藝術委員會。」（http://www.bbc.co.uk/news/uk-politics-19773185, 29 September 2012.）

58 Ian Gilmour, *Dancing with Dogma: Britain under Thatcherism* (Simon & Schuster, London, 1992), p. 5. 吉爾莫同時指出，「面對一個不喜歡內閣政府、設法迴避它好永遠當家作主的首相，她的資深同僚要不只能默從（只要他們清楚是在默從什麼），要不然就對她下最後通牒，要她改變策略，否則就辭職。果真這樣硬幹，可能會讓保守黨分裂，陷入嚴重危機，所以對他們是兩難。實際上他們從沒這麼做過。」（同上，p. 33.）

59 他們與柴契爾的政治關係等等，見 Nigel Lawson, *The View from No. 11: Memoirs of a Tory Radical* (Transworld, London, 1992); and Michael Heseltine, *Life in the Jungle: My Autobiography* (Hodder and Stoughton paperback, London, 2001).

60 勞森一九八九年十月三十一日對下議院的辭職演說也提到，「我們的內閣政府要有效運作，在任首相就必須任命他或她信任的大臣，交由他們去落實政策。時有意見不同是一定的，此時他們就該私下協商，若有需要就進行集體協商。」（Lawson, *The View from No. 11*, p. 1063.）

61 Charles Moore, *Margaret Thatcher: The Authorized Biography. Volume One: Not for Turning* (Allen Lane, London, 2013), p. 243.

62 比起柴契爾和之前的其他首相，布萊爾更不喜歡花時間在下議院。在他執政期間，原本一週兩次的首相問答減少到一週一次（雖然每次的時間拉長了），後來就維持這樣。

63 Moore, *Margaret Thatcher*, p. 424.

64 Ibid., p. 422.

65 關於柴契爾的崛起過程和她一九七九到八二年的首相生涯，最完整的紀錄可在查爾斯・摩爾（Charles Moore）的授權傳記 *Margaret Thatcher* 找到，裡頭

有很多第一手資料。除了這本大部頭傳記，還有吉爾莫的評論*Dancing with Dogma*，以及柴契爾政府的大臣出的回憶錄，柴契爾時代兩個尤其珍貴但觀點不同的紀錄分別是Geoffrey K. Fry, *The Politics of the Thatcher Revolution: An Interpretation of British Politics*, 1979–1990 (Palgrave Macmillan, Houndmills, 2008); Hugo Young, *One of Us: A Biography of Margaret Thatcher* (Macmillan, London, 1989).

66 Anthony King, *The British Constitution* (Oxford University Press, Oxford, 2007), p. 316.

67 David Butler and Michael Pinto-Duschinsky, *The British General Election of 1970* (Macmillan, London, 1971), p. 195.

68 Lawson, *The View from No. 11*, p. 7.

69 Peter Hennessy, *The Prime Minister: The Office and its Holders since 1945* (Penguin, London, 2001), pp. 105–106.

70 Lawson, *The View from No. 11*, p. 561.

71 同上，p. 574。勞森形容人頭稅是柴契爾十一年首相生涯最大的政治失誤，還說「一九八六年剛上路時，她曾公開對她最愛的幾位記者吹噓她如何『讓我下台』。諷刺的是，最後反而是人頭稅讓她下台。」(同上，p. 584.)

72 David Butler and Dennis Kavanagh, *The British General Election of 1992* (Macmillan, London, 1992), pp. 10 and 72–75.

73 D.R. Thorpe, *Supermac: The Life of Harold Macmillan* (Pimlico, London, 2011), pp. 321–322.

74 麥克米倫政府原則上採納了羅賓斯的報告。但要等到一九六四年由威爾遜領導的工黨政府上台才找到錢，落實廣設大學和廣招學生的計畫。「這件事，」班・皮姆洛特（Ben Pimlott）指出，「他們勇往直前地做了……結果就是高等教育的全日制學生人數比例有史以來增加最多。」見Pimlott, *Harold Wilson* (HarperCollins paperback, London, 1993), p. 513.

75 Roy Jenkins, *A Life at the Centre* (new edition, Politico, London, 2006), p. 206. 如詹金斯所指出，這條法律在蘇格蘭早就改成多數裁定亦可。

76 如派翠西亞・荷里斯（Patricia Hollis）所說，「威爾遜一向不太熱中於取消審查制度——他認為劇作家可能會用粗魯的言語冒犯王室。」見Hollis, *Jennie Lee: A Life* (Oxford University Press, Oxford, 1997), p. 274.

77 索斯凱斯是個相對保守的內政大臣，不愛挑戰部門內的意見，尤其不願否定強悍的常務秘書查爾斯・康寧漢（Charles Cunningham）爵士的意見。詹金斯則

是一開始就表明，是他來管內政部，不是內政部管他。

78 See Emrys Hughes, *Sydney Silverman: Rebel in Parliament* (Charles Skilton, London, 1969), esp. pp. 96–112 and 171–192.

79 見Roy Jenkins, *The Labour Case* (Penguin, Harmondsworth, 1959), esp. pp. 135–146; and Jenkins, *A life at the Centre*, esp. pp. 175–213. 上議院修改了席弗曼的廢死法案，使之只適用五年，時候到了就要重新檢討。五年後，內政大臣不再是詹金斯，換成了詹姆士・卡拉漢。卡拉漢雖然在社會觀念上比詹金斯保守，卻堅決反對歷史悠久的死刑制度。他說他「寧願下台也不要再下令執行死刑」。一九六九年十二月，下議院舉辦自由投票，永久廢除死刑（以一五八票多數通過）。見Kenneth O. Morgan, *Callaghan: A Life* (Oxford University Press, Oxford, 1997), p. 297.

80 Jenkins, *A Life at the Centre*, p. 196.

81 同上，pp. 208–209. 內閣在這兩個議題上的意見分歧。雖然絕大多數閣員都支持這項個改革，但仍有「三、四個反對，還有一群人希望這兩個議題消失。」（同上，p. 208.）

82 珍妮・李是全國知名的人物，許多工黨活躍分子對她評價很高，但不太受自己選區所在地坎諾克史丹福郡的選民和黨員歡迎。雖是蘇格蘭礦工的女兒，卻走貴族風格，不太關心地方議題或選區人民的特定問題。(Hollis, *Jennie Lee*, pp. 371–380.)

83 見Hollis, *Jennie Lee*, pp. 297–359; Ben Pimlott, *Harold Wilson*, pp. 513–515; and Philip Ziegler, *Wilson: The Authorised Life of Lord Wilson of Rievaulx* (Weidenfeld & Nicolson, London, 1993), p. 201. 關於空中大學，菲立普・齊格勒（Philip Ziegler）總結道，「貝凡的遺孀，珍妮・李奉命負責這項任務。沒有她的活力和熱情，這件事不可能成功，但沒有威爾遜持續的支持，她也沒有機會完成這件事。」（同上。）這個新教育機構在一九六九年獲得大學地位，一九七一年開始招生。往後四十年將有超過一百五十萬人成為空中大學學生。

84 Vernon Bogdanor, *The New British Constitution* (Hart, Portland, Oregon, and Oxford, 2009), p. 62.

85 Tony Blair, *A Journey* (Hutchinson, London, 2010), pp. 516–517. 那時期的一名資深閣員告訴我，即使在當時，布萊爾就表明對資訊自由法沒好感，而且大衛・克拉克（David Clark）和傑克・史特勞這兩名閣員還刪改了草案。「幸好，」那位閣員說，「從法案刪掉的內容又被國會加了一些回去」。史特勞在回憶錄中坦承，他本身對資訊自由法的意涵感到惶恐，並積極要縮減它涵蓋的範圍，但他

形容負責該案的閣員克拉克後來變成積極鼓吹資訊自由法，因為受到他的特別顧問詹姆斯・孔佛德（James Cornford）的強烈影響。見 Jack Straw, *Last Man Standing: Memoirs of a Political Survivor* (Macmillan, London, 2012), pp. 275–282 and 285–287.

86 厄文爵士對憲法立法背景的介紹很有啟發性。見 Lord Irvine of Lairg, PC, QC, *Human Rights, Constitutional Law and the Development of the English Legal System: Selected Essays* (Hart, Oxford and Portland, Oregon, 2003); 蘇格蘭分權，見 'A Skilful Advocate' in Wendy Alexander (ed.), *Donald Dewar: Scotland's first First Minister* (Mainstream, Edinburgh and London, 2005), pp. 125–129. 厄文和唐納・德瓦爾（Donald Dewar，後來成為蘇格蘭的內閣大臣，分權制確立後成為蘇格蘭的第一位首席部長）「都認為，蘇格蘭的民族認同感要活化，就需要把最大的立法權下放給蘇格蘭議會，同時不破壞聯邦的存在」。然而，他們太過樂觀，以為這樣的結果會讓「蘇格蘭民族黨邊緣化」。（p. 127.）

87 Kenneth O. Morgan, *Ages of Reform: Dawns and Downfalls of the British Left* (I.B. Tauris, London, 2011), p. 75. 尼爾・金諾克還是工黨黨魁時，厄文就被選為工黨未來的大法官。厄文是一個親工黨的優秀律師，也是約翰・史密斯的密友，若史密斯沒在一九九四年去世，他在憲政改革中扮演的核心角色會更加確立。厄文也是給布萊爾第一份工作的人。一九七五年布萊爾到他的律師事務所實習，同年他收的實習生還有雪莉・布斯（Cherie Booth），五年後她跟布萊爾結為夫婦。菲立普・史帝芬斯指出這點時，把時間順序以及布萊爾跟恩師的關係搞錯了，所以才會寫，「一九九七年選舉過後，厄文被他的學生賜與上議院議員和大法官二職，後者就是全國司法體系的頭頭。」(Philip Stephens, *Tony Blair: The Price of Leadership*, Politico's, London, revised edition 2004, pp. 44–45.) 事實上，厄文在一九八七年時（柴契爾擔任首相、金諾克擔任反對黨領袖時）就成為終身職的上院議員。

88 此事的憲政意義在於，歐元要能存活更久，將逐漸有賴財政上是否分權，以及會員國所形成的經濟政治聯盟是否愈加緊密。

89 Hennessy, *The Prime Minister*, p. 477.

90 Giles Radice, *Trio: Inside the Blair, Brown, Mandelson Project* (Tauris, London, 2010), pp. 174–176.

91 布萊爾很明白地肯定柴契爾擔任首相時達到的許多成就。他在回憶錄中寫道，「英國需要柴契爾時代的產業和經濟改革。」(Blair, *A Journey*, p. 99.)

92 Robin Cook, *The Point of Departure* (Simon & Schuster, London, 2003), p. 121. 庫

克還說，「戈登・布朗的悲劇部分出在，他從以前就相信資源重新分配，卻困在布萊爾的意識形態中，只能偷偷摸摸去做。」

93 Blair, *A Journey*, pp. 116 and 508. 當財政大臣時，布朗阻擋或大幅修改了一些布萊爾支持的公共服務變革，這些變革從很多方面來看，都是柴契爾展開的福利國家再造工程的合理延伸。雖然衛生大臣亞倫・密爾本（Alan Milburn）試圖推動布萊爾支持的變革，在國民保健署「注入真正的競爭和選擇」，布朗卻成功將之擋在門外。見 Peter Mandelson, *The Third Man: Life at the Heart of New Labour* (HarperPress, London, 2010), pp. 364–365.

94 Radice, *Trio*, p. 220. 二〇〇八年全球金融危機來勢洶洶時，工黨政府如何因應的特別紀錄，見 Gordon Brown, *Beyond the Crash: Overcoming the First Crisis of Globalisation* (Simon & Schuster, London, 2010); and Alistair Darling, *Back from the Brink* (Atlantic Books, London, 2011).

95 其副黨魁妮可拉・施特金尤其以能幹的部長及天才政治家的形象出名。

96 David Torrance, *Salmond: Against the Odds* (revised ed., Birlinn, Edinburgh, 2011), p. 227.

97 哈羅德・威爾遜作為薩孟德的「楷模」，同上，pp. 339–340.

98 如第一章指出的，這是德魯・韋斯汀的中心論述。Drew Westen, *The Political Brain: The Role of Emotion in Deciding the Fate of the Nation* (Public Affairs, paperback edition, New York, 2008).

99 Frank Brettschneider and Oscar W. Gabriel, 'The Nonpersonalization of Voting Bahavior in Germany', in Anthony King (ed.), *Leaders' Personalities and the Outcomes of Democratic Elections* (Oxford University Press, New York, 2002), pp. 127–157, at p. 138.

100 Robert Elgie, *Political Leadership in Liberal Democracies* (Palgrave Macmillan, Houndmills, 1995), pp. 81–86.

101 Peter Pulzer, *German Politics 1945–1995* (Oxford University Press, Oxford, 1995), pp. 46–47.

102 Mary Fulbrook, *History of Germany 1918–2000: The Divided Nation* (Blackwell, Oxford, 2nd ed., 2002), p. 52. 戰後德國由多國分成不同占領區。美國區的軍政府辦公室面臨了一個難題：某市的前納粹市長在民主選舉中拿下多數票，再度當選市長。根據瑪莉・傅爾布魯克（Mary Fulbrook）的觀察（pp. 115–116），「最『民主』的作法究竟是，否決民主投票選出來的不民主人選，還是不民主地違反大多數人的意願，直接任命一個民主的人選，當下並沒有清楚的答案。然

而，清楚的是，很多德國人不太知道『民主』意味著什麼，那些年紀大到曾在成年時期經歷過威瑪共和民主的人，都把民主跟國家所受到的挫敗、恥辱、經濟危機和政治動盪聯想在一起。」

103 戰後德國分成幾個占領區，科隆屬於英國管制區。艾德諾實際上是在一九四五年被英國免除科隆市長職位。有更多時間投入基民黨之後，他充分利用機會成為黨主席。

104 德國確實曾被形容是「歐洲最老的福利國家」。見 Pulzer, *German Politics 1945–1995*, pp. 63–64.

105 Ibid.

106 Gordon A. Craig, cited by Giles Radi e, *The New Germans* (Michael Joseph, London, 1995), p. 79.

107 Willy Brandt, *My Life in Politics* (Penguin, London, 1993), p. 74.

108 Ibid., p. 78.

109 Thomas A. Bayliss, *Governing by Committee: Collegial Leadership in Advanced Societies* (State University of New York Press, Albany, 1989), p. 76.

110 Fulbrook, *History of Germany 1918–2000*, p. 168.

111 我會這麼說，部分是根據個人經驗和那些年在俄羅斯跟人的無數次對話。一九六六年我在蘇聯待了三個月，一九六七到六八年十個月，一九七六年兩個月，在第三次學術交流訪問時我發現，跟前兩次比起來，他們對德國人的態度有很大的轉變。因此我沒有理由不認為布朗德和他的外交政策是造成這種改變的決定因素。

112 Archie Brown, 'Did Gorbachev as General Secretary Become a Social Democrat?', *Europe-Asia Studies*, Vol. 65, No. 2, 2013, pp. 198–220.

113 布朗德死後不久，戈巴契夫發表了一篇期刊文章，向這位德國總理致上溫暖的敬意，描述此人如何大範圍地推動政治和歷史發展。見 Mikhail Gorbachev, 'Delaet li chelovek politiku? Delaet li chelovek istoriyu; razmysheleniya o nasledii Villi Brandta', *Svobodnaya mysl'*, No. 17, 1992, pp. 17–21. 對於布朗德的東方政策，戈巴契夫說，「毫無疑問它不只對德國，也對歐洲整體的精神和政治環境發揮了可觀的影響，包括我們。『東方政策』鼓勵我們深入思考我們的社會、深入思考自由與發展之間的關係、深入思考民主以及我們國家的未來。」(p. 19.)

114 Brandt, *My Life in Politics*, p. 200.

115 Ibid.

116 Ibid., p. 6.

117 柯爾的《新聞週刊》訪談被Helga Haftendorn引用於 'The Unification of Germany, 1985–1991', 收在Melvyn P. Leffler and Odd Arne Westad (eds.), *The Cambridge History of the Cold War, Volume III: Endings* (Cambridge University Press, Cambridge, 2010), pp. 333–355, at p. 335.
118 Timothy Garton Ash, *The Magic Lantern: The Revolution of '89 Witnessed in Warsaw, Budapest, Berlin and Prague* (Random House, New York, 1990), p. 72.
119 Haftendorn, 'The Unification of Germany, 1985–1991', p. 351.
120 布希後來寫道，「柴契爾對東西德統一缺乏認同，甚至信任，這點很明顯，」但又補充，「雖然我不同意她對德國統一所隱含的意義抱持擔憂，卻我在某程度上跟她一樣擔心統一對戈巴契夫可能產生的負面政治效應。」見George Bush and Brent Scowcroft, *A World Transformed* (Knopf, New York, 1998), pp. 192–193. 以及Philip Zelikow and Condoleezza Rice, *Germany Unified and Europe Transformed: A study in Statecraft* (Harvard University Press, Cambridge, Mass., 1995).
121 Frederick Taylor, *The Berlin Wall 13 August 1961–9 November 1989* (Bloomsbury, London, 2006), p. 645.
122 George C. Edwards III, *The Public Presidency: The Pursuit of Popular Support* (St Martin's Press, New York, 1983), p. 208.
123 Stephen Skowronek, 'The Paradigm of Development in Presidential History', in Gorge C. Edwards III and William G. Howell (eds.), *The Oxford Handbook of the American Presidency* (Oxford University Press, Oxford, 2009), pp. 749–770, at p. 761.
124 Richard Rose, *The Postmodern President: George Bush Meets the World* (Chatham House, Chatham, N.J., 2nd ed., 1991), p. 183.
125 Ibid.
126 Hugh Heclo, 'Whose Presidency is This Anyhow?', in Edwards and Howells (eds.), *The Oxford Handbook of the American Presidency*, p. 776.
127 就算是在上一個世代也近乎如此。See Edwards, *The Public Presidency*, pp. 187–210.
128 我記得的有：讓史達林的左右手莫托洛夫重回蘇聯共產黨，以及在契爾年科主持的一次政治局會議中提議把伏爾加格勒改回戰時的名字——史達林格勒。這是一九八五年五月為了慶祝擊敗納粹四十週年的一連串活動。雖然只是象徵性的動作（莫托洛夫當時已經九十三歲），卻有政治上的意義，目的是要為史達林平反，藉此強化黨內和社會的反改革力量。然而，雖然莫托洛夫果真在一九

八四年重新入黨，但戈巴契夫在一九八五年五月就當上總書記。「史達林格勒」正名運動的主要鼓吹者烏斯季諾夫過世，正名運動也就無疾而終。見 Archie Brown, *The Rise and Fall of Communism* (Bodley Head, London, 2009), p. 484.

129 這句引言和卡多索領導風格的深入研究，我參考的是 Alfred Stepan, 'Cardoso as Academic Theoretician and Democratic Leader', in Dietrich Rueschemeyer and Richard Snyder (eds.), *Cardoso and Approaches to Inequality* (Lynne Rienner, Boulder, 2014).

130 如阿德里安・格爾克（Adrian Guelke）所說，由國民黨帶領的南非政府變得「愈來愈依賴反共立場在國際上合理化自己的政策，尤其是當西方世界對種族主義寡頭的殘餘認同感逐漸消失之際。」(Guelke, 'The Impact of the End of the Cold War on the South African Transition', *Journal of Contemporary African Studies*, Vol. 14, No. 1, 1996, p. 97.)

131 Nelson Mandela, *Long Walk to Freedom: The Autobiography of Nelson Mandela* (Abacus, London, 1995), p. 660.

132 見 David Welsh and Jack Spence, 'F.W. de Klerk: Enlightened Conservative', in Martin Westlake (ed.), *Leaders of Transition* (Macmillan, London, 2000), pp. 29–52. 曼德拉退休後幾年，南非的政治和社會未能達成一九九四年的理想雖是事實，卻無法減損曼德拉以及戴克拉克的偉大成就。

133 Ching-fen Hu, 'Taiwan's Geopolitics and Chiang Ching-Kuo's Decision to Democratize Taiwan', *Stanford Journal of East Asian Affairs*, Vol. 5, No. 1, 2005, pp. 26–44, at p. 43.

134 See *The Memoirs of Richard Nixon* (Grosset & Dunlap, New York, 1978), pp. 544–580; Henry Kissinger, *The White House Years* (Little, Brown, Boston, 1979), pp. 684–787; Margaret MacMillan, *Seize the Hour: When Nixon Met Mao* (John Murray, London, 2006); Jimmy Carter, *Keeping Faith: The Memoirs of a President* (Bantam Books, New York, 1982), pp. 186–211; and Zbigniew Brzezinski, *Power and Principle: Memoirs of the National Security Adviser 1977–1981* (Weidenfeld & Nicolson, London, 1983), pp. 401–425.

135 Ching-fen Hu, 'Taiwan's Geopolitics and Chiang Ching-Kuo's Decision to Democratize Taiwan', p. 38.

136 Ibid., p. 42.

第4章

1 Charles de Gaulle, *The Complete War Memoirs of Charles de Gaulle* (Carroll & Graf, New York, 1998), p. 3.
2 同上，p. 233。用第三人稱寫自己的事是戴高樂的特色。
3 Winston S. Churchill, *The Second World War: Volume II: Their Finest Hour* (Cassell, London, 1949), pp. 136–137, 141–142.
4 Churchill, *The Second World War: Volume II*, p. 142.
5 Quoted by Philip M. Williams and Martin Harrison, *Dew Gaulle's Republic* (Longmans, London, 1960), p. 75.
6 Vincent Wright, *The Government and Politics of France* (Unwin Hyman, London, 3rd ed., 1989), p. 4.
7 Williams and Harrison, *De Gaulle's Republic*, pp. 3–4.
8 Ibid., p. 35.
9 Ibid., p. 41.
10 John Gaffney, *Political Leadership in /France: From Charles de Gaulle to Nicolas Sarkozy* (Palgrave Macmillan paperback, Houndmills, 2012), p. 35.
11 尤其教人難忘的是戴高樂戰爭回憶錄的開頭第一句：「終其一生，我都對法國懷抱著一個理想。」(引自 Sudhir Hazareesingh, *Le Mythe gaullien*, Gallimard, Paris, 2010, p. 58)
12 Gaffney, *Political Leadership in France*, p. 11.
13 See Michel Debré, *Entretiens avec le général de Gaulle 1961–1969* (Albin Michel, Paris, 1993).
14 約翰・加芬尼（John Gaffney）指出（*Political Leadership in France*, p. 32），「當時的民調顯示，五成法國人連看都沒看過他們要投票表決的憲法草案（其他這類法案的內容也差不多），只有一成五說已經好好看過。」
15 Wright, *The Government and Politics of France*, pp. 53–54.
16 Ibid, p. 60.
17 Gaffney, *Political Leadership in France*, pp. 33–34.
18 若現任總統在國會沒有得到多數人的支持，必須跟不同政治理念的總理「共治」，總統的權力也會大減。然而，戴高樂任職總統十一年期間，這種狀況並未發生。
19 Robert Elgie, *Political Leadership in Liberal Democracies* (Palgrave Macmillan, Houndmills, 1995), p. 64.

20 Wright, *The Government and Politics of France*, p. 37.

21 Williams and Harrison, *De Gaulle's Repu8ublic*, p. 209.

22 Wright, *The Government and Politics of France*, p. 28.

23 Sudhir Hazareesingh, *In the Shadow of the General: Modern France and the Myth of De Gaulle* (Oxford University Press, Oxford, 2012), pp. 172–173.

24 Ibid., pp. 179 and 182.

25 Ibid., p. 104.

26 戴高樂曾建議艾森豪和甘迺迪總統不要捲入越戰，後來還公開反對詹森將戰爭擴大。(Gaffney, *Political Leadership in France*, pp. 54–55.)

27 Hazareesingh, *In the Shadow of the General*, p. 107.

28 Wright, *The Government and Politics of France*, pp. 18–20.

29 調查結果顯示，戴高樂的地位相對來說還是居高不下。一九六八年四月當法國民眾被問到：綜合各種因素之後，認為戴高樂一九五八年重新執政是好事，還是壞事？百分之七十六說是好事。即使一九六九年十一月再問一次他們對戴高樂一九五八到一九六九年的作為是否滿意，仍有百分之五十三的人不是「非常滿意」就是「滿意多過不滿意」。見 Jean Charlot, *Les Français et de Gaulle* (Plon, Paris, 1971), pp. 165–166.

30 當社會黨在佛朗哥統治下仍是被禁政黨時，岡薩雷斯就是社會黨領袖。他是蘇亞雷斯最強烈的批判者，本身也在西班牙民主轉型過程中扮演要角，對鞏固西班牙民主更是厥功至偉。後來他成為西班牙在任最久的民選首相，從一九八二到一九九六連續執政十四年。他在國內的聲望以及對國際的影響力遠大於蘇亞雷斯，但後者才是西班牙民主轉型不可或缺的人物。

31「歐洲共產黨」的特別之處在於，他們不怕批評蘇聯的作為。最明顯的例子是，他們批判了蘇聯一九六八年八月入侵捷克斯洛伐克的行動，對布拉格之春的改革人士表示支持。見 Paulo Filo della Torre, Edward Mortimer and Jonathan Story (eds.), *Eurocommunism: Myth or Reality?* (Penguin, Harmondsworth, 1979); and Richard Kindersley (ed.), *In Search of Eurocommunism* (Macmillan, London, 1981).

32 Simon Parlier, 'Adolfo Suárez: Democratic Dark Horse', in Martin Westlake (ed.), *Leaders of Transition* (Macmillan, London, 2000), pp. 133–155, at p. 144.

33 引自 Juan Linz and Alfred Stepan, *Problems of Democratic Transition and Consolidation: Southern Europe, South America, and Post-Communist Europe* (Johns Hopkins University Press, Baltimore, 1996), pp. 96–97.

34 引言出處 Adolfo Suárez González, *Un nuevo horizonte para España: Discursos del Presidente del Gobierno 1976–1978* (Imprenta del Boletín Oficial del Estado, Madrid, 1978). 感謝史提潘提供我資料。蘇亞雷斯的這一節，我從跟史提潘教授的對話獲益良多，感謝他慷慨跟我分享他一九九〇年五月二十四日跟蘇亞雷斯的長談中獲得的洞察。

35 Ibid., p. 101.

36 萬一加泰隆尼亞甚至巴斯克地區未來真的獨立，也完全有理由認為這兩地和西班牙仍會維持民主政體。

37 Parlier, 'Adolfo Suárez', pp. 148–149.

38 引自 Linz and Stepan, *Problems of Democratic Transition and Consolidation*, p. 114。

39 Parlier, 'Adolfo Suárez', p. 149.

40 同上，p. 150。巴斯克民族主義黨呼籲支持者投廢票，有一半選民照做。

41 Linz and Stepan, *Problems of Democratic Transition and Consolidation*, p. 89. 根據二〇一二年初曝光的證據顯示，國王在政變當時多少已經對蘇亞雷斯失望。從二〇一二年二月才解密的文件中可以看到，國王在一九八一年五月二十六日告訴駐馬德里的德國大使說，軍隊政變的策人「想要的是大家都在追求的東西，那就是重建紀律、秩序、安定和祥和」。他也怪蘇亞雷斯未能「跟軍隊打好關係」。見 Fiona Govan, 'Juan Carlos was "sympathetic" to 1981 coup leaders', http://www.telegraph.co.uk/news/worldnews/europe/spain/9072122/Juan-Carlos, 9 February 2012. 雖然我引述了以上說法，但這篇文章的標題並未如實呈現國王當時扮演的角色，尤其是他採取的行動比他後來說的話更有力。

42 本章關於戈巴契夫所簡述的許多論點，我在其他地方詳盡闡述過。最初是在一九八〇年代初出版的著作 (Archie Brown and Michael Kaser, eds., *Soviet Policy for the 1980s*, Macmillan, London, 1982)，我這些年在專書和論文中爬梳了不少戈巴契夫和他的經濟改革，尤其可見 Archie Brown, *The Gorbachev Factor* (Oxford University Press, Oxford, 1996); Brown, *Seven Years that Changed the World: Perestroika in Perspective* (Oxford University Press, Oxford, 2007); and Brown, 'The Gorbachev Factor Revisited', *Problems of Post-Communism*, Vol. 58, Nos. 4–5, 2011, pp. 56–65.

43 *New York Times*, 13 March 2010.

44 蘇聯太空研究的負責人沙格底耶夫是對SDI高度存疑的專家之一。有次跟戈巴契夫會面時，蘇聯太空工業的某代表告訴蘇聯領導人，「我們不快拿出可以

跟美國SDI對抗的計畫，就是在浪費時間」，這時沙格底耶夫說，「我差點憋笑憋到死。」見Roald Sagdeev, *The Making of a Soviet Scientist: My Adventures in Nuclear Fusion and Space From Stalin to Star Wars* (John Wiley, New York, 1994), p. 273.

45 Ronald Reagan, *An American Life* (Simon & Schuster, New York, 1990), p. 608.

46 但他倒是跟喬治亞共產黨第一書記及政治局候補（無表決權）委員謝瓦納茲分享了他的一些批判性意見，此外還有蘇聯智庫世界經濟與國際關係研究院（IMEMO）主持人雅科夫列夫，以及中央委員會的一名前高官。兩年前，在戈巴契夫的命令下，雅科夫列夫結束十年駐加拿大的大使生涯（其實是被放逐），被召回莫斯科。

47 戈巴契夫在一九八五年三月成為總書記的過程，見Brown, *Seven Years that Changed the World*, pp. 29–67, esp. 39–40.

48 Mikhail Gorbachev, *Zhizn' i reformy* (Novosti, Moscow, 1995), Volume 1, p. 395.

49 Mikhail Gorbachev in *XIX Vsesoyuznaya konferentsiya Kommunisticheskoy partii Sovetskogo Soyuza: Stenograficheskiy otchet* (Politizdat, Moscow, 1988), Volume 1, p. 43.

50 Jean Blondel的大致看法是，「改變目標的領袖是最重要的領袖」，他們「主要來自一種規模相對較小的團體，通常在位多年甚至非常久」。見Blondel, *Political Leadership: Towards a General Analysis* (Sage, London, 1987), p. 85. 然而，戈巴契夫的目標在短期之內就改變——當上蘇聯領導人之後不到三年。

51 Mikail Gorbachev, *Ponyat' perestroyku … Pochemu eto vazhno seychas* (Al'pina, Moscow, 2006), p. 180.

52 Aleksandr Yakovlev, *Predislovie, Obval, Posleslovie* (Novosti, Moscow, 1992), p. 267.

53 'Zasedanie Politbyuro TsK KPSS, 15 Okybrya 1987 goda', Volkogonov Collection, National Security Archive, Washington, DC, pp. 149–150 and 155. 戈巴契夫早在跟媒體代表的會議中就使用過「社會主義多元化」一詞，見*Pravda* on 15 July 1987。一旦給了「多元化」這個禁忌字眼許可證之後，支持改革的知識分子也開始使用這個詞，有時會拿掉前面的「社會主義」。戈巴契夫自己在一九九〇年二月就提到「政治多元化」，而不是「社會主義多元化」。

54 戈巴契夫換掉的外交首長有外交部長、中央委員會的國際委員會和社會主義國家委員會委員長，以及他自己的外交政策首席幕僚。特別重要的是第一個和最後一個（謝瓦納茲取代葛羅米柯成為外交部長，切爾尼亞耶夫取代亞歷山德

羅一阿根托夫成為總書記的外交政策助理)。要換掉經濟部門的高官難很多,因為人數太多。中央委員會的二十多個委員會有一半跟經濟有關。(一九八八年秋天,戈巴契夫當上蘇聯領導人三年半後好不容易廢除所有委員會,只留下兩個。)經濟部門有幾十個,再加上必須落實經濟政策的各地區黨幹部和大型工廠的經理人,其中大多是改革的阻力。

55 V.I. Vorotnikov, *I bylo eto tak … Iz dnevnika chlena Politbyuro TsK KPSS* (Sovet veteranov knigoizdanie, Moscow, 1995), p. 260. See also pp. 460–461.

56 Aleksandr Yakovlev, *Sumerki* (Materik, Moscow, 2003), p. 501.

57 Ibid.

58 Vorotnikov, *I bylo eto tak*, p. 401.

59 Ibid., p. 260.

60 沙格底耶夫動筆寫回憶錄時 (*The Making of a Soviet Scientist*),已經定居美國。他的私生活發生了一件事,換成在改革期間絕對難以想像,畢竟他是跟蘇聯的軍工複合體關係緊密的蘇聯高階科學家。他跟艾森豪總統的孫女蘇珊・艾森豪(Susan Eisenhower)結為夫妻。

61 Sagdeev, *The Making of a Soviet Scientist*, p. 272. 一九九〇到九一年,當他試圖說服立陶宛人,一個民主化且真正聯邦制的蘇維埃聯邦比他們想要的獨立更好時,戈巴契夫就遇到了說服力的限制。

62 Ibid.

63 根據當時最可靠的民意調查員所做的調查,即由Tatiana Zaslavskaya, Boris Grushin and Yuriy Levada帶領的VTsIOM。見*Reytingi Borisa Yel'tsina i Mikhaila Gorbacheva po 10-bal'noy shkale* (VTsIOM, Moscow, 1993).

64 這些還不是多黨選舉,當選的代表也多半是共產黨員。然而,真正重要的是,他們是基於完全不同的政治綱領跟彼此競爭,因而揭露了從社會和外面的世界看來迄今不變的一黨專政(過去用來將之合理化的「民主集中制」教條,如今已經像渡鳥一樣絕跡)底下,其實存在極大的政治差異。這種黨內多元化為政黨競爭的快速發展鋪路,一九九〇年三月修憲之後,組織政黨在蘇聯完全合法化。

65 Georgiy Shakhnazarov, *Tsena svobody: Reformatsiya Gorbachev glazami ego pomoshchnika* (Rossika Zevs, Moscow, 1993), pp. 77–78.

66 雷日科夫稱他讀過史達林收藏的《君王論》(一八六九年的俄文譯本),裡頭還有史達林的畫線和註解。見Nikolay Ryzhkov, *Perestroyka: Istoriya predatel'stv* (Novosti, Moscow, 1992), pp. 354–355.

67 Ryzhkov, *Perestroyka*, p. 364.

68 Mikhail Gorbachev and Zdeněk Mlynář, *Conversations with Gorbachev: On Perestroika, the Prague Spring, and the Crossroads of Socialism* (Columbia University Press, New York, 2001), p. 15.

69 Archie Brown, 'Did Gorbachev as General Secretary Become a Social Democrat?', *Europe-Asia Studies*, Vol. 65, No. 2, 2013, pp. 198–220. 擔任蘇聯領導人期間接觸的外國領袖中，戈巴契夫最喜歡的是信仰民主社會主義的西班牙首相岡薩雷斯。

70 戈巴契夫的敵人和消息不靈通的作者不時會散播戈巴契夫也是政變同謀的荒謬理論，讓這種無稽之談得到不該有的注目。對這種陰謀論的反駁，見 Anatoly Chernyaev, *My Six Years with Gorbachev* (Pennsylvania State University Press, University Park, 2000), 'Afterword to the U.S. Edition', pp. 401–423; and Brown, *Seven Years that Changed the World*, pp. 319–324。

71 Aleksandr Dugin, 'Perestroyka po-evraziyski: upushchenny shans', in V.I. Tolstykh (ed.), *Perestroyka dvadtsat'let spustya* (Russkiy put', Moscow, 2005), pp. 88–97, at p. 96.

72 Aleksandr Yakovlev, 'Eto krupneyshiy reformator', *Ogonek*, No. 11, March 1995, p. 45.

73 Ezra F. Vogel, *Deng Xiaoping and the Transformation of China* (Harvard University Press, Cambridge, Mass., 2011), pp. 18–24 and 487.

74 Rana Mitter, *A Bitter Revolution: China's Struggle with the Modern World* (Oxford University Press, Oxford, 2004), p. 161.

75 See Vogel, *Deng Xiaoping and the Transformation of China*, pp. 15–36.

76 Ibid., p. 38.

77 See Frank Dikötter, *Mao's Great Famine* (Bloomsbury paperback, London, 2011), pp. 88, 92 and 118–119.

78 Roderick MacFarquhar and Michael Schoenhals, *Mao's Last Revolution* (Harvard University Press, Cambridge, Mass., 2006), pp. 358–359.

79 Ibid., p. 359.

80 Vogel, *Deng Xiaoping and the Transformation of China*, p. 313.

81 Ibid., p. 247.

82 Ibid., p. 377.

83 *Khrushchev Remembers: The Last Testament*, translated and edited by Strobe Talbott (Deutsch, London, 1974), p. 253.

84 MacFarquhar and Schoenhals, *Mao's Last Revolution*, p. 457.

85 Peter Nolan, *China at the Crossroads* (Polity Press, Cambridge, 2004), p. 3.

86 Ibid., p. 1.

87 中國高官為了抵擋體制改變所採取的「保險政策」，是透過海外企業把公有的生產性和金融資產轉成私人財產（這些海外企業多半是由他們的子女所經營），精彩分析見X.L. Ding, 'Informal Privatization Through Internationalization: The Rise of Nomenklatura Capitalism in China's Offshore Business', *British Journal of Political Science*, Vol. 30, No. 1, 2000, pp. 121–146。

88 Vogel, *Deng Xiaoping and the Transformation of China*, pp. 703–704.

89 Zhao Ziyang, *Prisoner of the State: The Secret Journal of Zhao Ziyang*, translated and edited by Bao Pu, Renee Chiang and Adi Ignatius (Simon & Schuster, London, 2009), pp. 25–34, esp. p. 28.

90 有些軍隊指揮官拒絕參與暴力鎮壓示威青年的行動，有名將軍因此被送到軍事法庭判刑五年。見Richard McGregor, *The Party: The Secret World of China's Communist Rulers* (Penguin, London, 2011), pp. 109–110.

91 Green Cross International, *Mikhail Gorbachev: Prophet of Change. From Cold War to a Sustainable World* (Clareview, East Sussex, 2011), p. 243. 戴克拉克也指出，就算不考慮歐洲的轉變，在戈巴契夫的統治下，「蘇聯在南非、安哥拉和古巴之間的協商中也扮演了建設性的角色，最後讓古巴從安哥拉撤軍，讓聯合國成功在納比米亞推動獨立。」（同上。）

92 Nelson Mandela, *Long Walk to Freedom* (Abacus, London, 1995), p. 24.

93 Ibid.

94 Ibid., p. 25.

95 Ibid., p. 134.

96 Ibid., p. 436.

97 Ibid.

98 William Beinart, *Twentieth-Century South Africa* (Oxford University Press, Oxford, 2nd ed., 2001), p. 166.

99 Tom Lodge, *Mandela: A Critical Life* (Oxford University Press, Oxford, paperback edition, 2007), p. 82.

100 同樣被查禁的還有泛非大會（Pan African Congress），一個從非國大分裂出來的好戰團體，他們涉入後來導致沙佩維爾屠殺的抗議行動（同上）。

101 Ibid., pp. 90 and 92.

102 Nelson Mandela, *Conversations with Myself* (Macmillan, London, 2010), p. 413.
103 Ibid.; and Lodge, *Mandela*, p. 99.
104 Mandela, *Long Walk to Freedom*, p. 438.
105 Frederick Cooper, *Africa since 1940: The Past of the Present* (Cambridge University Press, Cambridge, 2002), p. 153.
106 Mandela, *Conversations with Myself*, p. 344.
107 Ibid., pp. 344–345.
108 Lodge, *Mandela*, p. 205.
109 Ibid., p. 211.
110 Ibid.
111 Ibid., p. 213.
112 Taylor Branch, *The Clinton Tapes: A President's Secret Diary* (Simon & Schuster, London, 2009), pp. 303–304.
113 Stefan Hedlund, *Russia's "Market" Economy: A Bad Case of Predatory Capitalism* (ICL Press, London, 1999). See also Hedlund, *Invisible Hands, Russian Experience, and Social Science: Approaches to Understanding Systemic Failure* (Cambridge University Press, New York, 2011).
114 見Peter Reddaway and Dmitri Glinski, *The Tragedy of Russia's Reforms: Market Bolshevism Against Democracy* (United States Institute of Peace, Washington, DC, 2001). 對後共產時代的第一位俄羅斯總統較為同情的觀點，Timothy J. Colton, *Yeltsin: A Life* (Basic Books, New York, 2008).

第5章

1 瓦楚里克在布拉格作家協會上的演說。Ludvík Vaculík speech at Writers' Congress in Prague, June 1967: *IV Sjezd Svazu československých spisovatelů, Praha 27–29 června 1967* (Československý spisovatel, Prague, 1968), p. 141 (translated in Dušan Hamšík, *Writers Against Rulers*, Hutchinson, London, 1971, p. 182).
2 Samuel P. Huntington, *Political Order in Changing Societies* (Yale University Press, New Haven, 1968), p. 266.
3 John Dunn, *Modern Revolutions: An Introduction to the Analysis of a Political Phenomenon* (Cambridge University Press, Cambridge, 2nd ed., 1989), p. 12.
4 例如，見Sharon Erickson Nepstad, *Nonviolent Revolutions: Civil Resistance in the Late 20th Century* (Oxford University Press, New York, 2011)。相反的，查爾默

斯・約翰遜（Chalmers Johnson）卻認為，「『非暴力革命』一詞要是還保有任何精確的意義，其本身就是互相矛盾的。」見Johnson, *Revolutionary Change* (University of London Press, London, 1968), p. 7. 然而，約翰遜對「暴力」的定義頗為寬鬆，把「水溝沒淌著鮮血或一個人都沒死」就達成的革命也包含進來。（同上）

5 Nepstad, *Nonviolent Revolutions*, pp. 4–5. 調查「革命」一詞使用方式的某研究發現，「一般都認為暴力是革命的必要特徵，」只有一名作者（Charles Tilly）「沒把它視為一個決定性特徵」。見Christoph M. Kotowski, 'Revolution', in Giovanni Sartori (ed.), *Social Science Concepts: A Systematic Analysis* (Sage, Beverly Hills, 1984), pp. 403–451, at p. 414。

6 Jack A. Goldstone, 'Comparative Historical Analysis and Knowledge Accumulation in the Study of Revolutions', in James Mahoney and Dietrich Rueschemeyer (eds.), *Comparative Historical Analysis in the Social Sciences* (Cambridge University Press, Cambridge, 2003), pp. 41–90回顧了這些嘗試，值得參考。

7 我用「制度關係」（institutional relationship）一詞來表達馬克思所謂「生產關係」的意義。

8 尤其可參考Karl Marx, *Critique of the Gotha Programme* (Foreign Languages Publishing House, Moscow, 1959), p. 22.（馬克思對德國社民黨「哥達聯合會議」的評論於一八七五年在倫敦完成，一八九一年由恩格斯出版。）我要補充的是，馬克思很少使用「無產階級專政」這種說法，是列寧把它變成「馬列主義」革命理論的中心教條。

9 雖然不主張其理論具有馬克思追求的全面解釋力，這兩本書仍是二十世紀下半葉針對革命性轉變的傑出研究：Barrington Moore's *Social Origins of Dictatorship and Democracy: Lord and Peasant in the Making of the Modern World* (Peregrine, London, 1969); and Theda Scocpol, *States and Social Revolutions: A Comparative Analysis of France, Russia, and China* (Cambridge University Press, Cambridge, 1979)。巴林頓・摩爾（Barrington Moore）提供了一種非馬克思的階級分析，尤其著力探討農民成為革命主力的狀況。西達・斯科克波（Theda Scocpol）強調的是國家（state），視之為相對來說獨立於階級利益的存在。她比較了她放眼所及為三大革命鋪路的國家危機（法國、中國和俄國），以及革命後國家權力的使用。

10 Eric Hobsbawm, *Revolutionaries* (Abacus paperback, London, 1999), p. 295.

11 這裡我參考了好幾篇研究墨西哥革命的頂尖史學家艾倫・奈特（Alan Knight）

的文章。

12 Alan Knight, 'The Myth of the Mexican Revolution', *Past and Present*, No. 209, November 2010, pp. 223–273, esp. p. 228; see also Knight, 'The Mexican Revolution: Bourgeois? Nationalist? Or just a "Great Rebellion"?', *Bulletin of Latin American Research*, Vol. 4, No. 2, 1985, pp. 1–37. 奈特寫道，墨西哥革命「與其說是為了奔向未知的未來，不說是為了重建人民懷念的過去」。('The Myth of the Mexican Revolution', p. 231.)

13 說到「由上而下的革命」，例如蘇聯一九八五到一九八九年的轉變，這裡的「革命」只是一種比喻。同理，「藉由漸進的方式達到革命性的轉變」也只是表示逐漸發生的徹底轉變，而非嚴格定義下的「革命」。

14 Knight, 'The Mexican Revolution: Bourgeois? Nationalist? Or just a "Great Rebellion"?', p. 8.

15 Knight, 'The Myth of the Mexican Revolution', pp. 237–238.

16 Alan Knight, 'Populism and Neo-Populism in Latin America, especially Mexico', *Journal of Latin American Studies*, Vol. 30, No. 2, 1998, pp. 223–248, at pp. 235–236.

17 Ibid., p. 237.

18 Jonathan D. Spence, *The Search for Modern China* (Norton, New York, 2nd ed., 1999), pp. 244–253.

19 Ibid., pp. 262–263; and Jonathan Fenby, *The Penguin History of Modern China: The Fall and Rise of a Great Power, 1850–2008* (Allen Lane, London, 2008), p. 121.

20 Fenby, *The Penguin History of Modern China*, pp. 125–126.

21 Spence, *The Search for Modern China*, pp. 274–276.

22 Fenby, *The Penguin History of Modern China*, p. 123.

23 Spence, *The Search for Modern China*, pp. 276–277; Margaret MacMillan, *Peacemakers: Six Months that Changed the World* (John Murray paperback, London, 2002), pp. 331–353; and Rana Mitter, *A Bitter Revolution: China's Struggle with the Modern World* (Oxford University Press, Oxford, 2004), pp. 35–36.

24 See Spence, *The Search for Modern China*, pp. 277–289.

25 關於五四運動，見Spence, ibid., pp. 299–313; and Mitter, *A Bitter Revolution*, pp. 6–11.

26 Spence, *The Search for Modern China*, pp. 284–285.

27 Ibid., p. 314.

28 Mitter, *A Bitter Revolution*, pp. 141–142.

29 Spence, *The Search for Modern China*, pp. 314–322.

30 Fenby, *The Penguin History of Modern China*, p. 144.

31 Andrew Mango, *Atatürk* (John Murray, London, 1999), p. 76.

32 Ibid., p. 176.

33 MacMillan, *Peacemakers*, p. 445.

34 Mango, *Atatürk*, pp. 300–304.

35 Albert Hourani, *The Emergence of the Modern Middle East* (Macmillan, London, in association with St Antony's College, Oxford, 1981), p. 17. 如亞伯特・胡拉尼（Albert Hourani）指出的，「很多早期的領袖（雖然阿圖塔克自己不是）都來自奧圖曼政權和改革中心的軍官和官僚家庭，」同上。

36 Mango, *Atatürk*, p. 364.

37 Ibid., p. 406.

38 Erik J. Zürcher, *Turkey: A Modern History* (Tauris, London, 1993), p. 178.

39 Ibid., pp. 176–180.

40 Mango, *Atatürk*, p. 403.

41 Ibid., pp. 407 and 434–435.

42 Zürcher, *Turkey*, pp. 227–228; and Mango, *Atatürk*, p. 531.

43 一九一七年的沙俄在時間測量上比歐洲其他國家晚十三天。俄國直到一九二〇年使用的都是儒略曆（至今仍為東正教會所用），之後才改用較普遍的格里曆。

44 這是近代才有的傳統，是不同國家的社會主義政黨為了吸引大眾關注女性平權而制訂的節日。

45 Ronald Grigor Suny, *The Soviet Experiment: Russia, the USSR, and the Successor States* (Oxford University Press, New York, 1998), p. 35.

46「布爾什維克」這個名稱可追溯到一九〇三年。當時列寧煽動的革命運動產生分裂，分成布爾什維克和孟什維克兩個派別（編按：意指「多數派」及「少數派」），前者比後者走的路線更強硬不妥協。一九一七年的革命發生時，列寧帶領的政黨的正式名稱是俄國社會民主工黨（布爾什維克）。一九一八年改名為共產黨（雖然「布爾什維克」一直放在括弧裡直到一九五二年）。

47 S.A. Smith, 'The Revolutions of 1917–1918', in Ronald Grigor Suny (ed.), *The Cambridge History of Russia: Volume III, The Twentieth Century* (Cambridge University Press, Cambridge, 2006), pp. 114–139, at pp. 124 and 138.

48 Suny, *The Soviet Experiment*, p. 38.

49 Ibid; and Smith, 'The Revolutions of 1917–1918', pp. 114–115.
50 Sheila Fitzpatrick, *The Russian Revolution* (Oxford University Press, New York, 3rd ed., 2008), p. 49.
51 Fitzpatrick, *The Russian Revolution*, p. 47.
52 Robert Service, *Lenin: A Biography* (Pan, London, 2002), pp. 300–301.
53 See Leon Trotsky, *The Permanent Revolution and Results and Prospects* (Pathfinder Press, New York, 3rd ed., 1972).
54 Fitzpatrick, *The Russian Revolution*, pp. 49–50.
55 Suny, *The Soviet Experiment*, p. 59.
56 Ibid., p. 52.
57 Ibid., pp. 64–65.
58 Leonard Schapiro, *The Communist Party of the Soviet Union* (Methuen, London, 2nd ed., 1970), p. 183. 雖然承認在民主選舉中「敗選就是敗選」，席拉・費茨派翠克（Sheila Fitzpatrick）也指出了布爾什維克為什麼會不顧立憲會議選舉的結果。她寫道，「他們可以也確實主張，他們代表的不是全體人民，而是代表工人階級上台掌權。」而蘇維埃第二次代表大會和立憲會議的選舉都顯示，一九一七年的十月到十一月，布爾什維克「吸引到的工人票比其他政黨都多」。(Fitzpatrick, *The Russian Revolution*, p. 67).
59 Phyllis Auty, *Tito: A Biography* (Longman, London, 1970), pp. 29–39.
60 Bertram D. Wolfe, *A Life in two Centuries: An Autobiography* (Stein and Day, New York, 1981), p. 441.
61 See *The Diary of Georgi Dimitrov 1933–1949* (introduced and edited by Ivo Banac, Yale University Press, New Haven, 2003).
62 Ibid., p. 474.
63 F.W.D. Deakin, *The Embattled Mountain* (Oxford University Press, London, 1971), pp. 79–80.
64 迪金曾與吉拉斯並肩作戰，他注意到吉拉斯有「非凡的勇氣」。（同上，p. 84。）
65 Milovan Djilas, *The New Class: An Analysis of the Communist System* (Thames and Hudson, London, 1957), p. 47.
66 Milovan Djilas, *Tito: The Story from Inside* (Weidenfeld & Nicolson, London, 1981), pp. 13–15.
67 Auty, *Tito*, p. 266.
68 除了狄托，成員還有斯洛維尼亞人愛德華・卡達爾（Edvard Kardelj）；塞爾維

亞人莫薩・皮雅傑（Moša Pijade，猶太人）和亞歷山大・蘭科維奇（Aleksandar Ranković）；以及蒙特內哥羅人吉拉斯。

69 *The Artful Albanian: The Memoirs of Enver Hoxha*, edited and introduced by Jon Halliday (Chatto & Windus, London, 1986).

70 Jürgen Domes, 'The Model for Revolutionary People's War: The Communist Takeover of China', in Thomas T. Hammond (ed.), *The Anatomy of Communist Takeovers* (Yale University Press, New Haven, 1975), pp. 516–533, at pp. 520–521.

71 Spence, *The Search for Modern China*, pp. 463–464.

72 Milovan Djilas, *Conversations with Stalin* (Rupert Hart-Davis, London, 1962), pp. 164–165.

73 Spence, *The Search for Modern China*, p. 467.

74 Roderick MacFarquhar in MacFarquhar (ed.), 'Introduction', in *The Politics of China: The Eras of Mao and Deng* (Cambridge University Press, Cambridge, 2nd ed., 1997), pp. 1–4, at p. 1.

75 胡志明本名阮必成，但多年來以阮愛國之名打響名號。他最後一次使用這個化名是在一九四五年簽署「向人民請願書」，呼籲越南脫離法國獨立。見 William J. Duiker, *Ho Chi Minh* (Hyperion, New York, 2000), p. 306.

76 Ibid., p. 75.

77 Ibid., p. 95.

78 Patrick J. Heardon, *The Tragedy of Vietnam* (Pearson Longman, New York, 3rd ed., 2008), pp. 18–19.

79 Ibid., pp. 20–23.

80 Ibid., p. 29.

81 Ibid., p. 181.

82 David W.P. Elliott, 'Official History, Revisionist History, and Wild History', in Mark Philip Bradley and Marilyn B. Young (eds.), *Making Sense of the Vietnam Wars: Local, National, and Transnational Perspectives* (Oxford University Press, New York, 2008), pp. 277–304, at p. 278.

83 Duiker, *Ho Chi Minh*, pp. 5 and 572. 作者指出，自從一九六〇年代中在西貢的美國大使館擔任年輕外交人員以來，他就開始對胡志明著迷。他為「在叢林裡作戰的越共游擊隊竟然比我們的盟友南越政府更有紀律、士氣更高的事實感到困惑」。（同上，p. ix。）

84 Ibid., p. 572.

85 Jean-Louis Margolin, 'Cambodia: The Country of Disconcerting Crimes', in Stéphane Courtois *et al.*, *The Black Book of Communism: Crimes, Terror, Repression* (Harvard University Press, Cambridge, Mass., 1999), pp. 577–635, at p. 581.

86 Nicholas Shakespeare, 'Letter from Cambodia: How the dead live', *New Statesman*, 15–21 February 2013, pp. 37–41, at p. 38.

87 Margolin, 'Cambodia', p. 582.

88 Ibid., pp. 630 and 635.

89 Ibid., pp. 577.

90 Bradley K. Martin, *Under the Loving Care of the Fatherly Leader: North Korea and the Kim Dynasty* (St Martin's Press, New York, 2006), pp. 30–31. 韓國共產黨在一九二五年秘密成立，但一九二八年被共產國際解散。

91 Christopher Bluth, *Korea* (Polity, Cambridge, 2008), p. 12.

92 Martin, *Under the Loving Care of the Fatherly Leader*, pp. 56–57.

93 Volker Skierka, *Fidel Castro*, translated by Patrick Camiller (Polity, Cambridge, 2004), p. 30.

94 Castro, *My Life*, edited by Ignacio Ramonet and translated by Andrew Hurley (revised ed., Allen Lane, London, 2007), p. 157.

95 Skierka, *Fidel Castro*, p. 5.

96 Castro, *My Life*, pp. 80–81.

97 Skierka, *Fidel Castro*, p. 20.

98 Ibid., p. 24.

99 Ibid., pp. 35–36.

100 Fidel Castro, *History Will Absolve Me: The Moncada Trial Defence Speech, Santiago de Cuba, October 16th, 1953* (Jonathan Cape, London, 1968).

101 Skierka, *Fidel Castro*, pp. 38–39.

102 Ibid., p. 51.

103 Ibid.

104 Ibid., pp. 53–54.

105 Ibid., p. 69.

106 Ibid., p. 183.

107 Ibid., pp. 96–97.

108 Ibid., p. 378.

109 Castro, *My Life*, p. 85.

110 戈巴契夫仍是蘇聯領導人時，決定放棄共產意識形態、接納社會民主主義，相關資料見 Archie Brown, 'Did Gorbachev as General Secretary Become a Social Democrat?', *Europe-Asia Studies*, Vol. 65, No. 2, 2013, pp. 198–220.

111 See, for example, Jacques Lévesque, *The Enigma of 1989: The USSR and the Liberation of Eastern Europe* (University of California Press, Berkeley, 1997), pp. 133 and 186.

112 這裡所說的參與反抗運動七七憲章的人數（一千人），來自 H. Gordon Skilling, *Charter 77 and Human Rights in Czechoslovakia* (Allen & Unwin, London, 1981), p. 79.

113 Timothy Garton Ash, *The Magic Lantern: The Revolution of '89 Witnessed in Warsaw, Budapest, Berlin and Prague* (Random House, New York, 1990), p. 90.

114 Ibid., pp. 89–90.

115 可以理解為什麼很多參與一九八九年中東歐的體制轉變者，希望稱發生的事為「革命」。因為這麼說表示他們就是造成改變的主要力量。不過，也有不少學者把東歐在一九八九到九〇年發生的體制轉變放在「革命」的框架下。例如 Goldstone, 'Comparative Historical Analysis and Knowledge Accumulation in the Study of Revolutions'; Nepstad, *Nonviolent Revolutions*; and Stephen K. Sanderson, *Revolutions: A Worldwide Introduction to Political and Social Change* (Paradigm, Boulder and London, 2005). 針對東歐一九八九到九一年間發生的事件，筆者的詮釋見 Brown, *The Rise and Fall of Communism* (Bodley Head, London, and Ecco, New York, 2009), esp. ch. 26, 'The End of Communism in Europe', pp. 522–548.

116 提摩西・賈頓・艾許發現，跟東歐其他地方發生的事件比較起來，就「立即結果而言（權力從一組共產黨員轉移到另一組）」，羅馬尼亞發生的事「本質上是全部當中最不像革命的」。賈頓・艾許抱著相當的革命理想不放，期望能擴大範圍，把「新形式、非暴力的權力轉移」也納入「革命的新範疇中，使之在性質上跟一七八九年及一九一七年的雅各賓—布爾什維克模式區分開來。」見 Garton Ash, 'A Century of Civil Resistance: Some Lessons and Questions', in Adam Roberts and Timothy Garton Ash (eds.), *Civil Resistance and Power Politics: The Experience of Non-Violent Action from Gandhi to the Present* (Oxford University Press, Oxford, 2009), pp. 371–390, esp. pp. 375–377.

117 國際（西方）干預也對改造前南斯拉夫的版圖起了作用，尤其是科索沃，它本來是共產南斯拉夫的塞爾維亞共和國內的一個「自治省」。如查爾斯・金（Charles King）的觀察，「科索沃是後共產世界的新獨立國家當中第一個：

一，實質獨立的地位大半來自外強干預；二，其國界超越了原有聯邦最高行政單位所畫定的內部邊界；三，獲得普遍的正式認可。見King, *Extreme Politics: Nationalism, Violence, and the End of Eastern Europe* (Oxford University Press, New York, 2010), p. 127.

118 羅馬尼亞的抗議者和軍隊發生的衝突，從官方公布的死傷數據是1033人死亡，2383人受傷，其中有四分之一是軍人。見Robin Okey, *The Demise of Communist East Europe: 1989 in Context* (Hodder Arnold, London, 2004), p. 97.

119 See Christopher de Bellaigue, *Patriot of Persia: Muhammad Mossadegh and a Very British Coup* (Bodley Head, London, 2012).

120 Ervand Abrahamian, 'Mass Protests in the Iranian Revolution, 1977–79', in Roberts and Garton Ash (eds.), *Civil Resistance and Power Politics*, pp. 162–178, at p. 166.

121 Ibid., pp. 166–167.

122 Ibid, p. 168.

123 Ibid., pp. 173–174. See also Charles Tripp, *The Power and the People: Paths of Resistance in the Middle East* (Cambridge University Press, Cambridge, 2013), pp. 77–82.

124 Abrahamian, 'Mass Protests in the Iranian Revolution', p. 177.

125 Ibid., pp. 174–177.

126 Jeremy Bowen, *The Arab Uprisings: The People Want the Fall of the Regime* (Simon & Schuster, London, 2012), p. 25.

127 Sudarsan Raghaven (for the *Washington Post*), 'Powerful elite cast a shadow over reforms in Yemen', republished in *Guardian Weekly*, 22 February 2013. 蓋達組織在葉門的分部也是該地區最具威脅性的一個。

128 Farhad Khosrokhavar, *The New Arab Revolutions That Shook the World* (Paradigm, Boulder and London, 2012), p. 154. 作者指出，「半島電視台不只為阿拉伯民意發聲，也有助於形成民意，藉由提供自由表達的管道而讓民意成形。」作者還說，「當然了，由於它是卡達的資金贊助，所以對於沙烏地阿拉伯或阿拉伯聯合大公國，半島電視台就失去了它的優勢，不再那麼尖銳和批判。然而，在有關阿拉伯世界的重大議題上，它對提高人民的意識和提供批判性評價及反思上，仍然扮演了關鍵角色。」(同上。)

129 David Gardner, Preface to the Paperback Edition of *Last Chance: The Middle East in the Balance* (Tauris paperback, London, 2012), p. xxi.

130 Khosrokhavar, *The New Arab Revolutions That Shook the World*, p. 267.

131 Bowen, *The Arab Uprisings*, p. 293.

132 Khosrokhavar, *The New Arab Revolutions That Shook the World*, pp. 91–93.

133 奧利維耶·羅伊的文章'There Will Be No Islamist Revolution', *Journal of Democracy*, Vol. 24, No. 1, 2013, pp. 14–19, at p. 15.（篇名引發了爭議。）相反地，歐仁·羅根（Eugene Rogan）強調，「伊斯蘭的力量」提供的鼓舞讓阿拉伯人相信他們「可以推翻獨裁君主，挺身對抗超級強權」。(Rogan, *The Arabs: A History*, Penguin, London, 2010, at p. 497; see also pp. 498–550.) 除了對西方，尤其對以色列的關係例外，伊斯蘭在這裡既是團結也是分裂的力量。伊斯蘭跟世上各大宗教一樣，都有不同流派。長久以來都說阿拉伯世界沒有民主，雖然未來是否會改變亦未可知，但如史提潘強調的，即使這樣概括阿拉伯世界顯然無誤，也不表示伊斯蘭和民主無法相容。以穆斯林居多的國家仍有民主（土耳其或許是最成功的例子），至少有四億三千五百萬穆斯林活在民主體制下，若把「脆弱」和「間歇」民主也納入的話。伊斯蘭本身並非不受全球文化變遷的影響。見Alfred Stepan, 'The World's Religious Systems and Democracy: Crafting the "Twin Tolerations"', in Stepan, *Arguing Comparative Politics* (Oxford University Press, Oxford, 2001), pp. 213–253, esp. p. 237.

134 Mark Tessler, Amaney Jamal and Michael Robbins, 'New Findings on Arabs and Democracy', *Journal of Democracy*, Vol. 23, No., 4, 2012, pp. 89–103, at p. 97.

135 Ibid., pp. 95–101.

136 Heba Saleh, 'A revolution betrayed', *Financial Times*, 28 June 2013. 這篇有先見之明的文章寫完一個星期，穆兄會政府就在二〇一三年七月初被軍事政變推翻。文中極具說服力地整理了穆爾西政府的失敗之處和它造成的極度緊張。

137 非常感謝牛津大學的斯蒂芬·懷特腓教授提供此份調查資料及他的詮釋。

第6章

1 Abbot Gleason, *Totalitarianism: The Inner History of the Cold War* (Oxford University Press, New York, 1995, pp. 13–30; see also Leonard Schapiro, *Totalitarianism* (Pall Mall, London, 1972), pp. 13–17.

2 Schapiro, *Totalitarianism*, p. 13.

3 Richard Overy, *The Dictators: Hitler's Germany and Stalin's Russia* (Penguin, London, 2005), p. 294.

4 Schapiro, *Totalitarianism*, pp. 13–14.

5 一九九一年夏天，蘇聯共產黨綱領草稿（由戈巴契夫負責並受他影響很大）確實暗示蘇聯這個政權是極權的。裡頭有一句，「我們的黨無可辯駁地要為無法阻擋專制統治、任憑自己被當作極權主義的工具負責。」然而，這份綱領本身更偏向社會民主主義，而非共產主義，以致絕大多數的黨內幹部無意付諸實現（不久，一九九一年八月發生政變，計畫中斷，戈巴契夫被軟禁在自己的度假別墅裡）。這份草稿 'Sotsializm, demokratiya, progress' 刊印在 *Nezavizimaya gazeta*, 23 July 1991。蘇聯的共產體制在一九八九到九〇年間瓦解。

6 作為一個政治組織，蘇聯共產黨在蘇維埃社會甚至比納粹在德國體制內的權力更大。但如同希特勒，史達林在一九三〇年代中獲得了無比強勢的地位，甚至能讓不同組織互鬥。原則上，黨的權威高於政治警察，但史達林卻能利用後者對付前者，所以即使是黨內最高階層的成員都可能在他的命令下被逮捕或處決。

7 希特勒的德國和史達林的蘇聯，兩者之間的差異也很大，在某些方面，一九三〇年代的德國比蘇聯離理想型的極權主義更遠。無論如何，極權主義的概念雖然有分類上的用處，用在解釋上的價值卻有限。根據伊恩・克索的觀察，用極權主義來「解釋一般德國人在納粹德國期間的行為」已經不那麼流行。近來的研究反而「愈來愈傾向於強調德國人對納粹政權的熱烈支持，甚至願意在最後導致戰爭和屠殺的政策上與當局同謀合作」。見 Ian Kershaw, *The End: Hitler's Germany* (Penguin, London, 2012), p. 9. 有關政權與社會的關係，權威的研究見 *The Third Reich in Power 1933–1939* (Penguin, London, 2006)。有兩位史學家對希特勒和史達林所做的著名比較研究，也大多避免使用極權主義的概念。見 Alan Bullock, *Hitler and Stalin: Parallel Lives* (Fontana edition, London, 1993); and Overy, *The Dictators*.

8 歐威爾的小說寫於一九四八（因此一九八四是最後兩個數字的倒反），一九四九年出版。學術性版本，見 George Orwell, *Nineteen Eighty-Four*, (Oxford University Press, Oxford, 1984) 附 Bernard Crick 的評論兼引文和注釋。

9 *From Max Weber: Essays in Sociology*, translated and edited by H.H. Gerth and C. Wright Mills (Routledge & Kegan Paul, London, 1948), pp. 196–244.

10 見 Jeane J. Kirkpatrick, 'Dictatorship and Double Standards', *Commentary*, November 1979. 柯克派區克認為，沒有「革命社會主義」或「共產主義社會」曾經民主化，但「右翼專制國家有時會發展成民主國家」。(p. 37.) 她把對歷史的歸納轉成預言，表示「本世紀的歷史並沒有提供極端的極權政權有可能自我轉變的基礎。」(p. 44.) 不意外的是，她十多年後出版的一本書書名為 *The Withering Away of the Totalitarian State... and Other Surprises* (American Enterprise

Institute, Washington, DC, 1990).

11 這是斯密在格拉斯哥的一次演講中說的話，本書第一章也引用了部分。完整上下文見 Adam Smith, *Lectures on Jurisprudence*, edited by R.L. Meek, D.D. Raphael and P.G. Stein (eds.) (Clarendon Press, Oxford, 1978), pp. 322–323.

12 R.W. Davies, 'Stalin as economic policy-maker', in Sarah Davies and James Harris (eds.), *Stalin: A New History* (Cambridge University Press, Cambridge, 2005), pp. 121–139, at p. 138.

13 David R. Shearer, 'Stalinism, 1928–1940', in Ronald G. Suny (ed.), *The Cambridge History of Russia. Volume III: The Twentieth Century* (Cambridge University Press, Cambridge, 2006), pp. 192–216, at pp. 196–197.

14 Davies, 'Stalin as economic policy-maker', p. 131.

15 Oleg V. Khlevniuk, 'Stalin as dictator: the personalization of power', in Davies and Harris (ed.), *Stalin: A New History*, pp. 108–120, at p. 109.

16 這些數字由 Russian NGO Memorial 提供，他們致力於調查鎮壓行動及保存受害者的記憶（報導來自 Johnson's Russia List, No. 203, 27 September 2007）。

17 Shearer, 'Stalinism, 1928–1940', p. 214.

18 'Protokol No. 185. Zasedanie 1 fevralya 1956 g.' in A.A. Fursenko (ed.), *Presidium TsK KPSS, Tom 1: Chernovye protokol'nye zapisi zasedaniy. Stenogrammy* (Rosspen, Moscow, 2004), pp. 96–97.

19 Ibid., p. 97.

20 Anastas Ivanovich Mikoyan, *Tak bylo: razmyshleniya o minuvshem* (Vagrius, Moscow, 1999), pp. 597–598.

21 William Taubman, *Khrushchev: The Man and His Era* (Simon & Schuster, London, 2003), p. 616.

22 Ibid., p. 620.

23 例如，一九九九年由俄羅斯最專業的民調機構（由 Yuriy Levada 帶領）所做的一項調查，布里茲涅夫時代就得到最高分。見 Levada, *Ishchem cheloveka: Sotsiologicheskie ocherki, 2000–2005* (Novoe izdatel'stvo, Moscow, 2006), p. 68.

24 Frederick C. Teiwes, 'The Establishment and Consolidation of the New Regime, 1949–1957', in Roderick MacFarquhar (ed.), *The Politics of China: The Eras of Mao and Deng* (Cambridge University Press, Cambridge, 2nd ed., 1997), pp. 5–86, at pp. 14–15.

25 Roderick MacFarquhar and Michael Schoenhals, *Mao's Last Revolution* (Harvard

University Press, Cambridge, Mass., 2006), pp. 9–10.

26 Rana Mitter, *A Bitter Revolution: China's Struggle with the Modern World* (Oxford University Press, Oxford, 2004), p. 189.

27 Lorenz M. Lüthi, *The Sino-Soviet Split: Cold War in the Communist World* (Princeton University Press, Princeton, 2008), p. 72.

28 Frank Dikötter, *Mao's Great Famine: The History of China's Most Devastating Catastrophe, 1958–62* (Bloomsbury paperback, London, 2011) p. 277. 馮客（Frank Dikötter）的研究是關於大躍進最近期的一項研究，是他估計（p. 325）大躍進造成四千五百萬的「慘重死亡人數」。

29 Kenneth Lieberthal, 'The Great Leap Forward and the Split in the Yan'an Leadership 1958–65', in MacFarquhar (ed.) *The Politics of China*, pp. 87–147, at p. 117.

30 MacFarquhar and Schoenhals, *Mao's Last Revolution*, p. 10.

31 Andrew G. Walder and Yang Su, 'The Cultural Revolution in the Countryside: Scope, Timing and Human Impact', *The China Quarterly*, No. 173, 2003, pp. 74–99, at p. 76.

32 MacFarquhar and Schoenhals, *Mao's Last Revolution*, pp. 215–216.

33 Quoted in ibid., p. 3.

34 Walder and Su, 'The Cultural Revolution in the Countryside', pp. 95–96.

35 Harry Harding, 'The Chinese State in Crisis, 1966–1969' in MacFarquhar (ed.), *The Politics of China*, pp. 148–247, at p. 244.

36 Ibid., pp. 242–243.

37 MacFarquhar and Schoenhals, *Mao's Last Revolution*, p. 417.

38 Ibid., pp. 444–455.

39 Harding, 'The Chinese State in Crisis', pp. 246–247.

40 Joseph Fewsmith, 'Reaction, Resurgence, and Succession: Chinese Politics since Tiananmen', in MacFarquhar (ed.), *The Politics of China*, pp. 472–531, at p. 497.

41 Joseph Fewsmith, *China Since Tiananmen: From Deng Xiaoping to Hu Jintao* (Cambridge University Press, Cambridge, 2nd ed., 2008), p. 284.

42 Milovan Djilas, *Tito: The Story from Inside* (Weidenfeld & Nicolson, London, 1981), p. 179.

43 Ibid., p. 23.

44 Bullock, *Hitler and Stalin*, p. 451.

45 'Sekretaryu TsK N.S. Khrushchevu', APRF, f. 3, op. 24, Volkogonov Papers,

National Security Archive (Washington, DC), R 1217. 查金信尾的日期看似14.2.56，但顯然是寫於一九五六年三月（或許是三月十四日），因為信一開頭就提到赫魯雪夫在蘇共第二十次代表大會上針對個人崇拜發表的演說，該演說是在二月二十四、二十五日發表的。一九二六年時，查金是《紅色報》（*Krasnaya gazeta*）這份報紙的編輯，他說他認為讓赫魯雪夫注意到史達林的這句話是他身為黨員的責任。這份文件上面有中央委員會一九五六年三月二十二日的戳印，存放於一般部門的檔案中。

46 David Brandenberger, 'Stalin as symbol: a case study of the personality cult and its construction' in Davies and Harris (eds.), *Stalin: A New History*, pp. 249–270, at p. 250.

47 Ibid., p. 261.

48 卡達的聲明及上下文，見Roger Gough, *A Good Comrade: János Kádár, Communism and Hungary* (Tauris, London, 2006), p. 135. 蘇共內部的改革派知識分子費奧多爾·布林拉茨基（Fedor Burlatsky）在蘇聯報章上語帶認同地引用卡達說的「不反對我們就是支持我們」，結果（布林拉茨基幾年後告訴我）他受到李歐尼·伊里契夫（Leonid Ilyichev中央委員會書記，負責意識形態）的嚴厲譴責，說他「試圖給我們下指導棋」。

49 Gough, *A Good Comrade*, pp. 249–253.

50 Ibid., p. 139.

51 Ibid., pp. xi and 255–256.

52 Julia E. Sweig, *Cuba: What Everyone Needs to Know* (Oxford University Press, New York, 2009), pp. 127–128.

53 Ibid., p. 128.

54 Gloria Giraldo, 'Cuba Rising in Major UN Indices', *MEDICC Review*, 9 April 2007; Marc Schenker, 'Cuban Public Health: A Model for the US?', *CIA World Facebook, 2001* and schenker.ucdavis.edu/CubaPublicHealth.ppt; and Fidel Castro, *My Life*, edited by Ignacio Ramonet and translated by Andrew Hurley (Allen Lane, London, 2007), p. 585.

55 Sweig, *Cuba*, pp. 65–68.

56 卡斯楚不把岡薩雷斯當作社會主義者，後者的政治觀點也離馬列主義很遠。因此，當戈巴契夫說「他有多崇拜岡薩雷斯」時，卡斯楚很訝異也強烈反對戈巴契夫說岡薩雷斯是「社會主義者」。卡斯楚告訴伊格納西奧·拉莫內特（Ignacio Ramonet，在以訪談為基礎的自傳中負責提問），「岡薩雷斯不是社會主義者。」

Castro, *My Life*, p. 487.

57 Sweig, *Cuba*, p. 130.

58 Bradley K. Martin, *Under the Loving Care of the Great Fatherly Leader: North Korea and the Kim Dynasty* (Thomas Dunne, New York, 2006), p. 4.

59 Jasper Becker, *Rogue Regime: Kim Jong Il and the Looming Threat of North Korea* (Oxford University Press, New York, 2005), p. 77.

60 Martin, *Under the Loving Care of the Great Fatherly Leader*, p. 166.

61 Bruce Cumings, 'Democratic People's Republic of Korea', in Bogdan Szajkowski (ed.), *Marxist Governments: A World Survey*, Vol. 2 (Macmillan, London, 1981), pp. 443–467, at p. 453.

62 Becker, *Rogue Regime*, p. 77.

63 Juan J. Linz, *Totalitarian and Authoritarian Regimes* (Lynne Rienner, Boulder, 2000), p. 35.

64 Quoted by Martin, *Under the Loving Care of the Fatherly Leader*, p. 194.

65 另一個成功安排世襲傳位的共黨領袖是領導亞塞拜然共產黨多年的蓋達爾・阿利耶夫（Heidar Aliev）。然而，他這麼做時已經是一九九三年，而當時他是後蘇聯時代的亞國總統，後來由兒子伊利哈姆・阿利耶夫（Ilham Aliev）繼承其位。王朝以外採世襲傳位的國家，見 Jason Brownlee, 'Hereditary Succession in Modern Autocracies', *World Politics*, Vol. 59, No. 4, 2007, pp. 595–628.

66 Carl Gershman, 'A Voice from the North Korean Gulag,' *Journal of Democracy*, Vol. 24, No. 2, 2013, pp. 165–173, at p. 171.

67 Christopher Duggan, *Fascist Voices: An Intimate History of Mussolini's Italy* (Bodley Head, London, 2012), p. 81.

68 Ibid., p. 30.

69 Ibid., pp. 50 and 57.

70 Ibid., pp. 59–60.

71 Ibid., pp. 87–90.

72 Ibid., pp. 91–94.

73 Donald Sassoon, *One Hundred Years of Socialism: The West European Left in the Twentieth Century* (Fontana, London, 1997), p. 75.

74 Duggan, *Fascist Voices*, p. 108.

75 Robert O. Paxton, *The Anatomy of Fascism* (Penguin, London, 2005), p. 63.

76 Quoted by Linz in *Authoritarian and Totalitarian Regimes*, p. 166.

77 Duggan, *Fascist Voices*, p. 70.
78 Ibid., p. 101.
79 Ibid., p. 231.
80 Ibid., p. 280.
81 同上，p. 305。一九三三年，美國猶太出版商把墨索里尼列為猶太人心目中全球「十二名最偉大的卓越基督徒之一」。(Paxton, *The Anatomy of Fascism*, p. 166.)
82 Duggan, *Fascist Voices*, p. 305.
83 F.W. Deakin, *The Brutal Friendship: Mussolini, Hitler and the Fall of Fascism* (Weidenfeld & Nicolson, London, 1962), p. 795.
84 Duggan, *Fascist Voices*, pp. 416–417.
85 Paxton, *The Anatomy of Fascism*, p. 96.
86 Adolf Hitler, *Mein Kampf*, translated by Ralph Manheim with an introduction by D.C. Watt (Pimlico, London, 1992; 2009 reprint), p. 296.
87 Ibid., p. 262.
88 Evans, *The Third Reich in Power 1933–1939*, p. 8.
89 Ian Kershaw, *Hitler* (Penguin, London, new edition, 2008), p. 204.
90 Ibid., p. 206.
91 Ibid., p. 227.
92 Ibid., pp. 276–277.
93 Ibid., pp. 281–282.
94 Evans, *The Third Reich inPower*, p. 11; and Kershaw, *Hitler*, pp. 274–282.
95 Evans, *The Third Reich in Power*, p. 16.
96 Ibid., pp. 7 and 16.
97 Kershaw, *Hitler*, p. 313. 希特勒跟衝鋒隊攤牌，以及希特勒一九三四年七月下令暗殺保守派領袖人物，更完整的紀錄，見：同上pp. 301–319.
98 Ibid., pp. 317–318.
99 Ibid., pp. xl and 320–321.
100 Hitler, *Mein Kampf*, pp. 194, 217 and 137; and Kershaw, *Hitler*, pp. 909–910.
101 Kershaw, *Hitler*, pp. 212–215.
102 Ibid., p. 324; and Evans, *The Third Reich in Power*, p. 27.
103 Kershaw, *Hitler*, p. 511.
104 Ibid., p. 356.

105 Evans, *The Third Reich in Power*, p. 649.

106 Paxton, *The Anatomy of Fascism*, pp. 219–220.

107 Ibid., p. 75.

108 Ibid., p. 149.

109 Ian Kershaw, *The End: Hitler's Germany, 1944–45* (Penguin, London, 2012), p. 13.

110 Overy, *The Dictators*, p. 100.

111 Ibid., p. 120.

112 Adam Smith, *The Theory of Moral Sentiments* (Clarendon Press, Oxford, 1976), p. 251.

113 *Turgot on Progress, Sociology and Economics*, translated and edited by Ronald G. Meek (Cambridge University Press, Cambridge, 1973), p. 76.

114 David Hume, 'Of the First Principles of Government', in *Essays and Treatises on Several Subjects Containing Essays Moral, Political and Literary: A New Edition*, Vol. 1 (Cadell, London, 1788), p. 39.

115 Jason Brownlee, *Authoritarianism in an Age of Democratization* (Cambridge University Press, Cambridge, 2007), pp. 202–205.

116 William R. Polk, *Understanding Iraq* (Tauris, London, 2006), p. 109.

117 Joseph Sassoon, *Saddam Hussein's Ba'th Party: Inside an Authoritarian Regime* (Cambridge University Press, New York, 2012), pp. 130–131.

118 Ibid., pp. 5 and 181.

119 同上，p. 5. 薩松的書是根據美軍二〇〇三年入侵伊拉克時取得了關於巴斯黨的文件所寫成。

120 Paul Collier, *The Bottom Billion: Why the Poorest Countries are Failing and What Can Be Done About It* (Oxford University Press, Oxford, 2008), p. 49.

121 Kershaw, *Hitler*, p. 111.

122 Ibid., p. 201.

123 Daniel Kahneman, *Thinking Fast and Slow* (Allen Lane, London, 2011), p. 140.

第7章

1 David Owen, *The Hubris Syndrome: Bush, Blair and the Intoxication of Power* (Methuen, revised edition, York, 2012), pp. 1–2.

2 福山（Francis Fukuyama）發現，「幾乎所有世界上成功現代化的威權國家，包

括南韓、台灣、新加坡和現代中國本身，都是繼承中國文化遺產的東亞國家。見 Fukuyama, *The Origins of Political Order: From Prehuman Times to the French Revolution* (Profile, London, 2011), p. 313. 就台灣和南韓來說，有些現代化當然是民主轉型之後才完成。

3 Cited by Ian Kershaw, *Hitler* (Penguin, London, 2009), p. 473.

4 Kershaw, *Hitler*, p. 479.

5 Ibid., pp. 420 and 422.

6 Richard J. Evans, *The Third Reich in Power 1933–1939* (Penguin, London, 2006), pp. 692–695.

7 Kershaw, *Hitler*, p. 619.

8 Ibid., pp. 157–158.

9 Ibid., pp. 154–155.

10 Ibid, pp. 588.

11 Christopher Duggan, *Fascist Voices: An Intimate History of Mussolini's Italy* (Bodley Head, London, 2012), p. 298.

12 Stanley G. Payne, *The Spanish Civil War, the Soviet Union, and Communism* (Yale University Press, New Haven, 2004), p. 172.

13 Archie Brown, *The Rise and Fall of Communism* (Bodley Head, London, and Ecco, New York, 2009), pp. 91–92.

14 史達林有收到卻忽略許許多多德國即將入侵蘇聯的警告，見 Winston S. Churchill, *The Second World War, Volume IV: The Hinge of Fate* (Cassell, London, 1951), p. 443; John Erickson, *The Road to Stalingrad: Stalin's War with Germany* (Weidenfeld & Nicolson, London, 1975), pp. 87–98; and Christopher Andrew and Vasili Mitrokhin, *The Mitrokhin Archive: The KGB in Europe and the West* (Allen Lane, London, 1999), pp. 122–125.

15 Andrew and Mitrokhin, *The Mitrokhin Archive*, p. 124.

16 See *The Diary of Georgi Dimitrov 1933–1949*, introduced and edited by Ivo Banac (Yale University Press, New Haven, 2003), pp. 434–441; and Milovan Djilas, *Conversations with Stalin* (Rupert Hart-Davis, London, 1962), pp. 164–165.

17 William Stueck, 'The Korean War', in Melvyn P. Leffler and Odd Arne Westad (eds.), *The Cambridge History of the Cold War, Volume I: Origins* (Cambridge University Press, Cambridge, 2010), pp. 266–287, esp. 273–276. See also Odd Arne Westad, *The Global Cold War* (Cambridge University Press, Cambridge, 2005), p.

66.

18 Stueck, 'The Korean War', p. 274.

19 史達林寫給毛澤東的信，日期是一九五〇年十月四日，由蘇聯大使送到北京，5 October 1950, *Cold War International History Project Bulletin*, No. 14/15, pp. 375–376.

20 Craig Dietrich, *People's China: A Brief History* (Oxford University Press, New York, 3rd ed., 1998); and Jung Chang and Jon Halliday, *Mao: The Unknown Story* (Vintage, London, 2006), p. 394.

21 Stueck, 'The Korean War', p. 283.

22 Vladimir O. Pechatnov, 'The Soviet Union and the World, 1944–1953', in Leffler and Westad, *The Cambridge History of the Cold War, Volume 1: Origins*, pp. 90–111, at pp. 109–110.

23 Lorenz M. Lüthi, *The Sino-Soviet Split: Cold War in the Communist World* (Princeton University Press, Princeton, 2008), p. 77.

24 赫魯雪夫的主要傳記，對他的優缺點同樣著重，見 William Taubman, *Khrushchev: The Man and His Era* (Free Press, New York, 2003). 赫魯雪夫跟古巴飛彈危機，見 Aleksandr Fursenko and Timothy Naftali, *Khrushchev's Cold War: The Inside Story of an American Adversary* (Norton, New York, 2006), pp. 409–508.

25 William Taubman, 'The Khrushchev Period, 1953–1954', in Suny (ed.), *The Cambridge History of Russia, Volume III*, pp. 268–291, at p. 290.

26 See Margaret MacMillan, *Seize the Hour: When Nixon Met Mao* (John Murray paperback, London, 2007).

27 David Shambaugh, *China Goes Global: The Partial Power* (Oxford University Press, New York, 2013), p. 309.

28 Odd Arne Westad, *Restless Empire: China and the World since 1750* (Bodley Head, London, 2012), pp. 419–420.

29 Lee Kuan Yew, *From Third World to First. The Singapore Story: 1965–2000* [volume two of Memoirs of Lee Kuan Yew] (Times, Singapore, 2000), p. 667.

30 Zbigniew Brzezinski, *Power and Principle: Memoirs of the National Security Adviser 1977–1981* (Weidenfeld & Nicolson, London, 1983), pp. 409–414.

31 Shambaugh, *China Goes Global*, pp. 275–276. 沈大偉（David Shambaugh）說，「說要『給越南一個教訓』……結果卻是被越南給教訓了。」

32 Benedict Mander and Robin Wigglesworth, 'China's Caribbean influence grows,',

Financial Times, 21 May 2013.

33 Westad, *Restless Empire*, p. 437.

34 Ibid., pp. 437–438.

35 Fidel Castro, *My Life* (Allen Lane, London, 2007), p. 322.

36 'Zapis' besedy A.N. Kosygina, A.A. Gromyko, D.F. Ustinova, B.N. Pomomareva s N.M. Taraki 20 marta 1979 goda', Hoover Institution Archives, Fond 89, 1.1003, opis 42, file 3, p. 3.

37 Westad, *The Global Cold War*, p. 316. 沙達特繼納瑟當上埃及總統之後，著手改善埃及與美國的關係，驅逐了約兩萬名蘇聯顧問。他也主動跟以色列示好，而卡特政府居中牽線促成雙方的和平協商後，他在一九七八年簽署大衛營和平協議，同年獲得諾貝爾和平獎，一九八一年遇刺身亡。

38 Artemy M. Kalinovsky, *A Long Goodbye: The Soviet Withdrawal from Afghanistan* (Harvard University Press, Cambridge, Mass., 2011), p. 118.

39 Westad, *The Global Cold War*, p. 356; and Rodric Braithwaite, *Afgantsy: The Russians in Afghanistan 1979–1989* (Profile, London, 2011), pp. 329–331.

40 博戈莫洛夫是世界社會主義制度經濟學會的會長。一直到經濟改革階段，他才讓大眾注意到這份備忘錄的存在——刊登在報紙上，*Literaturnaya gazeta*, 16 March 1988. 該協會的重要性及裡頭令人意想不到的大批激進改革者，見 Archie Brown, *Seven Years that Changed the World: Perestroika in Perspective* (Oxford University Press, Oxford, 2007), pp. 172–178.

41 Westad, *The Global Cold War*, p. 321; and Brown, *The Rise and Fall of Communism*, p. 353.

42《金融時報》國際事務編輯及中東專家大衛・加德納不認為英國扮演的是「跑龍套」、「幫襯」的角色，同時指出伊拉克也把「美國權力之有限，無情地攤在大眾眼前」。見 *Financial Times*, 9/10 March 2013.

43 政治認知中的歷史類比，更大範圍的討論，見 Robert Jervis, *Perception and Misperception in International Politics* (Princeton University Press, Princeton, 1976) and Richard E. Neustadt and Ernest R. May, *Thinking in Time: The Uses of History for Decision Makers* (Free Press, New York, 1986). See also Yuen Foong Khong, *Analogies at War: Korea, Munich, Dien Bien Phu, and the Vietnam Decisions of 1965* (Princeton University Press, Princeton, 1992).

44 Keith Feiling, *The Life of Neville Chamberlain* (Macmillan, London, 1946), p. 381. 伊安・麥克勞德在褒多於貶的張伯倫傳記中主張，張伯倫在氣氛熱烈的當下對

唐寧街眾人說的話可能被賦予太多意義。在麥克勞德所謂的「對下議會較慎重的談話」中，張伯倫表示他希望國會議員「不會過度詮釋那些話要表達的東西，」還說「我確實相信我們可能在這個時代獲得和平，但我的意思從來不是要藉由解除武裝達成，除非我們能說服他人也解除武裝……」見 Iain Macleod, *Neville Chamberlain* (Muller, London, 1961), p. 256.

45 拉布・巴特勒在回憶錄中提出一個為慕尼黑協定辯護的理由。他認為這項協定為英國重整軍備爭取了時間，並暗示這是他本身強力支持——身為外交部次長也負責執行——綏靖政策的動機。見 R. A. Butler, *The Art of the Possible: The Memoirs of Lord Butler K.G., C.H.* (Hamish Hamilton, London, 1971), esp. p. 63. 派翠克・克斯格雷夫（Patrick Cosgrave）在 *R.A. Butler: An English Life* (Quartet Books, London, 1981) 觀察到，「巴特勒主張，慕尼黑協定是因為知道英國當時有多虛弱、需要時間加強防禦才刻意簽訂的。但事實並非如此。」（p. 53.）克斯格雷夫對巴特勒的政治生涯紀錄有別於一般，但並非帶有敵意。他也指出，「巴特勒不只贊成綏靖政策，還長期且積極地爭取，公開紀錄中也少有證據證明他當時對重整軍備有絲毫的興趣，儘管他在回憶錄中強調了一番。」（p. 43.）

46 Roy Jenkins, *Baldwin* (Papermac, London, 1987), pp. 147–148.

47 Ibid., p. 164.

48 Ibid., p. 81.

49 Earl of Swinton, *Sixty Years of Power: Some Momories of the Men Who Wielded It* (Hutchinson, London, 1966), p. 120.

50 邱吉爾在戰爭回憶錄中大量引用了鮑德溫在下議院的這場演說，*The Second World War: Volume 1, The Gathering Storm* (Cassell, London, 1948), pp. 169–170. 邱吉爾雖未親自編修本書索引，但「〔鮑德溫〕承認把黨置於國家之前」這幾頁，顯然出自他本人之手。（p. 615.）

51 Swinton, *Sixty Years of Power*, pp. 86 and 89.

52 Ibid., p. 111.

53 Ibid., pp. 115–116.

54 Avi Shlaim, Peter Jones and Keith Sainsbury, *British Foreign Secretaries since 1945* (David & Charles, Newton Abbot, 1977), p. 82. 一九三八年外交部次長及未來的第五代薩里斯伯里侯爵克蘭博恩爵士也與艾登一起辭職。

55 *The Duff Cooper Diaries 1915–1951*, edited by John Julius Norwich (Weidenfeld & Nicolson, London 2005), p. 245.

56 Harold Nicolson, *Diaries and Letters 1930–1939*, edited by Nigel Nicolson (Fon-

tana, London, 1969), p. 351.

57 Hugh Dalton, *The Fateful Years: Memoirs (Volume 2), 1931–1945* (Frederick Muller, London, 1957), p. 176.

58 Swinton, *Sixty Years of Power*, p. 121.

59 Ibid., p. 116.

60 同上，p. 120. 斯溫頓還說，張伯倫的確證實會繼續重整軍備，對此斯溫頓回答，他是在這個基礎上接受慕尼黑協定，但「對和平並無幻想」。

61 Ibid., p. 123.

62 工黨議員中，休・道爾頓是最強力反對綏靖政策、贊成加速重整軍備的一個。之後他成為戰時聯合政府的一員，也在戰後的第一個工黨政府中擔任內閣要職。他跟反張伯倫的保守黨員曾經討論過聯手反對張伯倫的外交政策，包括邱吉爾和哈羅德・麥克米倫。見Dalton, *The Fateful Years*, pp. 161–221.

63 *Chips: The Diaries of Sir Henry Channon*, p. 213.

64 達夫・庫伯還寫下，「接著，當艾德禮給予這個計畫祝福，我們這邊都起身為他歡呼，反對黨不得不一起加入，雖然看起來有點蠢。」*The Duff Cooper Diaries*, p. 269.

65 *The Duff Cooper Diaries*, p. 258.

66 Ibid., pp. 257–258.

67 Ibid, p., 258.

68 Ibid., p. 268.

69 Ibid.

70 Ibid., pp. 268–269.

71 Ibid., p. 271.

72 Nicolson, *Diaries and Letters 1930–1939*, p. 392.

73 Quoted in Wm. Roger Louis, *Ends of British Imperialism: The Scramble for Empire, Suez and Decolonization* (Tauris, London, 2006), p. 638.

74 Keith Kyle, *Suez: Britain's End of Empire in the Middle East* (2nd ed., Tauris, London, 2003), p. 68. 麥克斯・貝洛夫（Max Beloff）有類似的觀察：「媒體對他猶豫不決的批評，往往讓艾登更一心想證明自己的強硬。」見Lord Beloff, 'The Crisis and its Consequences for the British Conservative Party', in Wm. Roger Louis and Roger Owen (eds.), *Suez 1956: The Crisis and its Consequences* (Clarendon Press, Oxford, 1989), p. 320.

75 Louis, *Ends of British Imperialism*, pp. 609–626. 邱吉爾仍保有維多利亞女王在位

時，第一次進入國會的政治人物會抱持的那般種族刻板印象和帝國偏見。還是首相時，邱吉爾對外相艾登就「如何處理埃及」的建議是：「告訴他們，如果他們再這樣無禮，我們就會叫猶太人去打他們，把他們趕進水溝，讓他們從此消失。」（同上，p. 635.）

76 Gill Bennett, *Six Moments of Crisis: Inside British Foreign Policy* (Oxford University Press, Oxford, 2013), p. 38.

77 Kyle, *Suez*, p. 134.

78 Cited by Nigel Nicolson, *People and Parliament* (Weidenfeld & Nicolson, London, 1958), p. 108.

79 *The Memoirs of Sir Anthony Eden: Full Cirde* (Cassell, London, 1960), p. 431; and Selwyn Lloyd, *Suez 1956: A Personal Account* (Jonathan Cape, London, 1978), p. 192.

80 Quoted in Louis, *Ends of British Imperialism*, p. 632.

81 Eden, *Full Circle*, p. 498.

82 外交部的區域專家無法取得許多重要文件，而外交部「絕大多數人」都認為蘇伊士行動是個「嚴重錯誤」，英國必須「盡快脫身」。這則秘密評論寫於一九五六年十一月二日，收信人是常務次長伊馮．柯克派屈克（Ivone Kirkpatrick）爵士，他投入蘇伊士行動的程度不比艾登少。見 Kyle, *Suez*, p. 397.

83 Kyle, *Suez*, pp. 391 and 397,

84 Kyle, *Suez*, p. 299.

85 塞夫爾會議的詳細論述，見 'The Protocol of Sèvres, 1956: anatomy of a war plot', *International Affairs*, Vol. 73, No. 3, 1997, pp. 509–530.

86 同上。塞爾文．勞埃過世前不久寫了一本書，裡頭提到這場會議，見 *Suez 1956*, pp. 180–190.

87 Shlaim, 'The Protocol of Sèvres 1956', p. 522.

88 同上。歷史學家泰勒（A. J. P. Taylor）後來對蘇伊士行動的觀察是：「英國政府學到的一課很清楚。他們跟大多數品格高尚的人一樣不會當罪犯，最好還是走高尚路線。」(quoted by Kyle, *Suez*, p. 585).

89 Avi Shlaim, *The Iron Wall: Israel and the Arab World* (Penguin, London, 2001), pp. 174–177.

90 Anthony Nutting, *No End of a Lesson: The Story of Suez* (Constable, London, 1967), p. 115.

91 Ibid., pp. 126–127.

92 Veljko Mićunović, *Moscow Diary*, translated by David Floyd (Chatto & Windus, London, 1980), p. 134. 維吉科・米庫諾維奇（Veljko Mićunović）是南斯拉夫駐蘇聯大使，他跟赫魯雪夫、馬林科夫和狄托參加了這場在布里奧尼島上的南斯拉夫領袖度假別墅所舉辦的會議。

93 Kyle, *Suez*, p. 427.

94 D.R. Thorpe, *Supermac: The Life of Harold Macmillan* (Pimlico, London, 2011), p. 350. 蘇伊士危機更完整的經濟面向分析，見Diane B. Kunz, 'The Importance of Having Money: The Economic Diplomacy of the Suez Crisis', in Louis and Owen (eds.), *Suez 1956*, pp. 215–232.

95 Kyle, *Suez*, pp. 467–468.

96 Keith Kyle, 'Britain and the Suez Crisis, 1955–1956', in Louis and Owen (eds.), *Suez 1956*, pp. 103–130, at p. 130.

97 Nutting, *No End of a Lesson*, p. 171.

98 Harold Nicolson, *Diaries and Letters 1945–1962* (Fontana, London, 1971), p. 301.

99 John Tirman, *The Deaths of Others: The Fate of Civilians in America's Wars* (Oxford University Press, New York, 2011), pp. 324–336, esp. p. 327. 約翰・泰爾曼（John Tirman）是麻省理工學院的國際研究中心主任及首席研究員。

100 Eugene Rogan, *The Arabs: A History* (Penguin, London, 2010), p. 615.

101 Condoleezza Rice, *No Higher Honour: A Memoir of My Years in Washington* (Simon & Schuster, London, 2011), pp. 170–171.

102 Bob Woodward, *Plan of Attack* (Simon & Schuster, London, 2004), p. 9.

103 George W. Bush, *Decision Points* (Crown, New York, 2010), p. 229.

104 Richard A. Clarke, *Against All Enemies: Inside America's War on Terror* (Free Press, New York, 2004), pp. 231–232.

105 Ibid., p. 170.

106 Dick Cheney, with Liz ?Cheney, *In My Time: A Personal and Political Momoir* (Threshold, New York, 2011), p. 369.

107 Rice, *No Higher Honour*, p. 202–203; and Bush, *Decision Points*, p. 246.0

108 Simon Jenkins，「布萊爾也許很想回頭，卻面臨現實的阻礙，」*Guardian*, 27 July 2012. 賽門・詹金斯還說，「我們可以理解為什麼布萊爾跟羅伊・詹金斯坦承他後悔沒好好讀歷史。」《泰晤士報》前主編彼得・史托德（Peter Stothard）獲准在二○○三年三到四月貼身跟著英國首相三十天，後來出版了唐寧街十號在伊拉克戰爭的生活記述，筆調不無同情。他寫道，「當布萊爾最後見到他的

判官時，或許會發現被拿來跟他比較的不是邱吉爾或艾登，也不是麥克米倫或戰前的辯論中提過的其他名字，而是更早的人物：十九世紀的帝國主義傳教士；或是更早，把土地夷為荒漠並稱之為和平的羅馬人。」(Stothard, *30 Days: A Month at the Heart of Blair's War*, HarperCollins, London, 2003, p. 173).

109 絕大多數的國際律師都認為二〇〇三年三月攻打伊拉克違反國際法。已故的英格蘭與威爾斯首席法官和首席上院法官賓漢勛爵（Lord Bingham）清楚說明它如何違法。見Tom Bingham, *The Rule of Law* (Penguin, London, 2011), pp. 120–129. See also Roy Allison, *Russia, the West, and Military Intervention* (Oxford University Press, Oxford, 2013), especially pp. 106–112.

110 House of Commons Hansard Debates for 18 March soon, Blair speech, at columns 763 and 772.

111 http://www.iraqinquiry.org.uk/media/50751/Blair-to-Powell-17March2002-minute.pdf

112 庫克一九九七到二〇〇一年間擔任外相，後來布萊爾用傑克·史特勞換掉他。之後他擔任下議院領袖直到因伊拉克戰爭辭職。

113 Robin Cook, *Point of Departure* (Simon & Schuster, London, 2003), pp. 361–365, at p. 364.

114 Ibid., pp. 361–365.

115 Lance Price, *Where Power Lies: Prime Ministers v. the Media* (Simon & Schuster, London, 2010), p. 370.

116 Stothard, *30 Days*, p. 8.

117 Menzies Campbell, 'No More Evasions', *Observer*, 27 November 2005. 前副總統錢尼在回憶錄中對凱瑞的回應是，民主黨「顯然不想承認他們也接受並依賴錯誤的情報」。見Cheney, *In My Time*, pp. 412–413.

118 'Ex-president blasts Blair US role', http://news.bbc.co.uk/1/hi/world/americas/5346976.stm, 14 September 2006.

119 Zbigniew Brzezinski, 'America's policy blunders were compounded by Britain', *Financial Times*, 6 August 2004. 布里辛斯基提到布萊爾時還說，「發揮三寸不爛之舌把它說成會歷史留名的英勇之舉也不值得驕傲，反而不只傷害到美國，還有整個西方民主社會。」

120 Charles Tripp, 'Militias, Vigilantes, Death Squads', *London Review of Books*, Vol. 29, No. 2, 25 January 2007, pp. 30–33, at p. 30.

121 Sir James Craig二〇〇二年晚期與作者的對話。

122 基於軍隊受政治掌控的要則，在職軍官不能公開批評攻打伊拉克的決策，但退休的資深軍官就不受此限制。其中最知名的麥可．羅斯（Sir Michael Rose）將軍（聯合國在波士尼亞的指揮官）說，布萊爾的行動「介於」政治錯誤和行動違法之間。他接著說，「其中的政治運作是錯的」，而且「他很少聲明他的終極目標為何……一再提起大規模毀滅武器，心裡實際上可能在打其他算盤。第二，戰爭的後果對伊拉克人民以及西方反恐戰爭的更大目標來說，都損失慘重。」(http://news.bbc.co.uk/1/hi/uk_politics/4594216.stm, 9 January 2006).

123 見 Alex Barker, 'Security chief exposes Blair's gamble on Iraq', and James Blitz, 'MI5 head dismayed by stance on Saddam felt ignored by premier', *Financial Times*, 21 July 2010; and Tim Ross, 'Iraq was not a threat to Britain before invasion, says former head of MI5', *Daily Telegraph*, 29 August 2011. 很多有豐富相關經驗的人，最後都得出跟曼寧漢姆－布勒女爵一樣的判斷。派翠克．萊特勛爵（Lord Patrick Wright）一九八二到一九八四年擔任聯合情報委員會主席，一九八六到一九九一年任外交事務處處長，他表示在二〇〇三年二月二十六的上議院辯論中，不是只有他說「攻打伊拉克……會被視為對伊斯蘭的直接攻擊，也會進一步激化對西方的恐怖攻擊。」他也要求「負責阿拉伯和伊斯蘭世界的英國情報單位主管」對此問題所提供的建議能公諸於世（letter to *Financial Times* of Lord Wright of Richmond, 13/14 September 2003）. 另見 Avi Shlaim, 'It is not only God that will be Blair's judge over Iraq', *Guardian*, 14 May 2007. 阿維．施萊姆（Avi Shlaim）是中東專家，精通希伯來文和阿拉伯文，他認為「布萊爾在中東的整體紀錄慘不忍睹。」

124 Michael Quinlan, 'War on Iraq: a blunder and a crime', *Financial Times*, 7 August 2002.

125 Ibid.

126 Rodric Braithwaite, 'End of the affair', *Prospect*, Issue 86, May 2003, pp. 20–23, at p. 22.

127 威爾遜和藤伯爾這裡的意見都是提供給齊爾考特調查的證據。見 http://www.bbc.co.uk/news/uk-politics-12278788, 25 January 2011.

128 *Review of Intelligence on Weapons of Mass Destruction: Report of a Committee of Privy Counsellors. Chairman: The RtHon The Lord Butler of Brockwell* (Stationery Office, London, 2004).

129 Ibid., pp. 159 and 160.

130 Tony Blair, *A Journey* (Hutchinson, London, 2010), pp. 432–433; and Stothard,

30 Days, pp. 20–21.

131 Peter Hennessy, *The Prime Minister: The Office and its Holders Since 1945* (Penguin, London, 2001), p. 532; and Owen, *The Hubris Syndrome*, pp. 80–81.

132 On this, see Philippe Sands, 'A Very British Deceit', *New York Review of Books*, 30 September 2010.

133 Kofi Annan with Nader Mousavizadeh, *Intervention: A Life in War and Peace* (Allen Lane, London, 2012), esp. pp. 344–358.

134 尤其重要的是，在伊拉克本地確實如此。美國的某中東問題專家在二〇〇五年的文章中指出，「近來的一份獨立民調發現，伊拉克的阿拉伯人只有百分之二把美國視為解放者。」見William R. Polk, *Understanding Iraq* (Tauris, London, 2006), p. 190.

135 這方面的討論，見Sherard Cowper-Coles, *Cables from Kabul: The Inside Story of the West's Afghanistan Campaign* (Harper Press, London, 2011). 作者曾是美國駐喀布爾大使，提到「把注意力和資源從阿富汗轉移到伊拉克的悲劇」。(p. xxiii.) 另見 pp. 4 and 59–60.

136 Rogan, *The Arabs*, esp. pp. 607–625; and David Gardner, *Last Chance: The Middle East in the Balance* (Tauris, London, paperback ed., 2012), pp. 16–17 and 86–90.

137 Rumsfeld, *Known and Unknown*, p. 520.

138 Charles Tripp, *The Power and the People: Paths of Resistance in the Middle East* (Cambridge University Press, Cambridge, 2013), p. 42.

139 Bush, *Decision Points*, p. 269; and Joseph Sassoon, *Saddam Hussein's Ba'th Party: Inside an Authoritarian Regime* (Cambridge University Press, Cambridge, 2012), p. 165.

140 David Fisher, *Morality and War: Can War bee Just in the Twenty-first Century?* (Oxford University Press paperback, Oxford, 2012), p. 202.

141 Sassoon, *Saddam Hussein's Ba'th Party*, p. 165.

142 Rice, *No Higher Honour*, p. 208.

143 Ibid., p. 20. Cf. Bush, *Decision Points*, pp. 87–88.

144 Rice, *No Higher Honour*, p. 187.

145 Ibid., pp. 21–22.

146 Cook, *Point of Departure*, p. 323.

147 Jack Straw, *Last Man Standing: Memoirs of a Political Survivor* (Macmillan, Lon-

don, 2012), pp. 544–545.

148 Philip Stephens, *Tony Blair: The Price of Leadership* (Politico, London, revised edition, 2004), p. 319.

149 Archie Brown, 'The myth of the boundless debt Labour owes Blair', *Financial Times*, 11 September 2006.

150 Andrew Rawnsley, 'Tony Blair's obsession with size', *Observer*, 14 December 1997.

151 Jack S. Levy, 'Political Psychology and Foreign Policy', in David O. Sears, Leonie Huddy and Robert Jervis (eds.), *Oxford Handbook of Political Psychology* (Oxford University Press, New York, 2003), pp. 253–284, at pp. 264–265.

第8章

1 Hugh Heclo, 'Whose Presidency is This Anyhow?', in George C. Edwards III and William G. Howell (eds.), *The Oxford Handbook of the American Presidency* (Oxford University Press, New York, 2009), pp. 771–796, at p. 782.

2 此處所謂「制衡」(checks and balances)不但指政治面，更指預算面。

3 Michael Barber, *Instruction to Deliver: Tony Blair, Public Services and the Challenge of Achieving Targets* (Politico, London, 2007), pp. 291–340. 這是很長的一章(書也很有趣)，章名為〈強化首相的職權〉。作者與布萊爾共事過，因而得出首相權力不足的結論。雖然加強政府權力以達成目標、接受國會和外界的批評及檢驗，無疑都是理想作法，也不表示致力於「強化首相行使權力的職能」是適當的作法，這點我與作者的看法有根本上的差異。(p. 339.)

4 Cf. Heclo, 'Whose Presidency is This Anyhow?', p. 791.

5 Ibid.

6 Ibid.

7 討論政治領導時，我不認為有必要嚴格去區別事實和價值觀，只要討論的過程公開且自覺。因此，我主張「轉變型」及「轉變型領導」在日常用語中帶有正面意涵，本書也如此使用這個詞。希特勒是導致德國政體和社會在一九三〇年代產生深遠改變的關鍵人物，但若把他跟戴高樂、戈巴契夫和曼德拉同樣視為「轉變型領袖」，這個詞就會乖謬到失去意義。但我使用「開創型領導」一詞時則是價值中立的。重新定義特定體制內的可能界線，不見得會朝著眾人認同的方向，也有可能是反對的方向。

8 令人吃驚的是，一名研究美國總統制的知名專家連對總統的說服力都感到懷

疑。喬治・愛德華茲三世（George C. Edwards III）認為這方面的證據以傳聞居多，還說「沒有一個有系統的研究證明總統確實能說服他人給予支持。」(Edwards, 'The Study of Presidential Leadership', in Edwards and Howell (eds.), *The Oxford Handbook of the American Presidency*, pp. 816–837, at p. 821). 如果「有系統的研究」指的是把總統的影響力跟公民社會中的其他溝通方式以及資訊來源分開研究的話，那當然幾乎無法進行。

9 Heclo, 'Whose Presidency is This Anyhow?', p. 791.

10 Alfred Stepan and Juan J. Linz, 'Comparative Perspectives on Inequality and the Quality of Democracy in the United States', *Perspectives on Politics*, Vol. 9, No. 4, 2011, pp. 841–856, at pp. 848–849.

11 Ibid., p. 849.

12 Keith Dowding, 'Prime Ministerial Power: Institutional and Persona Factors', in Paul Strangio, Paul 't Hart and James Walter (eds.), *Understanding Prime Ministerial Performance: Comparative Perspectives* (Oxford University Press, Oxford, 2013), pp. 56–78, at p. 61.

13 James P. McPherson, *Abraham Lincoln* (Oxford University Press, New York, 2009), p. 62.

14 Ibid., p. 64.

15 Ibid., p. 57.

16 Doris Kearns Goodwin, *Team of Rivals: The Political Genius of Abraham Lincoln* (Penguin, London, 2009), pp. 686–690.

17 同上，pp. 571–572. 古德溫引用跟林肯同時代的約翰・福尼（John Forney，華盛頓《記事日報》記者），主張林肯是「當代真正最進步的一個人，因為他總是順應時勢移動，不等著被事件拖著走，也不過早浪費時間與之對抗。」(p. 572.) 就解放黑奴這個重大議題，麥克弗森的結論是，若林肯「在戰爭第一年就照激進派要他做的斷然反對蓄奴，說不定就會害戰爭同盟分裂，讓原本沒脫離聯邦的邊界州倒向美利堅聯盟國，進而輸掉戰爭，目睹黑奴制再度復活至少又一個世代。」(James McPherson, *Abraham Lincoln*, p. x).

18 Goodwin, *Team of Rivals*, p. 319.

19 Ibid., pp. 364 and 507.

20 Ibid., pp. 633 and 680.

21 Ibid., p. 217.

22 Ibid., pp. 412–413.

23 Ibid., p. 413.

24 Nannerl O. Keohane, *Thinking about Leadership* (Princeton University Press, Princeton, 2010), p. 12.

25 Ibid.

26 同上。基奧恩還說，不少證據指出高爾「會追求不一樣的施政目標，特別是環境政策，但一般的國際和國內政策也是」。雖說若把國會設下的限制考慮進來，他能達成多少目標仍是個疑問。

27 Max Weber, 'Politics as a Vocation', in *From Max Weber: Essays in Sociology*, translated and edited by H.H. Gerth and C. Wright Mills (Routledge & Kegan Paul, London, 1948), pp. 77–128, at p. 116. 韋伯承認，虛榮心絕非政治家獨有的罪；根據他的觀察，「在學院和學術圈，虛榮心是種職業病，但虛榮心對學者相對無害，無論表現在外多麼令人反感；因為一般來說虛榮心不會妨礙科學研究。」

28 同上。二〇〇〇年四月，布萊爾在私下給幕僚的紙條中，請大家提供「一些引人側目的提案」（尤其是針對犯罪、家庭和國防之類的議題），他接著寫，「我個人應該盡可能關切這些議題。」報導這件事的菲立普．史帝芬斯（Philip Stephens）補充道，「換句話說，首相想要更多能博得媒體關注、讓他得到群眾矚目的提案。」見 Stephens, *Tony Blair, The Price of Leadership* (Politico, London, 2004), p. 188.

29 Charles Moore, *Margaret Thatcher. The Authorized Biography. Volume One: Not for Turning* (Allen Lane, London, 2013), pp. xiv and 432.

30 *Guardian*, 9 April 2013.

31 Archie Brown, 'Margaret Thatcher and the End of the Cold War', in Wm Roger Louis (ed.), *Resurgent Adventures with Britannia: Personalities, Politics and Culture in Britain* (Tauris, London, 2011), pp. 259–273.

32 Rodric Braithwaite, *Across the Moscow River: The World Turned Upside Down* (Yale University Press, New Haven and London, 2002), p. 45.

33 Jonathan Powell, *The New Machiavelli: How to Wield Power in the Modern World* (Bodley Head, London, 2012), p. 2.

34 Peter Hennessy, *The Prime Minister: The Office and its Holders since 1945* (Penguin, London, 2001), p. 397.

35 Powell, *The New Machiavelli*, p. 78.

36 Barber, *Instruction to Deliver*, p. 84.

37 Ibid., pp. 306–307.

38 *Guardian*, 9 April 2013.

39 同上。侯艾還說：「以瑪格麗特來說，她打算測試她的意志直到粉身碎骨為止。先是赫塞爾廷出走，接著里昂・布列坦（Leon Brittan），再來是納吉・勞森，再來是我。」

40 *Guardian*, 9 April 2013.

41 *Guardian*, 11 September 2010.

42 Michael A. Hogg, 'Influence and Leadership', in Susan T. Fiske, Daniel T. Gilbert and Gardner Lindzey (eds.), *Handbook of Social Psychology* (Wiley, Hoboken, N.J., 5th ed., 2010), pp. 1166–1207, at p. 1190.

43 Joseph S. Nye, *The Powers to Lead* (Oxford University Press, New York, 2008), p. 18.

44 Keohane, *Thinking about Leadership*, p. 23.

45 Roy Jenkins, *Baldwin* (Papermac, London, 1987), p. 120.

46 Tony Blair, *A Journey* (Hutchinson, London, 2010), p. 287.

47 See, for example, George Parker, 'PM "losing control" of his party', *Financial Times*, 20 May 2013.

48 José Ramón Montero and Richard Gunther, 'Introduction: Reviewing and Reassessing Parties', in Richard Gunther, José Ramón Montero and Juan J. Linz (eds.), *Political Parties: Old Concepts and New Challenges* (Oxford University Press, New York, 2002), pp. 1–35, at p. 31.

49 Juan J. Linz, 'Parties in Contemporary Democracies: Problems and Paradoxes', in Gunther, Montero and Linz (eds.), *Political Parties*, pp. 113–135, at p. 126.

50 Richard S. Katz and Peter Mair, 'The Ascendancy of the Party in Public Office', in Gunther, Montero and Linz (eds.), *Political Parties*, pp. 113–135, at p. 126.

51 Linz, 'Parties in Contemporary Democracies: Problems and Paradoxes', in Gunther, Montero and Linz (eds.), *Political Parties*, pp. 291–317, at p. 303. 勞勃・羅史奈德（Robert Rohrschneider）和斯蒂芬・懷特腓的共同著作強調政黨這種群眾組織對代議民主有多重要，以及儘管政黨的凝聚力變弱了，而且在西歐比在中東歐更明顯，但政黨對於民主運作來說還是比較有效。見 Rohrschneider and Whitefield, *The Strain of Representation: How Parties Represent Diverse Voters in Western and Eastern Europe* (Oxford University Press, Oxford, 2012), esp. pp. 174–183.

52 Moisés Naím, *The End of Power* (Basic Books, New York, 2013), p. 239. See also

Richard McGregor, 'America Goes Dark', *Financial Times*, 5–6 October 2013.

53 Naím, *The End of Power*, p. 240. 奈姆又說：「我們無法確認政治上的貪腐在過去幾十年是否真的數量增多，但可以確認的是，被揭發的貪腐比以前的數量增多。」

54 Ibid., pp. 239–240.

55 Adam Smith, *An Inquiry into the Nature and Causes of the Wealth of Nations*, edited by R.H. Campbell and A.S. Skinner (Clarendon Press, Oxford, 1976 [first published 1776]), Vol. 2, p. 712; and John Millar, *The Origin of the Distinction of Ranks*, 3rd ed., 1779, reprinted in William C. Lehmann (ed.), *John Millar of Glasgow 1735–1801: His Life and Thought and His Contribution to Sociological Analysis* (Cambridge University Press, Cambridge, 1960), p. 250.

56 Elena Viktorovna Shorina, *Kollegial'nost' i edinonachalie v sovetskom gosudarstvennom upravlenii* (Yuridicheskaya literature, Moscow, 1959).

57 到最後，戈巴契夫跟他的反對者（變成黨內的大多數，高低層級都有）都不算贏。一九九一年保守派的共產黨員和強硬的俄羅斯民族主義者發動的八月政變，反而加速蘇聯解體，進而終結了蘇共和戈巴契夫的統治。戈巴契夫在一九九〇年三月十五日當上蘇聯總統，但蘇聯在一九九一年十二月三十一日當天解體。更完整的論述可見拙作 *The Gorbachev Factor* (Oxford University Press, Oxford, 1996) and Brown, *Seven Years that Changed the World: Perestroika in Perspective* (Oxford University Press, Oxford, 2007).

左岸政治　291

強勢領導的迷思

從林肯到歐巴馬，我們到底想要哪一種政治領袖？

The MYTH of the STRONG LEADER

Political Leadership in the Modern Age

作　　者　亞契・布朗（Archie Brown）
譯　　者　謝佩妏
總 編 輯　黃秀如
特約編輯　王湘瑋
美術設計　黃暐鵬

社　　長　郭重興
發行人暨出版總監　曾大福
出　　版　左岸文化
發　　行　遠足文化事業股份有限公司
　　　　　231新北市新店區民權路108-2號9樓
電　　話　(02) 2218-1417
傳　　真　(02) 2218-8057
客服專線　0800-221-029
E-Mail　rivegauche2002@gmail.com
左岸臉書　facebook.com/RiveGauchePublishingHouse
法律顧問　華洋法律事務所　蘇文生律師
印　　刷　成陽印刷股份有限公司
初版一刷　2019年7月

定　　價　580元
ISBN　978-986-5727-92-5
歡迎團體訂購，另有優惠，請洽業務部，(02) 2218-1417分機1124、1135

強勢領導的迷思：從林肯到歐巴馬，
我們到底想要哪一種政治領袖？／
亞契・布朗（Archie Brown）著；謝佩妏譯.
－初版.－新北市：左岸文化出版；遠足文化發行，2019.7
面；　公分.－（左岸政治；291）
譯自：The myth of the strong leader:
political leadership in the modern age
ISBN 978-986-5727-92-5（平裝）
1.政體 2.領導統御
571.2　　108006554

The Myth of the Strong Leader:
Political Leadership in the Modern Age